金枪鱼渔业科学研究丛书

中西太平洋冷海水金枪鱼延绳钓渔船捕捞技术研究

宋利明　著

科学出版社

北　京

内 容 简 介

本书共由 4 篇组成，第一篇为"帕劳群岛水域冷海水金枪鱼延绳钓渔船捕捞技术研究"，第二篇为"马绍尔群岛水域冷海水金枪鱼延绳钓渔船捕捞技术研究"，第三篇为"2009 年基里巴斯群岛水域冷海水金枪鱼延绳钓渔船捕捞技术研究"，第四篇为"2010 年基里巴斯群岛水域冷海水金枪鱼延绳钓渔船捕捞技术研究"。本书基于海上调查数据对主要鱼种（大眼金枪鱼和黄鳍金枪鱼）的生物学特征、实测钓钩深度与理论深度的关系、渔场形成机制、渔获率与有关海洋环境的关系等进行了研究，对渔具渔法进行了比较试验。

本书可供从事捕捞学、渔业资源学等研究的科研人员，渔业管理部门，海洋渔业科学与技术专业的本科生、研究生，以及从事金枪鱼延绳钓渔业生产的企业参考使用。

图书在版编目（CIP）数据

中西太平洋冷海水金枪鱼延绳钓渔船捕捞技术研究/宋利明著. —北京：科学出版社，2019.11

ISBN 978-7-03-062629-5

Ⅰ. ①中⋯ Ⅱ. ①宋⋯ Ⅲ. ①太平洋－超低温－公海渔场－钓鱼船－金枪鱼－海洋捕捞－研究 Ⅳ. ①U674.4

中国版本图书馆 CIP 数据核字（2019）第 228886 号

责任编辑：陈 露 文 茜/责任校对：杨 赛
责任印制：黄晓鸣/封面设计：殷 靓

科 学 出 版 社 出版
北京东黄城根北街 16 号
邮政编码：100717
http://www.sciencep.com

苏州市越洋印刷有限公司 印刷
科学出版社发行 各地新华书店经销
*
2019 年 11 月第 一 版 开本：787×1092 1/16
2019 年 11 月第一次印刷 印张：21 3/4
字数：550 000
定价：150.00 元
（如有印装质量问题，我社负责调换）

1.2 方法 ··· 70
2 渔场环境因子 ··· 75
　2.1 海流 ··· 75
　2.2 气温 ··· 76
　2.3 风速风向 ·· 76
　2.4 钓具漂移速度 ··· 77
　2.5 海面波浪 ·· 77
　2.6 表层水温 ·· 78
　2.7 表层盐度 ·· 79
　2.8 表层溶解氧含量 ··· 80
3 主要金枪鱼鱼种渔获量及上钩率情况 ····································· 80
　3.1 整个调查期间的总体情况 ·· 80
　3.2 分航次渔获量和上钩率情况 ··· 82
　3.3 马朱罗（MAJ）船队其他船的 CPUE 与"深联成 719"各航次 CPUE 的
　　　比较 ··· 99
4 主要金枪鱼种类生物学特性 ··· 101
　4.1 大眼金枪鱼 ·· 101
　4.2 黄鳍金枪鱼 ·· 110
5 实测钓钩深度与理论深度的关系 ··· 119
　5.1 不同海流下船用钓具 ··· 119
　5.2 不同海流下试验钓具 ··· 120
　5.3 拟合钓钩深度计算模型 ··· 124
6 渔具渔法的比较试验 ··· 124
　6.1 调查期间船用钓具、试验钓具和防海龟钓具的上钩率比较 ······· 124
　6.2 不同海流下船用钓具、试验钓具和防海龟钓具上钩率的比较 ······ 125
　6.3 不同海流下试验钓具上钩率的比较 ······································ 134
　6.4 饵料对比试验 ··· 143
7 大眼金枪鱼、黄鳍金枪鱼的栖息环境 ······································ 144
　7.1 大眼金枪鱼的栖息环境 ··· 144
　7.2 黄鳍金枪鱼的栖息环境 ··· 147
8 大眼金枪鱼和黄鳍金枪鱼的渔场形成机制 ································ 150
　8.1 整个调查期间渔场形成机制研究 ·· 151
　8.2 分渔场形成机制研究 ··· 157
　8.3 小结 ··· 165
9 讨论与建议 ··· 166
　9.1 饵料 ··· 166
　9.2 渔场选择 ··· 166
　9.3 大眼（黄鳍）金枪鱼的栖息环境 ··· 166

目　　录

丛书序一

丛书序二

前言

第一篇　帕劳群岛水域冷海水金枪鱼延绳钓渔船捕捞技术研究 ⋯⋯⋯⋯⋯⋯ 1

  1　材料与方法 ⋯⋯⋯⋯⋯⋯⋯⋯⋯⋯⋯⋯⋯⋯⋯⋯⋯⋯⋯⋯⋯⋯⋯⋯⋯ 1

    1.1　材料 ⋯⋯⋯⋯⋯⋯⋯⋯⋯⋯⋯⋯⋯⋯⋯⋯⋯⋯⋯⋯⋯⋯⋯⋯⋯⋯ 1

    1.2　方法 ⋯⋯⋯⋯⋯⋯⋯⋯⋯⋯⋯⋯⋯⋯⋯⋯⋯⋯⋯⋯⋯⋯⋯⋯⋯⋯ 4

  2　调查结果 ⋯⋯⋯⋯⋯⋯⋯⋯⋯⋯⋯⋯⋯⋯⋯⋯⋯⋯⋯⋯⋯⋯⋯⋯⋯⋯⋯ 9

    2.1　主要金枪鱼鱼种渔获量及上钩率情况 ⋯⋯⋯⋯⋯⋯⋯⋯⋯⋯⋯⋯ 9

    2.2　生物学研究 ⋯⋯⋯⋯⋯⋯⋯⋯⋯⋯⋯⋯⋯⋯⋯⋯⋯⋯⋯⋯⋯⋯ 16

    2.3　渔具的比较试验 ⋯⋯⋯⋯⋯⋯⋯⋯⋯⋯⋯⋯⋯⋯⋯⋯⋯⋯⋯⋯ 24

    2.4　渔法的比较试验 ⋯⋯⋯⋯⋯⋯⋯⋯⋯⋯⋯⋯⋯⋯⋯⋯⋯⋯⋯⋯ 29

    2.5　实测钓钩深度与理论深度的关系 ⋯⋯⋯⋯⋯⋯⋯⋯⋯⋯⋯⋯⋯ 33

    2.6　大眼（黄鳍）金枪鱼的钓获水层、水温、盐度、溶解氧含量 ⋯⋯ 35

    2.7　渔场形成机制 ⋯⋯⋯⋯⋯⋯⋯⋯⋯⋯⋯⋯⋯⋯⋯⋯⋯⋯⋯⋯⋯ 40

  3　中国大陆船队与台湾省船队产量差异分析 ⋯⋯⋯⋯⋯⋯⋯⋯⋯⋯⋯⋯ 53

    3.1　分年度作业海区的差异 ⋯⋯⋯⋯⋯⋯⋯⋯⋯⋯⋯⋯⋯⋯⋯⋯⋯ 53

    3.2　分月份作业海区的差异 ⋯⋯⋯⋯⋯⋯⋯⋯⋯⋯⋯⋯⋯⋯⋯⋯⋯ 55

    3.3　渔场重心移动比较 ⋯⋯⋯⋯⋯⋯⋯⋯⋯⋯⋯⋯⋯⋯⋯⋯⋯⋯⋯ 62

  4　讨论与建议 ⋯⋯⋯⋯⋯⋯⋯⋯⋯⋯⋯⋯⋯⋯⋯⋯⋯⋯⋯⋯⋯⋯⋯⋯⋯ 64

    4.1　饵料 ⋯⋯⋯⋯⋯⋯⋯⋯⋯⋯⋯⋯⋯⋯⋯⋯⋯⋯⋯⋯⋯⋯⋯⋯⋯ 64

    4.2　渔场选择 ⋯⋯⋯⋯⋯⋯⋯⋯⋯⋯⋯⋯⋯⋯⋯⋯⋯⋯⋯⋯⋯⋯⋯ 64

    4.3　大眼（黄鳍）金枪鱼的栖息水层、水温、盐度、溶解氧含量 ⋯⋯ 65

    4.4　渔具的改进 ⋯⋯⋯⋯⋯⋯⋯⋯⋯⋯⋯⋯⋯⋯⋯⋯⋯⋯⋯⋯⋯⋯ 65

    4.5　渔法的改进 ⋯⋯⋯⋯⋯⋯⋯⋯⋯⋯⋯⋯⋯⋯⋯⋯⋯⋯⋯⋯⋯⋯ 66

第二篇　马绍尔群岛水域冷海水金枪鱼延绳钓渔船捕捞技术研究 ⋯⋯⋯⋯ 68

  1　材料与方法 ⋯⋯⋯⋯⋯⋯⋯⋯⋯⋯⋯⋯⋯⋯⋯⋯⋯⋯⋯⋯⋯⋯⋯⋯⋯ 68

    1.1　材料 ⋯⋯⋯⋯⋯⋯⋯⋯⋯⋯⋯⋯⋯⋯⋯⋯⋯⋯⋯⋯⋯⋯⋯⋯⋯ 68

丛书序一

　　我国大陆的金枪鱼延绳钓渔业始于 1988 年（台湾省始于 20 世纪初），当时将小型流刺网渔船或拖网渔船进行简单改造，获得许可后驶入中西太平洋岛国的专属经济区进行作业。改装船都用冰保鲜，冰鲜的渔获物空运到日本销售。超低温金枪鱼延绳钓渔业始于 1993 年 7 月，主要在公海作业，发展迅速，到 2017 年年底，我国大陆的金枪鱼延绳钓渔业已拥有冰鲜和冷水渔船 24 艘、低温渔船 337 艘及超低温渔船 149 艘。

　　丛书作者宋利明教授曾作为科技工作者，于 1993 年 7 月随中国水产有限公司所属的超低温金枪鱼延绳钓渔船"金丰 1"出海工作。首航出发港为西班牙的拉斯·帕尔马斯（Las Palmas）港，赴大西洋公海，开启了我国大陆在大西洋公海从事金枪鱼延绳钓渔业的先河，宋利明教授是我国该渔业的重要开拓者之一，其后续开展金枪鱼延绳钓渔业科学研究和技术推广 25 年，对该渔业的发展做出了重要的贡献。

　　捕捞技术涉及渔业资源与渔场、渔业生物学与鱼类行为能力、渔具与渔法等。通过对大西洋、太平洋和印度洋金枪鱼延绳钓渔场的多年调查，该丛书按水域和保藏方式及研究内容分为"公海超低温金枪鱼延绳钓渔船捕捞技术研究""印度洋冷海水金枪鱼延绳钓渔船捕捞技术研究""中西太平洋冷海水金枪鱼延绳钓渔船捕捞技术研究""中西太平洋低温金枪鱼延绳钓渔船捕捞技术研究""中西太平洋金枪鱼延绳钓渔业渔情预报模型比较研究""金枪鱼延绳钓钓钩力学性能及渔具捕捞效率研究""金枪鱼延绳钓渔具数值模拟研究""金枪鱼类年龄与生长和耳石微量元素含量研究" 8 个专题，全面反映了多学科的交汇和捕捞学学科的研究前沿。

　　宋利明教授长期深入生产第一线采集数据资料，进行现场调查，研究成果直接用于指导渔船的生产作业。该丛书是宋利明教授从事金枪鱼延绳钓渔业研究 25 年来辛勤劳动的成果，具有重要的实用价值，同时还是渔情预报和渔场分析的重要参考资料。该丛书的出版，将是我国远洋金枪鱼延绳钓渔业科学研究领域的重要里程碑。

周应祺

2018 年 10 月 2 日

本丛书得到下列项目的资助：

1. 上海海洋大学水产一流学科建设项目
2. 上海市教育委员会上海市属高校应用型本科试点专业建设项目
3. 2015、2016 年农业部远洋渔业资源调查和探捕项目（D8006150049）
4. 科技部 863 计划项目（2012AA092302）
5. 2012、2013 年农业部远洋渔业资源调查和探捕项目（D8006128005）
6. 2011 年上海市教育委员会科研创新项目（12ZZ168）
7. 2011 年高等学校博士学科点专项科研基金联合资助项目（20113104110004）
8. 2009、2010 年农业部公海渔业资源探捕项目（D8006090066）
9. 2007、2008 年农业部公海渔业资源探捕项目（D8006070054）
10. 科技部 863 计划项目（2007AA092202）
11. 2005、2006 年农业部公海渔业资源探捕项目（D8006050030）
12. 上海高校优秀青年教师后备人选项目（03YQHB125）
13. 2003 年农业部公海渔业资源探捕项目（D8006030039）
14. 科技部 863 计划项目（8181103）

"深联成 901"渔船的全体船员，以及上海海洋大学捕捞学硕士研究生高攀峰、张禹、李玉伟、吕凯凯、胡振新、曹道梅、武亚萍、惠明明、杨嘉樑、徐伟云等，他们在海上调查和本书写作过程中给予了大力帮助。

由于本书覆盖内容较多，作者的水平有限，难免会存在一些不足，敬请各位读者批评指正。

作　者

2019 年 6 月

前　言

深圳市联成远洋渔业有限公司通过渔业合作，入渔中西太平洋岛国并建立渔业基地从事金枪鱼延绳钓捕捞作业，冷海水保鲜的金枪鱼类通过空运销往日本和美国等地。为了适应中西太平洋渔业委员会的管理要求、提高经济效益、拓展作业渔场，由深圳市联成远洋渔业有限公司和上海海洋大学联合组成的课题组对中西太平洋帕劳群岛、马绍尔群岛和基里巴斯群岛水域展开了调查研究。

本书根据 2005 年 8～12 月在中西太平洋帕劳群岛水域、2006 年 10 月至 2007 年 5 月在中西太平洋马绍尔群岛水域、2009 年 9 月至 2010 年 1 月和 2010 年 9 月至 2011 年 1 月在基里巴斯群岛水域海上调查和实测获得的数据，围绕我国中西太平洋金枪鱼延绳钓渔业主要捕捞对象的生物学特性、实测钓钩深度与理论深度的关系、渔场形成机制、渔获率与有关海洋环境的关系等展开研究，对渔具渔法进行了比较试验，以期提高作业渔船的经济效益，为远洋金枪鱼延绳钓渔业的可持续发展提供技术支撑。本书共 4 篇，第一篇为"帕劳群岛水域冷海水金枪鱼延绳钓渔船捕捞技术研究"，第二篇为"马绍尔群岛水域冷海水金枪鱼延绳钓渔船捕捞技术研究"，第三篇为"2009 年基里巴斯群岛水域冷海水金枪鱼延绳钓渔船捕捞技术研究"，第四篇为"2010 年基里巴斯群岛水域冷海水金枪鱼延绳钓渔船捕捞技术研究"。

第一篇内容包括调查船、调查时间、调查海区、调查的渔具与渔法、调查方法、数据处理方法、主要金枪鱼鱼种渔获量及上钩率情况、主要金枪鱼鱼种的生物学特性、渔具渔法的比较试验、实测钓钩深度与理论深度的关系、大眼金枪鱼和黄鳍金枪鱼渔场形成机制、大眼金枪鱼和黄鳍金枪鱼的栖息环境、大陆船队与台湾省船队产量差异分析、渔具与渔法的改进方法等。

第二至第四篇内容包括材料与方法、渔场环境因子、主要金枪鱼鱼种渔获量及上钩率情况、主要金枪鱼种类生物学特性、实测钓钩深度与理论深度的关系、渔具渔法的比较试验、大眼金枪鱼和黄鳍金枪鱼的栖息环境、大眼金枪鱼和黄鳍金枪鱼的渔场形成机制、渔具与渔法的改进方法等。

海上调查期间得到了深圳市联成远洋渔业有限公司周新东董事长、李和协总经理、陈清白总经理等的大力支持，并得到了深圳市联成远洋渔业有限公司的项目资助、农业部 2009 年和 2010 年探捕项目的资助，在此深表谢意！还要感谢"CFA07""深联成 719"和

丛书序二

　　我国大陆远洋金枪鱼延绳钓渔业经过 30 多年的历程，逐步发展壮大，现已成为当前我国远洋渔业的一大产业。金枪鱼延绳钓渔业是我国"十三五"渔业发展规划的重要内容之一，属于需稳定优化的渔业。

　　尽管我国大陆的远洋金枪鱼延绳钓渔业取得了 12 万 t 左右的年产量，但金枪鱼类的分布与海洋环境之间的关系、渔情预报技术、渔具渔法等一些基础研究工作仍跟不上生产发展的要求，与日本、美国、欧盟等国家和地区有一定的差距。有必要加强对金枪鱼延绳钓捕捞技术及相关技术领域的研究工作，实现合理有效的生产，同时为金枪鱼类资源评估、渔情预报技术提供基础理论依据。

　　大眼金枪鱼、黄鳍金枪鱼和长鳍金枪鱼是我国金枪鱼延绳钓渔业的主要捕捞对象。本丛书围绕其生物学特性、渔场形成机制、渔情预报模型、渔获率与有关海洋环境的关系、提高目标鱼种渔获率与减少兼捕渔获物的方法、实测钓钩深度与理论深度的关系、延绳钓钓钩力学性能及渔具捕捞效率、延绳钓渔具数值模拟等展开调查研究，研究成果将直接服务于我国远洋金枪鱼延绳钓渔业，有益于促进远洋金枪鱼延绳钓渔业效益的整体提高，保障远洋金枪鱼延绳钓渔业的可持续发展。

　　本丛书在写作和海上调查期间得到了上海海洋大学捕捞学硕士研究生王家樵、姜文新、高攀峰、张禹、周际、李玉伟、庄涛、张智、吕凯凯、胡振新、曹道梅、武亚萍、惠明明、杨嘉樑、徐伟云、李杰、李冬静、刘海阳、陈浩、谢凯、赵海龙、沈智宾、周建坤、王晓勇、郑志辉，以及中国水产有限公司刘湛清总经理、广东广远渔业集团有限公司黄富雄副总经理、深圳市联成远洋渔业有限公司周新东董事长、浙江大洋世家股份有限公司郑道昌副总经理和浙江丰汇远洋渔业有限公司朱义峰总经理等的大力支持。在此表示衷心的感谢！

宋利明

2018 年 9 月 28 日

9.4　渔具的改进 ··· 166

9.5　渔法的改进 ··· 167

第三篇　2009 年基里巴斯群岛水域冷海水金枪鱼延绳钓渔船捕捞技术研究 ··· 168

1　材料与方法 ··· 168

　1.1　材料 ·· 168

　1.2　方法 ·· 170

2　海洋环境因子 ··· 174

　2.1　海流 ·· 174

　2.2　风速风向 ·· 175

　2.3　表层水温 ·· 175

　2.4　表层盐度 ·· 176

　2.5　表层叶绿素浓度 ·· 177

　2.6　表层溶解氧含量 ·· 178

3　主要金枪鱼鱼种渔获量及上钩率情况 ··· 178

　3.1　整个调查期间的总体情况 ·· 178

　3.2　分航次上钩率情况 ·· 185

4　主要金枪鱼种类生物学特性 ··· 187

　4.1　大眼金枪鱼 ·· 187

　4.2　黄鳍金枪鱼 ·· 192

5　实测钓钩深度与理论深度的关系 ··· 197

　5.1　不同海流下船用渔具 ·· 197

　5.2　不同海流下试验钓具 ·· 198

　5.3　拟合钓钩深度计算模型 ·· 201

6　渔具渔法的比较试验 ··· 206

　6.1　调查期间船用钓具、试验钓具和防海龟钓具的上钩率比较 ·························· 206

　6.2　不同海流下试验钓具、防海龟钓具与船用钓具上钩率的比较 ························ 207

　6.3　不同海流下试验钓具上钩率的比较 ·· 215

7　大眼（黄鳍）金枪鱼的栖息环境 ··· 223

　7.1　应用漂移速度拟合钓钩深度计算模型分析大眼（黄鳍）金枪鱼的栖息
　　　环境 ··· 223

　7.2　应用流剪切系数拟合钓钩深度计算模型分析大眼（黄鳍）金枪鱼的栖息
　　　环境 ··· 231

8　大眼金枪鱼和黄鳍金枪鱼的渔场形成机制 ··· 240

　8.1　整个调查期间渔场形成机制研究 ·· 241

　8.2　分渔场形成机制研究 ·· 247

　8.3　小结 ·· 257

第四篇　2010 年基里巴斯群岛水域冷海水金枪鱼延绳钓渔船捕捞技术研究 ··· 258

1　材料与方法 ··· 258

　　1.1　材料 ·· 258
　　1.2　方法 ·· 259
2　海洋环境因子 ··· 260
　　2.1　海流 ·· 260
　　2.2　风速风向 ·· 261
　　2.3　表层水温 ·· 262
　　2.4　表层盐度 ·· 262
　　2.5　表层叶绿素浓度 ·· 263
　　2.6　表层溶解氧含量 ·· 263
3　主要金枪鱼鱼种渔获量及上钩率情况 ··· 264
　　3.1　整个调查期间的总体情况 ·· 264
　　3.2　分航次上钩率情况 ·· 270
4　主要金枪鱼种类生物学特性 ·· 272
　　4.1　大眼金枪鱼 ·· 272
　　4.2　黄鳍金枪鱼 ·· 275
5　实测钓钩深度与理论深度的关系 ··· 280
　　5.1　不同海流下船用钓具 ·· 280
　　5.2　不同海流下试验钓具 ·· 281
　　5.3　拟合钓钩深度计算模型 ··· 285
6　渔具渔法的比较试验 ·· 288
　　6.1　调查期间船用钓具、试验钓具和防海龟钓具的上钩率比较 ·························· 288
　　6.2　不同海流下试验钓具、防海龟钓具与船用钓具上钩率的比较 ·················· 289
　　6.3　不同海流下试验钓具上钩率的比较 ··· 297
7　大眼金枪鱼、黄鳍金枪鱼的栖息环境 ··· 305
　　7.1　应用漂移速度拟合钓钩深度计算模型分析大眼金枪鱼、黄鳍金枪鱼的栖息
　　　　环境 ·· 305
　　7.2　应用流剪切系数拟合钓钩深度计算模型分析大眼金枪鱼、黄鳍金枪鱼的栖息
　　　　环境 ·· 314
8　大眼金枪鱼和黄鳍金枪鱼的渔场形成机制 ·· 323
　　8.1　整个调查期间渔场形成机制研究 ··· 324
　　8.2　分渔场形成机制研究 ·· 327
　　8.3　小结 ·· 332

第一篇

帕劳群岛水域冷海水金枪鱼延绳钓
渔船捕捞技术研究

深圳市联成远洋渔业有限公司和上海海洋大学联合组成的项目调查小组于 2005 年 8 月 13 日开始对帕劳群岛水域金枪鱼资源进行海上探捕调查，2005 年 12 月 19 日结束海上探捕调查，历时 128 天，9 个航次，共测定了 142 个站点的不同水深的水温、盐度、溶解氧含量和浮游生物等渔场环境参数，并收集其中 21 个站点的浮游生物标本；通过微型温度深度计（TDR-2050）测定钓钩的实际深度；进行了渔具渔法的交叉比较试验；对主要鱼种的生物学参数进行了测定；对生产数据进行了统计。现总结如下，供今后生产参考。

1 材料与方法

1.1 材料

1.1.1 调查船

执行本次海上调查任务的渔船为玻璃钢大滚筒冷海水金枪鱼延绳钓渔船"CFA07"，主要的船舶参数如下：总长 27.42m；型宽 5.49m；型深 1.93m；总吨 85.00t；净吨 40.00t。

1.1.2 调查时间、调查海区

探捕船 9 个航次探捕调查的时间、探捕范围、探捕站点等见表 1-1-1 和图 1-1-1。

表 1-1-1 探捕船的探捕时间和范围

航次	探捕时间（2005 年）	探捕范围	
1	8.13～8.23	3°45.3′～8°09.8′N	134°43.4′～136°34.3′E
2	8.28～9.11	3°01.4′～5°57.0′N	135°59.6′～140°35.0′E
3	9.14～9.23	2°09.1′～5°29.2′N	136°28.0′～139°41.2′E
4	10.2～10.10	5°16.7′～6°56.4′N	134°00.8′～135°26.9′E
5	10.17～10.26	4°01.2′～5°57.0′N	130°52.9′～133°39.8′E
6	10.31～11.8	6°22.7′～8°06.9′N	132°23.3′～133°17.3′E
7	11.10～11.23	6°10.9′～9°18.4′N	131°23.3′～135°44.8′E
8	11.26～12.7	5°09.1′～8°02.6′N	134°49.8′～136°08.2′E
9	12.9～12.19	3°06.9′～5°00.2′N	130°27.8′～133°01.0′E

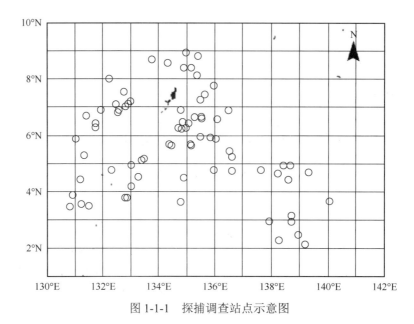

图 1-1-1　探捕调查站点示意图

　　为了便于研究，把这 9 个航次按照地理位置归类为第一航次（作业范围没有按照既定的计划）、公海渔场、中东渔场、中西渔场、北部渔场和西南渔场。其中第二、第三航次属于公海渔场，第四航次属于中东渔场，第五航次属于中西渔场，第六～八航次属于北部渔场，第九航次属于西南渔场，具体见图 1-1-2。

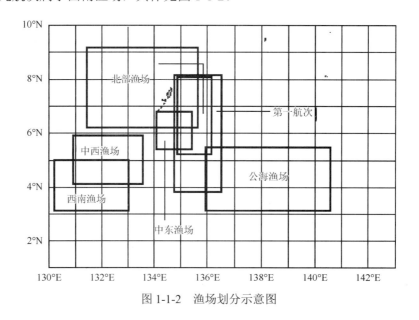

图 1-1-2　渔场划分示意图

1.1.3　调查的渔具与渔法

1.1.3.1　调查的渔具

本次调查船上原来所用的钓具结构为：浮子直径为 360mm；浮子绳直径为 6mm，长

1.2.2 数据处理方法

1.2.2.1 主要鱼种渔获量和上钩率分析

采用分航次统计的方法分析。

1.2.2.2 生物学研究

对于金枪鱼的生物学研究采用统计与回归的方法，研究叉长（FL）与加工后重（W）的关系采用幂函数回归的方法，即 $W = a\text{FL}^b$；研究加工后重（X）与原条鱼重（Y）的关系采用线性回归的方法，即 $Y = aX$。

性别、性腺成熟度、摄食种类、摄食等级等采用频率统计的方法，得出有关的频度数据。

1.2.2.3 实测钓钩深度与理论深度的关系

实测钓钩深度为微型温度深度计测定的部分钓钩在海水中的实际深度及其变化，实际深度随时间变化见图 1-1-10 和图 1-1-11。

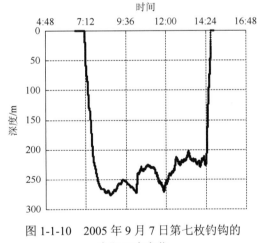

图 1-1-10 2005 年 9 月 7 日第七枚钓钩的实际深度变化

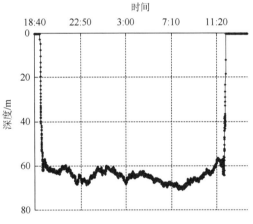

图 1-1-11 2005 年 11 月 21 日第一枚钓钩的实际深度变化

理论深度按照日本吉原有吉的钓钩深度计算公式[1]进行计算，根据钩号，按照理论钓钩深度计算方法计算得出该钩号的理论深度，即

$$D_j = h_a + h_b + l\left[\sqrt{1 + \cot^2\varphi_0} - \sqrt{\left(1 - \frac{2j}{n}\right)^2 + \cot^2\varphi_0}\right] \tag{1-1-2}$$

$$L = V_2 \times n \times t \tag{1-1-3}$$

$$l = \frac{V_1 \times n \times t}{2} \tag{1-1-4}$$

$$k = \frac{L}{2l} = \frac{V_2}{V_1} = \cot\varphi_0 \text{sh}^{-1}(\tan\varphi_0) \tag{1-1-5}$$

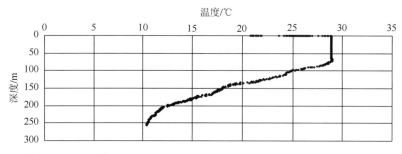

图 1-1-7　2005 年 10 月 2 日（5°59.8′N，135°20.7′E）温度垂直分布图

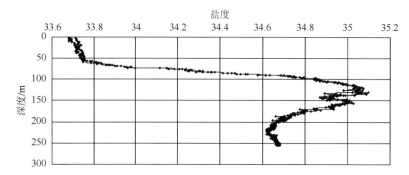

图 1-1-8　2005 年 10 月 2 日（5°59.8′N，135°20.7′E）盐度垂直分布图

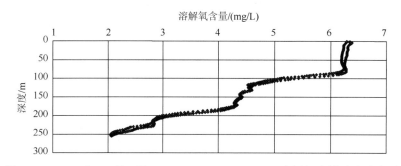

图 1-1-9　2005 年 10 月 2 日（5°59.8′N，135°20.7′E）溶解氧含量垂直分布图

温度、盐度、溶解氧含量数据的测定方法：利用多功能水质仪测定数据，通过计算机把测得的数据读出并储存，记录好相应的测定位置，取所要分析的深度处的 ±5m 内的数据的算术平均值作为其数据。

风流合压角 (γ)、钓具的漂移速度 (V_{g}) 的测定方法：利用船上的全球定位系统（GPS）记录同一浮子投出和收进的位置，计算得出这一天的漂移方向、钓具漂移速度，再计算投绳时航程较长的航向与漂移方向之间的夹角（小于 90°）——风流合压角。

大眼（黄鳍）金枪鱼的渔获率或上钩率（尾/千钩，记为 CPUE）的计算方法：观测每天的大眼（黄鳍）金枪鱼的渔获尾数 (N) 及当天的实际投放的钓钩数 (H)，利用式 (1-1-1) 计算得出。

$$CPUE = \frac{N}{H} \times 1000 \qquad (1\text{-}1\text{-}1)$$

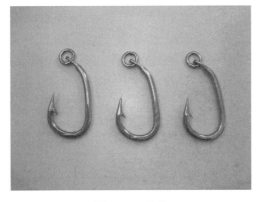

图 1-1-5　钓钩

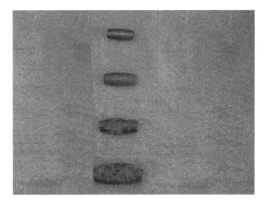

图 1-1-6　沉铅

1.1.3.2　调查的渔法

调查期间，主要有两种作业方式：

1）4:00～8:00 投绳，持续时间为 4h 左右；16:00～23:00 起绳，持续时间为 6～7h。

2）16:00～20:00 投绳，持续时间为 4h 左右，第二天 6:00～13:00 起绳，持续时间为 6～7h。具体由船长决定。

船速一般为 8～9 节、出绳速度一般为 10～11.5 节、两浮子间的钓钩数为 19 枚或 23 枚、两钓钩间的时间间隔为 9s 或 10s，具体由船长决定。一般情况下，每船每天投放船上原来所用钓钩 1000 枚左右。

投放重锤时，靠近浮子的前两枚钓钩空缺，第 3 枚钓钩换成 3 种不同重量的重锤，其他参数不变，试验钓具每种组合 60 枚，共计 960 枚。

1.2　方法

1.2.1　调查方法

本次调查对设定的调查站点进行调查，记录了每天的投绳位置、投绳开始时间、起绳开始时间、投钩数、投绳时的船速和出绳速度、两钓钩间的时间间隔、两浮子间的钓钩数、大眼金枪鱼和黄鳍金枪鱼的渔获尾数；抽样测定了大眼金枪鱼和黄鳍金枪鱼的上钩钩号、死活状态（并用电子温度计测定了死鱼的体温）、上钩时的位置；抽样鉴定了其性别、性腺成熟度（根据我国海洋调查规范分为 1～6 级）；鉴定了其摄食种类、摄食等级（根据我国海洋调查规范分为 0～4 级）；用皮尺测定了主要金枪鱼鱼种（大眼金枪鱼和黄鳍金枪鱼）的叉长，用磅秤测定了主要金枪鱼鱼种（大眼金枪鱼和黄鳍金枪鱼）的加工后重（去鳃、去内脏重），用小的台秤测定了胃含物重（各摄食种类的重量）；用微型温度深度计测定了部分钓钩在海水中的实际深度及其变化，用多功能水质仪测定了部分调查站点的水深 0～300m 处的温度、盐度、溶解氧含量的垂直分布数据，具体见图 1-1-7～图 1-1-9。

22m；干线直径为 4.0mm；支线第一段为直径 3.2mm 的硬质聚丙烯，长 1.5m 左右，第二段为 180#（直径为 1.8mm）的尼龙单丝，长 20.5m；第一段直接与第二段连接，无转环。

试验用钓具按照表 1-1-2 所列的 16 种组合进行装配，第一段与第二段用 3 种带铅转环连接，在钓钩上方加 4 种重量的沉铅并部分装配塑料荧光管。部分钓具材料见图 1-1-3～图 1-1-6。

表 1-1-2　16 种试验钓具组合

试验号	沉铅/g	带铅转环/g	重锤/kg	荧光管
1	75.0	38	1	有
2	75.0	60	2	有
3	75.0	75	5	无
4	75.0	38	1	无
5	37.5	38	5	无
6	37.5	60	1	无
7	37.5	75	1	有
8	37.5	38	2	有
9	18.75	38	1	有
10	18.75	60	5	有
11	18.75	75	2	无
12	18.75	38	1	无
13	11.25	38	2	无
14	11.25	60	1	无
15	11.25	75	1	有
16	11.25	38	5	有

图 1-1-3　套管

图 1-1-4　带铅转环

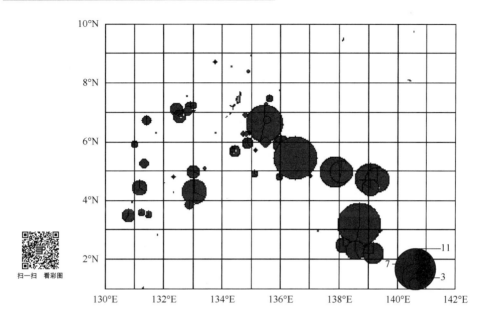

图 1-2-4　调查期间大眼金枪鱼（红色）、黄鳍金枪鱼（蓝色）日上钩率（尾/千钩）分布

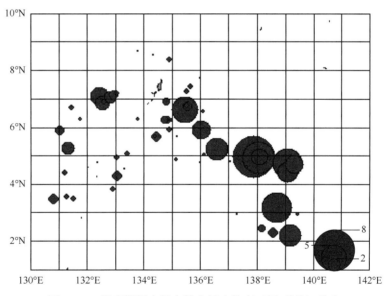

图 1-2-5　调查期间大眼金枪鱼日上钩率（尾/千钩）分布

两种鱼混合：整个调查期间平均上钩率为 2.13 尾/千钩，最小上钩率为 0.73 尾/千钩，最大上钩率为 4.80 尾/千钩（出现在第三航次）。

大眼金枪鱼：整个调查期间，其平均上钩率为 1.42 尾/千钩，最小上钩率为 0.47 尾/千钩，最大上钩率为 3.15 尾/千钩（出现在第二航次）。

黄鳍金枪鱼：整个调查期间，其平均上钩率为 0.71 尾/千钩。最小上钩率为 0.12 尾/千钩，最大上钩率为 2.83 尾/千钩（出现在第三航次）。

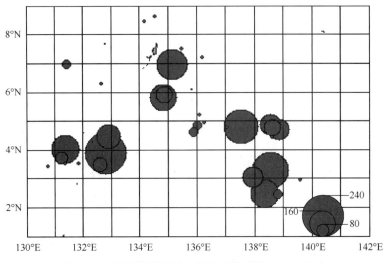

图 1-2-3　调查期间黄鳍金枪鱼日渔获量（kg）分布

1）两种鱼混合：整个调查期间平均日渔获量为 127.18kg，最小日渔获量为 0，最大日渔获量为 610kg（出现在第二航次）。

2）大眼金枪鱼：整个调查期间，其平均日渔获量为 93.82kg，最小日渔获量为 0，最大日渔获量为 450kg（出现在第二航次）。

3）黄鳍金枪鱼：整个调查期间，其平均日渔获量为 33.35kg，最小日渔获量为 0，最大日渔获量为 240kg（出现在第九航次）。

2.1.1.2　上钩率状况

9 个航次共投钩 110 563 枚，大眼金枪鱼和黄鳍金枪鱼的平均上钩率、平均总上钩率分别为 1.42 尾/千钩、0.71 尾/千钩、2.13 尾/千钩。调查期间"CFA07"船的上钩率情况见表 1-2-2。调查期间大眼金枪鱼和黄鳍金枪鱼日上钩率分布见图 1-2-4～图 1-2-6。

表 1-2-2　调查期间"CFA07"船的上钩率（尾/千钩）情况

航次	钩数/枚	大眼金枪鱼		黄鳍金枪鱼		两种鱼混合	
		尾数	上钩率	尾数	上钩率	尾数	上钩率
1	12 563	12	0.96	11	0.88	23	1.83
2	16 510	52	3.15	2	0.12	54	3.27
3	8 130	16	1.97	23	2.83	39	4.80
4	10 325	11	1.07	3	0.29	14	1.36
5	11 000	10	0.91	3	0.27	13	1.18
6	10 905	22	2.02	4	0.37	26	2.38
7	15 020	7	0.47	4	0.27	11	0.73
8	13 180	11	0.83	7	0.53	18	1.37
9	12 930	16	1.24	21	1.62	37	2.86
合计/平均	110 563	157	1.42	78	0.71	235	2.13

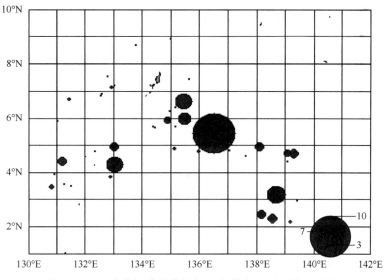

图 1-2-6　调查期间黄鳍金枪鱼日上钩率（尾/千钩）分布

2.1.2　分航次情况

2.1.2.1　渔获量状况

各个航次两种鱼混合（大眼金枪鱼和黄鳍金枪鱼）、大眼金枪鱼和黄鳍金枪鱼的平均日产量见表 1-2-3 和图 1-2-7。第二和第六航次大眼金枪鱼平均日产量较高，分别为 186.43kg、145.71kg，第七航次最低，仅为 48kg，各航次平均为 89.95kg；第九航次的黄鳍金枪鱼平均日产量最高，为 88.89kg，第四、第五航次几乎为 0，平均为 32.14kg；第二航次的两种鱼混合平均日产量最高，为 233.22kg，第五航次最低，仅为 51.11kg。

表 1-2-3　"CFA07"船分航次平均日产量

航次	平均日产量/kg		
	大眼金枪鱼	黄鳍金枪鱼	两种鱼混合
1	76.67	40.00	116.67
2	186.43	46.79	233.22
3	73.33	63.33	136.66
4	60.00	0.00	60.00
5	51.11	0.00	51.11
6	145.71	7.14	152.85
7	48.00	12.00	60.00
8	71.11	31.11	102.22
9	97.22	88.89	186.11
平均	89.95	32.14	122.09

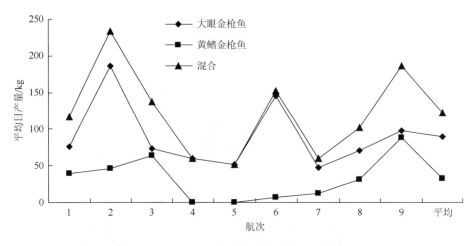

图 1-2-7 "CFA07" 船分航次平均日产量分布

2.1.2.2 上钩率状况

第二航次的大眼金枪鱼上钩率最高，为 3.15 尾/千钩，第七航次最低，仅为 0.47 尾/千钩，各航次平均为 1.42 尾/千钩；第三航次的黄鳍金枪鱼上钩率最高，为 2.83 尾/千钩，第二航次最低，仅为 0.12 尾/千钩，各航次平均为 0.71 尾/千钩；第三航次的两种鱼混合上钩率最高，为 4.80 尾/千钩，第七航次最低，仅为 0.73 尾/千钩，各航次平均为 2.13 尾/千钩。见图 1-2-8。

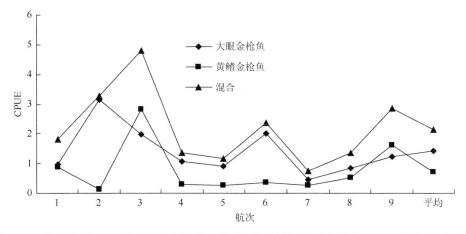

图 1-2-8 分航次 "CFA07" 船大眼金枪鱼、黄鳍金枪鱼以及两种鱼混合 CPUE（尾/千钩）分布

2.1.3 调查期间 "CFA07" 船与其他船产量、上钩率的比较

调查期间，CFA02、CFA07、CFA10、CFA11、CFA17、CFA18、CFA19、CFA20 八艘船的大眼金枪鱼、黄鳍金枪鱼的产量见表 1-2-4。

表 1-2-4　调查期间 CFA 船队各船生产状况

船名	大眼金枪鱼尾数	大眼金枪鱼产量/kg	黄鳍金枪鱼尾数	黄鳍金枪鱼产量/kg	总尾数	总产量/kg	作业次数
CFA02	258	15 623	63	2 095	321	17 718	104
CFA07	157	9 156	78	2 775	235	11 931	77
CFA10	163	9 817	27	970	190	10 787	59
CFA11	146	9 188	45	1 598	191	10 786	57
CFA17	250	15 774	71	2 444	321	18 218	105
CFA18	195	11 510	66	2 065	261	13 575	101
CFA19	173	10 670	59	1 896	232	12 566	95
CFA20	246	15 778	70	2 188	316	17 966	100
总计	1 588	97 516	479	16 031	2 067	113 547	698

"CFA20"船的大眼金枪鱼产量最高，为 15 778kg，"CFA07"船的产量最低，为 9156kg；"CFA07"船的黄鳍金枪鱼的产量最高，为 2775kg，"CFA10"船的产量最低，为 970kg；"CFA17"船的大眼金枪鱼、黄鳍金枪鱼的总产量最高，为 18 218kg，"CFA11"船的总产量最低，为 10 786kg。

总体来说，"CFA02""CFA17""CFA20"船总产量较其他船高，但是这三艘船的作业次数多，也就是捕捞努力量大，以下采取"单位捕捞努力量渔获量"进行比较，在此用"kg/千钩"（CPUE'）表示。其中，"CFA07"船的放钩数为调查期间的放钩总数，其他船每天放钩数按照 1600 枚计算。

结果如表 1-2-5 所示，"CFA10""CFA11""CFA20"船的大眼金枪鱼 CPUE'较高（大于 98kg/千钩），"CFA18""CFA19"船的 CPUE'较低（小于 80kg/千钩）；"CFA07""CFA11"船的黄鳍金枪鱼的 CPUE'相对较高（大于 17kg/千钩），"CFA10"船的 CPUE'最低（仅为 10.28kg/千钩）；"CFA10""CFA11""CFA20"船的大眼金枪鱼、黄鳍金枪鱼的 CPUE'之和较高（大于 110kg/千钩），"CFA18""CFA19"船的 CPUE'较低（小于 85kg/千钩）。

表 1-2-5　调查期间 CFA 船队各船大眼金枪鱼、黄鳍金枪鱼、两种鱼混合的 CPUE'（kg/千钩）

航次	船名	CPUE'		
		大眼金枪鱼	黄鳍金枪鱼	两种鱼混合
1	CFA02	93.89	12.59	106.48
2	CFA07	82.81	25.10	107.91
3	CFA10	103.99	10.28	114.27
4	CFA11	100.75	17.52	118.27
5	CFA17	93.89	14.55	108.44
6	CFA18	71.23	12.78	84.00
7	CFA19	70.20	12.47	82.67
8	CFA20	98.61	13.68	112.29
平均		89.69	14.95	104.64

2.2 生物学研究

2.2.1 大眼金枪鱼

调查期间对 136 尾大眼金枪鱼的叉长、加工后重（去鳃、去内脏重）、性别等数据进行了测定。雄性样本叉长为 0.92～1.62m，加工后重为 15～82kg；雌性样本叉长为 0.98～1.76m，加工后重为 20～107kg。样本总加工后重为 7738kg，样本平均加工后重为 58.62kg/尾。调查期间大眼金枪鱼渔获物的总尾数为 170 尾，取样覆盖率为 80%。

2.2.1.1 叉长与原条鱼重、叉长与加工后重、原条鱼重与加工后重的关系

整个调查期间，不分性别、雌性、雄性的大眼金枪鱼叉长与原条鱼重的关系、叉长与加工后重、原条鱼重与加工后重的关系，见图 1-2-9～图 1-2-11。

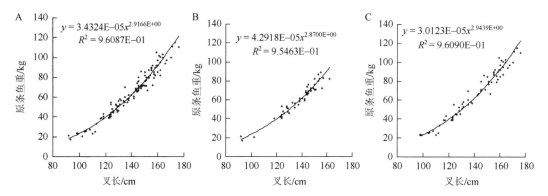

图 1-2-9 不分性别（A）、雌性（B）、雄性（C）的大眼金枪鱼叉长与原条鱼重的关系

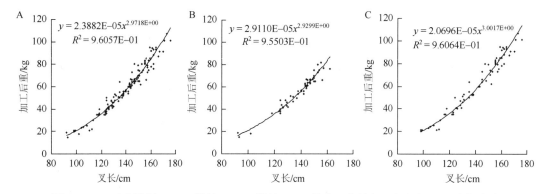

图 1-2-10 不分性别（A）、雌性（B）、雄性（C）的大眼金枪鱼叉长与加工后重的关系

由图 1-2-9 得，帕劳群岛水域内不分性别、雌性、雄性大眼金枪鱼叉长与原条鱼重的关系分别为

不分性别： $\qquad y = 3.4324 \times 10^{-5} x^{2.9166} \quad R^2 = 0.9609$ （1-2-1）

雌性： $\qquad y = 4.2918 \times 10^{-5} x^{2.8700} \quad R^2 = 0.9546$ （1-2-2）

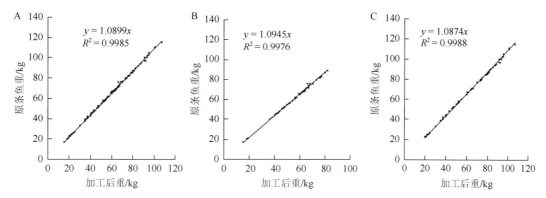

图 1-2-11　不分性别（A）、雌性（B）、雄性（C）的大眼金枪鱼原条鱼重与加工后重的关系

雄性：　　　　　　　　　　$y = 3.0123 \times 10^{-5} x^{2.9439}$　　$R^2 = 0.9609$　　　　　　　（1-2-3）

式中，y 表示原条鱼重；x 表示叉长。

由图 1-2-10 得，帕劳群岛水域内不分性别、雌性、雄性大眼金枪鱼叉长与加工后重的关系分别为

不分性别：　　　　　　　$y = 2.3882 \times 10^{-5} x^{2.9718}$　　$R^2 = 0.9606$　　　　　　（1-2-4）

雌性：　　　　　　　　　$y = 2.9110 \times 10^{-5} x^{2.9299}$　　$R^2 = 0.9550$　　　　　　（1-2-5）

雄性：　　　　　　　　　$y = 2.0696 \times 10^{-5} x^{3.0017}$　　$R^2 = 0.9606$　　　　　　（1-2-6）

式中，y 表示加工后重；x 表示叉长。

由图 1-2-11 得，帕劳群岛水域内不分性别、雌性、雄性大眼金枪鱼原条鱼重与加工后重的关系分别为

不分性别：　　　　　　　　$y = 1.0899x$　　$R^2 = 0.9985$　　　　　　　　　（1-2-7）

雌性：　　　　　　　　　　$y = 1.0945x$　　$R^2 = 0.9976$　　　　　　　　　（1-2-8）

雄性：　　　　　　　　　　$y = 1.0874x$　　$R^2 = 0.9988$　　　　　　　　　（1-2-9）

式中，y 表示原条鱼重；x 表示加工后重。

2.2.1.2　叉长分布

调查期间，共测定了 136 尾大眼金枪鱼的叉长，最小叉长为 92cm，最大叉长为 176cm，平均叉长为 139.5cm，其中 120～160cm 占多数，为 76.9%。整个调查期间的大眼金枪鱼叉长分布见图 1-2-12。

2.2.1.3　性别比例

整个调查期间测得的 136 尾大眼金枪鱼中，雄性 77 尾，雌性 58 尾，雄性与雌性的性别比例约为 1.33∶1，另有 1 尾未作鉴定。叉长 120cm 以下的大眼金枪鱼雌性占 29.4%；叉长 1.20～1.40m 的个体雌性占 44.2%；叉长 1.40m 以上的个体雌性占 45.3%。

大眼金枪鱼叉长 120cm 以下的群体中雄性个体所占比例相对较高。随着叉长的增加，雌性比例有所增加，这种情况与印度洋、大西洋的相反，但是雄性比例始终大于雌性比例，如图 1-2-13 所示。

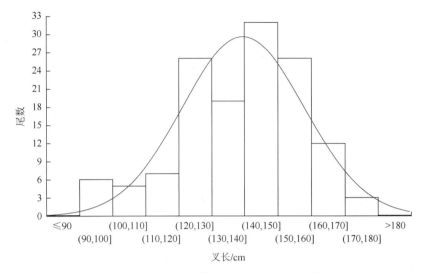

图 1-2-12 整个调查期间大眼金枪鱼叉长分布

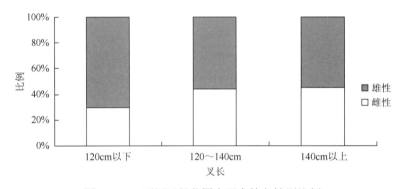

图 1-2-13 不同叉长范围大眼金枪鱼性别比例

2.2.1.4 摄食

共测定了 131 尾大眼金枪鱼的摄食情况，摄食等级为 0 级的比例最高，为 64 尾，其次 1 级为 35 尾，2 级、3 级和 4 级相对较少（分别为 16 尾、15 尾、1 尾），如图 1-2-14 所示。大眼金枪鱼摄食比较广泛，对 115 尾大眼金枪鱼的摄食种类进行统计，得出其摄食种类以鱿鱼为主，鱿鱼出现了 43 次，杂鱼也占了较大的比例，出现了 31 次，具体见图 1-2-15。

2.2.1.5 成熟度

整个调查期间共测了 132 尾大眼金枪鱼的性腺成熟度，其中雄性 74 尾，雌性 57 尾，其中 1 尾未作鉴定。成熟度 1～6 级都有分布，其中成熟度 4 级和 5 级占了大部分，为 89 尾，其中成熟度 5 级的比例最高，为 56 尾，如图 1-2-16 所示。

雌性大眼金枪鱼成熟度以 3、4 级为主，共占 63.16%，而雄性以 4 级和 5 级为主，共占 80%，具体如图 1-2-17 所示。

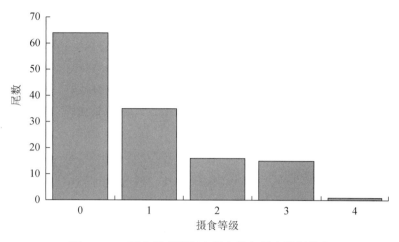

图 1-2-14 整个调查期间大眼金枪鱼摄食等级分布

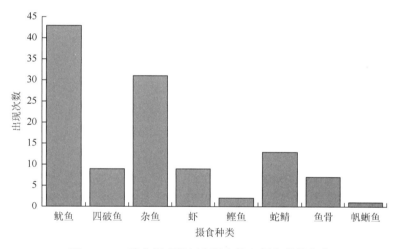

图 1-2-15 整个调查期间大眼金枪鱼摄食种类分布

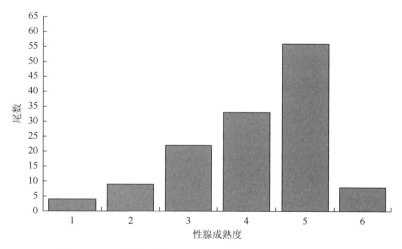

图 1-2-16 整个调查期间大眼金枪鱼的性腺成熟度分布

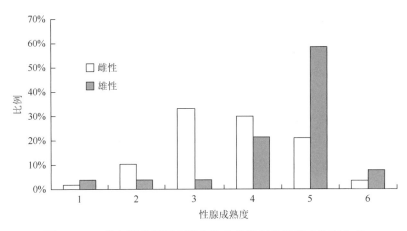

图 1-2-17　整个调查期间大眼金枪鱼分性别的性腺成熟度分布

2.2.1.6　死活状况

整个调查期间共观测了 135 尾大眼金枪鱼捕捞到甲板上时的死活状况，不分性别、雄性和雌性的死活状况见表 1-2-6。

表 1-2-6　分性别大眼金枪鱼死活状况

性别	状态	尾数	百分比
不分性别	活	114	84.44%
	死	21	15.56%
雄	活	64	83.12%
	死	13	16.88%
雌	活	50	86.21%
	死	8	13.79%

2.2.2　黄鳍金枪鱼

调查期间对 61 尾黄鳍金枪鱼的叉长、加工后重（去鳃、去内脏重）、性别等数据进行了测定，其中雄性 44 尾，雌性 16 尾，雄性与雌性的性别比例为 2.75：1，另外 1 尾未作鉴定。总样本叉长为 101～146cm，加工后重为 16～61kg。雄性样本叉长为 101～146cm，加工后重为 16～61kg。雌性样本叉长为 105～139cm，加工后重为 20～45kg。调查期间黄鳍金枪鱼渔获总尾数为 109 尾，取样覆盖率为 55.96%。

2.2.2.1　叉长与原条鱼重、叉长与加工后重、原条鱼重与加工后重的关系

整个调查期间，黄鳍金枪鱼叉长与原条鱼重、叉长与加工后重、原条鱼重与加工后重的关系，分别见图 1-2-18。

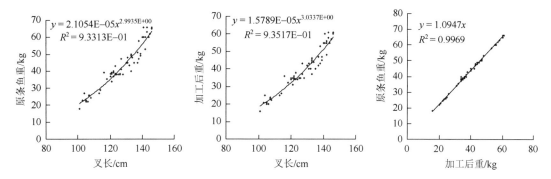

图 1-2-18　黄鳍金枪鱼叉长与原条鱼重、加工后重，原条鱼重与加工后重的关系

由图 1-2-18 得，叉长与原条鱼重的关系为

$$y = 2.1054 \times 10^{-5} x^{2.9935} \quad R^2 = 0.9331 \qquad （1-2-10）$$

式中，y 为原条鱼重；x 为叉长。

叉长与加工后重的关系为

$$y = 1.5789 \times 10^{-5} x^{3.0337} \quad R^2 = 0.9352 \qquad （1-2-11）$$

式中，y 为加工后重；x 为叉长。

原条鱼重与加工后重的关系为

$$y = 1.0947x \quad R^2 = 0.9969 \qquad （1-2-12）$$

式中，y 为原条鱼重；x 为加工后重。

2.2.2.2　叉长分布

整个调查期间，共测定了 61 尾黄鳍金枪鱼的叉长，最小叉长为 101cm，最大叉长为 146cm，平均叉长为 127.0cm，以中等到大个体群体为主。其中叉长在 120～145cm 占多数，为 44 尾。叉长在 120～125cm 占比较高，为 12 尾。整个调查期间黄鳍金枪鱼的叉长分布见图 1-2-19。

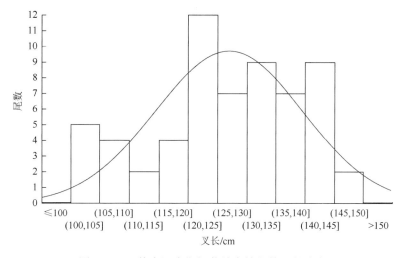

图 1-2-19　整个调查期间黄鳍金枪鱼的叉长分布

2.2.2.3 性别比例

调查期间，共测得 65 尾黄鳍金枪鱼的性别，其中雌性 19 尾，占 29.2%；雄性 46 尾，占 70.8%，雄性比例远大于雌性比例，雄性与雌性的性别比例约为 2.42∶1。具体见图 1-2-20。

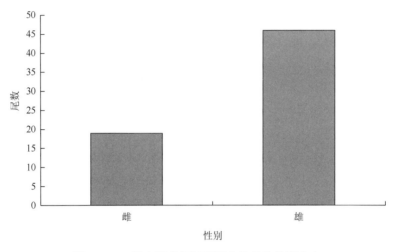

图 1-2-20 整个调查期间黄鳍金枪鱼的性别分布

2.2.2.4 成熟度

整个调查期间共测了 66 尾黄鳍金枪鱼的性腺成熟度，其中雄性 46 尾，雌性 19 尾，另有 1 尾未作鉴定。成熟度分布在 2～6 级，无 1 级。其中成熟度 4 级的比例最高，26 尾，占 40%，余下依次为 5 级、3 级、6 级和 2 级（图 1-2-21）。3 级和 4 级的雌性黄鳍金枪鱼共 17 尾，占 89.47%，而 4 级和 5 级的雄性共 34 尾，占 73.91%（图 1-2-22）。

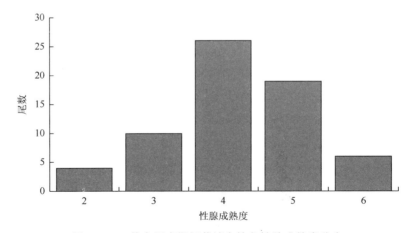

图 1-2-21 整个调查期间黄鳍金枪鱼性腺成熟度分布

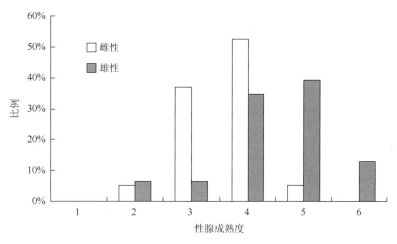

图 1-2-22 整个调查期间黄鳍金枪鱼分性别的性腺成熟度分布

2.2.2.5 摄食

整个调查期间共观测了 64 尾黄鳍金枪鱼，绝大部分的摄食等级为 0 级、1 级和 2 级（分别为 40.63%、28.13%、18.75%），共占 87.5%，3 级、4 级和 5 级较少，如图 1-2-23 所示。黄鳍金枪鱼摄食比较广泛，对 55 尾黄鳍金枪鱼的摄食种类进行统计，以杂鱼出现频率最高，为 13 次，其次为鱿鱼，为 12 次。如图 1-2-24 所示。

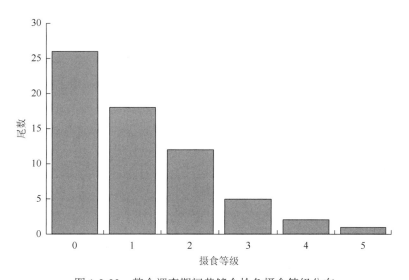

图 1-2-23 整个调查期间黄鳍金枪鱼摄食等级分布

2.2.2.6 死活状况

整个调查期间共观测了 66 尾黄鳍金枪鱼捕捞到甲板上时的死活状况，不分性别、雄性和雌性的死活状况见表 1-2-7，以活体为主，但活体的比例比大眼金枪鱼要低。

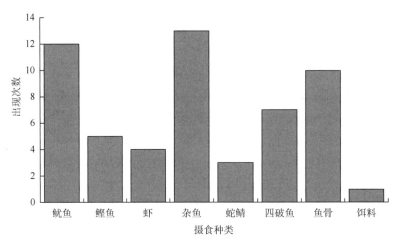

图 1-2-24 整个调查期间黄鳍金枪鱼摄食种类分布

表 1-2-7 分性别黄鳍金枪鱼死活状况

性别	状态	尾数	百分比
不分性别	活	35	53.03%
	死	31	46.97%
雄	活	24	51.06%
	死	23	48.94%
雌	活	11	57.89%
	死	8	42.11%

2.3 渔具的比较试验

2.3.1 调查期间船用钓具、试验钓具的上钩率比较

调查期间船用钓具和试验钓具的大眼金枪鱼（BET）、黄鳍金枪鱼（YFT）和两种鱼合计（MIX）的总体平均上钩率分别为 0.97 尾/千钩、0.67 尾/千钩、1.64 尾/千钩；1.38 尾/千钩、0.62 尾/千钩、2.00 尾/千钩，试验钓具大眼金枪鱼的上钩率明显高于船用钓具，但是黄鳍金枪鱼的上钩率略低于船用钓具（表 1-2-8）。

表 1-2-8 调查期间试验钓具和船用钓具的总体平均上钩率（尾/千钩）

船用钓具			试验钓具		
BET	YFT	MIX	BET	YFT	MIX
0.97	0.67	1.64	1.38	0.62	2.00

从第四航次开始，钓具试验全面展开。第七航次捕获 6 尾大眼金枪鱼、4 尾黄鳍金枪鱼，产量非常低，数据统计存在很大的偶然性；第九航次作业过程中，投绳速度指示仪故

障，且钓具顺序被打乱。因此在比较船用钓具与试验钓具上钩率时，排除这两个航次。结果显示，在剩下的 4 个航次中，试验钓具的大眼金枪鱼的上钩率均大于船用钓具，初步认为试验钓具在捕获大眼金枪鱼时存在优势；另外，除第四、第五航次外，其余两个航次试验钓具的黄鳍金枪鱼的上钩率低于船用钓具。具体见表 1-2-9。

表 1-2-9　调查期间船用钓具、试验钓具的上钩率（尾/千钩）比较

航次	4			5			6		
鱼种	BET	YFT	MIX	BET	YFT	MIX	BET	YFT	MIX
船用钓具	0.91	0.00	0.91	0.88	0.13	1.01	1.52	0.76	2.28
试验钓具	1.34	0.80	2.14	1.63	0.65	2.29	3.33	0.00	3.33
航次	7			8			9		
鱼种	BET	YFT	MIX	BET	YFT	MIX	BET	YFT	MIX
船用钓具	0.55	0.27	0.82	0.70	1.10	1.80	1.44	1.55	2.99
试验钓具	0.24	0.24	0.49	1.25	0.00	1.25	1.02	1.79	2.82

以下是运用方差分析来判别两种钓具上钩率的高低，当 $0.05 < P < 0.1$ 时，称为一般显著；当 $0.01 < P < 0.05$ 时，称为显著；当 $P < 0.01$ 时，称为非常显著。所用数据为第四、第五、第六、第八 4 个航次每天的上钩率数据，因为黄鳍金枪鱼数量过少，仅对大眼金枪鱼的上钩率进行分析（表 1-2-10）。

表 1-2-10　4 个航次每天的上钩率（尾/千钩）数据（大眼金枪鱼）

航次	试验钓具	船用钓具	航次	试验钓具	船用钓具
4	0	1.1236	6	0	0
	2.1186	1.2077		4.5455	3.5398
	2.1882	1.2300		6.8807	1.7794
	0	0		0	1.7809
	0	0		4.9261	1.7182
	6.3425	0		2.5000	0.9009
	0	1.2642		2.5840	0
	0	2.5000		5.2632	0
5	4.3478	0.8547		2.6738	0.9124
	2.1882	2.6247		0	2.7199
	0	0.9191	8	0	0
	0	0.8795		0	0
	0	0.8826		0	0.9083
	4.7506	0		0	1.7683
	0	0		0	0
6	4.4543	0.8921			

结果如表 1-2-11 所示，因此，试验钓具与船用钓具大眼金枪鱼的上钩率存在差异（$P<0.1$），试验钓具上钩率高于船用钓具。

表 1-2-11　方差分析：单因素方差分析（船用钓具与试验钓具的比较）

组	观测数	求和	平均	方差	
行 1	31	55.7635	1.7988	5.1782	
行 2	31	30.4064	0.9809	0.9295	
方差分析					
差异源	平方和（S）	自由度（df）	均方和（V）	F 比	P 值
组间	10.3707	1	10.3707	3.3960	0.0703
组内	183.2305	60	3.0538		
总计	193.6013	61			

$F_{0.1}(1, 60) = 2.79$

2.3.2　不同海流下试验钓具与船用钓具上钩率的比较

海流分为两个等级：0～0.4 节、0.4（含）节以上。

1）漂移速度为 0～0.4 节时。大眼金枪鱼、黄鳍金枪鱼的上钩率情况见图 1-2-25，由此得出：船用钓具大眼金枪鱼上钩率（0.97 尾/千钩）比试验钓具（1.89 尾/千钩）低；黄鳍金枪鱼的船用钓具上钩率（0.55 尾/千钩）比试验钓具（0.24 尾/千钩）高。

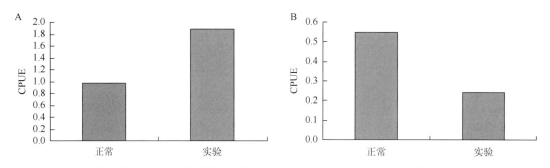

图 1-2-25　漂移速度为 0～0.4 节时船用钓具（正常）和试验钓具（实验）上钩率（尾/千钩）比较
A. 大眼金枪鱼；B. 黄鳍金枪鱼

2）漂移速度为 0.4（含）节以上时。大眼金枪鱼、黄鳍金枪鱼的 CPUE 情况见图 1-2-26，由此得出：船用钓具大眼金枪鱼（1.06 尾/千钩）、黄鳍金枪鱼（0.36 尾/千钩）的上钩率均比试验钓具（大眼金枪鱼 1.31 尾/千钩、黄鳍金枪鱼 0.88 尾/千钩）低。

从以上可得出，对于大眼金枪鱼来说，试验钓具的上钩率始终高于船用钓具，这可能是试验钓具自身重量使其能够在水中保持较好的姿态所致，但是随着流速的增大，上钩率提高幅度减小，这也说明了钓具本身重量仍然较轻，受海流的影响较大，如果想进一步提高大眼金枪鱼的上钩率，应考虑在干线上挂沉子，如水泥块或铅块。黄鳍金枪鱼处于较浅的水域，与船用钓具相比，试验钓具的上钩率随海流的增加先下降（0～0.4 节）后上升 [0.4（含）节以上]，这一情况也恰恰证明了上述分析。但是，随着沉子的增加，黄鳍金枪鱼的上钩率可能有所减少。

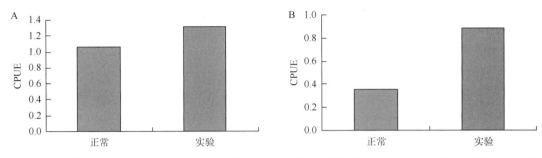

图 1-2-26 漂移速度为 0.4（含）节以上时船用钓具（正常）和试验钓具（实验）上钩率（尾/千钩）比较

A. 大眼金枪鱼；B. 黄鳍金枪鱼

2.3.3 试验钓具的选择

按照正交表 $L_{16}(4^3 \times 2^6)$，采用拟水平法设计 16 种钓具组合，具体如表 1-2-12 所示。从中找出最适合捕获大眼金枪鱼的组合。

表 1-2-12 16 种试验钓具组合

试验号	A	B	C	D
	沉铅/g	带铅转环/g	重锤/kg	荧光管
1	75.0	38	1	有
2	75.0	60	2	有
3	75.0	75	5	无
4	75.0	38	1	无
5	37.5	38	5	无
6	37.5	60	1	无
7	37.5	75	1	有
8	37.5	38	2	有
9	18.75	38	1	有
10	18.75	60	5	有
11	18.75	75	2	无
12	18.75	38	1	无
13	11.25	38	2	无
14	11.25	60	1	无
15	11.25	75	1	有
16	11.25	38	5	有

由表 1-2-13 可知，对因子 A，A_3 水平最好；对因子 B，B_1 水平最好，对因子 C，C_2 水平最好，对因子 D，D_2 水平最好，其最佳组合为 $A_3 B_1 C_2 D_2$，即沉铅 18.75g、转环 38g、重锤 2kg、无荧光管的组合。但是由于重锤投放次数过少，因此设计钓具时可以不考虑重锤因素。由表 1-2-14 可知，只有因子 D 对大眼金枪鱼上钩率有显著影响。

表 1-2-13　正交试验设计分析计算表

表头设计	A	B		C		D						CPUE
	1	2'	2	3'	3	4						
1	1	1	1	1	1	1	1	1	1	1	1	0.91
2	1	2	2	2	2	1	1	2	2	2	2	1.72
3	1	3	3	3	3	2	2	1	1	2	2	1.72
4	1	1	4	1	4	2	2	2	2	1	1	0.93
5	2	1	1	2	2	2	2	1	2	1	2	0.87
6	2	2	2	1	1	2	2	2	1	2	1	0.95
7	2	3	3	1	4	1	1	1	2	2	1	0.00
8	2	1	4	3	3	1	1	2	1	1	2	0.00
9	3	1	1	3	3	1	2	2	2	1	1	1.23
10	3	2	2	1	4	1	2	1	1	1	2	0.63
11	3	3	3	1	1	2	1	2	2	1	2	1.67
12	3	1	4	2	2	2	1	1	1	2	1	3.93
13	4	1	1	1	4	2	1	2	1	2	2	3.10
14	4	2	2	2	3	2	1	1	2	1	1	1.28
15	4	3	3	2	2	1	2	2	1	1	1	1.26
16	4	1	4	1	1	1	2	1	2	2	2	0.63
I$_j$	5.29	11.61	6.11	8.82	4.16	6.39	12.62	9.98	12.50	7.56	10.50	$T = 20.85$
II$_j$	1.81	4.59	4.59	7.79	7.79	14.45	8.23	10.87	8.35	13.29	10.35	$S_t = 15.45$
III$_j$	7.47	4.65	4.65	4.24	4.24							$\sum_{j=1}^{9} S_j = 15.53$
IV$_j$	6.27		5.50		4.67							
S$_j$	4.44	0.35	0.40	2.21	2.24	4.06	1.20	0.05	1.08	2.05	0.00	
最优	III	I		II		II						

注：T 表示水平总和；S_t 表示总变差平方和；S_j 表示组内变差平方和；j 表示试验次数

表 1-2-14　方差分析表

来源	平方和（S）	自由度（df）	均方和（V）	F 比	显著性
A	4.44	3	1.48	2.33	不显著
B	0.35	2	0.18	0.27	不显著
C	2.21	2	1.11	1.74	不显著
D	4.06	1	4.06	6.38	显著
e	4.46	7	0.64		
T	15.45	15			

$F_{0.05}(3, 7) = 4.35$，$F_{0.05}(2, 7) = 4.74$，$F_{0.05}(1, 7) = 5.59$

在实际生产中，因为种种原因，重锤的试验次数过少，但是本次正交试验设计时，前提条件为各因子间不存在交互作用，因此重锤（也就是 C 因子）数据的缺失不会对其他因子的分析产生影响，所以除 C 因子外，其他各因子最佳组合仍为 $A_3 B_1 D_2$。

2.4 渔法的比较试验

据国外研究显示，大眼金枪鱼黎明时分潜至 300m 左右的水深，黄昏时上浮到 100m 内的水层。另外，据渔民反映，每个月的月圆前后几天大眼金枪鱼的上钩率较高。本部分通过比较月光天与月黑天、不同作业时间之间的大眼金枪鱼和黄鳍金枪鱼以及总的上钩率之间的差异，找出比较适合该海域的作业方式。

数据来自 2005 年（1～11 月）CFA 船队（包括 CFA02、CFA07、CFA10、CFA11、CFA17、CFA18、CFA19、CFA20 八艘船）的全部生产记录。

2.4.1 月光天与月黑天之间的差异

计算出月光天与月黑天的上钩率，根据方差分析方法确定两个时间段的上钩率之间是否存在差异性。如果存在差异性，说明月光对大眼金枪鱼的上钩率有影响；反之，则没有影响。两个时期的大眼金枪鱼、黄鳍金枪鱼及总的上钩率见表 1-2-15、表 1-2-16，方差分析结果见表 1-2-17～表 1-2-19。

表 1-2-15 月光天大眼金枪鱼、黄鳍金枪鱼 CPUE（尾/千钩）及总 CPUE

时间（2005 年）	大眼金枪鱼 CPUE	黄鳍金枪鱼 CPUE	总 CPUE
1.08～1.22	0.95	0.31	1.26
2.08～2.22	2.00	1.31	3.31
3.08～3.22	1.86	1.31	3.16
4.08～4.22	1.54	3.01	4.55
5.08～5.22	1.56	3.24	4.80
6.08～6.22	1.13	2.12	3.25
7.08～7.22	1.44	0.55	1.98
8.08～8.22	1.75	0.73	2.48
9.08～9.22	0.97	0.59	1.56
10.08～10.22	1.24	0.43	1.67
11.08～11.22	1.34	0.51	1.85

表 1-2-16 月黑天大眼金枪鱼、黄鳍金枪鱼 CPUE（尾/千钩）及总 CPUE

时间（2005 年）	大眼金枪鱼 CPUE	黄鳍金枪鱼 CPUE	总 CPUE
1.23～2.07	1.21	0.64	1.84
2.23～3.07	1.25	1.11	2.36
3.23～4.07	1.09	2.14	3.23
4.23～5.07	1.72	6.19	7.92
5.23～6.07	1.16	2.20	3.36
6.23～7.07	1.81	1.45	3.27

续表

时间（2005 年）	大眼金枪鱼 CPUE	黄鳍金枪鱼 CPUE	总 CPUE
7.23～8.07	1.84	0.53	2.36
8.23～9.07	1.41	0.22	1.63
9.23～10.07	1.73	0.26	1.98
10.23～11.07	1.25	0.62	1.86
11.23～11.27	0.85	0.40	1.25

表 1-2-17　月光天与月黑天大眼金枪鱼上钩率方差分析结果

组	观测数	求和	平均	方差	
行 1	11	15.7874	1.4352	0.1215	
行 2	11	15.3058	1.3914	0.1119	
方差分析					
差异源	平方和（S）	自由度（df）	均方和（V）	F 比	P 值
组间	0.0105	1	0.0105	0.0904	0.7668
组内	2.3338	20	0.1167		
总计	2.3443	21			

$F_{0.05}(1, 20) = 4.35$

表 1-2-18　月光天与月黑天黄鳍金枪鱼上钩率方差分析结果

组	观测数	求和	平均	方差	
行 1	11	14.0812	1.2801	1.1125	
行 2	11	15.7606	1.4328	2.9864	
方差分析					
差异源	平方和（S）	自由度（df）	均方和（V）	F 比	P 值
组间	0.1282	1	0.1282	0.0625	0.8051
组内	40.9887	20	2.0494		
总计	41.1169	21			

$F_{0.05}(1, 20) = 4.35$

表 1-2-19　月光天与月黑天总上钩率方差分析结果

组	观测数	求和	平均	方差	
行 1	11	29.8686	2.7153	1.4451	
行 2	11	31.0663	2.8242	3.3501	
方差分析					
差异源	平方和（S）	自由度（df）	均方和（V）	F 比	P 值
组间	0.0652	1	0.0652	0.0272	0.8707
组内	47.9517	20	2.3976		
总计	48.0169	21			

$F_{0.05}(1, 20) = 4.35$

结果显示，大眼金枪鱼、黄鳍金枪鱼及总的 CPUE 在两个时期内没有显著性差异（P_{BET} = 0.77；P_{YFT} = 0.81；P_{MIX} = 0.87），因此应该摒弃月黑天不适合捕捞大眼金枪鱼的传统思想。

2.4.2　每天不同作业时间的差异

在一天中，大眼金枪鱼存在两个觅食高峰，一个在凌晨，另一个在傍晚，因此相应出现两种作业时间不同的生产方式：①凌晨至上午投绳，下午至晚上起绳；②下午至晚上投绳，凌晨至早上起绳。本研究选取 2:00～8:00 和 14:00～20:00 两个时间段内投绳所对应的 CPUE，根据方差分析方法进行比较，从中选取适合该海域的作业时间及其方式。两个投绳时间段所对应的大眼金枪鱼、黄鳍金枪鱼及总的上钩率见表 1-2-20 和表 1-2-21，方差分析结果见表 1-2-22～表 1-2-24。

表 1-2-20　2:00～8:00 投绳时大眼金枪鱼、黄鳍金枪鱼 CPUE（尾/千钩）及总 CPUE

月份	放钩时间	大眼金枪鱼 CPUE	黄鳍金枪鱼 CPUE	总 CPUE
2	2:00～8:00	1.09	0.61	1.70
3	2:00～8:00	1.38	1.17	2.55
4	2:00～8:00	1.77	1.18	2.95
5	2:00～8:00	1.26	3.09	4.35
6	2:00～8:00	1.82	5.25	7.07
7	2:00～8:00	1.22	3.11	4.33
8	2:00～8:00	2.22	1.59	3.81
9	2:00～8:00	3.14	0.97	4.11
10	2:00～8:00	1.61	0.53	2.14
11	2:00～8:00	2.00	0.45	2.45
12	2:00～8:00	1.59	0.69	2.28

表 1-2-21　14:00～20:00 投绳时大眼金枪鱼、黄鳍金枪鱼 CPUE（尾/千钩）及总 CPUE

月份	投绳时间	大眼金枪鱼 CPUE	黄鳍金枪鱼 CPUE	总 CPUE
2	14:00～20:00	0.71	0.16	0.87
3	14:00～20:00	1.67	0.86	2.53
4	14:00～20:00	1.41	0.61	2.02
5	14:00～20:00	1.43	2.44	3.87
6	14:00～20:00	1.25	4.10	5.35
7	14:00～20:00	1.32	0.78	2.10
8	14:00～20:00	1.52	0.63	2.15
9	14:00～20:00	1.33	0.45	1.78
10	14:00～20:00	1.06	0.28	1.34
11	14:00～20:00	1.03	0.40	1.43
12	14:00～20:00	1.00	0.47	1.47

表 1-2-22　2:00～8:00 与 14:00～20:00 投绳时大眼金枪鱼上钩率方差分析结果

组	观测数	求和	平均	方差	
行 1	11	19.1	1.7364	0.3357	
行 2	11	13.73	1.2482	0.0757	
方差分析					
差异源	平方和（S）	自由度（df）	均方和（V）	F 比	P 值
组间	1.3108	1	1.3108	6.3713	0.0202
组内	4.1146	20	0.2057		
总计	5.4254	21			

$F_{0.05}(1, 20) = 4.35$

表 1-2-23　2:00～8:00 与 14:00～20:00 投绳时黄鳍金枪鱼上钩率方差分析结果

组	观测数	求和	平均	方差	
行 1	11	18.64	1.6945	2.2758	
行 2	11	11.18	1.0164	1.4205	
方差分析					
差异源	平方和（S）	自由度（df）	均方和（V）	F 比	P 值
组间	2.5296	1	2.5296	1.3687	0.2558
组内	36.9633	20	1.8482		
总计	39.4930	21			

$F_{0.05}(1, 20) = 4.35$

表 1-2-24　2:00～8:00 与 14:00～20:00 投绳时总上钩率方差分析结果

组	观测数	求和	平均	方差	
行 1	11	37.74	3.4309	2.3457	
行 2	11	24.91	2.2645	1.6630	
方差分析					
差异源	平方和（S）	自由度（df）	均方和（V）	F 比	P 值
组间	7.4822	1	7.4822	3.7329	0.0676
组内	40.0876	20	2.0044		
总计	47.5698	21			

$F_{0.1}(1, 20) = 2.97$

结果显示，不同投绳时间所对应的大眼金枪鱼上钩率存在显著性差异（$P_{\mathrm{BET}} = 0.05$），总上钩率也存在差异（$P_{\mathrm{MIX}} = 0.1$），对于黄鳍金枪鱼不存在差异（$P_{\mathrm{YFT}} = 0.26$）。在 2:00～8:00 投绳时，大眼金枪鱼上钩率为 1.74 尾/千钩，总上钩率为 3.43 尾/千钩；在 14:00～20:00 投绳时，大眼金枪鱼上钩率为 1.25 尾/千钩，总上钩率为 2.26 尾/千钩。因此，实际作业时应该选择 2:00～8:00 作为投绳开始时间，来提高上钩率。图 1-2-27 为分小时投绳对应的平均上钩率。从中可以明显地看出投绳开始时间在 0:00～11:00 时，总上钩率普遍大于其他时间对应的上钩率，其中又以 4:00～5:00 最高，大眼金枪鱼上钩率为 2.15 尾/千钩，总上钩率为 5.11 尾/千钩，因此，建议把这一时间段作为最佳投绳时间段。

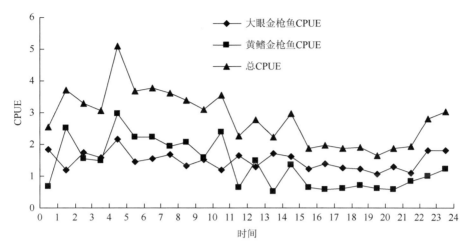

图 1-2-27　分小时投绳时大眼金枪鱼、黄鳍金枪鱼 CPUE（尾/千钩）及总 CPUE

2.5　实测钓钩深度与理论深度的关系

作业时，由于受风、海流等多方面因素的影响，钓具实际所能达到的深度通常小于按照理论深度计算公式得出的深度。本部分的目的在于使渔民在各种海流条件下，通过改变作业参数以及作业方式来控制钓具所能达到的实际深度。

2.5.1　不同海流下实测钓钩深度与理论深度的关系

海流是影响钓钩深度的最重要因素。本部分仅对海流与钓钩深度的关系进行分析。海流分为 3 个等级：0～0.4 节、0.4（含）～0.8 节和 0.8（含）～2.58 节。根据调查期间测得的不同海流情况下的 175 枚钩（包括船用钓具和试验钓具）的实际深度数据，运用线性回归方法，得出以下结论。

流速为 0～0.4 节时（图 1-2-28）：

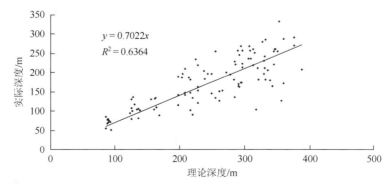

图 1-2-28　流速为 0～0.4 节时钓具理论深度与实际深度的关系

$$y = 0.7022x \quad R^2 = 0.6364 \tag{1-2-13}$$

式中，y 为实际深度；x 为理论深度，下同。

流速为 0.4（含）～0.8 节时（图 1-2-29）：

$$y = 0.6914x \quad R^2 = 0.7247 \tag{1-2-14}$$

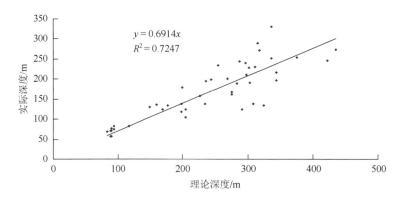

图 1-2-29　流速为 0.4（含）～0.8 节时钓具理论深度与实际深度的关系

流速为 0.8（含）～2.58 节时（图 1-2-30）：

$$y = 0.4722x \quad R^2 = 0.4537 \tag{1-2-15}$$

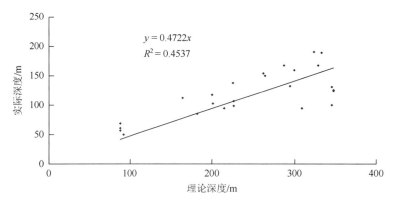

图 1-2-30　流速为 0.8（含）～2.58 节时钓具理论深度与实际深度的关系

2.5.2　拟合钓钩深度的计算模型

运用 SPSS 软件[2]，采用多元线性逐步回归的方法建立 2005 年 8 月 14 日至 12 月 19 日测定的 175 枚钓钩的实际平均深度 ($\bar{D}$) 与理论深度 (D_T) 的关系模型。本研究认为，钓钩所能达到的实际平均深度主要受到钓具漂移速度 (V_g)、风速 (V_w)、风向 (C_w)、风流合压角 (γ)、风舷角 (Q_w) 等因素的影响，且钓钩的深度是在不断变化的，在一定的范围内波动。其中，钓具漂移速度是指钓具在风、海流的合力作用下，钓具在海中的对地漂移的速度；风速部分为风速仪测得的风速，部分根据估计的风力等级换算得出；风向为用罗经测得的风吹来的方向；风流合压角是指钓具在海中的漂移方向与投绳航向之间的夹角（0°～90°）；风舷角是指风向与投绳航向之间的夹角（0°～90°）。

$$设：Y = b_0 + b_1X_1 + b_2X_2 + b_3X_3 + b_4X_4 + b_5X_5 \tag{1-2-16}$$

式中，Y 为实际平均深度；X_1 为理论深度；X_2 为漂移速度；X_3 为风舷角；X_4 为风流合压角；X_5 为理论深度，得回归模型为

$$Y = 60.07 - 36.14X_2 - 0.42X_3 + 0.57X_5 \tag{1-2-17}$$

相关系数 $R = 0.8387$；F 值 $= 135.1938$；显著水平 $P = 0$；剩余标准差 $S = 36.3804$。

2.6　大眼（黄鳍）金枪鱼的钓获水层、水温、盐度、溶解氧含量

2.6.1　大眼金枪鱼

调查期间，共测定 130 尾大眼金枪鱼的上钩钩号。分析大眼金枪鱼 CPUE 与水层、水温、盐度的关系时，用到所有的 130 尾鱼；分析大眼金枪鱼的 CPUE 与溶解氧含量关系时，用到其中的 122 尾（因第一航次未测得溶解氧含量数据）。

2.6.1.1　大眼金枪鱼 CPUE 与水层的关系

整个调查期间大眼金枪鱼 CPUE 与水层的关系见图 1-2-31。

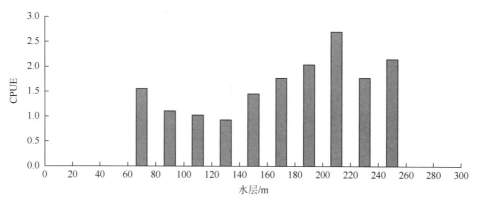

图 1-2-31　整个调查期间大眼金枪鱼的 CPUE（尾/千钩）与水层的关系

从图 1-2-31 可以得出：大眼金枪鱼 CPUE 较高（1.76 尾/千钩以上）的水层（拟合）为 160～260m，在 60～160m 呈现马鞍形状。大眼金枪鱼 CPUE 最高（2.7 尾/千钩）的水层（拟合）为 200～220m。

2.6.1.2　大眼金枪鱼 CPUE 与水温的关系

整个调查期间大眼金枪鱼的 CPUE 与水温的关系见图 1-2-32。

从图 1-2-32 可以得出，大眼金枪鱼 CPUE 较高的水温范围有两个：9～18℃（1.10 尾/千钩以上）、25～29℃（1.04 尾/千钩以上）。大眼金枪鱼 CPUE 最高（3.06 尾/千钩）的水温为 16～17℃。

2.6.1.3　大眼金枪鱼 CPUE 与盐度的关系

整个调查期间大眼金枪鱼 CPUE 与盐度的关系见图 1-2-33。

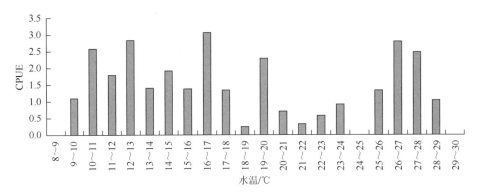

图 1-2-32　整个调查期间大眼金枪鱼的 CPUE（尾/千钩）与水温的关系

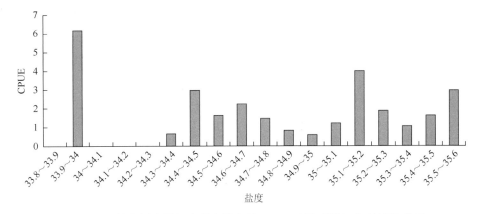

图 1-2-33　整个调查期间大眼金枪鱼的 CPUE（尾/千钩）与盐度的关系

从图 1-2-33 可以得出，大眼金枪鱼 CPUE 最高（3.98 尾/千钩）的盐度为 35.1～35.2。因 33.9～34 盐度范围内取样得到的尾数只有 2 尾，存在较大的特殊性，故对于这一盐度范围不作进一步的分析。

2.6.1.4　大眼金枪鱼 CPUE 与溶解氧含量的关系

整个调查期间大眼金枪鱼 CPUE 与溶解氧含量的关系见图 1-2-34。

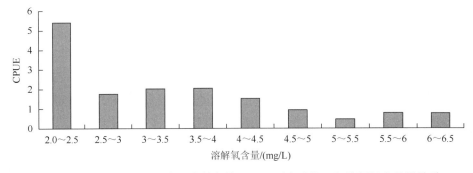

图 1-2-34　整个调查期间大眼金枪鱼的 CPUE（尾/千钩）与溶解氧含量的关系

从图 1-2-34 可以得出，大眼金枪 CPUE 最高（5.41 尾/千钩）的溶解氧含量为 2～2.5mg/L。

2.6.1.5　用实测的大眼金枪鱼（死）的体温估计其钓获时所处的深度、盐度、溶解氧含量

用实测的大眼金枪鱼（死）的体温估计其钓获时所处的深度、盐度、溶解氧含量时，认为这些鱼的体温即为其钓获时的水温。把体温（水温）作为引数查深度-水温垂直剖面图得出捕获时深度，再以深度为引数查深度-盐度垂直剖面图得出捕获时的盐度，查深度-溶解氧含量垂直剖面图得出捕获时的溶解氧含量。结果见图 1-2-35～图 1-2-37。

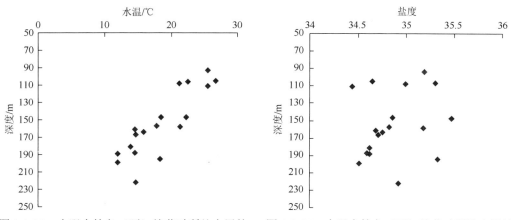

图 1-2-35　大眼金枪鱼（死）钓获时所处水层的深度和水温

图 1-2-36　大眼金枪鱼（死）钓获时所处水层的深度和盐度

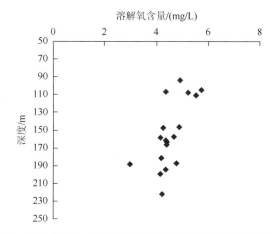

图 1-2-37　大眼金枪鱼（死）钓获时所处水层的深度和溶解氧含量

从图 1-2-35～图 1-2-37 得出，大眼金枪鱼（死）捕获时所处的水深为 93～221m，主要集中于 93～110m 和 150～200m 两个深度范围，捕获时所处的水温为 12～27℃，主要集中于 12～17℃ 和 22～27℃ 两个温度范围；捕获时所处的盐度为 34.4～35.5，主要集中于 34.5～34.8；捕获时所处的溶解氧含量为 3～6mg/L，主要集中于 4～5mg/L。

2.6.2　黄鳍金枪鱼

调查期间，共测定 61 尾黄鳍金枪鱼的上钩钩号。分析黄鳍金枪鱼 CPUE 与水层、水温、盐度的关系时，用到全部61尾鱼；分析黄鳍金枪鱼的CPUE与溶解氧含量关系时，用到其中的52尾（因为第一航次未测得溶解氧含量数据）。

2.6.2.1 黄鳍金枪鱼CPUE与水层的关系

整个调查期间黄鳍金枪鱼的CPUE与水层的关系见图1-2-38。从图1-2-38可以得出，黄鳍金枪鱼上钩率较高（1.35尾/千钩以上）的水层为40～120m，CPUE最高（3.91尾/千钩）的水层（拟合）为40～60m。因0～20m水层内只取得2尾黄鳍金枪鱼样本，存在较大的特殊性，故对于这一水层不作进一步的分析。

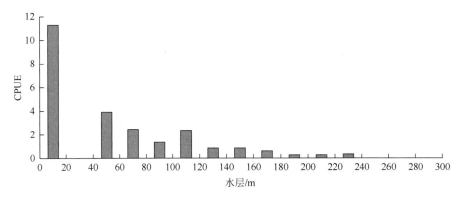

图1-2-38 整个调查期间黄鳍金枪鱼的CPUE（尾/千钩）与水层的关系

2.6.2.2 黄鳍金枪鱼CPUE与水温的关系

从图1-2-39可以得出，黄鳍金枪鱼CPUE较高（0.48尾/千钩以上）的水温为17～29℃，CPUE最高（2.74尾/千钩）的水温为25～26℃。因29～30℃水温范围内只取得2尾黄鳍金枪鱼样本，存在较大的特殊性，故对于这一水温范围不作进一步的分析。

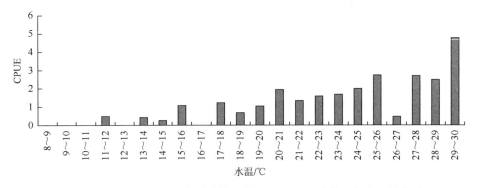

图1-2-39 整个调查期间黄鳍金枪鱼的CPUE（尾/千钩）与水温的关系

2.6.2.3 黄鳍金枪鱼CPUE与盐度的关系

从图1-2-40可以得出，黄鳍金枪鱼CPUE最高（4.06尾/千钩）的盐度为34.4～34.5。

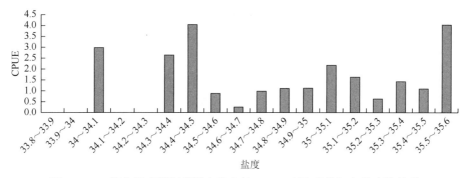

图 1-2-40　整个调查期间黄鳍金枪鱼的 CPUE（尾/千钩）与盐度的关系

2.6.2.4　黄鳍金枪鱼 CPUE 与溶解氧含量的关系

从图 1-2-41 可以得出，黄鳍金枪鱼 CPUE 较高（1.25 尾/千钩以上）的溶解氧含量范围为 5.5～6.5mg/L，黄鳍金枪鱼 CPUE 最高（1.87 尾/千钩）的溶解氧含量为 5.5～6mg/L。

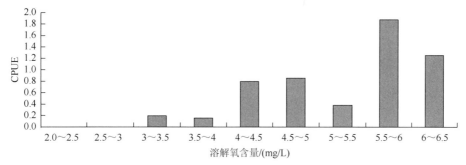

图 1-2-41　整个调查期间黄鳍金枪鱼的 CPUE（尾/千钩）与溶解氧含量的关系

2.6.2.5　用实测的黄鳍金枪鱼（死）的体温估计其钓获时所处的深度、盐度、溶解氧含量

用实测的黄鳍金枪鱼（死）的体温估计其钓获时所处的深度、盐度、溶解氧含量的结果见图 1-2-42～图 1-2-44。

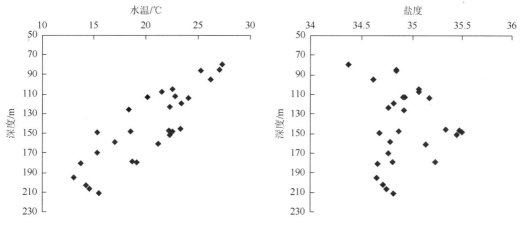

图 1-2-42　黄鳍金枪鱼（死）钓获时所处水层的
深度和水温

图 1-2-43　黄鳍金枪鱼（死）钓获时所处水层的
深度和盐度

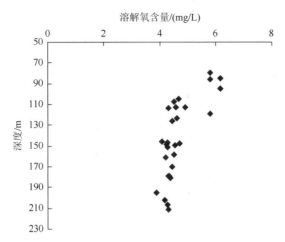

图 1-2-44 黄鳍金枪鱼（死）钓获时所处水层的深度和溶解氧含量

从图 1-2-42～图 1-2-44 得出，黄鳍金枪鱼（死）捕获时所处的水深为 79～211m，主要集中于 79～125m 和 145～180m 两个深度范围，捕获时所处的水温为 13～27℃，分布较为分散；捕获时所处的盐度为 34.4～35.5，主要集中于 34.6～35.1；捕获时所处的溶解氧含量为 3.8～6.2mg/L，主要集中于 4～5mg/L。

2.7 渔场形成机制

渔场的形成原因较多，有生物的和非生物的因素；CPUE 的高低与渔船捕捞设备的性能、钓具、船员的技术水平、海豚的出没，以及所用饵料的种类、大小、鲜度、比例等有关。下面对渔场小范围的环境因子（温度、盐度、溶解氧含量）、风流合压角、钓具的漂移速度和漂移方向、风速、风向与大眼（黄鳍）金枪鱼 CPUE 的关系进行探讨。对每个渔场每天水深为 0～325m 的温度、盐度、溶解氧含量数据，风流合压角，钓具漂移速度，漂移方向，风速，风向，大眼（黄鳍）金枪鱼的渔获率（尾/千钩，记为 CPUE）进行测定，衡量 CPUE 与各指标间的相关程度，求出 CPUE 与各指标的相关系数。

2.7.1 大眼金枪鱼

各渔场与大眼金枪鱼 CPUE 具有显著相关的指标和相关系数见表 1-2-25。

表 1-2-25 各渔场与大眼金枪鱼 CPUE 具有显著相关的指标和相关系数

第一航次		公海渔场		中东渔场		中西渔场		北部渔场		西南渔场		各渔场总计	
相关指标	相关系数	相关指标	相关系数	相关指标	相关系数	相关指标	相关系数	相关指标	相关系数	相关指标	相关系数	相关指标	相关系数
C	−0.754	SSS	−0.814	C	1.000	SSS	0.772	T_{10}	0.588	C_w	0.909	SSDO	0.476
C_w	0.603	S_{50}	−0.779	C_g	1.000	S_{25}	0.762	SST	0.550			γ	0.346
		S_{10}	−0.746	C_w	−1.000	S_{325}	−0.756	C_g	−0.545			C_g	−0.299
		γ	0.712	V_w	−1.000	DO_{300}	0.722	S_{150}	0.514			S_{50}	−0.294

式（1-1-2）～式（1-1-5）中，D_j 为钓钩理论深度；h_a 为支线长；h_b 为浮子绳长；l 为干线弧长的一半；φ_0 为干线支承点上切线与水平面的夹角，与短缩率 (k) 有关，作业中很难实测 φ_0，采用 k 来推出 φ_0；j 为两浮子之间自一侧计的钓钩编号序数，即钩号；n 为两浮子之间干线的分段数，即支线数加 1；L 为两浮子之间的海面上的距离；V_2 为船速；t 为投绳时前后两支线之间相隔的时间间隔；V_1 为投绳机出绳速度。

钓钩实际深度与理论深度的关系采用线性回归的方法，即把海流分为 3 个等级（0～0.4 节、0.4～0.8 节、0.8～2.58 节），以利于渔民掌握。

钓钩实际深度与理论深度、海洋环境等的关系采用逐步回归的方法，得出拟合深度计算模型。由于钓钩实际深度与理论深度的关系和受到的海流的切变力及风力有关，而这两个力分别与钓具在海中的漂移速度和风速、漂移方向与投绳方向间夹角和风向与投绳方向间夹角有关，因此，把钓钩实际深度与理论深度、漂移速度、风速、钓具漂移方向与投绳方向间夹角（0°～90°）的正弦值、风向与投绳方向间夹角（0°～90°）的正弦值进行多元回归。

1.2.2.4　渔具渔法的比较试验

对调查期间船用钓具和试验钓具大眼金枪鱼的上钩率分海流等级（0～0.4 节、0.4 节以上），采用方差分析方法比较其上钩率情况。对于 16 种钓具组合，采用正交试验的方法，筛选出最有利于提高大眼金枪鱼上钩率的组合。

因调查期间捕获的黄鳍金枪鱼尾数太少，所以在此不对其进行分析。

1.2.2.5　不同渔法的比较

比较月光天（指农历初八至二十二，月光较明亮的日期）与月黑天（指农历二十三至次月初七，月光较暗的日期）、不同作业时间大眼（黄鳍）金枪鱼的上钩率之间的差异，采用方差分析方法。找出最适合的投绳开始时间，采用统计的方法。

1.2.2.6　大眼（黄鳍）金枪鱼的栖息水层、水温、盐度和溶解氧含量

对大眼（黄鳍）金枪鱼的栖息水层、水温、盐度和溶解氧含量的研究，通过研究大眼（黄鳍）金枪鱼的渔获率（CPUE）与水层、水温、盐度和溶解氧含量的关系来进行，具体方法如下。

水层：从 0m 到 300m，每 20m 为一层，分为 15 层。

水温：从 8℃ 到 30℃，每 1℃ 为一段，分为 22 段。

盐度：从 33.8 到 35.6，每 0.1 为一段，分为 18 段。

溶解氧含量：从 2.0mg/L 到 6.5mg/L，每 0.5mg/L 为一段，分为 9 段。

各水层、水温、盐度、溶解氧含量范围的渔获率根据如下方法确定：统计该渔场各水层、水温、盐度和溶解氧含量的大眼（黄鳍）金枪鱼的渔获尾数（分别记作 N_{S1j}、N_{S2j}、N_{S3j}、N_{S4j}），钓钩数（H_{S1j}、H_{S2j}、H_{S3j}、H_{S4j}）及占该渔场取样总尾数（记作 N_S）的百分比[分别记作 P_{1j}、P_{2j}、P_{3j}、P_{4j}，见式（1-1-6）]，占该渔场该天取样总钓钩数（分为船用钓具和试验钓具，分别记作 H_S、H_S'）的百分比[船用钓具为 P_{H1j}、P_{H2j}、P_{H3j}、P_{H4j}，见式（1-1-7）；试验钓具为 P_{H1j}'、P_{H2j}'、P_{H3j}'、P_{H4j}'，见式（1-1-8）]，根据取样数据推算出该渔场的实际总渔获尾数（记作 N），该天的总钓钩数（船用钓具记作 H、试验钓具记作 H'）在各水层、各

水温范围、各盐度范围和各溶解氧含量范围的渔获尾数［分别记作 N_{1j}、N_{2j}、N_{3j}、N_{4j}，见式（1-1-9）］、钓钩数［船用钓具分别记作 H_{1j}、H_{2j}、H_{3j}、H_{4j}，见式（1-1-10）；试验钓具分别记作 H'_{1j}、H'_{2j}、H'_{3j}、H'_{4j}，见式（1-1-11）；H_{2j}、H_{3j}、H_{4j}、H'_{2j}、H'_{3j}、H'_{4j} 根据各水温、盐度和溶解氧含量范围相对应的水层计算出在该水层船用钓具和试验钓具的钓钩数而推算得出］，该渔场在各水层、各水温范围、各盐度范围和各溶解氧含量范围的钓钩数（记作 H_{Tij}）为相应的每天的船用钓具与试验钓具的和［式（1-1-12）］，再计算大眼（黄鳍）金枪鱼各水层、水温、盐度和溶解氧含量范围的渔获率［分别记作 $CPUE_{1j}$、$CPUE_{2j}$、$CPUE_{3j}$、$CPUE_{4j}$，见式（1-1-13）］，其表达式分别为

$$P_{ij} = \frac{N_{Sij}}{N_S} \tag{1-1-6}$$

$$P_{Hij} = \frac{H_{Sij}}{H_S} \tag{1-1-7}$$

$$P'_{Hij} = \frac{H'_{Sij}}{H'_S} \tag{1-1-8}$$

$$N_{ij} = P_{ij}N \tag{1-1-9}$$

$$H_{ij} = P_{Hij}H \tag{1-1-10}$$

$$H'_{ij} = P'_{Hij}H' \tag{1-1-11}$$

$$H_{Tij} = \sum_{k=1}^{m} H_{ij} + \sum_{k=1}^{n} H'_{ij} \tag{1-1-12}$$

$$CPUE_{ij} = \frac{N_{ij}}{H_{Tij}} \tag{1-1-13}$$

式（1-1-6）～式（1-1-13）中，k 为作业天数；m、n 分别为正常、试验作业的天数；$i=1,2,3,4$；统计各水层的数据时，$j=1,2,3,\cdots,15$；统计各水温范围数据时 $j=1,2,3,\cdots,22$；统计各盐度范围的数据时，$j=1,2,3,\cdots,18$；统计各溶解氧含量范围的数据时，$j=1,2,3,\cdots,9$。

1.2.2.7 大眼（黄鳍）金枪鱼渔场形成机制

分渔场的大眼金枪鱼渔场形成机制，利用海洋数据处理中最常用的谱系聚类分析（hierarchical cluster analysis）法[2]，计算得出 CPUE 与其他几个指标两两间的相关系数。相关系数越接近 1 或–1 的，两个指标就越相似，关系就越密切。以 C_{ij} 表示第 i 个指标（CPUE）与第 j 个指标间的相关系数，其表达式如下：

$$C_{ij} = \frac{\sum_{k=1}^{n}(x_{ki}-\overline{x}_i)(x_{kj}-\overline{x}_j)}{\sqrt{\sum_{k=1}^{n}(x_{ki}-\overline{x}_i)^2 \sum_{k=1}^{n}(x_{kj}-\overline{x}_j)^2}} \tag{1-1-14}$$

式中，x_{ki}、x_{kj} 是标准化指标观察值；$\overline{x}_i$、$\overline{x}_j$ 为标准化指标样本均值；n 为标准化指标个数。

把每个渔场每天的各水层的温度、盐度、溶解氧含量、航向（C）、钓具漂移速度（V_g）、

钓具漂移方向 (C_g)、风速 (V_w)、风向 (C_w)、风流合压角 (γ)、大眼金枪鱼的渔获率（CPUE）数据录入 SPSS 统计软件[2]中，先将这些数据进行标准化处理，使其成为无量纲的变量，再进行相关系数矩阵分析。各符号含义如下：C 表示航向（°）、C_w 表示风向（°）、V_w 表示风速（m/s）、V_g 表示钓具漂移速度（节）、C_g 表示钓具漂移方向（°）、γ 表示风流合压角（°）、SST 表示表层温度（表温，℃）、SSS 表示表层盐度（表盐）、SSDO 表示表层溶解氧含量（mg/L）、T_{10} 表示 10m 水深处温度（℃）、S_{10} 表示 10m 水深处盐度、DO_{10} 表示 10m 水深处溶解氧含量（mg/L）、T_{25} 表示 25m 水深处温度（℃）、S_{25} 表示 25m 水深处盐度、DO_{25} 表示 25m 水深处溶解氧含量（mg/L）、T_{50} 表示 50m 水深处温度（℃）、S_{50} 表示 50m 水深处盐度、DO_{50} 表示 50m 水深处溶解氧含量（mg/L）、T_{100} 表示 100m 水深处温度（℃）、S_{100} 表示 100m 水深处盐度、DO_{100} 表示 100m 水深处溶解氧含量（mg/L）、T_{150} 表示 150m 水深处温度（℃）、S_{150} 表示 150m 水深处盐度、DO_{150} 表示 150m 水深处溶解氧含量（mg/L）、T_{200} 表示 200m 水深处温度（℃）、S_{200} 表示 200m 水深处盐度、DO_{200} 表示 200m 水深处溶解氧含量（mg/L）、T_{250} 表示 250m 水深处温度（℃）、S_{250} 表示 250m 水深处盐度、DO_{250} 表示 250m 水深处溶解氧含量（mg/L）、T_{300} 表示 300m 水深处温度（℃）、S_{300} 表示 300m 水深处盐度、DO_{300} 表示 300m 水深处溶解氧含量（mg/L）、T_{325} 表示 325m 水深处温度（℃）、S_{325} 表示 325m 水深处盐度、DO_{325} 表示 325m 水深处溶解氧含量（mg/L）。

利用日本的海洋数据处理软件 Marine Explorer 4.0，把有关渔场与 CPUE 相关系数较大的具有代表性的指标与大眼金枪鱼的 CPUE 进行叠图。

2　调查结果

2.1　主要金枪鱼鱼种渔获量及上钩率情况

2.1.1　整个调查期间的总体情况

2.1.1.1　渔获量状况

2005 年 8 月 14 日至 12 月 19 日，"CFA07"船 9 个航次共捕获大眼金枪鱼、黄鳍金枪鱼 235 尾，总渔获量 11 931kg，其中大眼金枪鱼 157 尾，总重 9156kg，平均净重为 58.3kg；黄鳍金枪鱼 78 尾，总重 2775kg，平均净重为 35.6kg。第二、三、六、九航次的日产量较高，超过 200kg；其余 5 个航次的日产量较低，低于 140kg，具体见表 1-2-1。

表 1-2-1　调查期间 "CFA07" 船的产量情况

航次	作业次数	大眼金枪鱼		黄鳍金枪鱼		两种鱼混合	
		尾数	重量/kg	尾数	重量/kg	尾数	重量/kg
1	9	12	816	11	415	23	1231
2	12	52	2831	2	36	54	2867
3	6	16	840	23	693	39	1533
4	8	11	682	3	94	14	776
5	7	10	507	3	114	13	621

续表

航次	作业次数	大眼金枪鱼		黄鳍金枪鱼		两种鱼混合	
		尾数	重量/kg	尾数	重量/kg	尾数	重量/kg
6	7	22	1 301	4	126	26	1 427
7	10	7	502	4	137	11	639
8	9	11	747	7	255	18	1 002
9	9	16	930	21	905	37	1 835
总计	77	157	9 156	78	2 775	235	11 931

注：表中数据为卸鱼时的数据

调查期间大眼金枪鱼、黄鳍金枪鱼日渔获量分布分别见图 1-2-1～图 1-2-3。

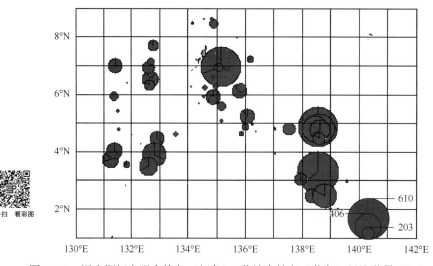

图 1-2-1 调查期间大眼金枪鱼（红色）、黄鳍金枪鱼（蓝色）日渔获量（kg）分布

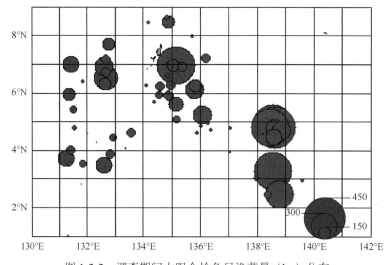

图 1-2-2 调查期间大眼金枪鱼日渔获量（kg）分布

续表

第一航次		公海渔场		中东渔场		中西渔场		北部渔场		西南渔场		各渔场总计	
相关指标	相关系数	相关指标	相关系数	相关指标	相关系数	相关指标	相关系数	相关指标	相关系数	相关指标	相关系数	相关指标	相关系数
		T_{50}	0.684	V_g	−1.000	DO_{50}	−0.715	T_{150}	0.485			DO_{10}	0.290
		S_{25}	−0.651	γ	−1.000	S_{10}	0.714	DO_{25}	0.450			SSS	−0.270
		SSDO	0.647	DO_{100}	−1.000	S_{300}	−0.709	V_g	−0.372			DO_{25}	0.261
		DO_{50}	0.646	DO_{325}	1.000	V_w	0.695					S_{10}	−0.245
		T_{25}	0.602	DO_{10}	−1.000								
		T_{10}	0.593	S_{325}	−0.996								
				S_{50}	0.988								
				T_{325}	0.987								
				SST	0.987								

2.7.1.1　第一航次（仅作参考）

第一航次与大眼金枪鱼 CPUE 有显著相关的指标为投绳航向和风向，叠加图分别见图 1-2-45 和图 1-2-46。大眼金枪鱼 CPUE 与投绳航向呈负相关关系，与风向呈正相关关系。投绳航向在 112°～140°时［此时的漂移方向一般为东北或者西北，与法国 CLS 集团卫星遥感渔情预报服务系统（Catsat）所提供的表层海流方向基本一致］，风向在 210°～310°时，大眼金枪鱼 CPUE 较高。

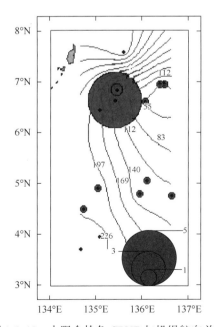

图 1-2-45　大眼金枪鱼 CPUE 与投绳航向关系

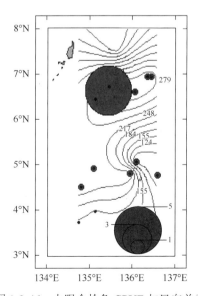

图 1-2-46　大眼金枪鱼 CPUE 与风向关系

2.7.1.2 公海渔场

在公海渔场，与大眼金枪鱼 CPUE 有显著相关的指标为 SSS、S_{50}、S_{10}、γ、T_{50}、S_{25}、SSDO、DO_{50}、T_{25} 和 T_{10} 等。

大眼金枪鱼 CPUE 与 SSS、γ、T_{50} 和 SSDO 关系如图 1-2-47～图 1-2-50 所示。

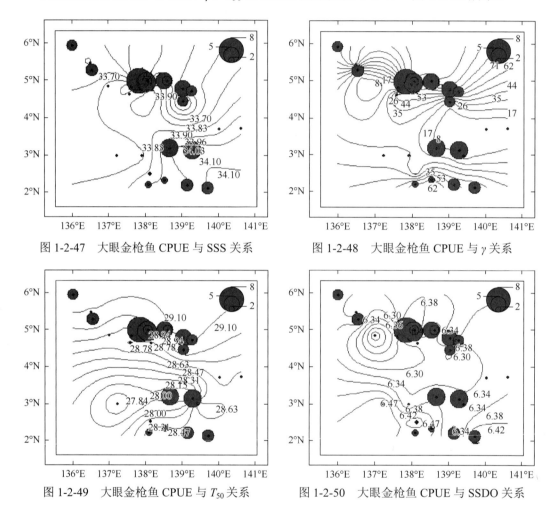

图 1-2-47　大眼金枪鱼 CPUE 与 SSS 关系　　图 1-2-48　大眼金枪鱼 CPUE 与 γ 关系

图 1-2-49　大眼金枪鱼 CPUE 与 T_{50} 关系　　图 1-2-50　大眼金枪鱼 CPUE 与 SSDO 关系

大眼金枪鱼 CPUE 与表层盐度分布呈负相关关系，此海域表层盐度较低，最高值 34.10，最低值在 33.50 左右（低盐一侧 CPUE 较高）；与 γ 呈正相关关系，γ 范围在 44°～71°时，大眼金枪鱼 CPUE 较高；与 50m 水深处的温度分布（T_{50}）呈正相关关系，温度范围在 28～29.1℃时（冷暖水团的交汇处），大眼金枪鱼 CPUE 较高；与表层溶解氧含量呈正相关关系，溶解氧含量在 6.34～6.42mg/L 时（高溶解氧含量），大眼金枪鱼 CPUE 较高。

2.7.1.3 中东渔场

在中东渔场，与大眼金枪鱼 CPUE 有显著相关的指标为 DO_{100}、DO_{325}、S_{325}、T_{325} 等，具体如图 1-2-51～图 1-2-54 所示。大眼金枪鱼 CPUE 与 DO_{100} 呈负相关关系，当 DO_{100} 处于

4.80～5.03mg/L 时，上钩率较高。其他几个指标因为渔场的大部分数据缺失，不作分析。

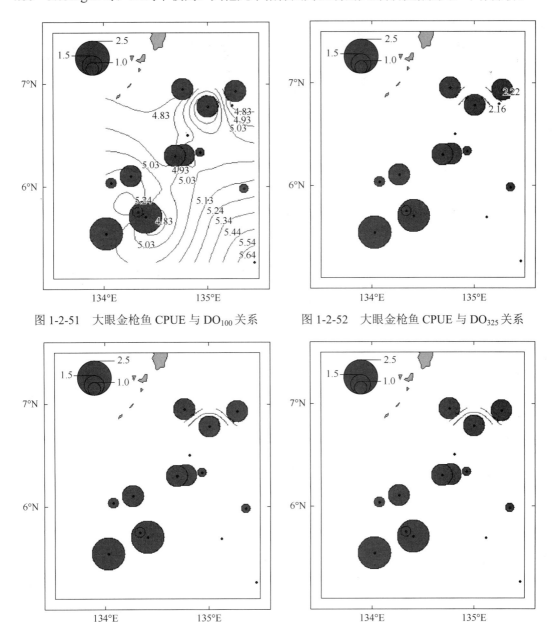

图 1-2-51　大眼金枪鱼 CPUE 与 DO_{100} 关系　　　图 1-2-52　大眼金枪鱼 CPUE 与 DO_{325} 关系

图 1-2-53　大眼金枪鱼 CPUE 与 S_{325} 关系　　　图 1-2-54　大眼金枪鱼 CPUE 与 T_{325} 关系

2.7.1.4　中西渔场

在中西渔场与大眼金枪鱼 CPUE 有显著相关的指标为 SSS、S_{25}、S_{325}、DO_{300}、DO_{50}、S_{10}、S_{300} 和 V_w 等。图 1-2-55 和图 1-2-56 为大眼金枪鱼 CPUE 与 SSS 和 DO_{300} 分布叠加图。CPUE 与 SSS 和 DO_{300} 均呈正相关关系，SSS 为 33.93～34.12 时，大眼金枪鱼 CPUE 较高。DO_{300} 为 2.92～3.11mg/L 时，大眼金枪鱼 CPUE 较高。

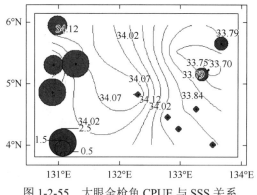
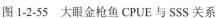

图 1-2-55　大眼金枪鱼 CPUE 与 SSS 关系

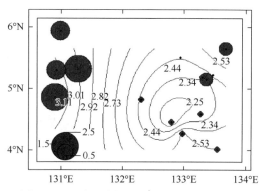

图 1-2-56　大眼金枪鱼 CPUE 与 DO_{300} 关系

2.7.1.5　北部渔场

在北部渔场与大眼金枪鱼 CPUE 有显著相关的指标为 T_{10}、SST、C_g、S_{150}、T_{150}、DO_{25} 等。大眼金枪鱼 CPUE 与 T_{10} 和 SST 呈正相关关系，与 C_g 呈负相关关系，分别见图 1-2-57～图 1-2-59。T_{10} 变化不大，在 29℃左右，29.3～29.85℃范围内（冷暖水团的交汇区）大眼金枪鱼 CPUE 较高。SST 在 29.33～29.85℃时（冷暖水团的交汇区），大眼金枪鱼 CPUE 较高。

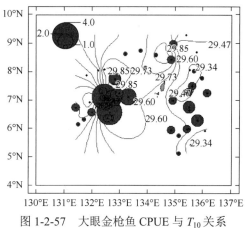

图 1-2-57　大眼金枪鱼 CPUE 与 T_{10} 关系

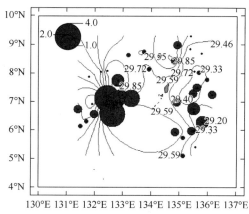

图 1-2-58　大眼金枪鱼 CPUE 与 SST 关系

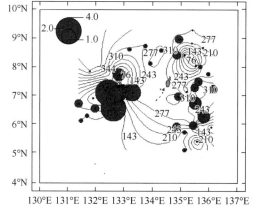

图 1-2-59　大眼金枪鱼 CPUE 与 C_g 关系

2.7.1.6　西南渔场

在西南渔场，风向与大眼金枪鱼 CPUE 有显著性相关关系（图 1-2-60），风向为 $10°\sim160°$ 时，大眼金枪鱼 CPUE 较高（仅作参考）。

2.7.1.7　整个渔场

在整个帕劳群岛水域，与大眼金枪鱼 CPUE 有显著相关的指标为 SSDO、γ、C_g、S_{50} 等（分别见图 1-2-61～图 1-2-64）。大眼金枪鱼 CPUE 与 SSDO 呈正相关关系，高上钩率一般分布于表层溶解氧含量较高（高于 6.40mg/L）的海域；与 S_{50} 呈负相关关系，当 S_{50} 低于 34.25 时，上钩率较高。

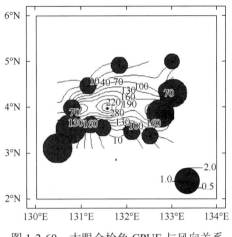

图 1-2-60　大眼金枪鱼 CPUE 与风向关系

因此，今后寻找渔场应参考本部分的几个指标进行，即 SSDO、S_{50}、DO_{10}。

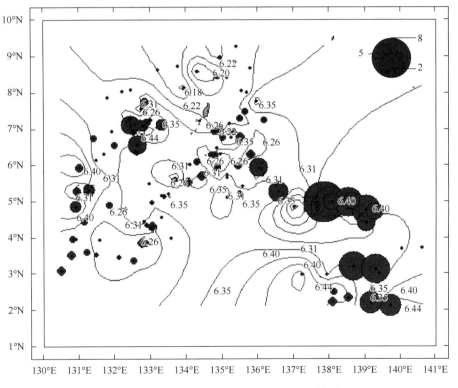

图 1-2-61　大眼金枪鱼 CPUE 与 SSDO 关系

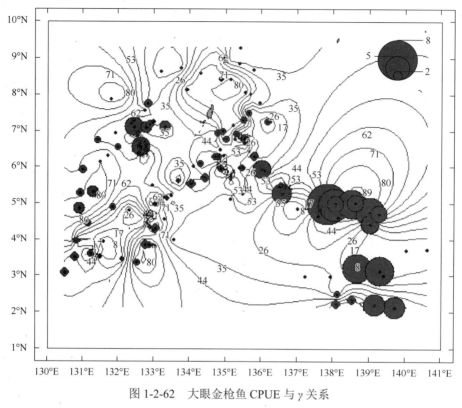

图 1-2-62　大眼金枪鱼 CPUE 与 γ 关系

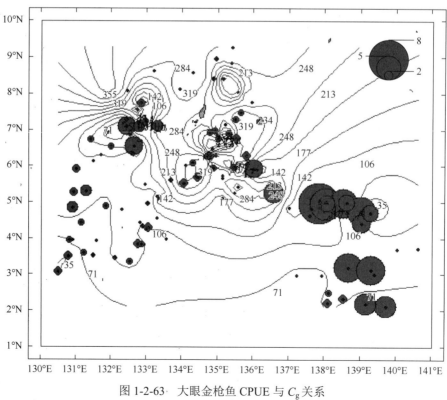

图 1-2-63　大眼金枪鱼 CPUE 与 C_g 关系

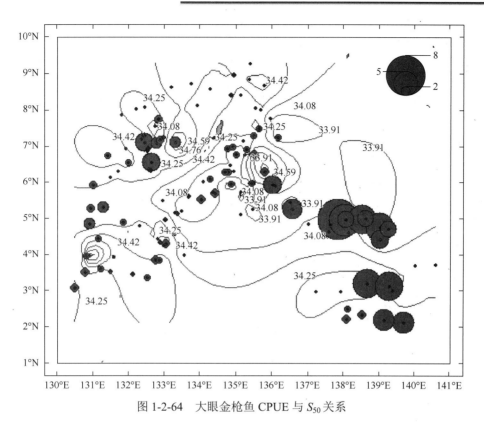

图 1-2-64　大眼金枪鱼 CPUE 与 S_{50} 关系

2.7.2　黄鳍金枪鱼

各渔场与黄鳍金枪鱼 CPUE 具有显著相关的指标和相关系数见表 1-2-26。

表 1-2-26　各渔场与黄鳍金枪鱼 CPUE 具有显著相关的指标和相关系数

第一航次		公海渔场		中西渔场		北部渔场		西南渔场		各渔场总计	
相关指标	相关系数	相关指标	相关系数	相关指标	相关系数	相关指标	相关系数	相关指标	相关系数	相关指标	相关系数
T_{200}	−0.737	S_{100}	0.541	T_{10}	−0.703	γ	−0.465	C_{w}	0.923	V_{g}	0.434
T_{300}	−0.673			S_{150}	0.694					DO_{50}	−0.407
T_{250}	−0.641									T_{150}	0.368
T_{325}	−0.637									T_{200}	0.364
										S_{200}	0.358
										S_{150}	0.356
										S_{25}	0.338
										T_{250}	0.307
										C_{g}	−0.300
										S_{250}	0.284
										T_{50}	−0.270
										T_{10}	−0.261
										T_{25}	−0.250

2.7.2.1 第一航次

与黄鳍金枪鱼 CPUE 相关的指标为 200m、300m、250m 和 325m 水深处的水温分布，均呈负相关关系。由图 1-2-65 可以看出，在 200m 水深处，水温为 12.41～13.89℃时，黄鳍金枪鱼 CPUE 较高。

2.7.2.2 公海渔场

在公海渔场，与黄鳍金枪鱼 CPUE 相关的指标为 S_{100}，呈正相关关系，由图 1-2-66 可知，100m 水深处盐度为 34.91～35.10 时（低盐一侧），黄鳍金枪鱼 CPUE 较高。

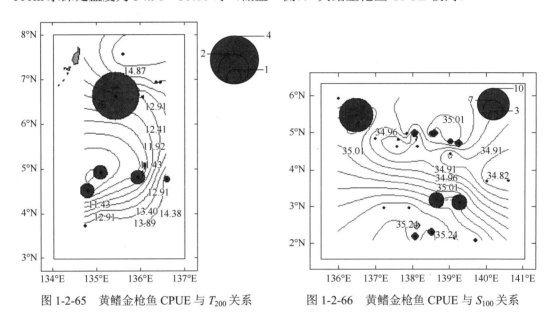

图 1-2-65　黄鳍金枪鱼 CPUE 与 T_{200} 关系　　　　图 1-2-66　黄鳍金枪鱼 CPUE 与 S_{100} 关系

2.7.2.3 中西渔场

在中西渔场，与黄鳍金枪鱼 CPUE 显著相关的指标为 T_{10} 和 S_{150}；与 T_{10} 呈负相关关系，10m 水深处水温在 29.77℃ 以下的海域上钩率较高；与 S_{150} 呈正相关关系，150m 水深处盐度在 34.81 以下的海域上钩率较高。具体见图 1-2-67、图 1-2-68。

2.7.2.4 北部渔场

在北部渔场，与黄鳍金枪鱼 CPUE 相关的指标为 γ，呈负相关关系，由图 1-2-69 可以看出，γ 为 18°～56° 时，黄鳍金枪鱼 CPUE 较高（仅作参考）。

2.7.2.5 西南渔场

在西南渔场，与黄鳍金枪鱼 CPUE 相关的指标为 C_w，呈正相关关系，由图 1-2-70 可以看出，C_w 为 130°～190° 时，黄鳍金枪鱼 CPUE 较高（仅作参考）。

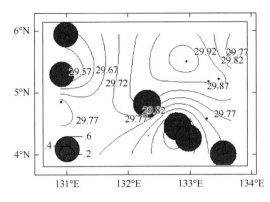

图 1-2-67　黄鳍金枪鱼 CPUE 与 T_{10} 关系

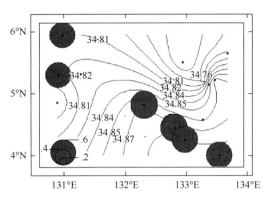

图 1-2-68　黄鳍金枪鱼 CPUE 与 S_{150} 关系

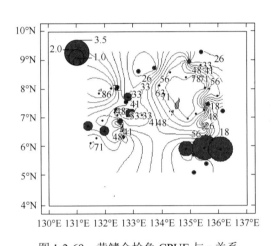

图 1-2-69　黄鳍金枪鱼 CPUE 与 γ 关系

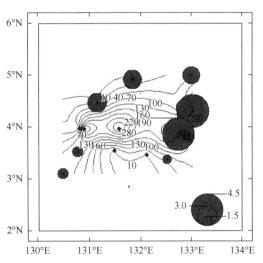

图 1-2-70　黄鳍金枪鱼 CPUE 与 C_w 关系

2.7.2.6　整个渔场

在整个帕劳群岛水域，与黄鳍金枪鱼 CPUE 相关的指标为 V_g、DO_{50}、T_{150}、T_{200}、S_{200} 等。黄鳍金枪鱼 CPUE 与 V_g、DO_{50}、T_{150}、S_{200} 关系图分别见图 1-2-71～图 1-2-74。与 V_g 呈正相关关系，当 V_g 为 0.26～1.03 节时，黄鳍金枪鱼上钩率较高。与 DO_{50} 呈负相关关系，当 DO_{50} 低于 6mg/L 时，上钩率较高。与 T_{150}、S_{200} 呈正相关关系，但是相关系数较低，不作进一步分析。

因此，今后寻找渔场应参考本部分的几个指标进行，即 DO_{50}、T_{150}、S_{200}。

2.7.3　Catsat 资料的应用

调查期间的 9 个航次中，第二、第三、第六和第九航次金枪鱼上钩率比较高。根据复制的 Catsat 资料初步分析如下：第二、第三航次于公海水域作业，公海水域长期存在大的冷

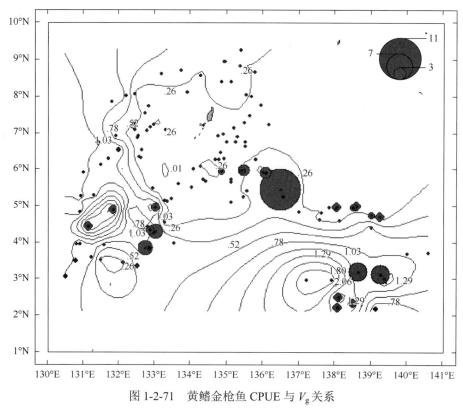

图 1-2-71　黄鳍金枪鱼 CPUE 与 V_g 关系

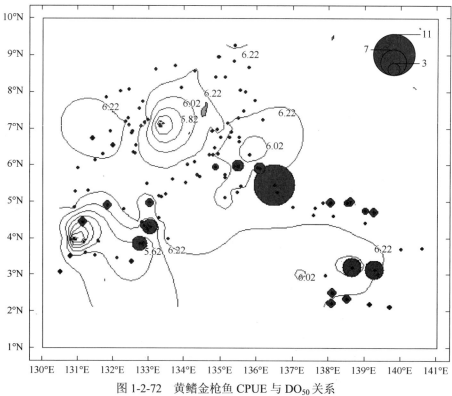

图 1-2-72　黄鳍金枪鱼 CPUE 与 DO_{50} 关系

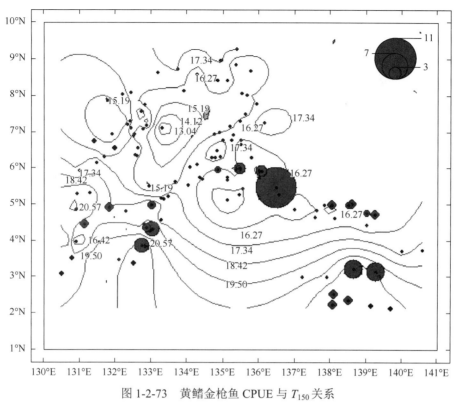

图 1-2-73　黄鳍金枪鱼 CPUE 与 T_{150} 关系

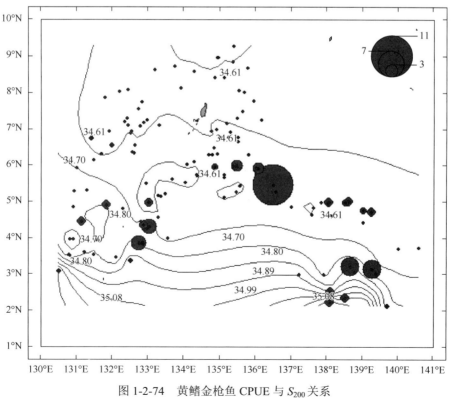

图 1-2-74　黄鳍金枪鱼 CPUE 与 S_{200} 关系

涡旋（图中浅蓝色区域），见图 1-2-75（选出的具有代表性的 Catsat 资料），上钩率较高的作业位置大多分布于冷涡旋边缘（如方框区域——冷暖水团的交汇处），因此在该海区作业可根据 Catsat 资料，选择具体的作业位置（冷暖水团的交汇处）。

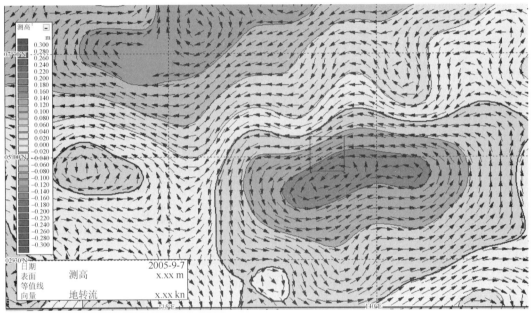

图 1-2-75　测高图

第六、第九航次分别于西北部及西南部海域作业，见图 1-2-76、图 1-2-77 方框处，这两

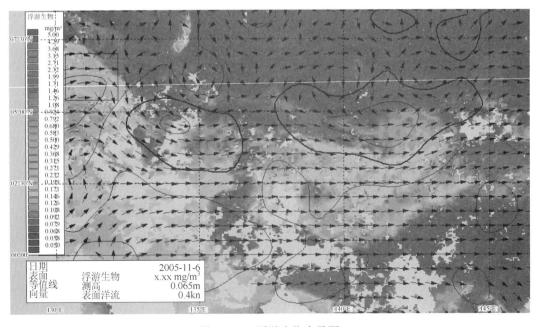

图 1-2-76　浮游生物含量图

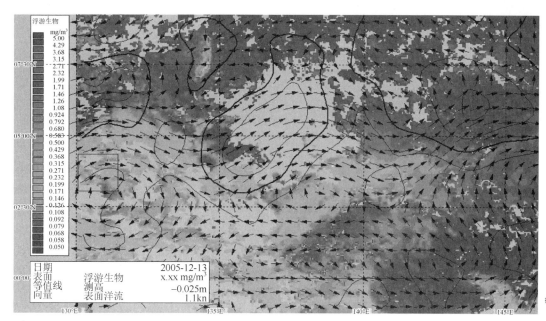

扫一扫 看彩图

图 1-2-77　浮游生物含量图

处海域无大范围的冷涡旋，但是有一个共同的特点：浮游生物含量较高，呈现浅绿色，因此，浮游生物含量较高处可作为渔场选择的参考因素。其他航次产量非常低，很难在 Catsat 资料上找出规律。

3　中国大陆船队与台湾省船队产量差异分析

根据以往帕劳国家渔业报告显示，2005 年以前在帕劳群岛水域作业的中国大陆船队和台湾省船队大眼金枪鱼上钩率相差不大（1.5～2 尾/千钩），黄鳍金枪鱼相差很大（大陆船队为 1～1.5 尾/千钩，台湾省船队为 5～6 尾/千钩）。2005 年为大陆船队全面使用大滚筒的第一年，统计结果显示，大眼金枪鱼、黄鳍金枪鱼的上钩率仅与 2004 年持平（大眼金枪鱼，2004 年为 1.28 尾/千钩；2005 年为 1.41 尾/千钩；黄鳍金枪鱼，2004 年为 1.24 尾/千钩；2005 年为 1.34 尾/千钩），但是台湾省船队大眼金枪鱼却取得了历史最好产量（上钩率达到 2.49 尾/千钩）。通过分析 2003～2005 年大陆船队与台湾省船队作业海区的差异，找出产生差异的原因，以进一步提高大陆船队金枪鱼延绳钓的上钩率。

3.1　分年度作业海区的差异

根据收集到的 2003～2005 年中国大陆船队与台湾省船队部分作业数据，画出分年度大眼金枪鱼、黄鳍金枪鱼的上钩率分布图，见图 1-3-1。分析如下。

2003 年：大陆船队的高上钩率主要分布于 5°～8°N，135°～136°E 的狭窄海域（其他上钩率很高的海域作业次数太少，未包括在内），台湾省船队的高上钩率主要分布于 2°～4°N，130°～135°E 以及 4°～7°N，133°～136°E 的较大海域，且上钩率明显大于大陆船队。

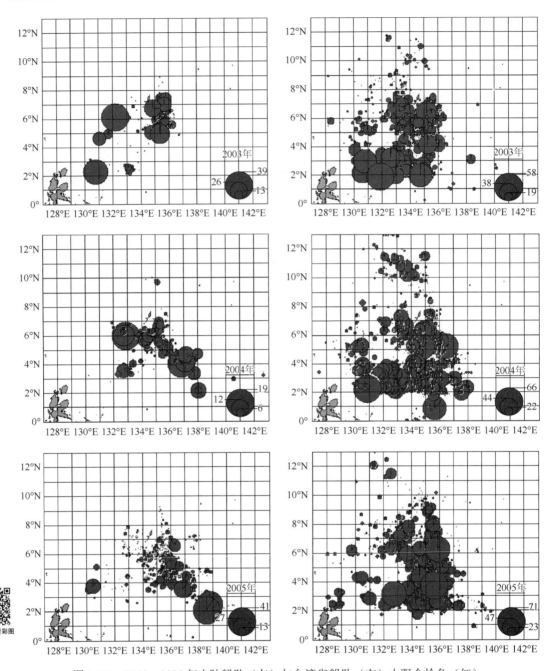

图 1-3-1　2003～2005 年大陆船队（左）与台湾省船队（右）大眼金枪鱼（红）、
黄鳍金枪鱼（蓝）上钩率（尾/千钩）分布图

扫一扫 看彩图

　　2004 年：大陆船队的捕捞水域开始向公海扩展，高上钩率主要分布于 5°～7°N，132°～
136°E 以及 3°～5°N，136°～138°E 海域，台湾省船队的高上钩率主要分布于 2°～4°N，130°～
137°E 以及 5°～7°N，133°～136°E 海域，另外，10°～12°N，132°～134°E 海域内大眼金枪鱼
的上钩率也较高。

2005 年：大陆船队的捕捞水域高上钩率分布区域与 2004 年相似，台湾省船队的高上钩率广泛分布于 2°～8°N，132°～136°E 海域。

2003～2005 年台湾省船队 1°×1°方格范围内大眼金枪鱼、黄鳍金枪鱼产量见图 1-3-2。

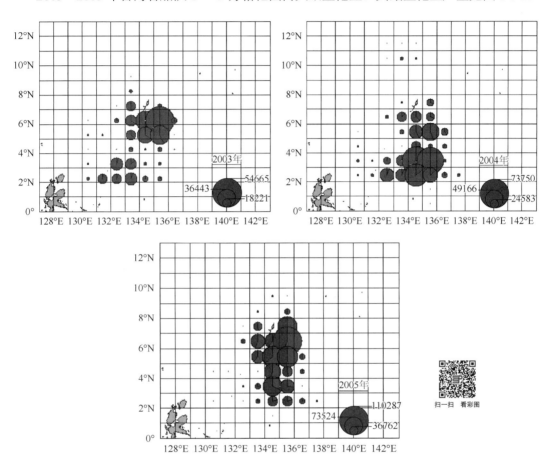

图 1-3-2　2003～2005 年台湾省船队 1°×1°方格范围内大眼金枪鱼（红）、黄鳍金枪鱼（蓝）产量（kg）分布图

2003 年：台湾省船队大眼金枪鱼产量主要集中在 5°～7°N，133°～136°E 海域内，黄鳍金枪鱼产量较为分散。

2004 年：大眼金枪鱼、黄鳍金枪鱼的产量重心开始南移，主要集中于 2°～4°N，134°～136°E 海域，帕劳群岛附近也有较高的产量分布。

2005 年：大眼金枪鱼、黄鳍金枪鱼的产量重心重新移至帕劳群岛附近海域，但是 5°N 以南仍有较高的产量分布。

3.2　分月份作业海区的差异

从所有数据中选取中国大陆船队和台湾省船队 2005 年 2～11 月的逐月生产数据，然后画出大眼金枪鱼、黄鳍金枪鱼的上钩率分布图，见图 1-3-3。分大眼金枪鱼、黄鳍金枪鱼及两种金枪鱼总计每月的上钩率比较见图 1-3-4～图 1-3-6。

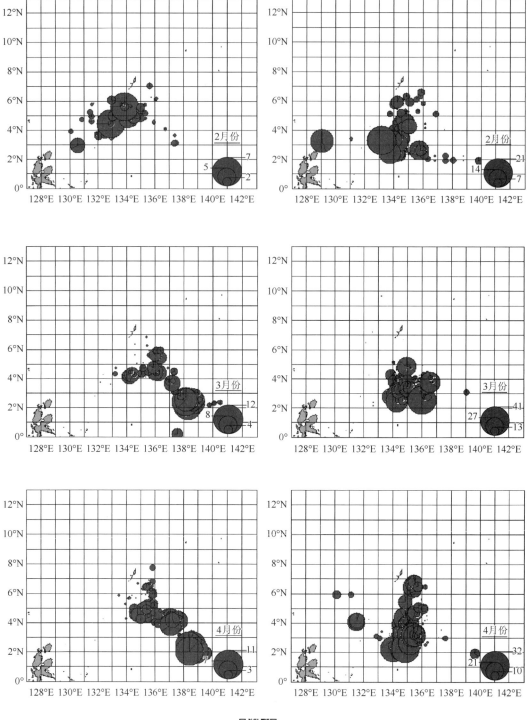

扫一扫 看彩图

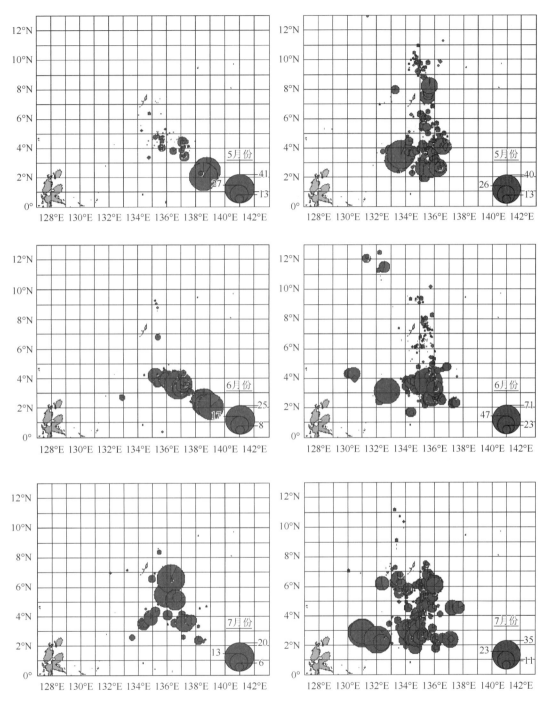

扫一扫 看彩图

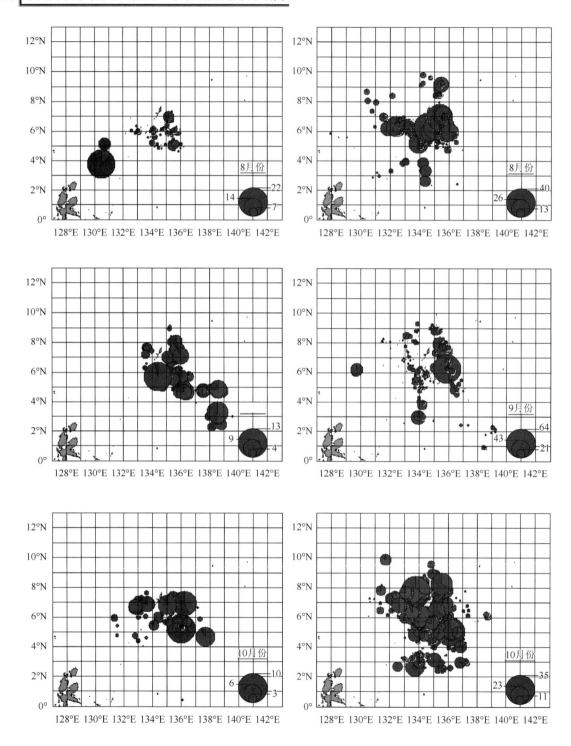

扫一扫　看彩图

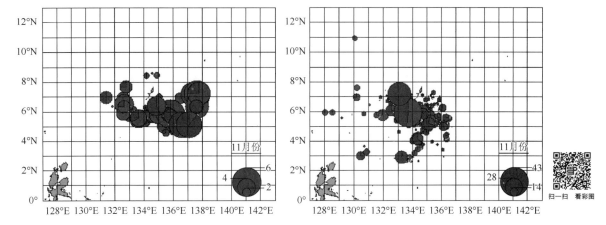

图 1-3-3 2005 年 2～11 月大陆船队（左）与台湾省船队（右）大眼金枪鱼（红）、
黄鳍金枪鱼（蓝）上钩率（尾/千钩）分布图

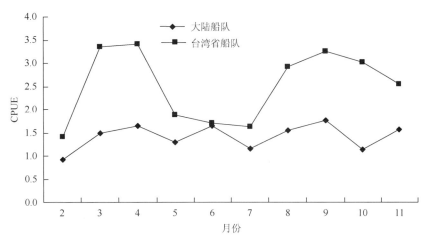

图 1-3-4 2005 年 2～11 月大陆船队与台湾省船队分月份大眼金枪鱼上钩率比较图

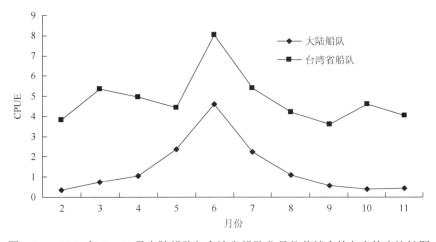

图 1-3-5 2005 年 2～11 月大陆船队与台湾省船队分月份黄鳍金枪鱼上钩率比较图

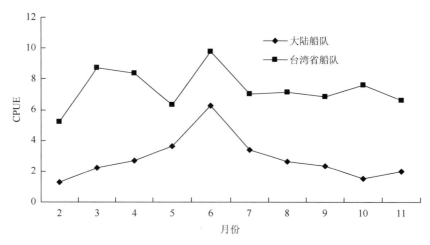

图 1-3-6 2005 年 2～11 月大陆船队与台湾省船队分月份两种金枪鱼总上钩率比较图

大陆船队、台湾省船队 2005 年 2～11 月主捕对象及其高上钩率海域范围见表 1-3-1。

表 1-3-1 2005 年 2～11 月大陆船队、台湾省船队主捕对象及高上钩率海域范围

月份	大陆船队		台湾省船队	
	主捕对象	海域范围	主捕对象	海域范围
2	BET	4°～6°N，132°～135°E	YFT	2°～4°N，133°～135°E
3	BET	2°～3°N，138°～139°E	YFT	2°～4°N，134°～137°E
4	BET	3°～5°N，136°～138°E	BET、YFT	4°～7°N，134°～136°E（BET）；2°～4°N，134°～136°E（YFT）
5	BET、YFT	2°～3°N，138°～139°E（BET、YFT）	YFT	2°～5°N，133°～137°E
6	YFT	2°～4°N，136°～139°E	YFT	2°～4°N，132°～136°E
7	BET、YFT	3°～5°N，136°～138°E（BET）；5°～7°N，136°～137°E（YFT）	YFT	2°～3°N，130°～135°E
8	BET	5°～7°N，134°～136°E	BET、YFT	分布广泛（BET）；6°～7°N，132°～136°E（YFT）
9	BET	5°～8°N，134°～136°E	BET、YFT	帕劳群岛周围海域（BET、YFT）
10	BET	5°～7°N，134°～137°E	BET、YFT	帕劳群岛周围海域（BET、YFT）；2°～4°N，133°～136°E（YFT）
11	BET	5°～8°N，132°～138°E	BET、YFT	4°～7°N，132°～136°E（BET、YFT）

2 月份：大陆船队以捕捞大眼金枪鱼为主，其最高上钩率 6 尾/千钩左右，高上钩率主要分布于 4°～6°N，132°～135°E 海域，大眼金枪鱼平均上钩率为 0.93 尾/千钩，黄鳍金枪鱼平均上钩率为 0.34 尾/千钩；台湾省船队以捕捞黄鳍金枪鱼为主，其最高上钩率为 21.25 尾/千钩，高上钩率主要分布于 2°～4°N，133°～135°E 海域，大眼金枪鱼平均上钩率为 1.41 尾/千钩，黄鳍金枪鱼平均上钩率为 3.81 尾/千钩。

3 月份：大陆船队以捕捞大眼金枪鱼为主，其最高上钩率为 7.5 尾/千钩，高上钩率主要分布于 2°～3°N，138°～139°E 海域，4°～6°N，135°～137°E 海域上钩率也较高，大眼

金枪鱼平均上钩率为1.5尾/千钩，黄鳍金枪鱼平均上钩率为0.74尾/千钩；台湾省船队以捕捞黄鳍金枪鱼为主，其最高上钩率为39.17尾/千钩，高上钩率主要分布于2°～4°N，134°～137°E海域，大眼金枪鱼平均上钩率为3.36尾/千钩，黄鳍金枪鱼平均上钩率为5.36尾/千钩。

4月份：大陆船队以捕捞大眼金枪鱼为主，其最高上钩率为8.57尾/千钩，高上钩率主要分布于3°～5°N，136°～138°E海域，大眼金枪鱼平均上钩率为1.65尾/千钩，黄鳍金枪鱼平均上钩率为1.04尾/千钩；台湾省船队大眼金枪鱼、黄鳍金枪鱼共捕，大眼金枪鱼最高上钩率为25尾/千钩，黄鳍金枪鱼最高上钩率为27.5尾/千钩，大眼金枪鱼平均上钩率为3.42尾/千钩，黄鳍金枪鱼平均上钩率为4.94尾/千钩，大眼金枪鱼高上钩率主要分布于4°～7°N，134°～136°E海域，黄鳍金枪鱼高上钩率主要分布于2°～4°N，134°～136°E海域。

5月份：大陆船队大眼金枪鱼、黄鳍金枪鱼共捕，大眼金枪鱼最高上钩率为5.625尾/千钩，平均上钩率为1.3尾/千钩，高上钩率主要分布于2°～3°N，138°～139°E，黄鳍金枪鱼上钩率最高为37.5尾/千钩，平均上钩率为2.35尾/千钩，高上钩率主要分布于2°～3°N，138°～139°E公海海域，5°～7°N，136°～138°E海域上钩率也较高；台湾省船队以捕捞黄鳍金枪鱼为主，其最高上钩率为37.5尾/千钩，高上钩率主要分布于2°～5°N，133°～137°E海域，7°～9°N，135°～136°E海域上钩率也较高，大眼金枪鱼平均上钩率为1.89尾/千钩，黄鳍金枪鱼平均上钩率为4.43尾/千钩。

6月份：大陆船队以捕捞黄鳍金枪鱼为主，其最高上钩率为22.86尾/千钩，高上钩率主要分布于2°～4°N，136°～139°E海域，大眼金枪鱼平均上钩率为1.65尾/千钩，黄鳍金枪鱼平均上钩率为4.63尾/千钩；台湾省船队以捕捞黄鳍金枪鱼为主，其最高上钩率为71.54尾/千钩，高上钩率主要分布于2°～4°N，132°～136°E海域，大眼金枪鱼平均上钩率为1.71尾/千钩，黄鳍金枪鱼平均上钩率为8.04尾/千钩。

7月份：大陆船队大眼金枪鱼、黄鳍金枪鱼共捕，大眼金枪鱼最高上钩率为5尾/千钩，平均上钩率为1.15尾/千钩，高上钩率主要分布于3°～5°N，136°～138°E海域，黄鳍金枪鱼最高上钩率为18.57尾/千钩，平均上钩率为2.22尾/千钩，高上钩率主要分布于5°～7°N，136°～137°E公海海域，3°～4°N，134°～138°E海域上钩率也较高；台湾省船队以捕捞黄鳍金枪鱼为主，其最高上钩率为35尾/千钩，高上钩率主要分布于2°～3°N，130°～135°E海域，4°～7°N，135°～136°E海域的上钩率也较高，大眼金枪鱼平均上钩率为1.62尾/千钩，黄鳍金枪鱼平均上钩率为5.41尾/千钩。

8月份：大陆船队以捕捞大眼金枪鱼为主，其最高上钩率为7.5尾/千钩，高上钩率主要分布于5°～7°N，134°～136°E海域，大眼金枪鱼平均上钩率为1.54尾/千钩，黄鳍金枪鱼平均上钩率为1.08尾/千钩；台湾省船队大眼金枪鱼、黄鳍金枪鱼共捕，大眼金枪鱼最高上钩率为16.92尾/千钩，平均上钩率为2.93尾/千钩，高上钩率分布比较广泛，黄鳍金枪鱼最高上钩率为38.33尾/千钩，平均上钩率为4.20尾/千钩，高上钩率主要分布于6°～7°N，132°～136°E海域。

9月份：大陆船队以捕捞大眼金枪鱼为主，其最高上钩率为13.13尾/千钩，高上钩率主要分布于5°～8°N，134°～136°E海域，大眼金枪鱼平均上钩率为1.76尾/千钩，黄鳍金枪鱼平均上钩率为0.56尾/千钩；台湾省船队大眼金枪鱼、黄鳍金枪鱼共捕，大眼金枪鱼最高上钩率为30尾/千钩，平均上钩率为3.26尾/千钩，黄鳍金枪鱼最高上钩率为60尾/

千钩，平均上钩率为 3.6 尾/千钩，大眼金枪鱼、黄鳍金枪鱼高上钩率主要分布于帕劳群岛周围海域。

10 月份：大陆船队以捕捞大眼金枪鱼为主，其最高上钩率为 6.25 尾/千钩，高上钩率主要分布于 5°～7°N，134°～137°E 海域，大眼金枪鱼平均上钩率为 1.13 尾/千钩，黄鳍金枪鱼平均上钩率为 0.4 尾/千钩；台湾省船队大眼金枪鱼、黄鳍金枪鱼共捕，大眼金枪鱼最高上钩率为 16.67 尾/千钩，平均上钩率为 3.02 尾/千钩，黄鳍金枪鱼最高上钩率为 32.5 尾/千钩，平均上钩率为 4.61 尾/千钩，大眼金枪鱼、黄鳍金枪鱼高上钩率主要分布于帕劳群岛周围海域，另外 2°～4°N，133°～136°E 海域的黄鳍金枪鱼上钩率也较高。

11 月份：大陆船队以捕捞大眼金枪鱼为主，其最高上钩率为 5.63 尾/千钩，高上钩率主要分布于 5°～8°N，132°～138°E 除领海外的海域，大眼金枪鱼平均上钩率为 1.57 尾/千钩，黄鳍金枪鱼平均上钩率为 0.43 尾/千钩；台湾省船队大眼金枪鱼最高上钩率为 22.5 尾/千钩，平均上钩率为 2.54 尾/千钩，黄鳍金枪鱼最高上钩率为 34.78 尾/千钩，平均上钩率为 4.06 尾/千钩，大眼金枪鱼、黄鳍金枪鱼高上钩率主要分布于 4°～7°N，132°～136°E 海域。

总之，2005 年 2～11 月，中国大陆船队与台湾省船队大眼金枪鱼、黄鳍金枪鱼的上钩率都相差甚远，究其原因：①2～7 月，渔场选择问题。台湾省船队的捕捞努力量主要分布于 2°～3°N，132°～136°E 海域，而大陆船队主要分布于帕劳专属经济区和公海区域；②7～11 月，作业方式及饵料问题。该时期内，大陆船队与台湾省船队基本处于相同的海域作业，但是产量相差很大，将对其作进一步分析。

3.3 渔场重心移动比较

根据渔场重心转移，基本可以掌握渔场的变动。中国台湾省船队有着多年在该海域捕捞金枪鱼的经验，可以通过分析渔场重心的转移来更好地掌握渔场，提高大陆金枪鱼延绳钓船队的上钩率。具体方法如下。

通过每个经纬度上的上钩率（CPUE）值，推算渔场重心，考察渔场的动向。渔场重心公式如下：

$$G = \frac{\Sigma(i,j) \times \mathrm{CPUE}_{(i,j)}}{\Sigma \mathrm{CPUE}_{(i,j)}} \qquad (1\text{-}3\text{-}1)$$

式中，G 表示某月渔场的重心位置；(i,j) 表示某月经纬度位置，i 为经度，j 为纬度；$\mathrm{CPUE}_{(i,j)}$ 表示某月 (i,j) 处的钓获率。

数据为 2005 年 2～12 月中国大陆船队与台湾省船队生产数据，结果见表 1-3-2、表 1-3-3。渔场移动方向见图 1-3-7、图 1-3-8。

表 1-3-2　2005 年 2～12 月大陆船队捕捞大眼金枪鱼、黄鳍金枪鱼渔场重心位置

月份	大眼金枪鱼		黄鳍金枪鱼	
	纬度（北纬）	经度（东经）	纬度（北纬）	经度（东经）
2	4.90	133.93	5.12	133.57
3	3.34	137.25	3.16	137.47
4	4.14	136.71	3.25	137.49

续表

月份	大眼金枪鱼		黄鳍金枪鱼	
	纬度（北纬）	经度（东经）	纬度（北纬）	经度（东经）
5	4.49	136.16	3.50	137.26
6	3.40	137.24	3.14	137.34
7	4.83	136.15	4.54	136.00
8	5.84	134.73	5.10	132.84
9	5.96	135.71	5.42	136.23
10	6.35	133.36	6.29	135.08
11	6.23	135.36	5.97	135.46
12	5.95	134.52	5.83	133.98

表 1-3-3　2005 年 2～12 月台湾省船队捕捞大眼金枪鱼、黄鳍金枪鱼渔场重心位置

月份	大眼金枪鱼		黄鳍金枪鱼	
	纬度（北纬）	经度（东经）	纬度（北纬）	经度（东经）
2	4.31	134.36	3.65	133.85
3	3.71	134.21	3.66	134.55
4	3.89	134.81	3.33	134.79
5	4.56	134.93	3.46	134.73
6	6.93	135.06	4.59	135.14
7	6.75	134.70	4.11	134.96
8	5.46	134.67	4.15	134.44
9	6.39	134.50	6.25	134.50
10	6.64	134.95	6.27	134.52
11	6.31	134.47	5.87	134.57
12	5.76	134.04	5.81	134.00

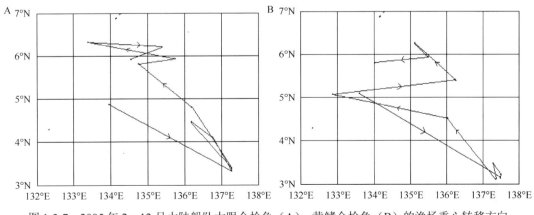

图 1-3-7　2005 年 2～12 月大陆船队大眼金枪鱼（A）、黄鳍金枪鱼（B）的渔场重心转移方向

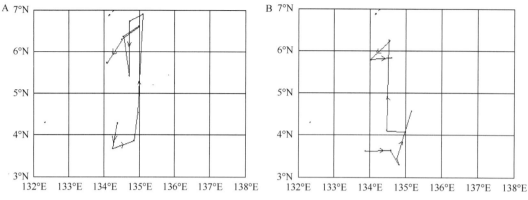

图 1-3-8 2005 年 1～11 月台湾省船队大眼金枪鱼（A）、黄鳍金枪鱼（B）的渔场重心转移方向

渔场的转移总趋势为由南向北。

大陆船队的渔场重心转移范围较大，2～7 月大眼金枪鱼渔场重心主要分布于 5°N 以南的公海海域，7～12 月主要分布于 6°N 左右；黄鳍金枪鱼渔场重心分布较为分散，如图 1-3-7B 所示。

台湾省船队渔场重心几乎全部分布于 134°～135°E 范围内，1～4 月大眼金枪鱼渔场重心主要分布于 4°N 左右海域，4～11 月转移至 5.5°～7°N 海域；1～8 月黄鳍金枪鱼渔场重心主要分布于 4.5°N 以南的海域，8～11 月转移到 6°N 左右（图 1-3-8）。

4　讨论与建议

4.1　饵料

目前，大陆船队使用的饵料为秋刀鱼，体重为 80～120g，体长为 20～30cm。调查显示，除捕食的饵料以外，胃含物中再没发现来自渔场中的秋刀鱼。由此可见，在帕劳群岛水域渔场，秋刀鱼并不适合作为钓获金枪鱼的饵料。

大眼金枪鱼、黄鳍金枪鱼胃含物中鱿鱼的出现频率远大于其他单个鱼种的出现频率，因此帕劳群岛水域渔场使用鱿鱼作为饵料可提高上钩率，另外还因为渔场环境中本身鱿鱼较多，隐蔽性更好，更容易钓获金枪鱼。

在公海及第一航次作业的海域内，胃含物分析发现长体圆鲹也是金枪鱼的主要捕食鱼种之一，因此在该海域作业时，可适当考虑用长体圆鲹作为饵料。但其他海域未发现有长体圆鲹出现，这也说明该鱼饵不能应用于帕劳群岛所有海域。

由此可以看出在帕劳海域渔场的金枪鱼延绳钓作业中，采用鱿鱼和长体圆鲹作饵料比较理想，鱿鱼饵料的使用更能提高金枪鱼的上钩率，其次为使用长体圆鲹饵料。为此建议可以适当购进一些鱿鱼和长体圆鲹饵料，鉴于鱿鱼价格较高，可与秋刀鱼饵料搭配使用。

4.2　渔场选择

当前，大陆船队的主要作业海域为帕劳群岛专属经济区以及公海渔场。调查显示，公海是一处比较优良的金枪鱼渔场，其中的大部分海域（4°30′～6°00′N，136°00′～138°30′E）流速较小，流向比较稳定，适合延绳钓作业，并且渔获个体大，价格高。但是人为因素使得公海的作业环境非常恶劣，如果公司想充分开发公海的金枪鱼资源，应对此采取积极的应对措施。

与台湾省船队作业海域相比，大陆船队作业的海域相对较小。3°N，132°～136°E 以南的海域为帕劳与印度尼西亚的争议区，大陆船队很少进入该海区捕捞金枪鱼。但是，据台湾省船队的生产资料显示，该海区黄鳍金枪鱼资源量丰富，有着很大的开发潜力。因此，建议采取措施保证大陆船队能在每年的 1～5 月进入该海域安全作业。

根据 Catsat 图片资料可以简要概括以下两点作为选择渔场的参考标准：①当存在比较明显的冷涡旋时，选择冷涡旋的边缘作业（调查期间的公海渔场属于这种情况）；②当冷涡旋不明显时，应选择浮游生物含量较高的海域进行作业，也就是 Catsat 上呈现浅绿色或者绿色的海域（调查期间的北部渔场和西南渔场属于这种情况）。

根据 2003～2005 年台湾省船队的产量分布得出，在帕劳群岛附近海域，产量主要集中在 5°～7°N，134°～136°E 范围内，在以后的作业中，建议大陆船队把这一海域作为主要作业渔场。另外，根据 2005 年台湾省船队逐月捕捞数据显示，8～10 月，帕劳群岛水域高纬度海区（8°N 以上）大眼金枪鱼的上钩率也较高，今后同时期在渔场选择上可以以此作为参考。

根据台湾省船队的情况，今后每个月份（2～11 月）的作业海区、主捕鱼种等可参考表 1-3-1 进行。

4.3　大眼（黄鳍）金枪鱼的栖息水层、水温、盐度、溶解氧含量

整个渔场大眼金枪鱼、黄鳍金枪鱼上钩率最高的栖息水层、水温、盐度、溶解氧含量见表 1-4-1。今后的实际生产中应尽可能把钓钩投放到金枪鱼 CPUE 最高的水层、水温段、盐度段、溶解氧含量段。根据测得的水温、盐度和溶解氧含量随深度变化的曲线图，如果取得最高上钩率的水层所对应的水温、盐度、溶解氧含量不一致，应把深度作为实际作业的主要参考指标。

表 1-4-1　整个渔场大眼金枪鱼、黄鳍金枪鱼 CPUE 最高的水层、水温、盐度、溶解氧含量

	大眼金枪鱼				黄鳍金枪鱼			
	水层/m	水温/℃	盐度	溶解氧含量 /(mg/L)	水层/m	水温/℃	盐度	溶解氧含量 /(mg/L)
整个渔场	200～220	16～17	35.1～35.2	2～2.5	40～60	25～26	34.4～34.5	5.5～6

4.4　渔具的改进

钓具试验结果显示，试验钓具大眼金枪鱼上钩率明显大于船用钓具，并且通过正交试验设计方差分析方法得出最优钓具为沉铅 18.75g、转环 38g、无荧光管组合。但是试验钓具的

黄鳍金枪鱼上钩率小于船用钓具，因此，建议每艘船配备两组钓具，根据前面总结出的台湾省船队每个月的主捕品种以及相应的渔场选择合适的钓具。

根据试验结果，钓具做出如下改进：原支线的第二段（长 20.5m）分为两段，长度分别为 14.5m 和 6m，其中 14.5m 一段采用 180# 或 200# 尼龙单丝，6m 一段采用现在的 130# 尼龙单丝。新的支线按顺序分为三段：①支线第一与第二段间用一重 38g 的带铅转环连接；②支线第二与第三段间用一 2# 或 3# 的箱形转环连接；③钓钩上面 25~30cm 处加一重 18.75g 的小铅块。

4.5 渔法的改进

渔法的改进包括作业时间的调整及作业参数的调整。

4.5.1 作业时间的调整

统计结果显示，大眼金枪鱼、黄鳍金枪鱼及两种金枪鱼总的 CPUE 在月黑天和月光天没有显著性差异（$P_{BET} = 0.77$；$P_{YFT} = 0.81$；$P_{MIX} = 0.87$），因此应该摒弃月黑天不适合捕捞大眼金枪鱼的传统思想。另外，不同投绳时间所对应的大眼金枪鱼上钩率存在显著性差异（$P_{BET} = 0.05$），总上钩率也存在差异（$P_{MIX} = 0.1$），对于黄鳍金枪鱼不存在差异（$P_{YFT} = 0.26$），在 2:00~8:00 投绳时，大眼金枪鱼及总上钩率远大于在 14:00~20:00 投绳时的上钩率。因此，实际作业时应该选择 2:00~8:00 作为投绳开始时间，下午 15:00 后起绳。建议把 4:00~5:00 作为最佳投绳开始时间。

作业时间进行调整的依据是金枪鱼的行为：金枪鱼在早上（5:00~8:00）和晚上（17:00~20:00）捕食非常积极，因此，相应的两个时间为大眼金枪鱼的上钩高峰期，据前人在新喀里多尼亚水域的研究显示，大眼金枪鱼捕获的高峰是在 15:30 左右，相应的黄鳍金枪鱼的高上钩率时间分布比较广泛，但是也在 15:30 达到最高。如果改在下午或者晚上投绳，就错过了金枪鱼的最佳钓获时间。

据上述分析，目前大陆船队的作业时间也是影响上钩率的原因之一。

4.5.2 作业参数的调整

在钓具和作息时间做了上述调整的基础上，作业参数按照以下设计方案调整。

4.5.2.1 大眼金枪鱼为目标鱼种时

1）公海渔场、中东渔场（流速较小）。浮子绳长 25m、船速 8 节、出绳速度 10.3 节、两钓钩间的时间间隔为 9s、两浮子间的钓钩数为 19 枚。1~10 号钓钩的理论深度及考虑风、海流影响后的深度见表 1-4-2。

表 1-4-2 公海渔场、中东渔场 1~10 号钓钩的理论深度及考虑风、海流影响后的深度（m）

钩号（j）	1	2	3	4	5	6	7	8	9	10
理论深度	87	126	163	198	230	258	282	300	312	316
$R_d = 80\%$的深度	70	101	130	158	184	207	226	240	249	253

2）中西渔场、北部渔场（流速中等）。浮子绳长 25m、船速 8 节、出绳速度 10.5 节、两钓钩间的时间间隔为 9s、两浮子间的钓钩数为 23 枚。1～12 号钓钩的理论深度及考虑风、海流影响后的深度见表 1-4-3。

表 1-4-3　中西渔场、北部渔场 1～12 号钓钩的理论深度及考虑风、海流影响后的深度（m）

钩号（j）	1	2	3	4	5	6	7	8	9	10	11	12
理论深度	89	129	168	206	241	274	304	330	352	368	379	382
$R_d=68\%$的深度	60	88	114	140	164	186	207	225	239	251	257	260

3）西南渔场（流速较大）。浮子绳长 25m、船速 8 节、出绳速度 10.7 节、两钓钩间的时间间隔为 8s、两浮子间的钓钩数为 23 枚。1～12 号钓钩的理论深度及考虑风、海流影响后的深度见表 1-4-4。

表 1-4-4　西南渔场 1～12 号钓钩的理论深度及考虑风、海流影响后的深度（m）

钩号（j）	1	2	3	4	5	6	7	8	9	10	11	12
理论深度	85	122	158	193	226	257	285	310	330	346	356	359
$R_d=62\%$的深度	53	76	98	120	140	159	177	192	205	214	221	223

4.5.2.2　黄鳍金枪鱼为目标鱼种时

浮子绳长 25m、船速 8 节、出绳速度 10.7 节、两钓钩间的时间间隔为 8s、两浮子间的钓钩数为 15 枚。1～8 号钓钩的理论深度及考虑风、海流影响后的深度见表 1-4-5。

表 1-4-5　1～8 号钓钩的理论深度及考虑风、海流影响后的深度（m）

钩号（j）	1	2	3	4	5	6	7	8
理论深度	85	121	156	187	214	236	250	255
$R_d=70\%$的深度	59	85	109	131	150	165	175	178

实际作业中可以根据主捕的对象及其海域选择具体的作业参数。

参 考 文 献

[1]　齊藤昭二. マグロの遊泳層と延縄漁法. 東京：成山堂書屋，1992：9～10.
[2]　李志辉，罗平. SPSS for Windows 统计分析教程. 北京：电子工业出版社，2003：173～175.

第二篇

马绍尔群岛水域冷海水金枪鱼延绳钓
渔船捕捞技术研究

深圳市联成远洋渔业有限公司和上海海洋大学联合组成的海上调查小组于 2006 年 10 月 27 日正式开始对马绍尔群岛水域金枪鱼资源进行海上探捕调查，2007 年 5 月 29 日结束，历时 215 天，8 个航次，共调查站点 138 个（其中用多功能水质仪测定了 105 个站点，用微型温度深度计测定了 18 个站点）。对各个调查站点的不同水深的水温、盐度和溶解氧含量等渔场环境参数进行了测定；通过微型温度深度计测定钓钩的实际深度；对渔具渔法进行交叉比较试验；对主要鱼种的生物学参数进行了测定；对生产数据进行了统计。现总结如下，供今后生产参考。

1　材料与方法

1.1　材料

1.1.1　调查船

执行本次海上调查任务的渔船为大滚筒冷海水金枪鱼延绳钓渔船"深联成 719"，主要的船舶参数如下：总长 32.28m；型宽 5.70m；型深 2.60m；总吨 97.00t；净吨 34.00t；主机功率 220.00kW。

1.1.2　调查时间、调查海区

探捕船 8 个航次探捕调查的时间、作业天数、探捕范围、探捕站点等见表 2-1-1 和图 2-1-1。

表 2-1-1　探捕船的探捕时间和范围

航次	探捕时间	作业天数	探捕范围	
1	2006.10.27～11.05	6	8°00′～10°31′N	175°21′～176°01′E
2	2006.11.08～11.14	1	12°30′N	174°25′～174°56′E
3	2006.12.4～12.19	10	9°30′～12°00′N 7°00′～8°00′N	163°00′～164°00′E 165°00′～166°00′E
4	2007.01.01～01.17	10	3°00′～7°30′N	166°30′～167°00′E
5	2007.01.24～02.05	7	3°00′～5°00′N	167°30′～169°00′E
6	2007.03.28～04.11	9	6°00′～8°00′N	174°00′～177°30′E
7	2007.04.21～05.03	10	8°00′～12°00′N	172°00′～173°30′E
8	2007.05.06～05.29	16	8°00′～11°30′N	173°30′～175°00′E

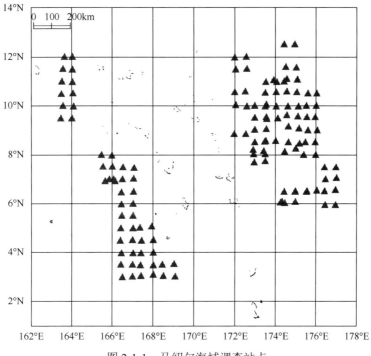

图 2-1-1　马绍尔海域调查站点

1.1.3　调查的渔具与渔法

1.1.3.1　调查的渔具

本次调查船上原来所用的钓具结构为：浮子直径为 360mm；浮子绳直径为 4.2mm，长 26m；干线直径为 4.0mm；支线第一段为直径 3mm 的硬质聚丙烯，长 1.5m 左右，第二段为 180#（直径为 1.8mm）的尼龙单丝，长 18m；第三段为直径 1.2mm 的钢丝，长 0.5m；第一段直接与第二段连接，无转环；第二段与第三段间用转环相连接；第三段直接与钓钩连接，全长 20m。

试验用的钓具按照表 2-1-2 所列的 16 种组合进行装配，第一段与第二段用 3 种带铅转环连接，在钓钩上方加 4 种重量的沉铅，部分在钓钩上方装配塑料荧光管。

表 2-1-2　16 种试验钓具组合

试验号	沉铅/g	带铅转环/g	重锤/kg	荧光管
1	75.0	75	2	有
2	75.0	60	4	有
3	75.0	38	5	无
4	75.0	75	3	无
5	37.5	75	5	无
6	37.5	60	2	无
7	37.5	38	3	有
8	37.5	75	4	有

续表

试验号	沉铅/g	带铅转环/g	重锤/kg	荧光管
9	18.75	75	3	有
10	18.75	60	5	有
11	18.75	38	4	无
12	18.75	75	2	无
13	11.25	75	4	无
14	11.25	60	3	无
15	11.25	38	2	有
16	11.25	60	5	有

1.1.3.2 调查的渔法

调查期间，一般情况下，5:30～9:30 投绳，持续时间为 4h 左右；16:00～22:00 起绳，持续时间为 6h 左右；船长根据探捕调查站点位置决定当天投绳的位置。

船速一般为 8～9.5 节、出绳速度一般为 10～11.5 节、两浮子间的钓钩数为 25 枚、两钓钩间的时间间隔为 8s。一般情况下每天放钩 1600 枚左右，其中原船用钓钩 1000 枚，试验钓钩 400 枚，防海龟钓钩（15/O 和 17/O 两种型号）200 枚。

投放试验钓具时，连续投放两个浮子，其间隔的距离为 40m 左右，靠近浮子的第 1 枚钓钩空缺，第 2 枚钓钩换成 4 种不同重量的重锤，其他参数不变，试验钓钩每种 50 枚，每次投放 8 种试验钓钩，共 400 枚。船上原来使用的渔具和试验用的渔具、渔法见图 2-1-2A 和图 2-1-2B。

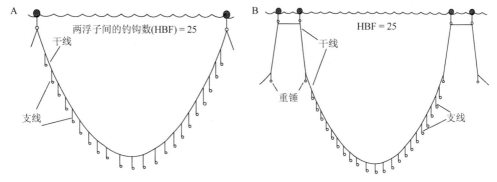

图 2-1-2 钓具结构及投放后在海水中的状态

A. 船用钓具，浮子间钓钩数为 25 枚；B. 试验钓具，浮子间钓钩数为 25 枚

1.2 方法

1.2.1 调查方法

本次调查对设定的调查站点进行调查，记录了每天的投绳位置、投绳开始时间、起绳开始时间、投钩数、投绳时的船速和出绳速度、两钓钩间的时间间隔、两浮子间的钓钩数、

大眼金枪鱼和黄鳍金枪鱼的渔获尾数，抽样测定了大眼金枪鱼（BET）和黄鳍金枪鱼（YFT）的上钩钩号、死活状态、上钩时的位置，抽样鉴定了其性别、性腺成熟度（根据我国海洋调查规范分为 1～6 级），鉴定了其摄食种类、摄食等级（根据我国海洋调查规范分为 0～4 级），用卡尺测定了主要金枪鱼鱼种（大眼金枪鱼和黄鳍金枪鱼）的叉长，用磅秤测定了主要金枪鱼鱼种（大眼金枪鱼和黄鳍金枪鱼）的加工后重（去鳃、去内脏重），用杆秤测定了胃含物重（各摄食种类的重量），用微型温度深度计测定了部分钓钩在海水中的实际深度及其变化，用多功能水质仪，测定了调查站点的 0～450m 水深的温度、盐度和溶解氧含量的垂直变化曲线。

1.2.2　数据处理方法

1.2.2.1　海洋环境研究

采用频率统计的方法，得出有关海洋环境的频度数据。

1.2.2.2　主要鱼种渔获量和上钩率分析

采用分航次频率统计的方法分析。

1.2.2.3　生物学研究

对于金枪鱼的生物学的研究采用统计与回归的方法，研究叉长（FL）与原条鱼重（W）、加工后重的关系采用幂函数回归的方法，即 $W = a\mathrm{FL}^b$；研究加工后重（X）与原条鱼重（Y）的关系采用线性回归的方法，即 $Y = aX$。

性别、性腺成熟度、摄食种类、摄食等级等采用频率统计的方法，得出有关的频度数据。

1.2.2.4　实测钓钩深度与理论深度的关系

实测钓钩深度为微型温度深度计测定的部分钓钩在海水中的实际深度及其变化。当测定的钓钩深度达到稳定后，取其平均值作为该枚钓钩在水中的实际深度。

船上原来使用的钓具和试验用的钓具在水中的假定展开形状见图 2-1-3。

船上原来使用的钓具的理论深度按照日本吉原有吉的钓钩深度计算公式[1]进行计算，根据钩号，按照理论深度计算方法计算得出该钩号的理论深度。即

$$D_j = h_a + h_b + l\left[\sqrt{1 + \cot^2\varphi_0} - \sqrt{\left(1 - \frac{2j}{n}\right)^2 + \cot^2\varphi_0}\right] \tag{2-1-1}$$

$$L = V_2 \times n \times t \tag{2-1-2}$$

$$l = \frac{V_1 \times n \times t}{2} \tag{2-1-3}$$

$$k = \frac{L}{2l} = \frac{V_2}{V_1} = \cot\varphi_0 \mathrm{sh}^{-1}(\tan\varphi_0) \tag{2-1-4}$$

式（2-1-1）～式（2-1-4）中，D_j 为理论深度；h_a 为支线长；h_b 为浮子绳长；l 为干线弧长的一半；φ_0 为干线支承点上切线与水平面的夹角，与短缩率（k）有关，作业中很难实测 φ_0，采用 k 来推出 φ_0；j 为两浮子之间自一侧计的钓钩编号序数，即钩号；n 为两浮子之

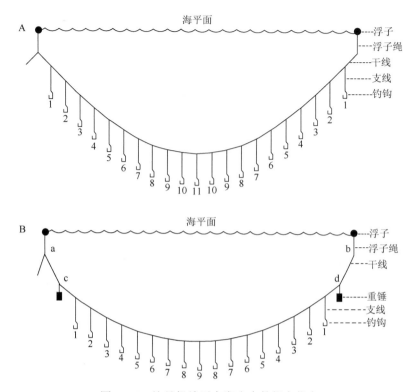

图 2-1-3　钓具投放后在海水中的假定状态

A. 船用钓具（21 枚）；B. 试验钓具（17 枚）

间干线的分段数，即支线数加 1；L 为两浮子之间的海面上的距离；V_2 为船速；t 为投绳时前后两支线之间相隔的时间间隔；V_1 为投绳机出绳速度。

试验作业钓具钓钩的理论深度要作相应的修正，具体方法如下。

试验作业中，重锤的重量改变了干线在水中的形状（图 2-1-3B），因此不能直接利用原悬链线公式计算得出每枚钓钩的实际深度，要对重锤产生的影响进行修正。

本次调查中，未运用微型温度深度计测定挂重锤处的干线垂度的实际数据，选取印度洋调查中取得的相应重量下的实际深度的算术平均值作为该重量下挂重锤处干线的垂度，计作：d_w。假设整个调查期间相同重量的重锤的下沉垂度相同。结果得出，随着重锤重量的加大，重锤的下沉垂度（d_w）增加，2kg、3kg、4kg、5kg 的重锤下沉垂度分别为 54.0m、59.7m、65.0m、67.7m。

本研究中，把图 2-1-3B 中 c、d 两点之间的干线看作悬链线，从而得出每枚钓钩自挂重锤的干线处开始计算的垂度。假设 ac 和 bd 间干线均为直线，根据测到的该段干线在垂直方向上的分量，得出其水平分量。然后得出该段 c、d 两点间的直线距离 L'，则钓钩深度计算公式可表达为

$$D'_j = h_a + h_b + d_w + l\left[\sqrt{1 + \cot^2\varphi'_0} - \sqrt{\left(1 - \frac{2j}{m}\right)^2 + \cot^2\varphi'_0}\right] \quad （2\text{-}1\text{-}5）$$

$$L' = V_2(m+4)t - 2\sqrt{(1.821V_1t)^2 - d_w^2} \qquad (2\text{-}1\text{-}6)$$

$$l = \frac{0.9104V_1 \times m \times t}{2} \qquad (2\text{-}1\text{-}7)$$

$$k' = \frac{L'}{2l} = \cot\varphi_0' sh^{-1}(\tan\varphi_0') \qquad (2\text{-}1\text{-}8)$$

式中，D_j' 表示试验作业时钓钩的深度（m）；d_w 表示挂重锤处干线的垂度（m）；L' 表示重锤间的水平距离（m），m 为两重锤之间干线的分段数，即支线数加 1；φ_0' 为挂重锤处干线支承点上切线与水平面的夹角（°），其他同式（2-1-1）～式（2-1-4）。

简单计算的实测钓钩深度与理论深度的关系模型采用线性回归的方法，即把海流分为 3 个等级 [0～0.3 节、0.3～0.6 节（含 0.3 节）、大于 0.6 节（含 0.6 节），下同]，重锤分为 4 种（2kg、3kg、4kg、5kg）情况进行分析，以利于渔民掌握。

拟合钓钩深度计算模型的建立：运用 SPSS13.0 软件[2]，采用多元回归分析方法，建立微型温度深度计实测钓钩深度与理论深度和海洋环境因子的关系模型。

本研究认为，钓钩所能达到的拟合深度主要受到钓具漂移速度(V_g)、风速(V_w)、风舷角(Q_w)、风流合压角(γ)等因素的影响，且钓钩的深度是在不断变化的，在一定的范围内波动。对于试验钓具，由于增加了重锤，因此，把重锤在水中的重量(W)也作为一个因子进行回归。其中，钓具漂移速度是指钓具在风、海流的合力作用下，钓具在海中的对地漂移的速度；风速为风速仪测得的风的速度；风舷角为风向与投绳航向之间的夹角；风流合压角是指钓具在海中的漂移方向与投绳航向之间的夹角。

1）正常作业钓具的拟合深度公式。利用 SPSS13.0 软件[2]，采用多元回归分析方法，建立钩深率(P)与表层流速(V_g)、风速(V_w)、风舷角(Q_w)、风流合压角(γ)、钩号(j)的回归方程，其中，钩深率即为微型温度深度计实测深度(D_f)与理论深度(D_j)的比值。

假定其关系模型为
$$\lg(P) = a \times \lg(V_g) + b \times \lg(V_w) + c \times \lg(\sin Q_w) + d \times \lg(\sin\gamma) + e \times \lg(j) + C$$
$$(2\text{-}1\text{-}9)$$

其中 C 为常数项，其他符号同上。

$$P = \frac{D_f}{D_j} \qquad (2\text{-}1\text{-}10)$$

2）试验钓具的拟合深度公式。利用 SPSS13.0 软件[2]，采用多元回归分析方法，建立钩深率(P)与表层流速(V_g)、风速(V_w)、风向(C_w)、风流合压角(γ)、风舷角(Q_w)、钩号(j)、重锤重量(W)的回归方程。其中，钩深率即为微型温度深度计实测深度(D_f)与理论深度(D_j')的比值。

假定其关系模型为
$$\lg(P) = a \times \lg(V_g) + b \times \lg(V_w) + c \times \lg(\sin Q_w) + d \times \lg(\sin\gamma) + e \times \lg(j) + f \times \lg(W) + C$$
$$(2\text{-}1\text{-}11)$$

$$P = \frac{D_f}{D_j'} \qquad (2\text{-}1\text{-}12)$$

1.2.2.5 渔具渔法的比较试验

对调查期间船用钓具、试验钓具和防海龟钓具的大眼金枪鱼、黄鳍金枪鱼和两种鱼合计的上钩率分海流等级 [0～0.3 节、0.3～0.6 节（含 0.3 节）、大于 0.6 节（含 0.6 节）]，在不同的重锤下，采用统计的方法比较其上钩率情况。对于 16 种组合，哪种组合对提高大眼金枪鱼、黄鳍金枪鱼和两种鱼合计的上钩率最明显，采用正交试验方差分析的方法来得出。分别统计 4 种饵料大眼金枪鱼和黄鳍金枪鱼的上钩率，进行对比研究，数据处理采用配对方差分析的方法研究 4 种饵料两两之间的差异显著性。

1.2.2.6 大眼（黄鳍）金枪鱼的栖息环境

对大眼（黄鳍）金枪鱼的栖息水层、水温、盐度、溶解氧含量的研究，通过研究大眼（黄鳍）金枪鱼的渔获率（CPUE）与水层、水温、盐度、溶解氧含量的关系来进行，具体方法如下。

水层：从 40.00m 起到 359.9m，每 20m 为一层，分 16 层。

水温：从 8.00℃ 起到 29.99℃，每 1℃ 为一段，分为 22 段。

盐度：从 33.80 起到 35.39，每 0.10 为一段，分为 16 段。

溶解氧含量：从 0.00 起到 5.49mg/L，每 0.5mg/L 为一段，共 11 段。

各水层、水温、盐度和溶解氧含量范围的渔获率根据如下的方法确定。

统计该渔场各水层、水温、盐度和溶解氧含量范围的大眼（黄鳍）金枪鱼的渔获尾数（分别记作 N_{S1j}、N_{S2j}、N_{S3j}、N_{S4j}）、钩数（H_{S1j}、H_{S2j}、H_{S3j}、H_{S4j}）及占该渔场取样总尾数（记作 N_S）的百分比（分别记作 P_{1j}、P_{2j}、P_{3j}、P_{4j}）；占该渔场该天取样总钩数（分为船用钓具和试验钓具，分别记作 H_S、H_S'）的百分比（船用钓具为 P_{H1j}、P_{H2j}、P_{H3j}、P_{H4j}；试验钓具为 P_{H1j}'、P_{H2j}'、P_{H3j}'、P_{H4j}'）。根据取样数据推算出该渔场的实际总渔获尾数（记作 N），该天的总钩数（船用钓具记作 H、试验钓具记作 H'），在各水层、各水温段、各盐度段和各溶解氧含量范围的渔获尾数（分别记作 N_{1j}、N_{2j}、N_{3j}、N_{4j}）、钩数（船用钓具分别记作 H_{1j}、H_{2j}、H_{3j}、H_{4j}；试验钓具分别记作 H_{1j}'、H_{2j}'、H_{3j}'、H_{4j}'；H_{2j}、H_{3j}、H_{4j}、H_{2j}'、H_{3j}'、H_{4j}' 根据各水温、盐度、溶解氧含量范围相对应的水层计算出在该水层船用钓具和试验钓具的钩数而推算得出），该渔场在各水层、各水温段、各盐度段、各溶解氧含量范围的钩数（记作 H_{Tij}）为相应的每天的船用钓具与试验钓具的和，再计算大眼（黄鳍）金枪鱼各水层、水温、盐度、溶解氧含量范围的渔获率（分别记作 $CPUE_{1j}$、$CPUE_{2j}$、$CPUE_{3j}$、$CPUE_{4j}$），其表达式分别为

$$P_{ij} = \frac{N_{Sij}}{N_S} \tag{2-1-13}$$

$$P_{Hij} = \frac{H_{Sij}}{H_S} \tag{2-1-14}$$

$$P_{Hij}' = \frac{H_{Sij}'}{H_S'} \tag{2-1-15}$$

$$N_{ij} = P_{ij} \times N \tag{2-1-16}$$

$$H_{ij} = P_{Hij} \times H \tag{2-1-17}$$

$$H'_{ij} = P'_{Hij} \times H' \tag{2-1-18}$$

$$H_{Tij} = \sum_{k=1}^{n} H_{ij} + \sum_{k=1}^{m} H'_{ij} \tag{2-1-19}$$

$$CPUE_{ij} = \frac{N_{ij}}{H_{Tij}} \tag{2-1-20}$$

式（2-1-13）～式（2-1-20）中，k 为作业天数（船用钓具为 n 天，试验钓具为 m 天）；$i=1,2,3,4$；统计各水层的数据时，$j=1,2,3,4,\cdots,16$；统计各水温范围数据时 $j=1,2,3,4,\cdots,22$；统计各盐度范围的数据时，$j=1,2,3,4,\cdots,16$；统计各溶解氧含量范围的数据时，$j=1,2,3,4,\cdots,11$。

用实测的大眼（黄鳍）金枪鱼（死鱼，鱼体已发硬，共 34 尾大眼金枪鱼和 38 尾黄鳍金枪鱼）的体温估计其钓获时所处的深度、盐度、溶解氧含量，认为这些鱼的体温即为其钓获时的水温。把体温（水温）作为引数查深度-水温垂直剖面图得出捕获时的深度，再以深度为引数查深度-盐度垂直剖面图得出捕获时的盐度，查深度-溶解氧含量垂直剖面图得出捕获时的溶解氧含量。

1.2.2.7　大眼（黄鳍）金枪鱼渔场形成机制

温度、盐度、溶解氧含量数据的测定方法：利用多功能水质仪测定数据，通过计算机把测得的数据读出并储存，记录好相应的测定位置，取各所要分析的深度处的 ±5m 内的数据的算术平均值作为其数据。

风流合压角、钓具的漂移速度的测定方法：利用船上的 GPS 记录同一浮子投出和收进的位置，计算得出这一天的漂移方向、钓具漂移速度，再计算投绳时航程较长的航向与漂移方向之间的夹角（小于 90°）——风流合压角。

大眼（黄鳍）金枪鱼的渔获率 CPUE（尾/千钩）的测定方法：观测每天的大眼（黄鳍）金枪鱼的渔获尾数（N）及当天的实际投放的钓钩数（H），利用下式计算得出。

$$CPUE = \frac{N}{H} \times 1000 \tag{2-1-21}$$

把每个渔场每天的各水层的温度、盐度、钓具漂移速度(V_g)和漂移方向(C_g)、风速(V_w)、风向(C_w)、风舷角(Q_w)、风流合压角(γ)、大眼金枪鱼和黄鳍金枪鱼的渔获率（CPUE）数据录入 SPSS 统计分析软件中[2]，先将这些数据进行标准化处理，使其成为无量纲的变量，求出各指标与大眼金枪鱼 CPUE 和黄鳍金枪鱼 CPUE 的 Pearson 相关系数，此相关系数反映两指标间的相关关系，再通过两指标间的显著性系数（显著性系数取 5%），确定显著相关指标。

利用日本海洋数据处理软件 Marine Explorer，把有关渔场与 CPUE 相关系数较大的具有代表性的指标与大眼金枪鱼和黄鳍金枪鱼的 CPUE 进行叠图。

2　渔场环境因子

2.1　海流

探捕区域覆盖 3°～13°N，163°～178°E 的中太平洋海域，其洋流主要受到北赤道逆流和北赤道暖流的影响。受到北赤道逆流影响的区域海流自西向东，平均流速为0.8节，而受到赤道暖流影响的区域海流自东向西，平均流速为0.2~0.4节。

2.2 气温

第一和第二航次的平均气温没有记录，只统计第三到第八航次的气温。探捕海域10月至次年5月的气温在25.5~34℃波动，平均为29.6℃。其中第四航次的平均气温比其他航次的要高，最高温度也要高。这可能是第四航次比其他航次探捕的站点更靠近赤道所致。详见表2-2-1。

表2-2-1　调查海域的气温状况（℃）

指标	航次					
	第三	第四	第五	第六	第七	第八
最高气温	33.5	34.0	31.5	30.0	31.0	30.0
最低气温	25.5	27.5	28.5	27.0	28.0	28.5
平均气温	29.7	30.5	29.9	28.7	29.1	29.5
海域范围	163°~166°E 7°~12°N	166.5°~167°E 3°~7.5°N	167.5°~169°E 3°~5°N	174°~177.5°E 6°~8°N	172°~173.5°E 8°~12°N	173.5°~175°E 8°~11.5°N

2.3 风速风向

调查海域的风速以3.6~9m/s为主，在第一、第二和第六航次出现的频率为100%，在第三航次为75%，第四航次占76.47%，第五航次占57.15%，第七航次占64.29%，第八航次占62.5%。调查过程中0~2m/s风速只在第四航次出现且频率不高。大于9m/s的风速在第三、第四、第五、第七航次中出现，其中在第五和第七航次中频率较高，分别为28.57%和35.71%。各航次的主导风向都为东北风。详见表2-2-2和图2-2-1。

表2-2-2　调查海域的风速频率（%）

指标		第一航次	第二航次	第三航次	第四航次	第五航次	第六航次	第七航次	第八航次
风速/(m/s)	0~2.0	0.00	0.00	0.00	5.88	0.00	0.00	0.00	0.00
	2.1~3.5	0.00	0.00	16.67	11.76	14.29	0.00	0.00	37.50
	3.6~5.0	100.00	66.66	33.33	23.53	0.00	38.46	7.14	37.50
	5.1~7.0	0.00	0.00	33.33	5.88	14.29	23.08	35.71	25.00
	7.1~9.0	0.00	33.33	8.33	47.06	42.86	38.46	21.43	0.00
	9.1~12.5	0.00	0.00	8.33	5.88	28.57	0.00	35.71	0.00
主导风向		东北	东北	东北	东北	东北	东北	东北	东北

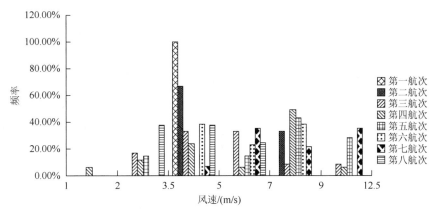

图 2-2-1　调查海域风速的频率分布图

2.4　钓具漂移速度

调查海域的钓具漂移速度在 0.05～1.70 节波动，共测定了 67 天的钓具漂移速度。其中，0～0.3 节所占天数较多，为 41 天，0.3（含）～0.6 节为 16 天，大于 0.6（含）节所占天数较少，为 10 天。

调查海域中第一、第三、第七、第八航次的漂移速度主要集中在 0～0.3 节，分别占 66.67%、66.67%、70%、75%；第四和第五航次主要集中在 0.3（含）～0.6 节，分别占 66.67% 和 42.86%；第六航次大于 0.6（含）节占的比率非常高，为 55.56%，而且第六航次的平均流速最高，为 0.69 节。由于第二航次仅作业一次，故不作分析，详见表 2-2-3 和图 2-2-2。

表 2-2-3　调查海域的钓具漂移速度频率

	指标	第一航次	第三航次	第四航次	第五航次	第六航次	第七航次	第八航次
	0～0.3 节	66.67%	66.67%	11.11%	28.57%	33.33%	70.00%	75.00%
	0.3（含）～0.6 节	33.33%	22.22%	66.67%	42.86%	11.11%	20.00%	18.75%
漂移速度	大于 0.6（含）节	0.00%	11.11%	22.22%	28.57%	55.56%	10.00%	6.25%
	最小值/节	0.20	0.13	0.24	0.10	0.19	0.05	0.07
	最大值/节	0.59	0.80	0.80	0.77	1.28	0.79	1.70
	平均值/节	0.31	0.35	0.45	0.45	0.69	0.28	0.30
	主导流向	西南	西南	西南	西南	西南	西南	西南

2.5　海面波浪

调查海域浪高以 2～3m 和 1～2m 为主（第一和第二航次的数据没有统计），第四、第五、第六、第七航次出现这一段浪高的频率分别占 52.94%、71.43%、78.57% 和 57.14%，第三航次中出现 1～2m 浪高的频率超过一半，占 72.20%，第八航次中出现 1～2m 浪高的频率也很高，为 62.50%。整个调查过程中出现超过 3.0m 的海浪只有在第七航次中出现，频率不高，为 14.29%。详见图 2-2-3。

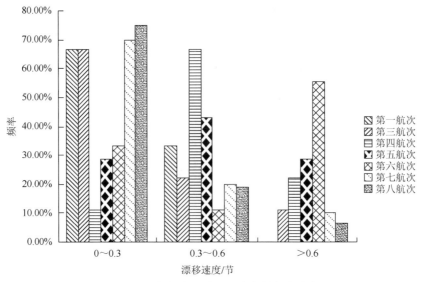

图 2-2-2　调查海域钓具漂移速度的频率分布图

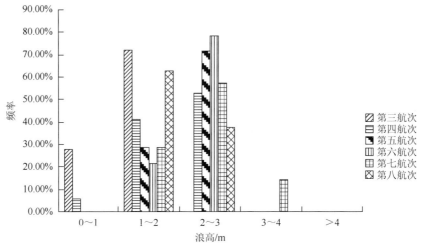

图 2-2-3　调查海域各航次的浪高频率分布

2.6　表层水温

本研究中取水下（20±5）m 水层作为表层。然后计算这一水层水温的算术平均值。调查海域的表层水温在 27.6～29.7℃波动，平均为 28.7℃。第一航次的平均水温比其他几个航次要高，其最高、最低的水温也比其他的航次要高。详见表 2-2-4 和图 2-2-4。

表 2-2-4　调查海域的表层水温情况（℃）

指标	航次							
	第一	第二	第三	第四	第五	第六	第七	第八
最大值	29.7	29.1	28.9	29.4	29.7	28.8	28.3	28.6
最小值	29.2	28.9	28.4	28.7	29.0	28.5	27.6	28.0

续表

指标	航次							
	第一	第二	第三	第四	第五	第六	第七	第八
平均值	29.5	29.0	28.7	29.0	29.3	28.6	28.1	28.3
海域范围	175.4°~176°E 8°~10.5°N	174.4°~174.9°E 12.5°N	163°~166°E 7°~12°N	166.5°~167°E 3°~7.5°N	167.5°~169°E 3°~5°N	174°~177.5°E 6°~7.1°N	172°~173.5°E 8°~12°N	173.5°~175°E 8°~11.5°N

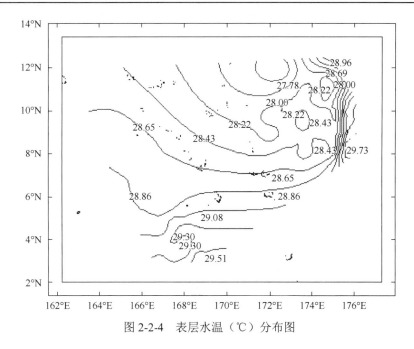

图 2-2-4　表层水温（℃）分布图

2.7　表层盐度

　　水层深度同上。计算该水层盐度的算术平均值。调查海域的表层盐度在 33.8～34.8 波动，平均为 34.3（第二航次的数据太少，不作分析；第六航次的数据没有测定）。第五航次的盐度最大值最高，其平均盐度比其他航次的要高，其平均盐度比第三航次的平均盐度高 0.8。详见表 2-2-5 和图 2-2-5。

表 2-2-5　调查海域的表层盐度情况

指标	航次					
	第一	第三	第四	第五	第七	第八
最大值	34.6	34.3	34.1	34.8	34.6	34.6
最小值	33.8	34.1	33.9	34.1	34.3	34.2
平均值	34.1	33.7	34.0	34.5	34.4	34.4
海域范围	175.4°~176°E 8°~10.5°N	163°~166°E 7°~12°N	166.5°~167°E 3°~7.5°N	167.5°~169°E 3°~5°N	172°~173.5°E 8°~12°N	173.5°~175°E 8°~11.5°N

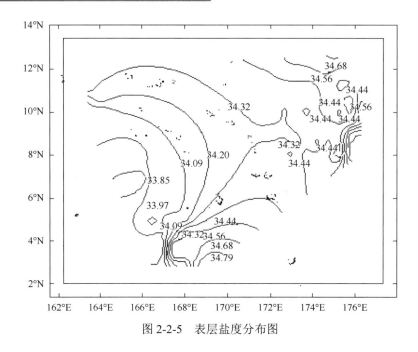

图 2-2-5　表层盐度分布图

2.8　表层溶解氧含量

水层深度同上。计算该水层溶解氧含量的算术平均值。调查海域的表层溶解氧含量在 3.47～5.12mg/L 波动，平均为 4.50mg/L。第八航次的最低表层溶解氧含量及平均值都比其他航次的相应值略高。由于第二航次仅作业一次，第五、六航次溶解氧传感器故障，故无此 3 个航次的数据。详见表 2-2-6 和图 2-2-6。

表 2-2-6　调查海域的表层溶解氧含量的分布状况（mg/L）

指标	航次				
	第一	第三	第四	第七	第八
最大值	4.25	4.22	4.19	5.12	5.03
最小值	4.07	3.47	4.10	4.95	5.00
平均值	4.17	4.14	4.15	4.05	4.98
海域范围	175.4°～176°E 8°～10.5°N	163°～166°E 7°～12°N	166.5°～167°E 3°～7.5°N	172°～173.5°E 8°～12°N	173.5°～175°E 8°～11.5°N

3　主要金枪鱼鱼种渔获量及上钩率情况

3.1　整个调查期间的总体情况

3.1.1　渔获量状况

从 2006 年 10 月 27 日至 2007 年 5 月 29 日，海上作业 69 天，共投放 106 969 枚钓钩，8 个航次共捕获大眼金枪鱼 304 尾（不包括丢弃的 14 尾）、加工后重为 12 179kg；黄鳍金枪鱼 118 尾（不包括丢弃的 8 尾）、加工后重 3819kg，具体见表 2-3-1。

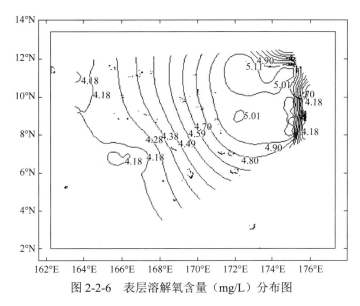

图 2-2-6　表层溶解氧含量（mg/L）分布图

表 2-3-1　整个调查期间投放的钓钩数、BET 和 YFT 渔获尾数及 CPUE 统计

指标	总计	船用钓具	15/O 钓钩	试验钓具	17/O 钓钩
钓钩数/枚	106 969	67 031	6 592	26 745	6 651
BET8/尾	304	194	22	74	14
BET CPUE（尾/千钩）	2.84	2.89	3.34	2.77	2.10
YFT/尾	118	75	7	26	10
YFT CPUE（尾/千钩）	1.10	1.12	1.06	0.97	1.50
合计/尾	422	269	29	100	24
合计 CPUE（尾/千钩）	3.95	4.01	4.40	3.74	3.60

3.1.2　总体上钩率情况

　　整个调查期间大眼金枪鱼（BET）和黄鳍金枪鱼（YFT）总 CPUE、各自的 CPUE 分布分别见图 2-3-1～图 2-3-3。

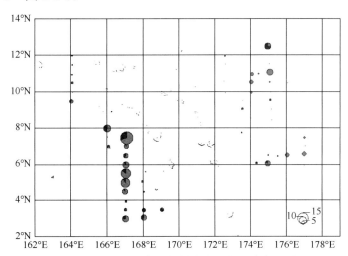

图 2-3-1　整个调查期间大眼金枪鱼（红色）和黄鳍金枪鱼（蓝色）总 CPUE（尾/千钩）分布

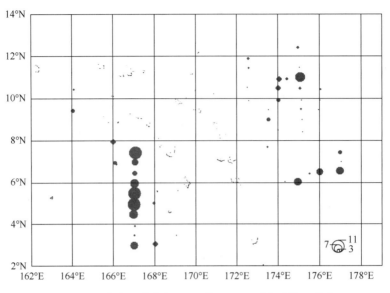

图 2-3-2　整个调查期间 BET 的 CPUE（尾/千钩）分布

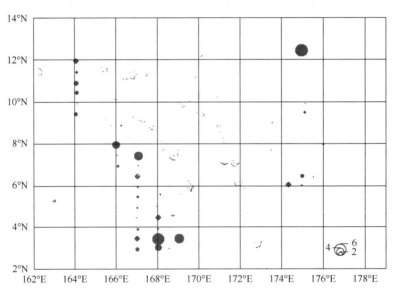

图 2-3-3　整个调查期间 YFT 的 CPUE（尾/千钩）分布

3.2　分航次渔获量和上钩率情况

调查期间各航次 BET、YFT 各自的和两种鱼合计的渔获尾数、CPUE 和加工后重见表 2-3-2。由于第二航次仅作业一次，故与第一航次合在一起分析。

表 2-3-2　调查期间各航次 BET、YFT 各自的和两种鱼合计的渔获尾数、CPUE（尾/千钩）和加工后重（kg）

	BET 尾数	BET CPUE	BET 加工后重	YFT 尾数	YFT CPUE	YFT 加工后重	BET 和 YFT 总尾数	总 CPUE	总加工后重
第一和第二航次	8	0.89	303	12	1.34	389	20	2.23	692
第三航次	24	1.86	883	24	1.86	676	48	3.72	1 559
第四航次	120	7.20	5 208	33	1.98	1 140	153	9.18	6 348
第五航次	17	1.51	563	30	2.66	841	47	4.17	1 404
第六航次	50	3.37	1 862	13	0.88	539	63	4.25	2 401
第七航次	22	1.31	796	1	0.06	32	23	1.37	828
第八航次	63	2.46	2 564	5	0.20	202	68	2.62	2 766
合计	304	2.84	12 179	118	1.10	3 819	422	3.95	15 998

3.2.1　第一和第二航次

第一航次调查范围为 175°21′～176°01′E，8°00′～10°31′N 海域。时间为 10 月 27 日至 11 月 5 日，实际生产作业 6 天。

第二航次在 174°25′～174°56′E，12°30′N 海域作业，实际生产作业天数为 1 天。

两个航次总投放钓钩数为 9003 枚，其中船用钓钩为 4803 枚、试验钓钩为 2800 枚、15/O 钓钩为 700 枚、17/O 钓钩为 700 枚。总计捕获 BET 8 尾，YFT 12 尾，见表 2-3-3。第一航次船用钓钩钓获的金枪鱼较多，第二航次 15/O 和 17/O 钓钩钓获的金枪鱼较多，见图 2-3-4。第一和第二航次每天钓获的 BET 和 YFT 的总 CPUE 见图 2-3-5。第一和第二航次总体上钩率为 2.2 尾/千钩，每天的上钩率在 0～9.1 尾/千钩范围内变化。第二航次 11 月 11 日上钩率较高。第一和第二航次 BET 和 YFT 的 CPUE 分布见图 2-3-6。第一和第二航次 BET、YFT 的 CPUE 分布分别见图 2-3-7、图 2-3-8。

表 2-3-3　第一和第二航次各种钓钩投放数量、钓获的金枪鱼尾数和 CPUE（尾/千钩）

日期（2006 年）	漂移速度/节	钓钩数量/枚				BET 钓获尾数/尾				YFT 钓获尾数/尾			
		总数	船用	15/O	试验	17/O	船用	15/O	试验	17/O	船用	15/O	试验	17/O
10/29	0.22	1100	500	100	400	100	2	0	0	0	0	0	0	0
10/30	0.59	1100	500	100	400	100	1	0	0	0	0	0	0	0
10/31	0.27	1100	500	100	400	100	1	0	0	0	0	0	0	0
11/1	0.20	1150	550	100	400	100	0	0	0	0	0	0	0	0
11/2	0.32	1100	500	100	400	100	0	0	0	0	0	0	0	0
11/3	0.23	1920	1320	100	400	100	0	0	0	0	1	0	1	0
11/11	0.00	1533	933	100	400	100	0	0	4	0	3	2	3	2
合计		9003	4803	700	2800	700	4	0	4	0	4	2	4	2
总 CPUE							0.83	0.00	1.43	0.00	0.83	2.86	1.43	2.86

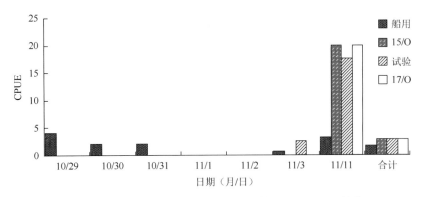

图 2-3-4　第一和第二航次各种钓具每天钓获的 BET 和 YFT 的总 CPUE

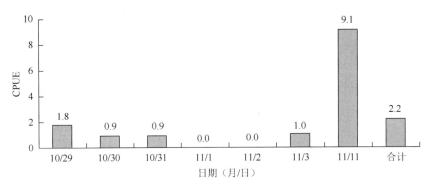

图 2-3-5　第一和第二航次每天钓获的 BET 和 YFT 的总 CPUE

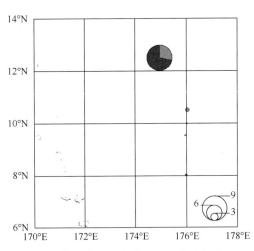

图 2-3-6　第一和第二航次 BET（红色）和 YFT
（蓝色）的 CPUE（尾/千钩）分布

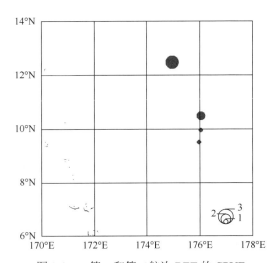

图 2-3-7　第一和第二航次 BET 的 CPUE
（尾/千钩）分布

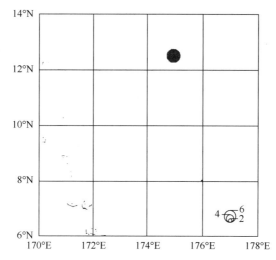

图 2-3-8　第一和第二航次 YFT 的 CPUE（尾/千钩）分布

3.2.2　第三航次

本航次调查范围为 163°00′～164°00′E，9°30′～12°00′N 及 165°00′～166°00′E，7°00′～8°00′N 海域。时间为 2006 年 12 月 4～19 日，实际生产作业 10 天。本航次总投放钓钩数量为 12 886 枚，其中船用钓具为 7325 枚、试验钓具为 3615 枚、15/O 钓钩为 949 枚、17/O 钓钩为 997 枚。总计捕获 BET 24 尾，YFT 24 尾；各种钓具所捕捞的金枪鱼详细情况见表 2-3-4。各种钓具每天钓获的 BET 的 CPUE 见图 2-3-9。

表 2-3-4　第二航次各种钓钩投放数量、钓获的金枪鱼尾数和 CPUE（尾/千钩）

日期 （2006 年）	漂移 速度/节	钓钩数量/枚					BET 钓获尾数/尾				YFT 钓获尾数/尾			
		总数	船用	15/O	试验	17/O	船用	15/O	试验	17/O	船用	15/O	试验	17/O
12/7	0.80	1 000	400	100	400	100	0	0	0	0	3	0	0	0
12/8	0.30	1 299	700	99	400	100	0	0	1	0	1	1	0	0
12/9	0.55	1 446	850	96	400	100	0	0	0	0	4	0	0	0
12/10	0.21	1 486	900	96	390	100	0	1	1	1	1	0	1	1
12/11	0.13	1 446	850	96	400	100	0	0	1	0	1	0	0	0
12/12	0.28	1 461	875	96	390	100	4	1	0	0	0	0	2	1
12/14	0.23	1 414	825	93	396	100	6	0	1	1	3	1	2	0
12/15	0.00	1 333	750	91	393	99	1	0	0	0	1	0	0	0
12/16	0.37	565	325	91	50	99	2	0	0	0	1	0	0	0
12/17	0.29	1 436	850	91	396	99	2	1	0	0	0	0	0	0
合计		12 886	7 325	949	3 615	997	15	3	4	2	15	2	5	2
总 CPUE							2.05	3.16	1.11	2.01	2.05	2.11	1.38	2.01

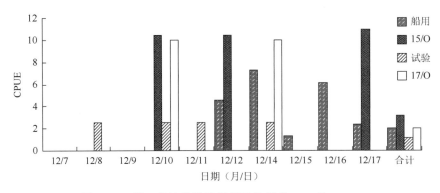

图 2-3-9　第三航次各种钓具每天钓获的 BET 的 CPUE

从图 2-3-9 得，从整体来看 15/O 钓钩钓获率最高。

各种钓具每天钓获的 YFT 的 CPUE 分布见图 2-3-10。

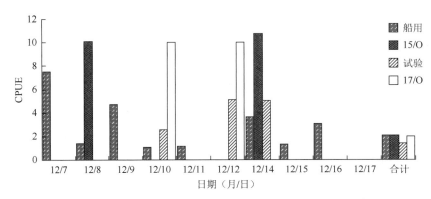

图 2-3-10　第三航次各种钓具每天钓获的 YFT 的 CPUE 分布

由图 2-3-10 得，从整体来看船用钓具、15/O、17/O 钓钩钓获率几乎相同，而试验钓具上钩率较低。

各种钓具每天钓获的 BET 和 YFT 的总 CPUE 见图 2-3-11。

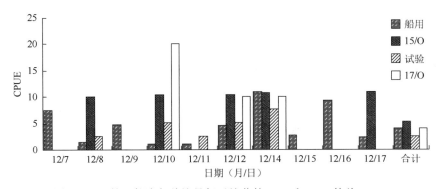

图 2-3-11　第三航次各种钓具每天钓获的 BET 和 YFT 的总 CPUE

由图 2-3-11 得，从整体来看 15/O 钓钩钓获率最高，其次为船用钓具和 17/O 钓钩，试验钓具在本航次钓获率最低。

第三航次每天钓获的 BET 和 YFT 的总 CPUE 见图 2-3-12。

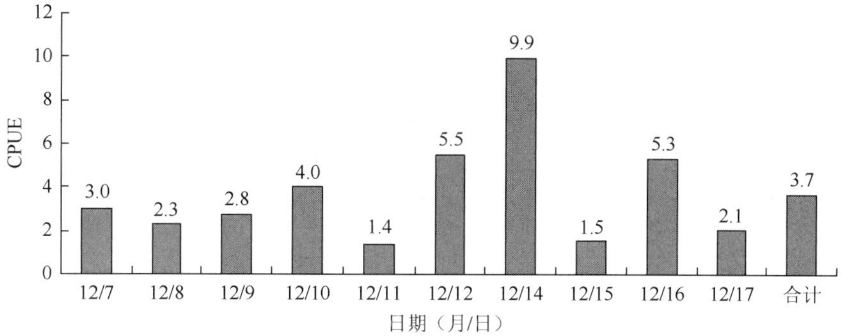

图 2-3-12　第三航次每天钓获的 BET 和 YFT 的总 CPUE

由图 2-3-12 得，本航次总体上钩率为 3.7 尾/千钩，每天的上钩率在 1.4～9.9 尾/千钩范围内变化。

15/O 钓钩：BET 的上钩率为 3.16 尾/千钩，YFT 的上钩率为 2.11 尾/千钩。

17/O 钓钩：BET 的上钩率为 2.01 尾/千钩，YFT 的上钩率为 2.01 尾/千钩。

船用钓具：BET 的上钩率为 2.05 尾/千钩，YFT 的上钩率为 2.05 尾/千钩。

试验钓具：BET 的上钩率为 1.11 尾/千钩，YFT 的上钩率为 1.38 尾/千钩。

上述结果表明 15/O 钓钩上钩率最高，BET、YFT 的上钩率均高于其他钓具，17/O 钓钩与船用钓具的上钩率相差无几，而试验钓具的上钩率最低。

3.2.3　第四航次

本航次调查范围为 166°30′～167°00′E，3°00′～7°30′N 之间海域。时间为 2007 年 1 月 1～17 日，实际生产作业 10 天。本航次总投放钓钩数量为 16 675 枚，其中船用钓具为 10 725 枚、试验钓具为 3962 枚、15/O 钓钩为 994 枚、17/O 钓钩为 994 枚。总计捕获 BET 120 尾，YFT33 尾；各种钓具所捕捞的金枪鱼详细情况见表 2-3-5。各种钓具每天钓获的 BET 的 CPUE 见图 2-3-13，从整体来看 15/O 钓钩 BET 的钓获率最高。

表 2-3-5　第四航次各种钓钩投放数量、钓获的金枪鱼尾数和 CPUE（尾/千钩）

日期 （2007 年）	漂移 速度/节	钓钩数量/枚					BET 钓获尾数/尾				YFT 钓获尾数/尾			
		总数	船用	15/O	试验	17/O	船用	15/O	试验	17/O	船用	15/O	试验	17/O
1/6	0.24	1 440	841	100	399	100	7	0	3	0	3	0	0	0
1/7	0.23	1 689	1 098	100	391	100	3	0	1	0	5	0	0	0
1/8	0.29	1 715	1 116	100	399	100	2	1	0	0	1	0	2	0
1/9	0.25	1 672	1 078	99	395	100	6	1	6	0	1	0	0	0
1/10	0.20	1 699	1 101	100	398	100	7	3	7	2	2	0	0	0
1/11	0.43	1 653	1 062	99	395	97	16	2	1	0	1	0	1	1
1/12	0.28	1 720	1 122	99	399	100	11	2	0	1	0	0	1	1
1/13	0.35	1 719	1 125	99	395	100	3	0	4	1	2	1	2	0
1/14	0.53	1 706	1 112	98	399	97	7	1	3	0	1	0	0	0
1/15	0.22	1 662	1 070	100	392	100	10	0	8	1	5	0	2	1
合计		16 675	10 725	994	3 962	994	72	10	33	5	21	1	8	3
总 CPUE							6.71	10.06	8.33	5.03	1.96	1.01	2.02	3.02

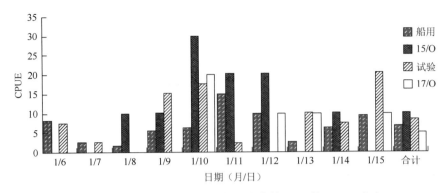

图 2-3-13　第四航次各种钓具每天钓获的 BET 的 CPUE 分布

各种钓具每天钓获的 YFT 的 CPUE 见图 2-3-14，从整体来看 17/O 钓钩 YFT 的钓获率最高。

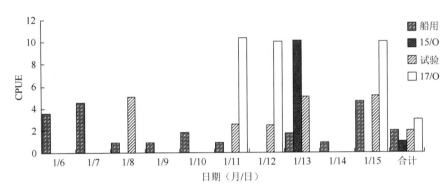

图 2-3-14　第四航次各种钓具每天钓获的 YFT 的 CPUE

各种钓具每天钓获的 BET 和 YFT 的总 CPUE 见图 2-3-15，从整体来看 15/O 钓钩钓获率最高，其次为试验钓具，17/O 钓钩在本航次钓获率最低。

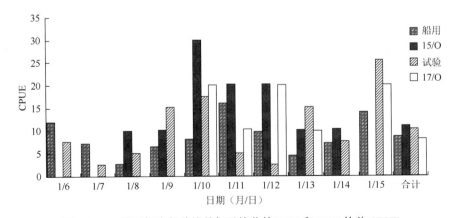

图 2-3-15　第四航次各种钓具每天钓获的 BET 和 YFT 的总 CPUE

每天钓获的 BET 和 YFT 的总 CPUE 见图 2-3-16，本航次总体上钩率为 9.2 尾/千钩，每天的上钩率在 3.5～16.2 尾/千钩范围内变化。

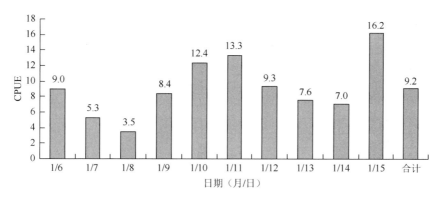

图 2-3-16　第四航次每天钓获的 BET 和 YFT 的总 CPUE

船用钓具：BET 的上钩率为 6.71 尾/千钩，YFT 的上钩率为 1.96 尾/千钩，BET 和 YFT 总上钩率为 8.67 尾/千钩。

试验钓具：BET 的上钩率为 8.33 尾/千钩，YFT 的上钩率为 2.02 尾/千钩，BET 和 YFT 总上钩率为 10.35 尾/千钩。

17/O 钓钩：BET 的上钩率为 5.03 尾/千钩，YFT 的上钩率为 3.02 尾/千钩，BET 和 YFT 总上钩率为 8.05 尾/千钩。

15/O 钓钩：BET 的上钩率为 10.06 尾/千钩，YFT 的上钩率为 1.01 尾/千钩，BET 和 YFT 总上钩率为 11.07 尾/千钩。

上述结果表明，15/O 钓钩 BET 和 YFT 总上钩率最高，其次为试验钓具，而 17/O 钓钩的上钩率最低。对各种钓具，BET 上钩率均高于 YFT 的上钩率。

3.2.4　第五航次

本航次调查范围为 167°30′～169°00′E，3°00′～5°00′N 海域。时间为 2007 年 1 月 24 日至 2 月 5 日，实际生产作业 7 天。

本航次总投放钓钩数量为 11 262 枚，其中船用钓具为 7111 枚、试验钓具为 2781 枚、15/O 钓钩为 670 枚、17/O 钓钩为 700 枚。总计捕获 BET 17 尾，YFT 30 尾；各种钓具所捕捞的金枪鱼详细情况见表 2-3-6。

表 2-3-6　第五航次各种钓钩数量、钓获的金枪鱼尾数和 CPUE（尾/千钩）

日期（2007 年）	漂移速度/节	钓钩数量/枚					BET 钓获尾数/尾				YFT 钓获尾数/尾			
		总数	船用	15/O	试验	17/O	船用	15/O	试验	17/O	船用	15/O	试验	17/O
1/26	0.23	1 766	1 167	100	399	100	4	1	0	0	0	0	0	1
1/27	0.10	1 713	1 118	100	395	100	0	0	0	0	2	0	2	1
1/28	0.51	1 604	1 005	100	399	100	1	0	0	0	1	0	1	0
1/29	0.77	1 724	1 129	100	395	100	1	0	0	0	7	2	1	0
1/30	0.39	1 738	1 139	100	399	100	8	0	1	0	4	0	1	1
1/31	0.66	1 693	1 098	100	395	100	0	0	0	0	0	0	1	0
2/1	0.52	1 024	455	70	399	100	0	0	1	0	5	0	0	0
合计		11 262	7 111	670	2 781	700	14	1	2	0	19	2	6	3
总 CPUE							1.97	1.49	0.72	0.00	2.67	2.99	2.16	4.29

各种钓具每天钓获的 BET 的 CPUE 分布见图 2-3-17，从整体来看船用钓具钓获率最高，15/O 钓钩在 1 月 26 日钓获一尾 BET，其他时间没有钓获，17/O 钓钩在作业的 7 天内均未钓获 BET。

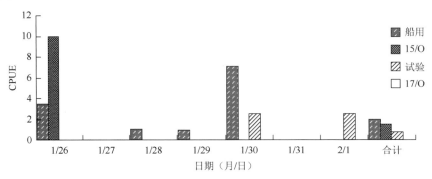

图 2-3-17　第五航次各种钓具每天钓获的 BET 的 CPUE 分布

各种钓具每天钓获的 YFT 的 CPUE 分布见图 2-3-18，从整体来看 17/O 钓钩钓获率最高，15/O 钓钩在 1 月 29 日钓获 2 尾 YFT，其他时间没有钓获。

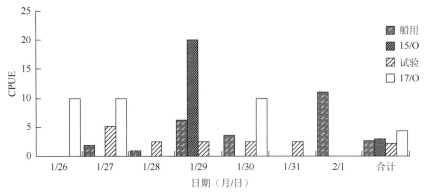

图 2-3-18　第五航次各种钓具每天钓获的 YFT 的 CPUE 分布

各种钓具每天钓获的 BET 和 YFT 的总 CPUE 见图 2-3-19，从整体来看船用钓具钓获率最高，其次为 15/O 和 17/O 钓钩，试验钓具在本航次钓获率最低。

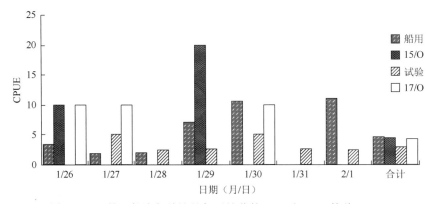

图 2-3-19　第五航次各种钓具每天钓获的 BET 和 YFT 的总 CPUE

每天钓获的 BET 和 YFT 的总 CPUE 见图 2-3-20，本航次总体上钩率为 4.2 尾/千钩，每天的上钩率在 0.6～8.6 尾/千钩范围内变化。

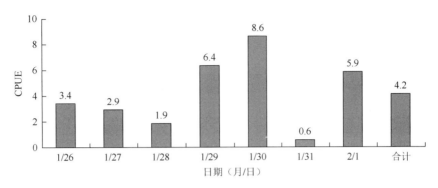

图 2-3-20　第五航次每天钓获的 BET 和 YFT 的总 CPUE

第三至第五航次 BET 和 YFT 的总 CPUE、各自的 CPUE 分布分别见图 2-3-21～图 2-3-23。

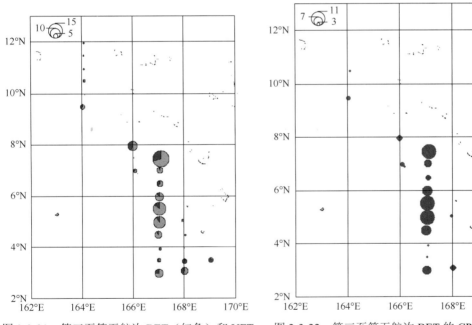

图 2-3-21　第三至第五航次 BET（红色）和 YFT（蓝色）的 CPUE 分布

图 2-3-22　第三至第五航次 BET 的 CPUE 分布

3.2.5　第六航次

从本航次开始在东部渔场进行调查，调查范围为 174°00′～177°30′E，6°00′～8°00′N 海域。时间为 2007 年 3 月 28 日至 4 月 11 日，实际生产作业 9 天。总投放钓钩数量为 14 827 枚，其中船用钓具为 9443 枚、试验钓具为 3587 枚、15/O 钓钩为 898 枚、17/O 钓钩为 899 枚。总计捕获 BET 50 尾，YFT 13 尾；各种钓具所捕捞的金枪鱼详细情况见表 2-3-7。

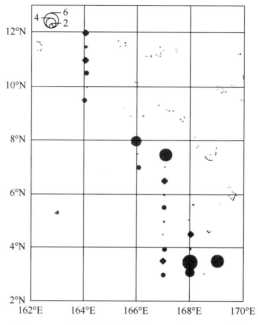

图 2-3-23　第三至第五航次 YFT 的 CPUE 分布

表 2-3-7　第六航次各种钓钩投放数量、钓获的金枪鱼尾数和 CPUE（尾/千钩）

日期（2007 年）	漂移速度/节	钓钩数量/枚					BET 钓获尾数/尾				YFT 钓获尾数/尾			
		总数	船用	15/O	试验	17/O	船用	15/O	试验	17/O	船用	15/O	试验	17/O
3/31	0.76	1 475	885	100	390	100	0	0	0	1	1	0	0	0
4/1	0.23	1 650	1 050	100	400	100	7	0	3	2	0	0	0	0
4/2	0.25	1 713	1 116	100	397	100	2	0	0	0	0	0	0	0
4/3	0.19	1 710	1 110	100	400	100	3	0	4	0	0	0	0	0
4/5	0.99	1 650	1 050	100	400	100	6	0	3	1	0	0	0	0
4/6	1.28	1 678	1 078	100	400	100	2	2	0	0	0	0	1	0
4/7	0.99	1 684	1 084	100	400	100	1	0	0	0	4	0	0	0
4/8	0.56	1 593	996	98	400	99	9	1	1	0	2	0	0	0
4/9	0.95	1 674	1 074	100	400	100	0	0	2	0	4	0	1	0
合计		14 827	9 443	898	3 587	899	30	3	13	4	11	0	2	0
总 CPUE							3.18	3.34	3.62	4.45	1.16	0.00	0.56	0.00

　　各种钓具每天钓获的 BET 的 CPUE 分布见图 2-3-24，从整体来看 17/O 钓钩钓获率最高，其次为试验钓具和 15/O 钓钩，船用钓具的钓获率最低。

　　各种钓具每天钓获的 YFT 的 CPUE 分布见图 2-3-25，从整体来看船用钓具钓获率最高，15/O 和 17/O 钓钩没有钓获 YFT。

　　各种钓具每天钓获的 BET 和 YFT 的总 CPUE 分布见图 2-3-26，从整体来看船用钓具钓获率最高，其次为 17/O 钓钩和试验钓具，15/O 钓钩在本航次钓获率最低。

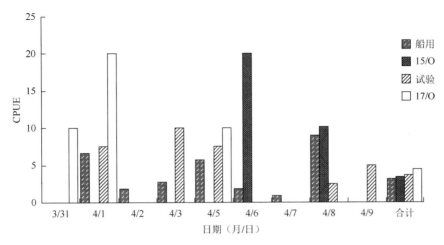

图 2-3-24　第六航次各种钓具每天钓获的 BET 的 CPUE 分布

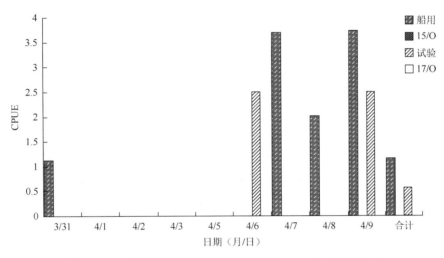

图 2-3-25　第六航次各种钓具每天钓获的 YFT 的 CPUE 分布

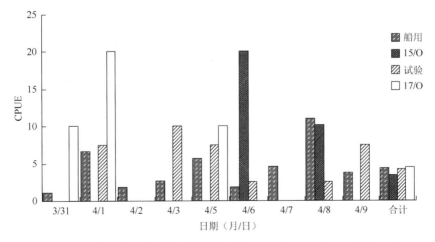

图 2-3-26　第六航次各种钓具每天钓获的 BET 和 YFT 的总 CPUE 分布

每天钓获的 BET 和 YFT 的总 CPUE 见图 2-3-27，本航次总体上钩率为 4.2 尾/千钩，每天的上钩率在 1.2～8.2 尾/千钩范围内变化。

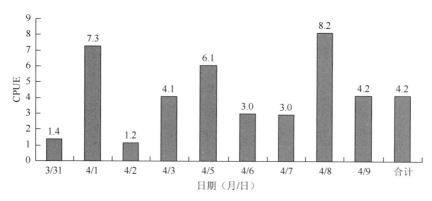

图 2-3-27　第六航次每天钓获的 BET 和 YFT 的总 CPUE

3.2.6　第七航次

本航次在东部渔场进行调查，调查范围为 172°00′～173°30′E，8°00′～12°00′N 海域。时间为 2007 年 4 月 21 日至 5 月 3 日，共作业 10 天。总投放钓钩数量为 16 785 枚，其中船用钓具为 10 790 枚、试验钓具为 4000 枚、15/O 钓钩为 995 枚、17/O 钓钩为 1000 枚。总计捕获 BET 22 尾，YFT 1 尾；各种钓具所捕捞的金枪鱼详细情况见表 2-3-8。

表 2-3-8　第七航次各种钓钩投放数量、钓获的金枪鱼尾数和 CPUE（尾/千钩）

日期（2007 年）	漂移速度/节	钓钩数量/枚					BET 钓获尾数/尾				YFT 钓获尾数/尾			
		总数	船用	15/O	试验	17/O	船用	15/O	试验	17/O	船用	15/O	试验	17/O
4/22	0.34	1 650	1 055	95	400	100	0	0	0	0	0	0	0	0
4/23	0.21	1 678	1 078	100	400	100	0	1	0	0	0	0	0	0
4/24	0.33	1 720	1 120	100	400	100	5	0	1	0	1	0	0	0
4/25	0.05	1 728	1 128	100	400	100	1	0	1	0	0	0	0	0
4/26	0.23	1 716	1 116	100	400	100	1	0	0	0	0	0	0	0
4/28	0.26	1 618	1 018	100	400	100	2	0	3	0	0	0	0	0
4/29	0.05	1 650	1 050	100	400	100	2	1	0	0	0	0	0	0
4/30	0.79	1 650	1 050	100	400	100	1	0	1	0	0	0	0	0
5/1	0.26	1 700	1 100	100	400	100	0	0	2	0	0	0	0	0
5/2	0.23	1 675	1 075	100	400	100	0	0	0	0	0	0	0	0
合计		16 785	10 790	995	4 000	1 000	12	2	8	0	1	0	0	0
总 CPUE							1.11	2.01	2.00	0.00	0.09	0.00	0.00	0.00

各种钓具每天钓获的 BET 的 CPUE 分布见图 2-3-28，从整体来看试验钓具和 15/O 钓钩钓获率最高，其次为船用钓具。

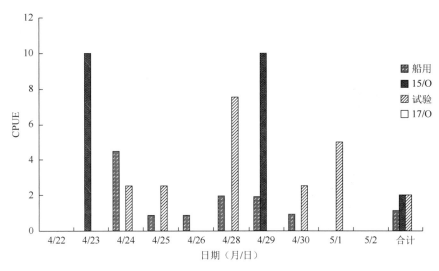

图 2-3-28　第七航次各种钓具每天钓获的 BET 的 CPUE 分布

各种钓具每天钓获的 YFT 的 CPUE 分布见图 2-3-29，本航次只有在 4 月 24 日由船用钓具钓获一尾 YFT。

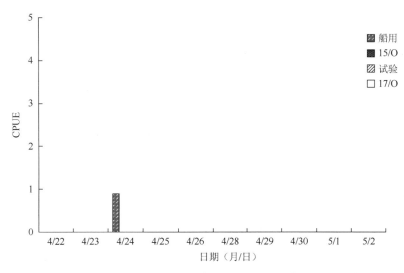

图 2-3-29　第七航次各种钓具每天钓获的 YFT 的 CPUE 分布

各种钓具每天钓获的 BET 和 YFT 的总 CPUE 分布见图 2-3-30，从整体来看试验钓具钓获率最高，其次为 15/O 钓钩。

每天钓获的 BET 和 YFT 的总 CPUE 见图 2-3-31，本航次总体上钩率为 1.4 尾/千钩，每天的上钩率在 0～4.1 尾/千钩范围内变化。

3.2.7　第八航次

本航次在东北部渔场进行调查，调查范围为 173°30′～175°00′E，8°00′～11°30′N 海域。时间为 2007 年 5 月 6～29 日，共作业 16 天。总投放钓钩数量为 25 581 枚，其中船用钓

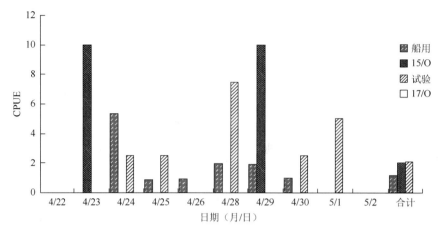

图 2-3-30　第七航次各种钓具每天钓获的 BET 和 YFT 的总 CPUE 分布

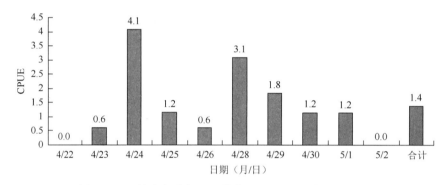

图 2-3-31　第七航次每天钓获的 BET 和 YFT 的总 CPUE

具为 16 234 枚、试验钓具为 6400 枚、15/O 钓钩为 1486 枚、17/O 钓钩为 1461 枚。总计捕获 BET 63 尾，YFT 5 尾；各种钓具所捕捞的金枪鱼详细情况见表 2-3-9。

表 2-3-9　第八航次各种钓钩投放数量、钓获的金枪鱼尾数和 CPUE（尾/千钩）

日期 （2007年）	漂移 速度/节	钓钩数量/枚					BET 钓获尾数/尾				YFT 钓获尾数/尾			
		总数	船用	15/O	试验	17/O	船用	15/O	试验	17/O	船用	15/O	试验	17/O
5/8	0.41	1 650	1 050	100	400	100	0	0	0	0	0	0	0	0
5/9	0.16	1 600	1 000	100	400	100	1	1	0	0	0	0	0	0
5/10	0.07	1 670	1 070	100	400	100	2	0	0	0	0	0	0	0
5/11	0.16	1 625	1 025	100	400	100	2	0	1	0	2	0	1	0
5/12	0.09	1 693	1 093	100	400	100	1	0	0	1	1	0	0	0
5/18	0.26	1 535	935	100	400	100	3	0	1	0	0	0	0	0
5/19	0.27	1 500	900	100	400	100	5	0	7	1	0	0	0	0
5/20	0.12	1 525	969	81	400	75	2	0	0	0	0	0	0	0
5/21	0.11	1 550	983	85	400	82	5	0	0	0	0	0	0	0
5/22	0.17	1 550	950	100	400	100	6	1	1	0	0	0	0	0
5/23	0.22	1 550	983	85	400	82	8	1	0	0	0	0	0	0

续表

日期（2007 年）	漂移速度/节	钓钩数量/枚					BET 钓获尾数/尾				YFT 钓获尾数/尾			
		总数	船用	15/O	试验	17/O	船用	15/O	试验	17/O	船用	15/O	试验	17/O
5/24	0.29	1 604	1 039	85	400	80	6	0	0	0	0	0	0	0
5/25	0.31	1 600	1 033	85	400	82	0	0	0	0	0	0	0	0
5/26	0.16	1 600	1 033	85	400	82	1	0	0	1	0	0	0	0
5/27	1.70	1 650	1 092	80	400	78	1	0	0	0	0	0	0	0
5/28	0.36	1 679	1 079	100	400	100	4	0	0	0	1	0	0	0
合计		25 581	16 234	1 486	6 400	1 461	47	3	10	3	4	0	1	0
总 CPUE							2.90	2.02	1.56	2.05	0.25	0.00	0.16	0.00

各种钓具每天钓获的 BET 的 CPUE 分布见图 2-3-32，从整体来看船用钓具钓获率最高。

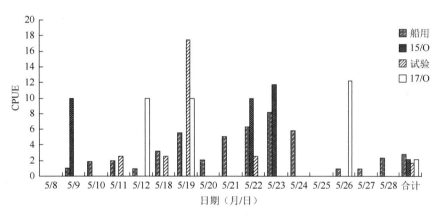

图 2-3-32　第八航次各种钓具每天钓获的 BET 的 CPUE 分布

各种钓具每天钓获的 YFT 的 CPUE 分布见图 2-3-33。

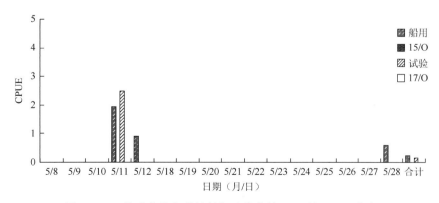

图 2-3-33　第八航次各种钓具每天钓获的 YFT 的 CPUE 分布

各种钓具每天钓获的 BET 和 YFT 的总 CPUE 分布见图 2-3-34，从整体来看船用钓具钓获率最高。从金枪鱼上钩钩号来看，本航次上钩的金枪鱼钓钩深度总体较浅。

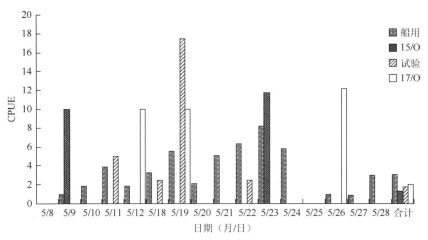

图 2-3-34　第八航次各种钓具每天钓获的 BET 和 YFT 的总 CPUE 分布

每天钓获的 BET 和 YFT 的总 CPUE 见图 2-3-35，本航次总体上钩率为 2.6 尾/千钩，每天的上钩率在 0～8.7 尾/千钩范围内变化。

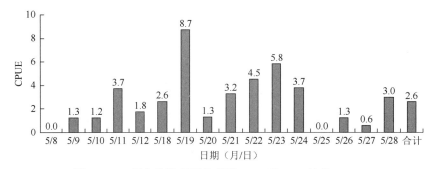

图 2-3-35　第八航次每天钓获的 BET 和 YFT 的总 CPUE

第六至第八航次 BET 和 YFT 的总 CPUE 及各自的 CPUE 分布分别见图 2-3-36～图 2-3-38。

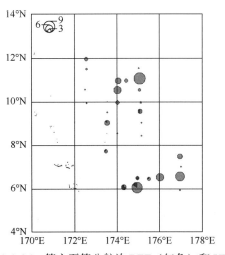

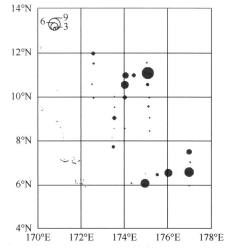

图 2-3-36　第六至第八航次 BET（红色）和 YFT　　图 2-3-37　第六至第八航次 BET 的 CPUE 分布
　　　　　　（蓝色）的总 CPUE 分布

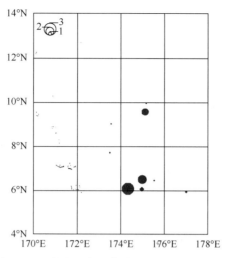

图 2-3-38　第六至第八航次 YFT 的 CPUE 分布

3.3　马朱罗（MAJ）船队其他船的 CPUE 与"深联成 719"各航次 CPUE 的比较

调查期间马朱罗（MAJ）船队其他船的 CPUE 与"深联成 719"（SLC719）的 BET＋YFT、BET、YFT 的 CPUE 分布见图 2-3-39～图 2-3-41，各航次平均 CPUE 见表 2-3-10。各图中的红圈中心表示 SLC719 船的调查位置，每个红圈表示一个调查点，红圈中央的实心圆表示该调查点 BET 或 YFT 的 CPUE。绿色为 BET 和 YFT 的总 CPUE、深蓝色表示 BET 的 CPUE、淡蓝色表示 YFT 的 CPUE。

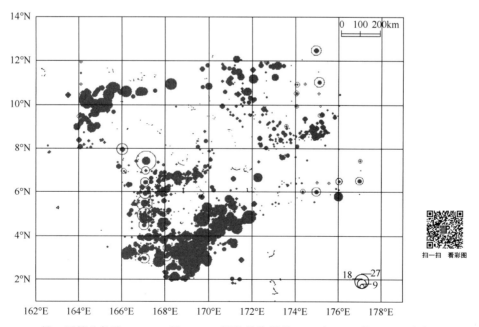

图 2-3-39　第一至第八航次 SLC719 船、MAJ 船队其他船的 BET 和 YFT 总 CPUE 分布

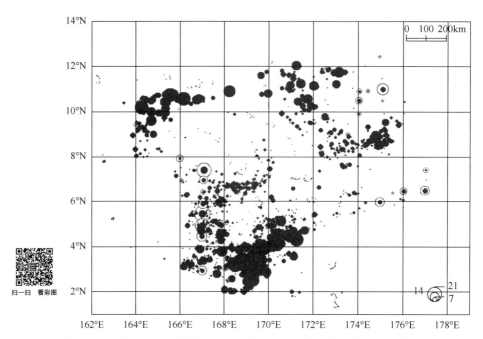

图 2-3-40　第一至第八航次 SLC719 船、MAJ 船队其他船的 BET 的 CPUE 分布

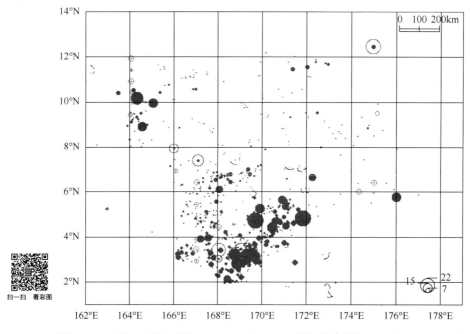

图 2-3-41　第一至第八航次 SLC719 船、MAJ 船队其他船的 YFT 的 CPUE 分布

从表 2-3-10 可得出：MAJ 船队其他船 BET 的钓获率均比 YFT 的钓获率高，BET 和 YFT 的钓获率分别为 4.15 尾/千钩、1.71 尾/千钩，总钓获率为 5.84 尾/千钩。SLC719 调查船，BET 和 YFT 的总钓获率分别为 2.84 尾/千钩、1.10 尾/千钩，总钓获率为 3.95 尾/千钩，第四至第六航次总钓获率相对较高，分别为 9.18 尾/千钩、4.17 尾/千钩和 4.25 尾/千钩，这 3 个航

次在西南海域作业，在东部和东北部海域调查时，钓获率较低。对于 SLC719 船整个调查期间，BET 和 YFT 的平均总钓获率比 MAJ 船队其他船的平均总钓获率低 1.89 尾/千钩。

表 2-3-10　MAJ 船队其他船的平均 CPUE 与 SLC719 各航次平均 CPUE（尾/千钩）

航次	日期	MAJ 船队其他船			SLC719		
		CPUE（BET）	CPUE（YFT）	总 CPUE	CPUE（BET）	CPUE（YFT）	总 CPUE
1、2	11/1～11/15	4.05	1.24	5.29	0.89	1.34	2.23
3	12/5～12/20	4.97	1.36	6.34	1.86	1.86	3.72
4	1/1～1/20	3.99	2.04	6.03	7.20	1.98	9.18
5	1/21～2/5	3.19	2.37	5.56	1.51	2.66	4.17
6	3/25～4/15	4.16	0.89	4.90	3.37	0.88	4.25
7	4/20～5/5	4.03	1.61	5.64	1.31	0.06	1.37
8	5/6～5/30	4.24	2.34	6.58	2.46	0.20	2.62
	平均 CPUE	4.15	1.71	5.84	2.84	1.10	3.95

4　主要金枪鱼种类生物学特性

4.1　大眼金枪鱼

调查期间对所捕获的大眼金枪鱼的叉长、加工后重（去鳃、去内脏重）、原条鱼重和性别等数据进行了测定，其中雄性 151 尾、雌性 101 尾，雄性与雌性的性别比例约为 1.50∶1，另有 57 尾未作鉴定。雄性样本叉长为 1.02～1.75m，加工后重为 23～87kg，原条鱼重为 26～90kg；雌性样本叉长为 0.94～1.47m，加工后重为 20～65kg，原条鱼重为 23～70kg。159 尾样本总加工后重为 6681kg，样本平均加工后重为 42.02kg/尾，取样覆盖率达 51.46%。调查期间大眼金枪鱼渔获物的总尾数为 309 尾，加工后重为 12 179kg，由于记录的数据不全，所以对于不同的研究项目分析时所用到的尾数不同。

4.1.1　叉长、加工后重、原条鱼重之间的关系

整个调查期间，不分性别的大眼金枪鱼叉长与加工后重的关系（使用 159 尾鱼的数据），以及叉长与原条鱼重的关系（使用 169 尾鱼的数据）通过幂函数回归得图 2-4-1。

由图 2-4-1 得，马绍尔群岛海域不分性别的大眼金枪鱼叉长与加工后重的关系、叉长与原条鱼重的关系分别为

$$y = 2.0068 \times 10^{-5} x^{2.9883} \quad R^2 = 0.9178 \qquad (2\text{-}4\text{-}1)$$

式中，y 表示加工后重，x 表示叉长。

$$y = 6.0509 \times 10^{-5} x^{2.7780} \quad R^2 = 0.8578 \qquad (2\text{-}4\text{-}2)$$

式中，y 表示原条鱼重，x 表示叉长。

雄性（使用 85 尾鱼的数据）、雌性（使用 64 尾鱼的数据）叉长与加工后重的关系通过幂函数回归得图 2-4-2。

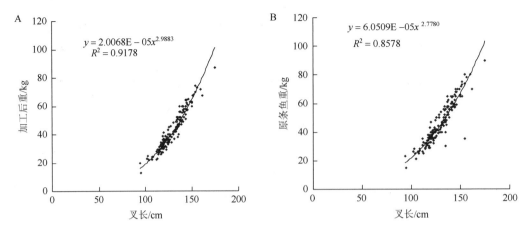

图 2-4-1　大眼金枪鱼叉长与加工后重的关系（A）和叉长与原条鱼重的关系（B）

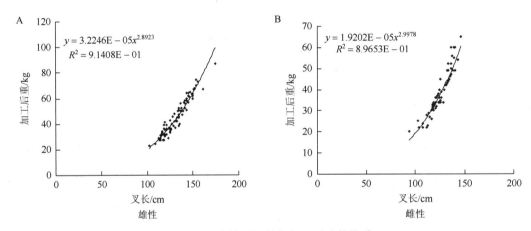

图 2-4-2　分性别叉长与加工后重的关系

由图 2-4-2 得：

雄性：$\qquad y = 3.2246 \times 10^{-5} x^{2.8923} \quad R^2 = 0.9141 \qquad$ （2-4-3）

雌性：$\qquad y = 1.9202 \times 10^{-5} x^{2.9978} \quad R^2 = 0.8965 \qquad$ （2-4-4）

雄性（使用 85 尾鱼的数据）、雌性（使用 64 尾鱼的数据）叉长与原条鱼重的关系通过幂函数回归得图 2-4-3。

由图 2-4-3 得：

雄性：$\qquad y = 6.1907 \times 10^{-5} x^{2.7763} \quad R^2 = 0.8960 \qquad$ （2-4-5）

雌性：$\qquad y = 4.2284 \times 10^{-5} x^{2.8553} \quad R^2 = 0.8820 \qquad$ （2-4-6）

大眼金枪鱼不分性别原条鱼重与加工后重的关系通过线性回归得图 2-4-4。

从图 2-4-4 可以得出，两者的关系为

$$y = 0.9173x \quad R^2 = 0.9864 \qquad （2-4-7）$$

式中，y 为加工后重，x 为原条鱼重，下同。

雄性（85 尾）、雌性（65 尾）的原条鱼重与加工后重的关系通过线性回归得图 2-4-5。

由图 2-4-5 得：

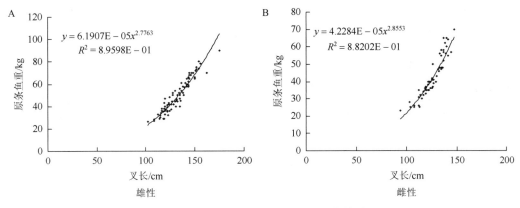

图 2-4-3　分性别叉长与原条鱼重的关系

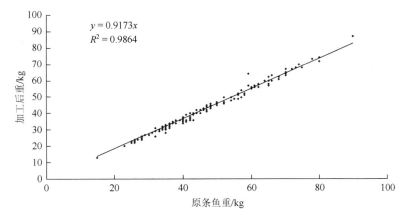

图 2-4-4　大眼金枪鱼不分性别原条鱼重与加工后重的关系

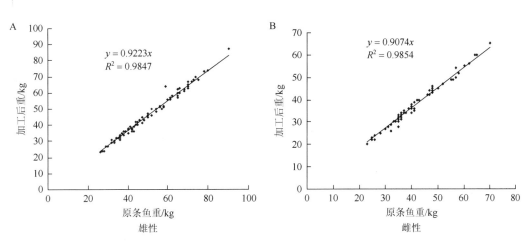

图 2-4-5　大眼金枪鱼雄性、雌性原条鱼重与加工后重的关系

雄性：　　　　　　　　　　$y = 0.9223x$　$R^2 = 0.9847$　　　　　　　　（2-4-8）

雌性：　　　　　　　　　　$y = 0.9074x$　$R^2 = 0.9854$　　　　　　　　（2-4-9）

4.1.2 叉长分布

4.1.2.1 整个调查期间

调查期间,共测定了 281 尾大眼金枪鱼的叉长,最小叉长为 0.92m,最大叉长为 1.75m,平均叉长为 1.29m。整个调查期间的大眼金枪鱼的叉长分布见图 2-4-6,其中 1.15~1.35m 为优势叉长,占 57.30%。

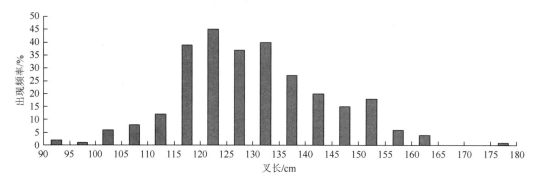

图 2-4-6　整个调查期间大眼金枪鱼叉长分布

4.1.2.2 雄性(149尾)、雌性(100尾)叉长分布

雄性最小叉长为 1.00m,最大叉长为 1.75m,优势叉长为 1.15~1.40m,占 65.77%,如图 2-4-7 所示;雌性,最小叉长为 0.94m,最大叉长为 1.58m,优势叉长为 1.15~1.35m,占 61.00%,如图 2-4-7 所示。

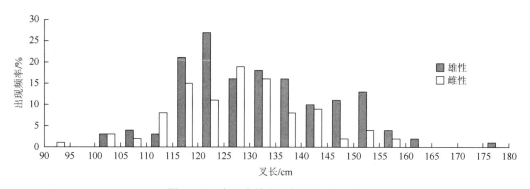

图 2-4-7　大眼金枪鱼分性别叉长分布

大眼金枪鱼不同叉长段的性别比例分布见图 2-4-8,从图中可以得出雌性随叉长的增加所占性别比例下降,而雄性正好相反。

4.1.2.3 分航次

按航次划分的大眼金枪鱼渔获物叉长分布情况见图 2-4-9 和表 2-4-1。

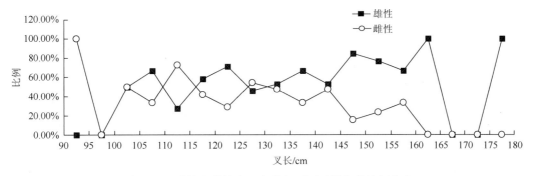

图 2-4-8 雌性和雄性大眼金枪鱼不同叉长段的比例分布

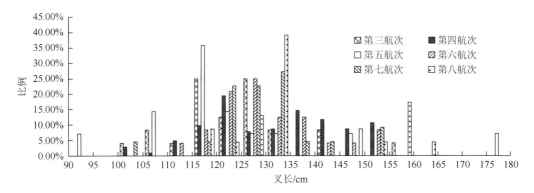

图 2-4-9 6 个航次大眼金枪鱼渔获物叉长分布情况

表 2-4-1 6 个航次大眼金枪鱼渔获物叉长分布情况

叉长/cm	第三航次		第四航次		第五航次		第六航次		第七航次		第八航次		合计	
	尾数	比例/%	尾数	比例/%	尾数	比例/%	尾数	比例/%	尾数	比例/%	尾数	比例/%	尾数	比例/%
90~95	0	0.00	0	0.00	1	7.14	0	0.00	0	0.00	0	0.00	1	0.48
95~100	0	0.00	0	0.00	0	0.00	0	0.00	0	0.00	0	0.00	0	0.00
100~105	1	4.17	3	2.91	0	0.00	0	0.00	1	4.55	0	0.00	5	2.38
105~110	2	8.33	1	0.97	2	14.29	0	0.00	0	0.00	0	0.00	5	2.38
110~115	1	4.17	5	4.85	0	0.00	1	4.17	0	0.00	0	0.00	7	3.33
115~120	6	25.00	10	9.71	5	35.71	2	8.33	1	4.55	2	8.70	26	12.38
120~125	3	12.50	20	19.42	2	14.29	5	20.83	5	22.73	1	4.35	36	17.14
125~130	6	25.00	8	7.77	1	7.14	6	25.00	5	22.73	3	13.04	29	13.81
130~135	2	8.33	9	8.74	1	7.14	3	12.50	6	27.27	9	39.13	30	14.29
135~140	0	0.00	15	14.56	0	0.00	3	12.50	1	4.55	0	0.00	19	9.05
140~145	2	8.33	12	11.65	0	0.00	1	4.17	1	4.55	0	0.00	16	7.62
145~150	0	0.00	9	8.74	1	7.14	1	4.17	0	0.00	2	8.70	13	6.19
150~155	0	0.00	11	10.68	0	0.00	2	8.33	2	9.09	1	4.35	16	7.62
155~160	1	4.17	0	0.00	0	0.00	0	0.00	0	0.00	4	17.39	5	2.38
160~165	0	0.00	0	0.00	0	0.00	0	0.00	0	0.00	1	4.35	1	0.48
165~170	0	0.00	0	0.00	0	0.00	0	0.00	0	0.00	0	0.00	0	0.00
170~175	0	0.00	0	0.00	0	0.00	0	0.00	0	0.00	0	0.00	0	0.00
175~180	0	0.00	0	0.00	1	7.14	0	0.00	0	0.00	0	0.00	1	0.48
总计	24	100	103	100	14	100	24	100	22	100	23	100	210	100

第一航次：作业时间为 2006 年 10 月 29 日至 11 月 3 日，共捕获 4 尾，样本平均叉长为 1.46m。

第二航次：作业时间为 2006 年 11 月 10～11 日，共捕获 4 尾，样本平均叉长为 1.14m。

第三航次：作业时间为 2006 年 12 月 7～17 日，共捕获 24 尾，样本平均叉长为 1.24m。

第四航次：作业时间为 2007 年 1 月 6～15 日，共捕获 103 尾，样本平均叉长为 1.31m。

第五航次：作业时间为 2007 年 1 月 26 日至 2 月 1 日，共捕获 14 尾，样本平均叉长为 1.21m。

第六航次：作业时间为 2007 年 3 月 31 日至 4 月 9 日，共捕获 24 尾，样本平均叉长为 1.29m。

第七航次：作业时间为 2007 年 4 月 22 日至 5 月 2 日，共捕获 22 尾，样本平均叉长为 1.28m。

第八航次：作业时间为 2007 年 5 月 8～28 日，共捕获 23 尾，样本平均叉长为 1.28m。

由于第一、第二航次捕获的大眼金枪鱼尾数很少，因此不进行统计，从表 2-4-1 可知，所有航次捕获的大眼金枪鱼平均叉长很相似，第一和第二航次由于尾数较少可能存在一定的偏差。

4.1.3 成熟度

4.1.3.1 整个调查期间

共测定了 227 尾大眼金枪鱼的性腺成熟度，雌性 91 尾，雄性 136 尾，2～6 级的性腺成熟度都有分布，无 1 级。对于整个调查期间，成熟度 5 级的比例较高，占 41.41%。其他依次为 4、3、2 和 6 级；对于不同的航次来说，5 级所占的比例都很大，具体如图 2-4-10 所示。

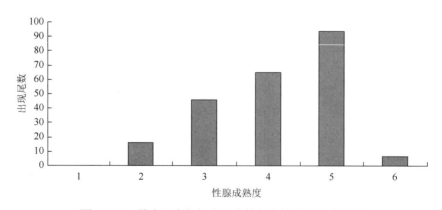

图 2-4-10 整个调查期间大眼金枪鱼各性腺成熟度分布

对于雌性大眼金枪鱼，5 级所占的比例也很大，约 47.25%，其次是 3、4 级。具体如表 2-4-2 所示；对于雄性大眼金枪鱼，依然是 5 级所占的比例较大，约 37.50%，其次是 4、3 级。具体如表 2-4-2 所示。

表 2-4-2　大眼金枪鱼性腺成熟度分布

等级	雌性		雄性		不分性别	
	尾数	比例/%	尾数	比例/%	尾数	比例/%
1	0	0.00	0	0.00	0	0.00
2	12	13.19	4	2.94	16	7.05
3	21	23.08	25	18.38	46	20.26
4	15	16.48	49	36.03	64	28.19
5	43	47.25	51	37.50	94	41.41
6	0	0.00	7	5.15	7	3.08
总计	91	100	136	100	227	100.00

4.1.3.2　分航次

此次调查共计 8 个航次，但是由于第一和第二航次的大眼金枪鱼渔获尾数很少，因此不对其进行分航次分析。在其他航次中，大眼金枪鱼性腺成熟度占的比例最多的是 5 级。所有航次中无 1 级的大眼金枪鱼。具体分布见表 2-4-3。

表 2-4-3　大眼金枪鱼分航次性腺成熟度分布

航次	成熟度等级												合计	
	1		2		3		4		5		6			
	尾数	比例/%	尾数	比例/%	尾数	比例/%	尾数	比例/%	尾数	比例/%	尾数	比例/%	尾数	比例/%
3	0	0.00	5	22.73	7	31.82	1	4.55	4	18.18	5	22.73	22	13.25
4	0	0.00	3	3.26	13	14.13	21	22.83	55	59.78	0	0.00	92	55.42
5	0	0.00	2	25.00	1	12.50	1	12.50	4	50.00	0	0.00	8	4.82
6	0	0.00	0	0.00	3	23.08	9	69.23	1	7.69	0	0.00	13	7.83
7	0	0.00	1	11.11	2	22.22	3	33.33	3	33.33	0	0.00	9	5.42
8	0	0.00	0	0.00	2	9.09	12	54.55	8	36.36	0	0.00	22	13.25
总计	0	0.00	11	4.82	28	12.28	47	20.61	75	32.89	5	2.19	166	100.00

4.1.4　成熟系数

整个调查期间对大眼金枪鱼进行了不分性别和分雌雄的成熟系数的比较，其中不分性别共有 147 尾，雌性、雄性分别为 64 尾和 83 尾。成熟系数 = 性腺重÷纯重（加工后重量）×100，具体见表 2-4-4。

表 2-4-4　大眼金枪鱼不分性别和分雌雄的成熟系数

性别	尾数	成熟系数（平均数）
不分性别	147	1.00
雌性	64	1.41
雄性	83	0.69

从表 2-4-4 可知，大眼金枪鱼的成熟系数很高，性腺基本发育成熟，而雌性的成熟系数明显大于雄性，高达 1.41，处于产卵前期。

4.1.5 摄食

4.1.5.1 整个调查期间

观测 210 尾大眼金枪鱼，大部分的摄食等级为 0 级和 1 级（分别占 47.62% 和 25.71%），2、3、4 级相对较少（分别占 19.52%、6.67% 和 0.48%），具体如图 2-4-11 所示。摄食种类非常广泛，但以鱿鱼、杂鱼、蛇鲭和虾类等为主。胃含物中鱿鱼的出现频率最高，为 74 次。以下依次为杂鱼、蛇鲭和虾类，分别为 64 次、41 次和 31 次，具体如图 2-4-12 所示。

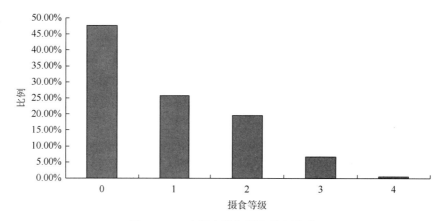

图 2-4-11 大眼金枪鱼摄食等级分布

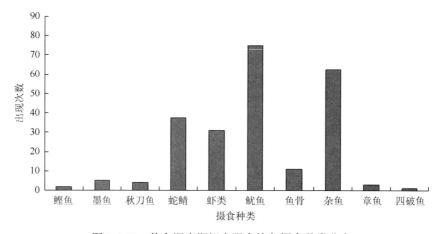

图 2-4-12 整个调查期间大眼金枪鱼摄食种类分布

4.1.5.2 分航次

每个航次摄食种类的出现频率如表 2-4-5 所示。

表 2-4-5　分航次大眼金枪鱼的摄食种类分布

种类	第三航次		第四航次		第六航次		第八航次		合计	
	出现次数	比例/%	出现次数	比例/%	出现次数	比例/%	出现次数	比例/%	出现次数	比例/%
鲣鱼	1	7.14	1	0.83	0	0.00	0	0.00	2	0.86
墨鱼	0	0.00	5	4.13	0	0.00	0	0.00	5	2.16
秋刀鱼	0	0.00	2	1.65	0	0.00	0	0.00	2	0.86
蛇鲭	3	21.43	23	19.01	5	11.63	10	18.52	41	17.67
虾类	0	0.00	23	19.01	8	18.60	0	0.00	31	13.36
鱿鱼	5	35.71	32	26.45	12	27.91	25	46.30	74	31.90
鱼骨	3	21.43	4	3.31	2	4.65	0	0.00	9	3.88
杂鱼	1	7.14	28	23.14	16	37.21	19	35.19	64	27.59
章鱼	0	0.00	3	2.48	0	0.00	0	0.00	3	1.29
四破鱼	1	7.14	0	0.00	0	0.00	0	0.00	1	0.43
总计	14	100.00	121	100.00	43	100.00	54	100.00	232	100.00

第一航次和第二航次捕获的大眼金枪鱼尾数很少，因此无法进行统计分析。发现在胃含物中鱿鱼的出现次数较多。

第三航次中仍然是鱿鱼占的比例较高，为 35.71%，其次是鱼骨和蛇鲭分别占 21.43% 和 21.43%。

第四航次中鱿鱼的出现频率最高，达 26.45%。其次是杂鱼，占 23.14%。

第五航次和第七航次中记录胃含物的大眼金枪鱼尾数较少，因此不进行分析。

第六航次中杂鱼出现的频率最高，达 37.21%，其次是鱿鱼和虾类分别占 27.91% 和 18.60%。

第八航次中仅仅出现三种：鱿鱼、杂鱼和蛇鲭，分别为 46.30%、35.19% 和 18.52%。

分航次的摄食等级见表 2-4-6，各个航次中 0 级所占的比例都比其他等级大（第六航次除外），而且总的摄食等级都是在 0～2 级；通过研究认为可能是由于大眼金枪鱼上钩后呕吐或者是捕获时间较长还在消化，造成摄食等级降低。

表 2-4-6　分航次大眼金枪鱼的摄食等级分布

等级	第三航次		第四航次		第六航次		第八航次		合计	
	尾数	比例/%	尾数	比例/%	尾数	比例/%	尾数	比例/%	尾数	比例/%
0	13	59.09	38	44.71	4	36.36	16	76.19	71	51.08
1	6	27.27	24	28.24	5	45.45	3	14.29	38	27.34
2	0	0.00	18	21.18	2	18.18	0	0.00	20	14.39
3	2	9.09	5	5.88	0	0.00	2	9.52	9	6.47
4	1	4.55	0	0.00	0	0.00	0	0.00	1	0.72
合计	22	100.00	85	100.00	11	100.00	21	100.00	139	100.00

4.1.6 死活状况

整个调查期间观测了 292 尾大眼金枪鱼捕捞到甲板上时的死活状况,但同时记录性别的只有 241 尾,见表 2-4-7。

表 2-4-7 大眼金枪鱼不分性别、雌性和雄性的死活状况

性别	状态	尾数	百分比
不分性别	活	230	78.77%
	死	62	21.23%
雌性	活	77	77.00%
	死	23	23.00%
雄性	活	112	79.43%
	死	29	20.57%

从表 2-4-7 得出:不分性别、雌性和雄性的大眼金枪鱼捕捞到甲板上时以活鱼居多,占 78%左右。

通过对整个调查期间大眼金枪鱼生物学特性的分析得出以下结果。

1)叉长分布:从整体看,优势叉长为 115～135cm,但是从分航次分析来看:第三、第四和第五三个航次的渔获物叉长(115～125cm)比第六、第七和第八航次的渔获物优势叉长(125～135cm)要小。

2)性腺成熟度:总体上以 4 级和 5 级为主,分航次来看,也是以 4 级和 5 级为主,但是渔场间的规律性不强,可能是大眼金枪鱼在赤道附近常年产卵造成的,另外也可能是部分航次的渔获较少,造成了误差。

3)胃含物:鱿鱼在每个渔场都有,而且出现比例最高。

4)摄食等级:每个渔场的情况基本一致,可能每个渔场的饵料丰度相似,也可能是大眼金枪鱼上钩后的呕吐和消化,造成了每个渔场的情况接近。

4.2 黄鳍金枪鱼

调查期间对所捕获的黄鳍金枪鱼的叉长、加工后重(去鳃、去内脏重)、性别等数据进行了测定,其中雄性 57 尾、雌性 44 尾,雄性与雌性的性别比例约为 1.30:1,另有 17 尾未作鉴定。雄性样本叉长为 0.96～1.53m,加工后重为 18～56kg,原条鱼重为 20～60kg;雌性样本叉长为 1.10～1.40m,加工后重为 22～44kg,原条鱼重为 24～48kg。92 尾样本总加工后重为 3205kg,样本平均加工后重为 34.84kg/尾,原条鱼重为 20～60kg,取样覆盖率达 77.97%。调查期间黄鳍金枪鱼渔获物的总尾数为 118 尾,总加工后重为 4110kg,平均加工后重量为 34.83kg。由于记录的数据不全,所以对于不同的研究项目分析时所用到的尾数不同。

4.2.1　叉长、加工后重、原条鱼重之间的关系

整个调查期间，不分性别黄鳍金枪鱼叉长与加工后重的关系，以及叉长与原条鱼重的关系通过幂函数回归得图 2-4-13。前者用了 91 尾鱼的数据，后者用了 95 尾鱼的数据。

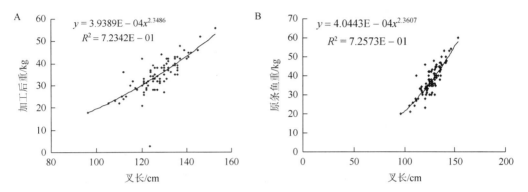

图 2-4-13　黄鳍金枪鱼叉长与加工后重的关系（A）和叉长与原条鱼重的关系（B）

由图 2-4-13 得，不分性别黄鳍金枪鱼叉长与加工后重的关系为
$$y = 3.9389 \times 10^{-4} x^{2.3486} \quad R^2 = 0.7234 \tag{2-4-10}$$
式中，y 表示加工后重，x 表示叉长。

不分性别黄鳍金枪鱼叉长与原条鱼重的关系为
$$y = 4.0443 \times 10^{-4} x^{2.3607} \quad R^2 = 0.7257 \tag{2-4-11}$$
式中，y 表示原条鱼重，x 表示叉长。

雄性（49 尾）、雌性（38 尾）叉长与加工后重的关系通过幂函数回归得图 2-4-14。

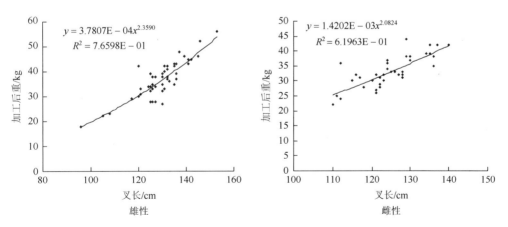

图 2-4-14　雄性、雌性叉长与加工后重的关系

雄性：$\qquad y = 3.7807 \times 10^{-4} x^{2.3590} \quad R^2 = 0.7660 \tag{2-4-12}$

雌性：$\qquad y = 1.4202 \times 10^{-3} x^{2.0824} \quad R^2 = 0.6196 \tag{2-4-13}$

雄性（49 尾）、雌性（38 尾）叉长与加工后重的关系通过幂函数回归得图 2-4-15。

雄性：$\qquad y = 3.5405 \times 10^{-4} x^{2.3886} \quad R^2 = 0.7652 \tag{2-4-14}$

雌性： $$y = 1.0036 \times 10^{-3} x^{2.1735} \quad R^2 = 0.6411 \qquad (2\text{-}4\text{-}15)$$

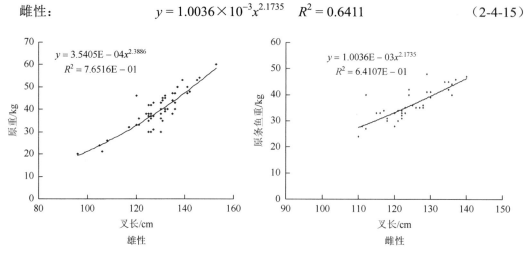

图 2-4-15　雄性、雌性叉长与原条鱼重的关系

黄鳍金枪鱼不分性别（91 尾）原条鱼重和加工后重的关系通过线性回归得图 2-4-16。由图 2-4-16 得

$$y = 0.9124x \quad R^2 = 0.9789 \qquad (2\text{-}4\text{-}16)$$

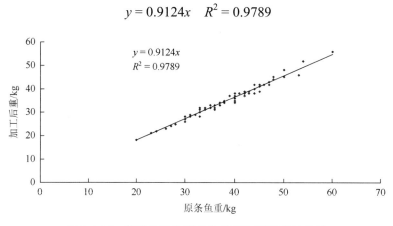

图 2-4-16　黄鳍金枪鱼原条鱼重和加工后重的关系

雄性（49）、雌性（39）原条鱼重与加工后重的关系通过线性回归得图 2-4-17。由图 2-4-17 得

雄性： $$y = 0.9171x \quad R^2 = 0.9829 \qquad (2\text{-}4\text{-}17)$$

雌性： $$y = 0.9056x \quad R^2 = 0.9612 \qquad (2\text{-}4\text{-}18)$$

4.2.2　叉长分布

4.2.2.1　整个调查期间

调查期间，共测定了 106 尾黄鳍金枪鱼的叉长，最小叉长为 0.96m，最大叉长为 1.53m，平均叉长为 1.27m。其中 1.20～1.40m 为优势叉长，占 73.58%。整个调查期间的黄鳍金枪鱼的叉长分布见图 2-4-18。

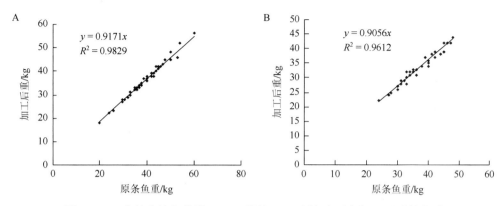

图 2-4-17　黄鳍金枪鱼雄性（A）、雌性（B）原条鱼重与加工后重的关系

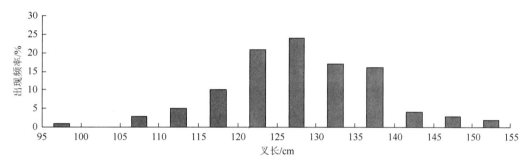

图 2-4-18　调查期间黄鳍金枪鱼的叉长分布

4.2.2.2　分性别

雌性（43 尾）、雄性（55 尾）叉长分布见图 2-4-19。

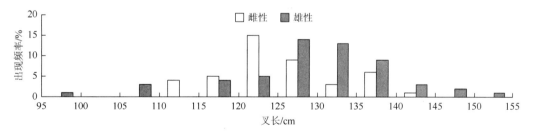

图 2-4-19　黄鳍金枪鱼雌性、雄性叉长分布

　　黄鳍金枪鱼不同叉长段的比例分布见图 2-4-20，从图中可以得出雌性随叉长的增加所占比例下降，而雄性正好相反。

4.2.2.3　分航次

　　第一航次：作业时间为 2006 年 10 月 27 日至 11 月 5 日。本航次仅捕获 1 尾黄鳍金枪鱼，叉长为 1.36m。

　　第二航次：作业时间为 2006 年 11 月 8～14 日，样本平均叉长为 1.30m。

　　第三航次：作业时间为 2006 年 12 月 4～19 日，样本平均叉长为 1.28m。

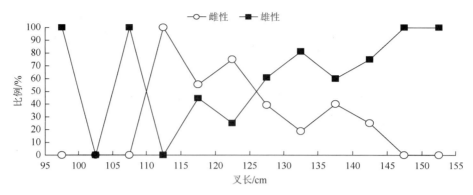

图 2-4-20　不同叉长的黄鳍金枪鱼的性别比例分布

第四航次：作业时间为 2007 年 1 月 1～17 日，样本平均叉长分别为 1.27m。

第五航次：作业时间为 2007 年 1 月 24 日至 2 月 5 日，样本平均叉长为 1.22m。

第六航次：作业时间为 2007 年 3 月 28 日至 4 月 11 日，样本平均叉长为 1.30m。

第七航次：作业时间为 2007 年 4 月 21 日至 5 月 3 日，本航次仅捕获 1 尾黄鳍金枪鱼，叉长为 1.25m。

第八航次：作业时间为 2007 年 5 月 6～29 日，本航次捕获 5 尾黄鳍金枪鱼，样本平均叉长为 1.29m。

几个航次的平均叉长非常接近，鱼体大小基本一致。但是由于第一、第七和第八航次捕获的黄鳍金枪鱼尾数很少，因此不分航次进行统计分析。其他航次的黄鳍金枪鱼渔获物叉长分布情况见表 2-4-8 和图 2-4-21。

表 2-4-8　5 个航次黄鳍金枪鱼渔获物叉长分布情况

叉长/cm	第二航次		第三航次		第四航次		第五航次		第六航次		合计	
	尾数	比例/%	尾数	比例/%	尾数	比例/%	尾数	比例/%	尾数	比例/%	尾数	比例/%
95～100	0	0.00	0	0.00	0	0.00	1	3.57	0	0.00	1	1.00
100～105	0	0.00	0	0.00	0	0.00	0	0.00	0	0.00	0	0.00
105～110	0	0.00	0	0.00	0	0.00	3	10.71	0	0.00	3	3.00
110～115	1	11.11	1	4.55	0	0.00	3	10.71	0	0.00	5	5.00
115～120	0	0.00	2	9.09	2	6.90	4	14.29	0	0.00	8	8.00
120～125	1	11.11	4	18.18	10	34.48	5	17.86	1	8.33	21	21.00
125～130	2	22.22	5	22.73	9	31.03	3	10.71	4	33.33	23	23.00
130～135	3	33.33	3	13.64	4	13.79	2	7.14	5	41.67	17	17.00
135～140	1	11.11	6	27.27	1	3.45	5	17.86	1	8.33	14	14.00
140～145	0	0.00	1	4.55	2	6.90	1	3.57	0	0.00	4	4.00
145～150	0	0.00	0	0.00	1	3.45	1	3.57	1	8.33	3	3.00
150～155	1	11.11	0	0.00	0	0.00	0	0.00	0	0.00	1	1.00
总计	9	100.00	22	100.00	29	100.00	28	100.00	12	100.00	100	100.00

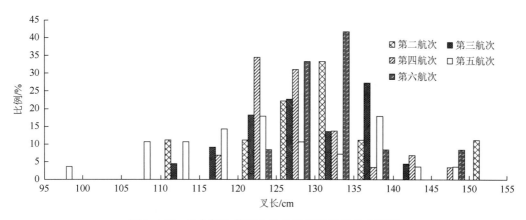

图 2-4-21　5 个航次黄鳍金枪鱼渔获物叉长分布情况

4.2.3　成熟度

4.2.3.1　整个调查期间

共测定了 96 尾黄鳍金枪鱼的性腺成熟度,雌性 43 尾,雄性 53 尾,1～6 级的性腺成熟度都有分布。对于整个调查期间,成熟度 4 级的比例较高,占 47.92%。其他依次为 5、3、6、2 和 1 级;各个航次中,4 级所占的比例都很大。具体如图 2-4-22 所示。

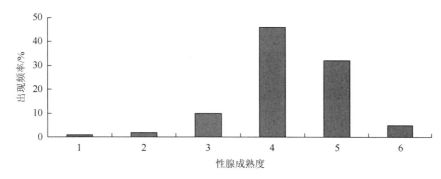

图 2-4-22　黄鳍金枪鱼整个调查期间性腺成熟度分布

对于雌性黄鳍金枪鱼,4 级所占比例很大,约 51.16%,其次是 5 级;对于雄性黄鳍金枪鱼,4 级所占的比例较大,约 45.28%,其次是 5 级(表 2-4-9)。

表 2-4-9　黄鳍金枪鱼性腺成熟度分布

等级	雌性		雄性		不分性别	
	尾数	比例/%	尾数	比例/%	尾数	比例/%
1	1	2.33	0	0.00	1	1.04
2	2	4.65	0	0.00	2	2.08
3	6	13.95	4	7.55	10	10.42
4	22	51.16	24	45.28	46	47.92
5	11	25.58	21	39.62	32	33.33
6	1	2.33	4	7.55	5	5.21
总计	43	100	53	100	96	100

4.2.3.2 分航次

此次调查共计 8 个航次，由于第一、第七和第八航次中的黄鳍金枪鱼渔获尾数太少，因此不进行分航次分析，在其他几个航次中，黄鳍金枪鱼成熟度占比最多的是 4 级，分别为 55.56%、47.62%、41.94%、60.87% 和 50.00%。在第五航次中出现了 1 级，其他航次中没有出现。第六航次也只有 6 尾黄鳍金枪鱼，可能存在偏差。具体分布见表 2-4-10。

表 2-4-10　黄鳍金枪鱼分航次性腺成熟度分布

航次	成熟度等级												合计	
	1		2		3		4		5		6			
	尾数	比例/%	尾数	比例/%	尾数	比例/%	尾数	比例/%	尾数	比例/%	尾数	比例/%	尾数	比例/%
2	0	0.00	1	11.11	0	0.00	5	55.56	2	22.22	1	11.11	9	10.00
3	0	0.00	1	4.76	3	14.29	10	47.62	3	14.29	4	19.05	21	23.33
4	0	0.00	0	0.00	4	12.90	13	41.94	14	45.16	0	0.00	31	34.44
5	1	4.35	0	0.00	0	0.00	14	60.87	8	34.78	0	0.00	23	25.56
6	0	0.00	0	0.00	0	0.00	3	50.00	3	50.00	0	00.00	6	6.67
总计	1	1.04	2	2.08	7	7.29	45	46.88	30	31.25	5	5.21	90	100.00

4.2.4　成熟系数

整个调查期间对黄鳍金枪鱼进行了不分性别、雌性、雄性成熟系数的比较，其中不分性别的共有 83 尾，雌、雄分别是 38 尾和 45 尾。黄鳍金枪鱼的成熟系数很高，比大眼金枪鱼略高，性腺接近成熟，而雌性的成熟系数大于雄性，平均达到 1.50（表 2-4-11）。

表 2-4-11　大眼金枪鱼不分性别、雌性、雄性的成熟系数

性别	尾数	成熟系数（平均数）
不分性别	83	1.25
雌性	38	1.50
雄性	45	1.03

4.2.5　摄食

4.2.5.1　整个调查期间

观测 90 尾黄鳍金枪鱼，大部分的摄食等级为 0 级和 1 级（分别为 44 尾和 34 尾）。2、3 级相对较少（分别为 10 尾和 2 尾），无 4 级。具体如图 2-4-23 所示。摄食种类非常广泛，但以鱿鱼、杂鱼、虾和蛇鲭等为主，还发现了马面鲀。胃含物中鱿鱼和杂鱼的出现频率最高，所占的比例为 30.77%。随后依次为蛇鲭、虾类，所占的比例分别为 10.00% 和 8.65%。具体如图 2-4-24 所示。

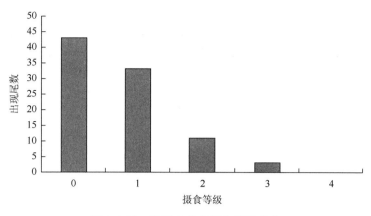

图 2-4-23　黄鳍金枪鱼摄食等级分布

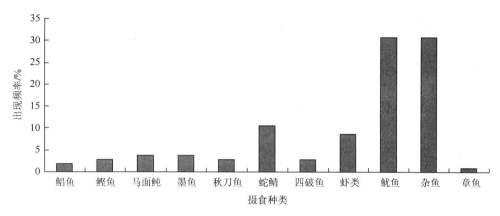

图 2-4-24　整个调查期间黄鳍金枪鱼摄食种类的分布

4.2.5.2　分航次

第一、第二、第六、第七和第八航次一方面捕获的黄鳍金枪鱼较少，另一方面记录的胃含物比较少，因此不进行分航次分析。

第三航次中鱿鱼比例较高，达 26.09%，其次是杂鱼和蛇鲭，各占 21.74%。无秋刀鱼，也无鲣鱼和鲳鱼。

第四航次中仍然是鱿鱼的出现频率最高，达 31.11%。其次是杂鱼和虾类，分别占 28.89% 和 13.33%。无章鱼和四破鱼。

第五航次中鱿鱼和杂鱼出现的频率最高，各达 33.33%，其次是秋刀鱼、马面鲀和蛇鲭，各占 8.33%。每个航次的具体出现频率如表 2-4-12 所示。

表 2-4-12　分航次黄鳍金枪鱼摄食种类的分布

种类	第三航次		第四航次		第五航次		合计	
	尾数	比例/%	尾数	比例/%	尾数	比例/%	尾数	比例/%
鲳鱼	0	0.00	2	4.44	0	0.00	2	2.17
鲣鱼	0	0.00	2	4.44	0	0.00	2	2.17
马面鲀	1	4.35	1	2.22	2	8.33	4	4.35

种类	第三航次		第四航次		第五航次		合计	
	尾数	比例/%	尾数	比例/%	尾数	比例/%	尾数	比例/%
秋刀鱼	0	0.00	1	2.22	2	8.33	3	3.26
蛇鲭	5	21.74	4	8.89	2	8.33	11	11.96
四破鱼	3	13.04	0	0.00	0	0.00	3	3.26
墨鱼	1	4.35	2	4.44	1	4.17	4	4.35
虾类	1	4.35	6	13.33	1	4.17	8	8.70
鱿鱼	6	26.09	14	31.11	8	33.33	28	30.43
杂鱼	5	21.74	13	28.89	8	33.33	26	28.26
章鱼	1	4.35	0	0.00	0	0.00	1	1.09
总计	23	100.00	45	100.00	24	100.00	92	100.00

分航次的摄食等级，见表2-4-13，由于其他航次的渔获较少，所以只分析第三、第四和第五航次的摄食等级，从摄食等级分布情况来看黄鳍金枪鱼和大眼金枪鱼有着相似之处，即以0级和1级为主。原因有可能是上钩后呕吐或者是上钩时间太长还在消化，造成摄食等级降低。

表2-4-13 分航次黄鳍金枪鱼摄食等级分布

等级	第三航次		第四航次		第五航次		合计	
	尾数	比例/%	尾数	比例/%	尾数	比例/%	尾数	比例/%
0	10	47.62	9	31.03	13	59.09	32	44.44
1	6	28.57	15	51.72	7	31.82	28	38.89
2	4	19.05	3	10.34	2	9.09	9	12.50
3	1	4.76	2	6.90	0	0.00	3	4.17
4	0	0.00	0	0.00	0	0.00	0	0.00
合计	21	100.00	29	100.00	22	100.00	72	100.00

4.2.6 死活状况

整个调查期间观测了110尾黄鳍金枪鱼捕捞到甲板上时的死活状况，但是同时记录性别的只有100尾，具体情况见表2-4-14。

表2-4-14 黄鳍金枪鱼不分性别、雌性和雄性的死活状况

性别	状态	尾数	百分比
不分性别	活	49	44.55%
	死	61	55.45%
雌性	活	16	37.21%
	死	27	62.79%
雄性	活	29	50.88%
	死	28	49.12%

从表 2-4-14 得出：不分性别、雌性和雄性的黄鳍金枪鱼捕捞到甲板上时死鱼略多，占 49%～56%，与大眼金枪鱼相反，说明黄鳍金枪鱼上钩后挣扎程度高于大眼金枪鱼。

通过对整个调查期间黄鳍金枪鱼生物学特性的分析得出以下结果。

1）叉长分布：从整体看，优势叉长为 120～140cm，但是从分航次分析来看，第三、第四和第五三个航次的渔获物（120～130cm）比第二和第六航次的渔获物优势叉长（125～135cm）要小。

2）性腺成熟度：总体上以 4 级和 5 级为主，从分航次分析来看，也是以 4 级为主，但是渔场间的规律性不强，原因可能与大眼金枪鱼一样，黄鳍金枪鱼在赤道附近常年产卵，另外也可能是部分航次的渔获较少造成了采样的误差。

3）胃含物：鱿鱼在每个渔场都有，而且比例最高。

4）摄食等级：每个渔场的情况基本一致，可能每个渔场的饵料丰度相似，也可能是黄鳍金枪鱼上钩后的呕吐和消化，造成了每个渔场的情况接近。

5　实测钓钩深度与理论深度的关系

5.1　不同海流下船用钓具

海流分为 3 个等级：0～0.3 节、0.3～0.6 节（含 0.3 节）和 0.6 节以上（含 0.6 节）。

5.1.1.1　0～0.3 节（图 2-5-1）

$$y = 0.69x \quad R = 0.7755 \tag{2-5-1}$$

式中，y 为实测钓钩深度；x 为理论深度，下同；相关系数（R）较高。

5.1.1.2　0.3（含）～0.6 节（图 2-5-2）

$$y = 0.58x \quad R = 0.6186 \tag{2-5-2}$$

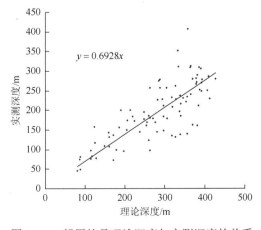
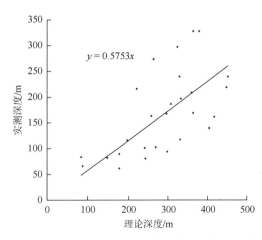

图 2-5-1　船用钓具理论深度与实测深度的关系（0～0.3 节）

图 2-5-2　船用钓具理论深度与实测深度的关系 [0.3（含）～0.6 节]

5.1.1.3 0.6（含）节以上（图 2-5-3）

$$y = 0.42x \quad R = 0.4494 \tag{2-5-3}$$

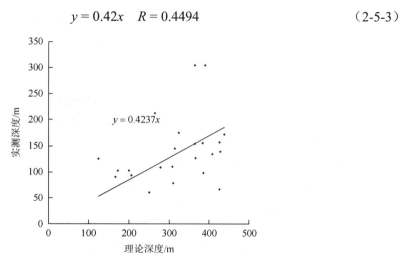

图 2-5-3 船用钓具理论深度与实测深度的关系（0.6 节及以上）

5.2 不同海流下试验钓具

海流分为 3 个等级：0～0.3 节、0.3～0.6 节（含 0.3 节）和 0.6 节以上（含 0.6 节）；试验钓具按照沉子的重量分为 4 种：2kg、3kg、4kg、5kg。

5.2.1.1 0～0.3 节

1）2kg 沉子（图 2-5-4）。

$$y = 0.61x \quad R = 0.5549 \tag{2-5-4}$$

2）3kg 沉子（图 2-5-5）。

$$y = 0.70x \quad R = 0.6526 \tag{2-5-5}$$

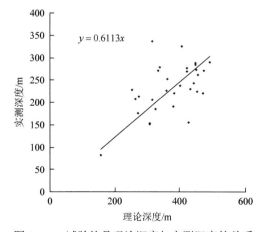 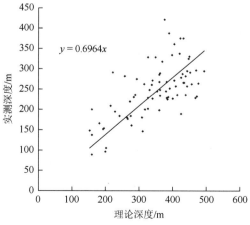

图 2-5-4 试验钓具理论深度与实测深度的关系（0～0.3 节，2kg）　　图 2-5-5 试验钓具理论深度与实测深度的关系（0～0.3 节，3kg）

3）4kg 沉子（图 2-5-6）。

$$y = 0.68x \quad R = 0.6907 \qquad (2\text{-}5\text{-}6)$$

4）5kg 沉子（图 2-5-7）。

$$y = 0.71x \quad R = 0.5440 \qquad (2\text{-}5\text{-}7)$$

沉子重量重，理论深度与实测深度相差较大，相关性偏低；流速较低时，沉子对深度的影响不大，考虑到绞机受力情况，可以挂 2kg 或 3kg 的沉子。

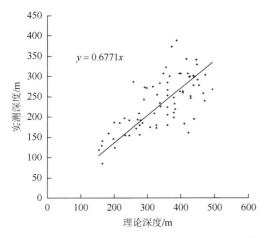

图 2-5-6　试验钓具理论深度与实测深度的关系　　图 2-5-7　试验钓具理论深度与实测深度的关系
（0～0.3 节，4kg）　　　　　　　　　　　　（0～0.3 节，5kg）

5.2.1.2　0.3（含）～0.6 节

1）2kg 沉子（图 2-5-8）。

$$y = 0.55x \quad R = 0.5095 \qquad (2\text{-}5\text{-}8)$$

相关系数较低。

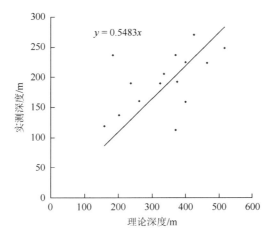

图 2-5-8　试验钓具理论深度与实测深度的关系［0.3（含）～0.6 节，2kg］

2）3kg 沉子（图 2-5-9）。

$$y = 0.56x \quad R = 0.6224 \tag{2-5-9}$$

沉子重量轻，相关系数较高，存在一定相似性。

3）4kg 沉子（图 2-5-10）。

$$y = 0.56x \quad R = 0.7330 \tag{2-5-10}$$

相关系数较高，但是实测深度与理论深度相差较大。

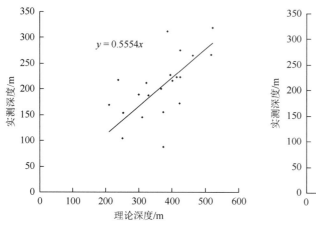

图 2-5-9　试验钓具理论深度与实测深度的关系　　图 2-5-10　试验钓具理论深度与实测深度的关系
　　[0.3（含）～0.6 节，3kg]　　　　　　　　　　　[0.3（含）～0.6 节，4kg]

4）5kg 沉子（图 2-5-11）。

$$y = 0.55x \quad R = 0.5990 \tag{2-5-11}$$

相关系数较低；中等流速时，4kg 试验钓具的相关系数较高，式（2-5-10）计算得出的钓钩深度精度较高。中等流速时沉子的作用比较明显，建议使用 4kg 或 3kg 沉子。

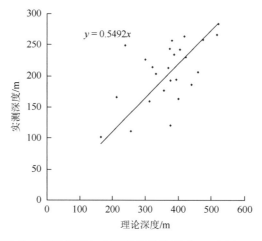

图 2-5-11　试验钓具理论深度与实测深度的关系 [0.3（含）～0.6 节，5kg]

5.2.1.3　0.6（含）节以上

1）2kg 沉子（图 2-5-12）。

$$y = 0.38x \quad R = 0.3926 \tag{2-5-12}$$

沉子重量轻，实测钓钩深度与理论深度相差较大，可能是流速过大造成的。

2）3kg 沉子（图 2-5-13）。

$$y = 0.39x \quad R = 0.3359 \tag{2-5-13}$$

沉子重量轻，数据少，缺少可信度。

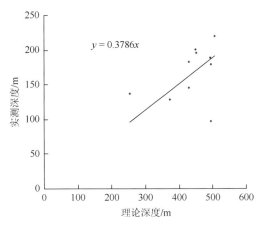

图 2-5-12　试验钓具理论深度与实测深度的关系
（0.6 节及以上，2kg）

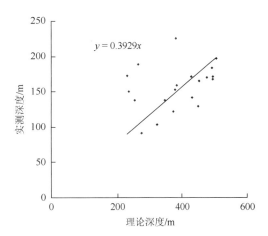

图 2-5-13　试验钓具理论深度与实测深度的关系
（0.6 节及以上，3kg）

3）4kg 沉子（图 2-5-14）。

$$y = 0.42x \quad R = 0.4380 \tag{2-5-14}$$

相关系数相对较高。

4）5kg 沉子（图 2-5-15）。

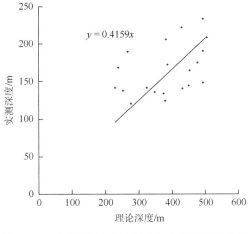
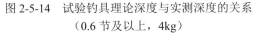

图 2-5-14　试验钓具理论深度与实测深度的关系
（0.6 节及以上，4kg）

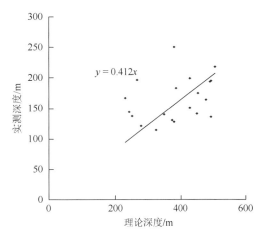

图 2-5-15　试验钓具理论深度与实测深度的关系
（0.6 节及以上，5kg）

$$y = 0.41x \quad R = 0.3248 \tag{2-5-15}$$

流速较大时，船用钓具和试验钓具的相关系数都相对较低，建议使用 4kg 或 5kg 的沉子。

5.3 拟合钓钩深度计算模型

运用 SPSS13.0 软件[2]，采用多元回归分析方法，建立实测钓钩深度与理论深度和海洋环境因子的关系模型。

5.3.1.1 船用钓具的拟合钓钩深度公式

通过 SPSS 逐步回归分析[2]后得到的拟合钩深率（P）模型为

$$P = V_\text{g}^{-0.218} \times j^{-0.107} \times V_\text{w}^{-0.251} \times 10^{-0.113} \tag{2-5-16}$$

式中，V_g 为钓具漂移速度；j 为钩号；V_w 为风速；下同。

拟合钓钩深度计算公式为

$$D_f = (V_\text{g}^{-0.218} \times j^{-0.107} \times V_\text{w}^{-0.251} \times 10^{-0.113}) \times D_j \tag{2-5-17}$$

式中，D_j 为钓钩理论深度（m），相关系数为 $R = 0.7158$（137 组）。

5.3.1.2 试验钓具的拟合钓钩深度公式

通过 SPSS 逐步回归分析后得到的拟合钩深率（P'）计算公式：

$$P' = V_\text{g}^{-0.196} \times j^{-0.135} \times V_\text{w}^{-0.208} \times 10^{-0.110} \tag{2-5-18}$$

拟合钓钩深度的计算公式为

$$D'_f = (V_\text{g}^{-0.196} \times j^{-0.135} \times V_\text{w}^{-0.208} \times 10^{-0.110}) \times D'_j \tag{2-5-19}$$

式中，D'_j 为钓钩理论深度（m），相关系数为 $R = 0.6356$（413 组）。

6 渔具渔法的比较试验

6.1 调查期间船用钓具、试验钓具和防海龟钓具的上钩率比较

调查期间试验钓具（环形钩）、船用钓具（环形钩）和防海龟钓具（圆形钩）的大眼金枪鱼、黄鳍金枪鱼和两种鱼合计的平均上钩率、最高上钩率见表 2-6-1，大眼金枪鱼、黄鳍金枪鱼和两种鱼合计的"最高上钩率"的渔具分别为防海龟钓具、防海龟钓具和试验钓具。试验钓具大眼金枪鱼的平均上钩率（2.81 尾/千钩）略低于船用钓具（2.84 尾/千钩）；而防海龟钓具大眼金枪鱼的上钩率略低，为 2.70 尾/千钩。两种鱼合计的平均上钩率为船用钓具最高（4.09 尾/千钩）（表 2-6-1）。但每个航次因海流的大小不同而不同，特别是第四至第七航次由于分别在 3°00′～7°30′N，166°30′～167°00′E、3°00′～5°00′N，167°30′～169°00′E、6°00′～8°00′N，174°00′～177°30′E 和 8°00′～12°00′N，172°00′～173°30′E 区域作业，试验钓具大眼金枪鱼的上钩率具有明显的优势，这 4 个航次船用钓具大眼金枪鱼的平均上钩率分别为 6.71 尾/千钩、1.97 尾/千钩、3.18 尾/千钩、1.10 尾/千钩，而试验钓具分

别为 8.58 尾/千钩、6.83 尾/千钩、3.62 尾/千钩、2.00 尾/千钩，分别为船用钓具的 1.3 倍、3.5 倍、1.1 倍、1.8 倍；第三航次由于在 9°30′～12°00′N，163°00′～164°00′E，7°00′～8°00′N，165°00′～166°00′E、第八航次由于在 8°00′～11°30′N，173°30′～175°00′E 区域作业，平均流速分别为 0.32 节和 0.30 节，船用钓具的上钩率明显高于试验钓具，但第三航次中防海龟钓具的上钩率却是最高的。第六航次中防海龟钓具的大眼金枪鱼上钩率也是最高的。具体见表 2-6-2。

表 2-6-1　调查期间 3 种钓具的平均上钩率（尾/千钩）和最高上钩率（尾/千钩）

钓具	大眼金枪鱼	黄鳍金枪鱼	两种鱼合计
	平均/最高	平均/最高	平均/最高
试验钓具	2.81/20.41	0.96/7.50	3.77/25.51
船用钓具	2.84/15.07	1.25/10.99	4.09/16.00
防海龟钓具	2.70/25.00	1.26/20.00	3.95/25.00

表 2-6-2　调查期间分航次 3 种钓具的上钩率（尾/千钩）比较

钓具	第 3 航次			第 4 航次			第 5 航次			第 6 航次			第 7 航次			第 8 航次		
	BET	YFT	MIX	BET	YFT	MIX	BET	YFT	MIX	BET	YFT	MIX	BET	YFT	MIX	BET	YFT	MIX
船用钓具	2.05	2.05	4.10	6.71	1.96	8.67	1.97	0.42	2.39	3.18	1.16	4.34	1.10	0.09	1.19	2.55	0.24	2.79
试验钓具	1.11	1.38	2.49	8.58	2.02	10.60	6.83	2.16	8.99	3.62	0.56	4.18	2.00	0.00	2.00	1.67	0.17	1.83
防海龟钓具	2.57	2.06	4.62	7.55	2.01	9.56	0.73	3.65	4.38	3.90	0.00	3.90	1.00	0.00	1.00	2.18	0.00	2.18

6.2　不同海流下船用钓具、试验钓具和防海龟钓具上钩率的比较

海流分为 3 个等级：0～0.3 节、0.3（含）～0.6 节和 0.6（含）节以上。试验渔具按照沉子的重量分为 4 种：2kg、3kg、4kg、5kg；上钩率按照大眼金枪鱼、黄鳍金枪鱼和两种鱼合计 3 种情况来分析。

6.2.1　沉子为 2kg 时

6.2.1.1　漂移速度为 0～0.3 节时

大眼金枪鱼、黄鳍金枪鱼和两种鱼合计的 CPUE 见图 2-6-1～图 2-6-3，对于大眼金枪鱼：防海龟钓具（钩）的上钩率最大（3.30 尾/千钩），比船用钓具（钩）（3.06 尾/千钩）和试验钓具（钩）（1.91 尾/千钩）的略大。对于黄鳍金枪鱼：试验钓具的上钩率最大（1.43 尾/千钩），比防海龟钓具（0.98 尾/千钩）和船用钓具（0.73 尾/千钩）略大。两种鱼合计时防海龟钓具的上钩率最大（4.28 尾/千钩），比船用钓具（3.79 尾/千钩）和试验钓具（3.34 尾/千钩）略大。流速较低、大眼金枪鱼较多时，建议使用船用钓具或防海龟钓具。

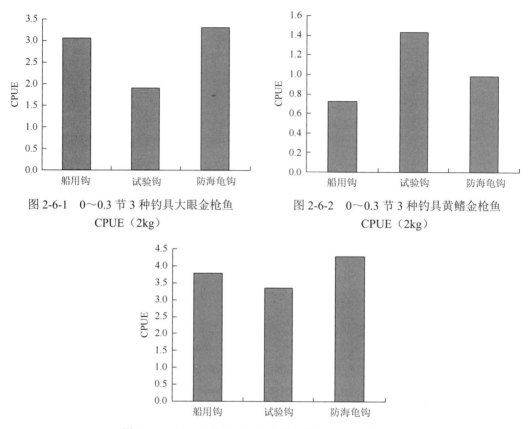

图 2-6-1　0～0.3 节 3 种钓具大眼金枪鱼
CPUE（2kg）

图 2-6-2　0～0.3 节 3 种钓具黄鳍金枪鱼
CPUE（2kg）

图 2-6-3　0～0.3 节 3 种钓具两种金枪鱼 CPUE（2kg）

6.2.1.2　漂移速度为 0.3（含）～0.6 节时

大眼金枪鱼、黄鳍金枪鱼和两种鱼合计的 CPUE 见图 2-6-4～图 2-6-6，对于大眼金枪鱼：试验钓具的上钩率最大（5.00 尾/千钩），比船用钓具（3.59 尾/千钩）和防海龟钓具（1.70 尾/千钩）的大。对于黄鳍金枪鱼：防海龟钓具的上钩率最大（2.38 尾/千钩），比船用钓具（1.35 尾/千钩）和试验钓具（0.71 尾/千钩）大。两种鱼合计时试验钓具的上钩率最大（5.72 尾/千钩），比船用钓具（4.94 尾/千钩）和防海龟钓具（4.09 尾/千钩）的上

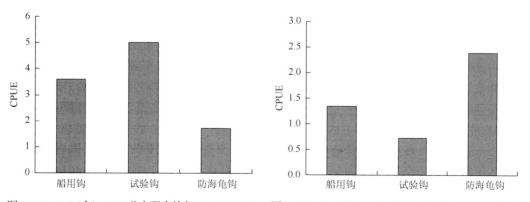

图 2-6-4　0.3（含）～0.6 节大眼金枪鱼 CPUE（2kg）　图 2-6-5　0.3（含）～0.6 节黄鳍金枪鱼 CPUE（2kg）

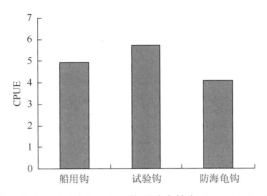

图 2-6-6 0.3（含）～0.6 节两种金枪鱼 CPUE（2kg）

钩率略大。在中等流速、大眼金枪鱼较多时，建议使用试验钓具；黄鳍金枪鱼较多时，建议使用防海龟钓具或船用钓具。

6.2.1.3 漂移速度为 0.6（含）节以上时

大眼金枪鱼、黄鳍金枪鱼和两种鱼合计的 CPUE 见图 2-6-7～图 2-6-9，对于大眼金枪鱼：试验钓具的上钩率最大（2.74 尾/千钩），比防海龟钓具（1.88 尾/千钩）和船用钓具（1.15 尾/千钩）的略大。对于黄鳍金枪鱼：船用钓具的上钩率最大（2.31 尾/千钩），比防海龟钓具（0.94 尾/千钩）大，而试验钓具没有钓到黄鳍金枪鱼。两种鱼合计时船用钓具的上钩率最大（3.46 尾/千钩），比防海龟钓具（2.82 尾/千钩）和试验钓具（2.74 尾/千钩）的上钩率略大。在漂移速度较大时，大眼金枪鱼较多时，建议使用试验钓具；黄鳍金枪鱼较多时，建议使用船用钓具。

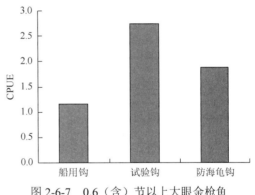

图 2-6-7 0.6（含）节以上大眼金枪鱼
CPUE（2kg）

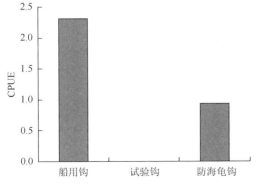

图 2-6-8 0.6（含）节以上黄鳍金枪鱼 CPUE（2kg）

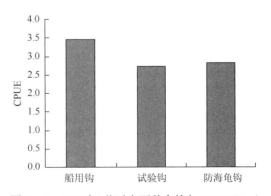

图 2-6-9 0.6（含）节以上两种金枪鱼 CPUE（2kg）

6.2.2 沉子为 3kg 时

6.2.2.1 漂移速度为 0~0.3 节时

大眼金枪鱼、黄鳍金枪鱼和两种鱼合计的 CPUE 见图 2-6-10～图 2-6-12，对于大眼金枪鱼：试验钓具的上钩率最大（3.83 尾/千钩），比防海龟钓具（3.30 尾/千钩）和船用钓具（3.06 尾/千钩）的略大。对于黄鳍金枪鱼：防海龟钓具的上钩率最大（0.97 尾/千钩），比试验钓具（0.94 尾/千钩）和船用钓具（0.73 尾/千钩）略大。两种鱼合计时，试验钓具的上钩率最大（4.79 尾/千钩），比防海龟钓具（4.28 尾/千钩）和船用钓具（3.79 尾/千钩）的上钩率大。在漂移速度较小时，大眼金枪鱼较多时，建议使用试验钓具；黄鳍金枪鱼较多时，建议使用防海龟钓具或船用钓具。

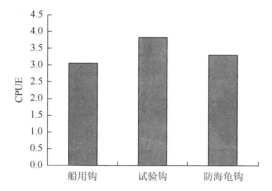

图 2-6-10　0～0.3 节大眼金枪鱼 CPUE（3kg）

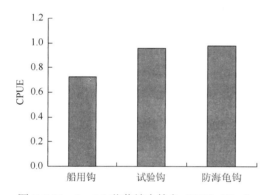

图 2-6-11　0～0.3 节黄鳍金枪鱼 CPUE（3kg）

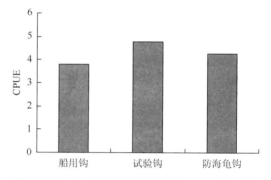

图 2-6-12　0～0.3 节两种金枪鱼 CPUE（3kg）

6.2.2.2 漂移速度为 0.3（含）~0.6 节时

大眼金枪鱼、黄鳍金枪鱼和两种鱼合计的 CPUE 见图 2-6-13～图 2-6-15，对于大眼金枪鱼：船用钓具的上钩率最大（3.59 尾/千钩），比防海龟钓具（1.70 尾/千钩）和试验钓具（0.72 尾/千钩）的略大。对于黄鳍金枪鱼：防海龟钓具的上钩率最大（2.38 尾/千钩），比试验钓具（1.43 尾/千钩）和船用钓具（1.35 尾/千钩）略大。两种鱼合计时船用钓具的上钩率最大（4.94 尾/千钩），

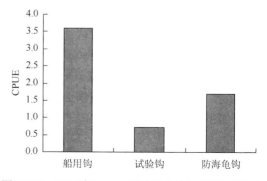

图 2-6-13　0.3（含）～0.6 节大眼金枪鱼 CPUE（3kg）

比防海龟钓具（4.09 尾/千钩）和试验钓具（2.15 尾/千钩）的上钩率略大。在漂移速度中等时，大眼金枪鱼较多时，建议使用试验钓具；黄鳍金枪鱼较多时，建议使用防海龟钓具或试验钓具，3kg 的沉子对提高黄鳍金枪鱼的上钩率有一定的作用，此处，对于大眼金枪鱼可能存在较大的偶然性。

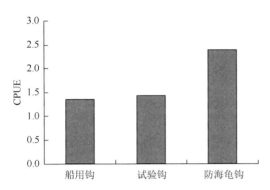 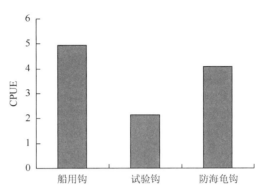

图 2-6-14　0.3（含）～0.6 节黄鳍金枪鱼 CPUE（3kg）　　图 2-6-15　0.3（含）～0.6 节两种金枪鱼 CPUE（3kg）

6.2.2.3　漂移速度为 0.6（含）节以上时

大眼金枪鱼、黄鳍金枪鱼和两种鱼合计的 CPUE 见图 2-6-16～图 2-6-18，对于大眼金枪鱼：防海龟钓具的上钩率最大（1.88 尾/千钩），比船用钓具（1.15 尾/千钩）略大，而试验钓具没有捕

获到大眼金枪鱼。对于黄鳍金枪鱼：船用钓具的上钩率最大（2.31 尾/千钩），比试验钓具（1.82 尾/千钩）和防海龟钓具（0.94 尾/千钩）略大。两种鱼合计时船用钓具的上钩率最大（3.46 尾/千钩），比防海龟钓具（2.82 尾/千钩）和试验钓具（1.82 尾/千钩）的上钩率略大。由于上钩率均较低，因此存在较大的误差。在漂移速度较大时，大眼金枪鱼较多时，建议使用试验钓具；黄鳍金枪鱼较多时，建议使用船用钓具。

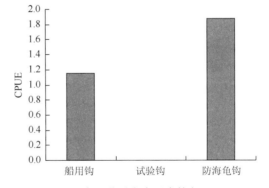

图 2-6-16　0.6（含）节以上大眼金枪鱼 CPUE（3kg）

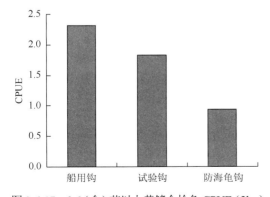 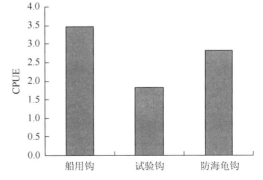

图 2-6-17　0.6（含）节以上黄鳍金枪鱼 CPUE（3kg）　　图 2-6-18　0.6（含）节以上两种金枪鱼 CPUE（3kg）

6.2.3 沉子为 4kg

6.2.3.1 漂移速度为 0~0.3 节时

大眼金枪鱼、黄鳍金枪鱼和两种鱼合计的 CPUE 见图 2-6-19~图 2-6-21，对于大眼金枪鱼：试验钓具的上钩率最大（4.53 尾/千钩），比防海龟钓具（3.30 尾/千钩）和船用钓具（3.06 尾/千钩）的大。对于黄鳍金枪鱼：防海龟钓具的上钩率最大（0.97 尾/千钩），比船用钓具（0.73 尾/千钩）和试验钓具（0.24 尾/千钩）略大。两种鱼合计时，试验钓具的上钩率最大（4.77 尾/千钩），比防海龟钓具（4.28 尾/千钩）和船用钓具（3.79 尾/千钩）的上钩率略大。在漂移速度较小时，大眼金枪鱼较多时，建议使用试验钓具；黄鳍金枪鱼较多时，建议使用船用钓具或防海龟钓具。

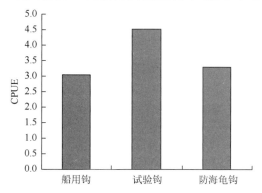

图 2-6-19　0~0.3 节大眼金枪鱼 CPUE（4kg）

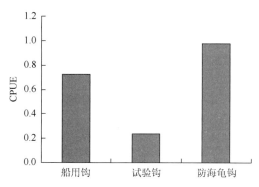

图 2-6-20　0~0.3 节黄鳍金枪鱼 CPUE（4kg）

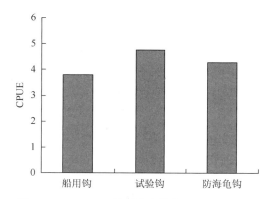

图 2-6-21　0~0.3 节两种金枪鱼 CPUE（4kg）

6.2.3.2 漂移速度为 0.3（含）~0.6 节时

大眼金枪鱼、黄鳍金枪鱼和两种鱼合计的 CPUE 见图 2-6-22~图 2-6-24，对于大眼金枪鱼：船用钓具的上钩率最大（3.59 尾/千钩），比试验钓具（2.15 尾/千钩）和防海龟钓具（1.70 尾/千钩）略大。对于黄鳍金枪鱼：防海龟钓具的上钩率最大（2.38 尾/千钩），比试验钓具（2.15 尾/千钩）和船用钓具（1.35 尾/千钩）略大。两种鱼合计时船用钓具的上钩率最大（4.94 尾/千钩），比试验钓具（4.29 尾/千钩）和防海龟钓具（4.09 尾/千钩）的上钩率略大。在漂移速度中等时，大眼金枪鱼较多时，建议使用试验钓具；黄鳍金枪鱼较多时，建议使用船用钓具或防海龟钓具。

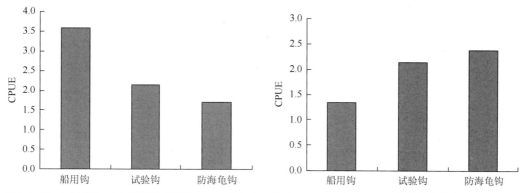

图 2-6-22 0.3(含)~0.6 节大眼金枪鱼 CPUE(4kg) 图 2-6-23 0.3(含)~0.6 节黄鳍金枪鱼 CPUE(4kg)

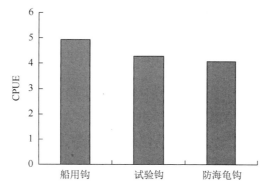

图 2-6-24 0.3(含)~0.6 节两种金枪鱼 CPUE(4kg)

6.2.3.3 漂移速度为 0.6（含）节以上时

大眼金枪鱼、黄鳍金枪鱼和两种鱼合计的 CPUE 见图 2-6-25～图 2-6-27，对于大眼金枪鱼：防海龟钓具的上钩率最大（1.88 尾/千钩），比试验钓具（1.83 尾/千钩）和船用钓具（1.15 尾/千钩）略大。对于黄鳍金枪鱼：船用钓具的上钩率最大（2.31 尾/千钩），比防海龟钓具（0.94 尾/千钩）和试验钓具（0.91 尾/千钩）大。两种鱼合计时船用钓具的上钩率最大（3.46 尾/千钩），比防海龟钓具（2.82 尾/千钩）和试验钓具（2.74 尾/千钩）的上钩率略大。在漂移速度较大时，大眼金枪鱼较多时，建议使用试验钓具；黄鳍金枪鱼较多时，建议使用船用钓具。

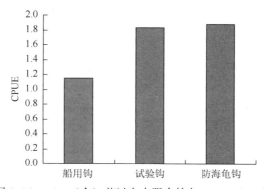

图 2-6-25 0.6（含）节以上大眼金枪鱼 CPUE（4kg）

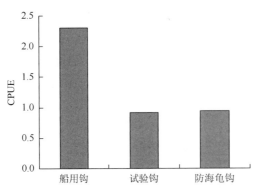

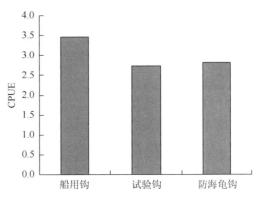

图 2-6-26　0.6（含）节以上黄鳍金枪鱼 CPUE（4kg）　　图 2-6-27　0.6（含）节以上两种金枪鱼 CPUE（4kg）

6.2.4　沉子为 5kg 时

6.2.4.1　漂移速度为 0~0.3 节时

大眼金枪鱼、黄鳍金枪鱼和两种鱼合计的 CPUE 见图 2-6-28~图 2-6-30，对于大眼金枪鱼：防海龟钓具的上钩率最大（3.30 尾/千钩），比船用钓具（3.06 尾/千钩）和试验钓具（2.64 尾/千钩）的略大。对于黄鳍金枪鱼：防海龟钓具的上钩率最大（0.97 尾/千钩），比船用钓具（0.73 尾/千钩）和试验钓具（0.48 尾/千钩）略大。两种鱼合计时，防海龟钓具的上钩率最大（4.28 尾/千钩），比船用钓具（3.79 尾/千钩）和试验钓具（3.11 尾/千钩）的上钩率略大。在漂移速度较小时，大眼金枪鱼较多时，建议使用防海龟钓具或船用钓具；黄鳍金枪鱼较多时，建议使用防海龟钓具或船用钓具，5kg 的沉子可能太重。

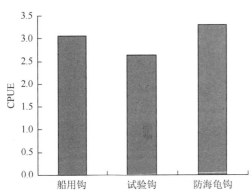

图 2-6-28　0~0.3 节大眼金枪鱼 CPUE（5kg）

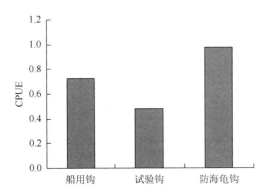

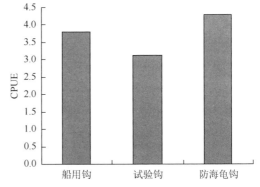

图 2-6-29　0~0.3 节黄鳍金枪鱼 CPUE（5kg）　　图 2-6-30　0~0.3 节两种金枪鱼 CPUE（5kg）

6.2.4.2 漂移速度为 0.3（含）～0.6 节时

大眼金枪鱼、黄鳍金枪鱼和两种鱼合计的 CPUE 情况见图 2-6-31～图 2-6-33，对于大眼金枪鱼：船用钓具的上钩率最大（3.59 尾/千钩），比试验钓具（2.77 尾/千钩）和防海龟钓具（1.70 尾/千钩）略大。对于黄鳍金枪鱼：试验钓具的上钩率最大（2.77 尾/千钩），比防海龟钓具（2.39 尾/千钩）和船用钓具（1.35 尾/千钩）略大。两种鱼合计时试验钓具的上钩率最大（5.54 尾/千钩），比船用钓具（4.94 尾/千钩）和防海龟钓具（4.09 尾/千钩）的上钩率略大。在漂移速度中等时，大眼金枪鱼较多时，建议使用船用钓具；黄鳍金枪鱼较多时，建议使用试验钓具，5kg 沉子可能太重。

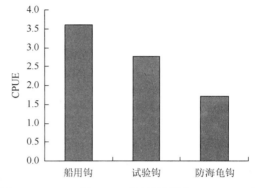

图 2-6-31　0.3（含）～0.6 节大眼金枪鱼 CPUE（5kg）

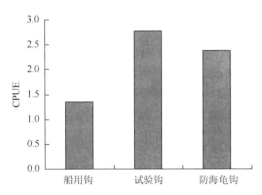

图 2-6-32　0.3（含）～0.6 节黄鳍金枪鱼 CPUE（5kg）

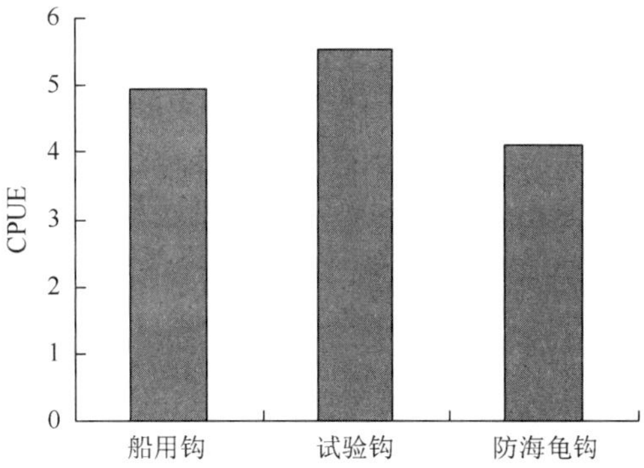

图 2-6-33　0.3（含）～0.6 节两种金枪鱼 CPUE（5kg）

6.2.4.3 漂移速度为 0.6（含）节以上时

大眼金枪鱼、黄鳍金枪鱼和两种鱼合计的 CPUE 见图 2-6-34～图 2-6-36，对于大眼金枪鱼：防海龟钓具的上钩率最大（1.88 尾/千钩），比试验钓具（1.83 尾/千钩）和船用钓具（1.15 尾/千钩）略大。对于黄鳍金枪鱼：船用钓具的上钩率最大（2.31 尾/千钩），比防海龟钓具（0.94 尾/千钩）和试验钓具（0.92 尾/千钩）略大。两种鱼合计时船用钓具的上钩率最大（3.46 尾/千钩），比防海龟钓具（2.82 尾/千钩）和试验钓具（2.75 尾/千钩）的上钩率略大。在漂移速度较大时，大眼金枪鱼较多时，建议使用 5kg 沉子的试

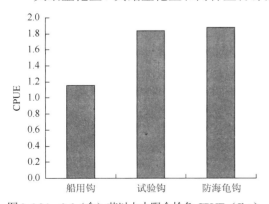

图 2-6-34　0.6（含）节以上大眼金枪鱼 CPUE（5kg）

验钓具，因为 3 者的上钩率均较低，可能误差较大；黄鳍金枪鱼较多时，建议使用船用钓具。

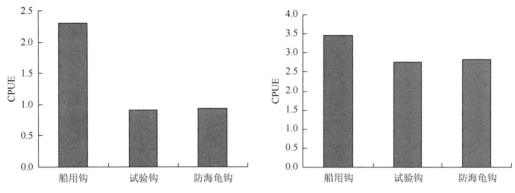

图 2-6-35　0.6（含）节以上黄鳍金枪鱼 CPUE（5kg）　图 2-6-36　0.6（含）节以上两种金枪鱼 CPUE（5kg）

总之，通过以上比较对于各种沉子在不同海流下是否使用的建议见表 2-6-3。

表 2-6-3　不同情况下沉子的配备情况

海流状况/节	沉子重量/kg	大眼金枪鱼较多时	黄鳍金枪鱼较多时	建议使用
0～0.3	2	不用	用（1.43）	防海龟钓具或船用钓具
0～0.3	3	用（3.83）	用（0.94）	试验钓具
0～0.3	4	用（4.53）	不用	试验钓具
0～0.3	5	不用	不用	防海龟钓具或船用钓具
0.3（含）～0.6	2	用（5.00）	不用	试验钓具
0.3（含）～0.6	3	用	不用	试验钓具
0.3（含）～0.6	4	用	不用	试验钓具
0.3（含）～0.6	5	不用	用（2.77）	船用钓具
0.6（含）以上	2	用（2.74）	不用	试验钓具
0.6（含）以上	3	用	不用	试验钓具
0.6（含）以上	4	用（1.83）	不用	试验钓具
0.6（含）以上	5	用（1.83）	不用	试验钓具

注：表中括号中为上钩率数据（尾/千钩）

从表 2-6-3 中可得出，流速较低（0～0.3 节）时，建议使用 3kg 沉子的试验钓具；流速中等 [0.3（含）～0.6 节] 时，建议使用 3kg 或 4kg 的试验钓具；流速大于等于 0.6 节时，建议使用 4kg 或 5kg 的试验钓具。

6.3　不同海流下试验钓具上钩率的比较

海流分为 3 个等级：0～0.3 节、0.3（含）～0.6 节和 0.6（含）节以上；上钩率分为大眼金枪鱼、黄鳍金枪鱼和两种金枪鱼合计 3 种情况。试验钓具按照 16 种组合。采用正交试验分析方法。

6.3.1 不分海流等级情况下

6.3.1.1 两种金枪鱼合计 CPUE

16 种不同组合的钓具对应的 CPUE 见表 2-6-4，方差分析、试验结果见表 2-6-5。

表 2-6-4 不分海流等级情况下两种金枪鱼 16 种不同组合的钓具对应的 CPUE

试验号	沉铅/g	带铅转环/g	重锤/kg	荧光管	大眼金枪鱼 CPUE	黄鳍金枪鱼 CPUE	两种鱼合计 CPUE
1	75.0	75	2	有	3.53	0.59	4.12
2	75.0	60	4	有	2.36	1.77	4.13
3	75.0	38	5	无	4.71	0.00	4.71
4	75.0	75	3	无	1.83	0.61	2.43
5	37.5	75	5	无	2.39	1.19	3.58
6	37.5	60	2	无	4.12	1.18	5.30
7	37.5	38	3	有	4.25	1.82	6.08
8	37.5	75	4	有	4.26	0.61	4.87
9	18.75	75	3	有	2.38	1.19	3.57
10	18.75	60	5	有	1.78	1.78	3.57
11	18.75	38	4	无	4.24	0.00	4.24
12	18.75	75	2	无	1.22	1.83	3.05
13	11.25	75	4	无	3.54	0.59	4.13
14	11.25	60	3	无	1.76	1.18	2.94
15	11.25	38	2	有	1.82	0.61	2.43
16	11.25	75	5	有	1.21	0.61	1.82

表 2-6-5 方差分析表

因素	偏差平方和	自由度	F 比	F 临界值	显著性
沉铅 A	9.26	3	2.064	3.86	不显著
带铅转环 B	2.407	2	0.805	4.26	不显著
重锤 C	1.789	3	0.399	3.86	不显著
荧光管 D	0.003	1	0.002	5.12	不显著
误差	13.46	9			
	沉铅 A	带铅转环 B	重锤 C	荧光管 D	
均值 1	3.849	3.446	3.724	3.823	
均值 2	4.955	3.984	4.342	3.797	
均值 3	3.607	4.363	3.418		
均值 4	2.829		3.756		
极差	2.126	0.917	0.924	0.026	

即不分海流等级情况下，4 个因子对两种金枪鱼合计上钩率都无显著影响，但最优的组合为 4kg 重锤、38g 带铅转环、37.5g 的沉铅、有荧光管。

6.3.1.2 大眼金枪鱼

大眼金枪鱼 16 种不同组合的钓具对应的 CPUE 见表 2-6-4，方差分析、试验结果见表 2-6-6。

表 2-6-6　方差分析表

因素	偏差平方和	自由度	F 比	F 临界值	显著性
沉铅 A	6.664	3	1.369	3.86	不显著
带铅转环 B	4.497	2	1.385	4.26	不显著
重锤 C	3.146	3	0.646	3.86	不显著
荧光管 D	0.301	1	0.185	5.12	不显著
误差	14.61	9			
	沉铅 A	带铅转环 B	重锤 C	荧光管 D	
均值 1	3.107	2.544	2.674	2.701	
均值 2	3.754	2.507	3.6	2.975	
均值 3	2.407	3.756	2.522		
均值 4	2.084		2.556		
极差	1.67	1.249	1.078	0.274	

即不分海流等级情况下，4 个因子对大眼金枪鱼上钩率都无显著的影响，但最优的组合为 4kg 重锤、38g 带铅转环、37.5g 的沉铅、无荧光管。

6.3.1.3 黄鳍金枪鱼

黄鳍金枪鱼 16 种不同组合的钓具对应的 CPUE 见表 2-6-4，方差分析、试验结果见表 2-6-7。

表 2-6-7　方差分析表

因素	偏差平方和	自由度	F 比	F 临界值	显著性
沉铅 A	0.835	3	0.77	3.86	不显著
带铅转环 B	1.591	2	2.2	4.26	不显著
重锤 C	0.466	3	0.43	3.86	不显著
荧光管 D	0.362	1	1.001	5.12	不显著
误差	3.25	9			
	沉铅 A	带铅转环 B	重锤 C	荧光管 D	
均值 1	0.742	0.902	1.05	1.122	
均值 2	1.2	1.477	0.742	0.822	
均值 3	1.2	0.608	0.896		
均值 4	0.745		1.2		
极差	0.458	0.869	0.458	0.3	

即不分海流等级情况下，4 个因子对黄鳍金枪鱼上钩率的影响都不显著，但最优的组合为 3kg 重锤、60g 带铅转环、37.5g 或者 18.75g 的沉铅、有荧光管。

6.3.2　0～0.3 节海流

6.3.2.1　两种金枪鱼合计 CPUE

16 种不同组合的钓具对应的 CPUE 见表 2-6-8，方差分析、试验结果见表 2-6-9。

表 2-6-8　0～0.3 节海流情况下两种金枪鱼 16 种不同组合的钓具对应的 CPUE

试验号	沉铅/g	带铅转环/g	重锤/kg	荧光管	大眼金枪鱼 CPUE	黄鳍金枪鱼 CPUE	两种鱼合计 CPUE
1	75.0	75	2	有	3.16	0.00	3.16
2	75.0	60	4	有	3.18	0.00	3.18
3	75.0	38	5	无	5.22	0.00	5.22
4	75.0	75	3	无	2.62	0.87	3.50
5	37.5	75	5	无	0.00	0.00	0.00
6	37.5	60	2	无	1.05	2.11	3.16
7	37.5	38	3	有	5.23	0.87	6.10
8	37.5	75	4	有	5.23	0.87	6.10
9	18.75	75	3	有	4.29	1.07	5.36
10	18.75	60	5	有	3.18	2.12	5.31
11	18.75	38	4	无	6.09	0.00	6.09
12	18.75	75	2	无	1.74	2.62	4.36
13	11.25	75	4	无	3.16	0.00	3.16
14	11.25	60	3	无	3.16	1.05	4.21
15	11.25	38	2	有	1.75	0.87	2.62
16	11.25	75	5	有	1.74	0.00	1.74

表 2-6-9　方差分析表

因素	偏差平方和	自由度	F 比	F 临界值	显著性
沉铅 A	11.388	3	1.204	3.86	不显著
带铅转环 B	6.678	2	1.059	4.26	不显著
重锤 C	9.373	3	0.991	3.86	不显著
荧光管 D	0.934	1	0.296	5.12	不显著
误差	28.37	9			
	沉铅 A	带铅转环 B	重锤 C	荧光管 D	
均值 1	3.765	3.423	3.326	4.195	
均值 2	3.839	3.964	4.631	3.712	
均值 3	5.278	5.005	3.066		
均值 4	2.932		4.792		
极差	2.346	1.582	1.726	0.483	

即 0～0.3 节海流情况下，4 个因子对两种金枪鱼总上钩率的影响都不显著，但最优的组合为 3kg 重锤、38g 带铅转环、18.75g 的沉铅、有荧光管。

6.3.2.2 大眼金枪鱼

大眼金枪鱼 16 种不同组合的钓具对应的 CPUE 见表 2-6-8，方差分析、试验结果见表 2-6-10。

表 2-6-10 方差分析表

因素	偏差平方和	自由度	F 比	F 临界值	显著性
沉铅 A	4.698	3	0.438	3.86	不显著
带铅转环 B	10.393	2	1.454	4.26	不显著
重锤 C	15.686	3	1.463	3.86	不显著
荧光管 D	1.384	1	0.387	5.12	不显著
误差	32.16	9			
	沉铅 A	带铅转环 B	重锤 C	荧光管 D	
均值 1	3.546	2.743	1.927	3.469	
均值 2	2.877	2.644	4.413	2.881	
均值 3	3.826	4.569	2.535		
均值 4	2.451		3.824		
极差	1.375	1.925	2.486	0.588	

即 0～0.3 节海流情况下，4 个因子对大眼金枪鱼上钩率都无显著的影响，最优的组合为 3kg 重锤、38g 带铅转环、18.75g 的沉铅、有荧光管。

6.3.2.3 黄鳍金枪鱼

黄鳍金枪鱼 16 种不同组合的钓具对应的 CPUE 见表 2-6-8，方差分析、试验结果见表 2-6-11。

表 2-6-11 方差分析表

因素	偏差平方和	自由度	F 比	F 临界值	显著性
沉铅 A	3.56	3	1.254	3.86	不显著
带铅转环 B	1.725	2	0.912	4.26	不显著
重锤 C	3.186	3	1.122	3.86	不显著
荧光管 D	0.044	1	0.047	5.12	不显著
误差	8.52	9			
	沉铅 A	带铅转环 B	重锤 C	荧光管 D	
均值 1	0.219	0.679	1.399	0.726	
均值 2	0.962	1.321	0.218	0.831	
均值 3	1.453	0.436	0.531		
均值 4	0.481		0.968		
极差	1.234	0.885	1.181	0.105	

即 0～0.3 节海流情况下，4 个因子对黄鳍金枪鱼上钩率的影响都不显著，但最优的组合为 2kg 重锤、60g 带铅转环、18.75g 的沉铅、无荧光管。

6.3.3　0.3（含）～0.6 节海流

6.3.3.1　两种金枪鱼合计 CPUE

16 种不同组合的钓具两种金枪鱼对应的 CPUE 见表 2-6-12，方差分析、试验结果见表 2-6-13。

表 2-6-12　0.3（含）～0.6 节海流情况下两种金枪鱼 16 种不同组合的钓具对应的 CPUE

试验号	沉铅/g	带铅转环/g	重锤/kg	荧光管	大眼金枪鱼 CPUE	黄鳍金枪鱼 CPUE	两种鱼合计 CPUE
1	75.0	75	2	有	4.44	2.22	6.67
2	75.0	60	4	有	2.22	6.67	8.89
3	75.0	38	5	无	6.67	0.00	6.67
4	75.0	75	3	无	0.00	0.00	0.00
5	37.5	75	5	无	4.50	4.50	9.01
6	37.5	60	2	无	11.11	0.00	11.11
7	37.5	38	3	有	4.00	0.00	4.00
8	37.5	75	4	有	4.00	0.00	4.00
9	18.75	75	3	有	0.00	2.24	2.24
10	18.75	60	5	有	0.00	2.22	2.22
11	18.75	38	4	无	0.00	0.00	0.00
12	18.75	75	2	无	0.00	0.00	0.00
13	11.25	75	4	无	2.23	0.00	2.23
14	11.25	60	3	无	0.00	2.22	2.22
15	11.25	38	2	有	0.00	0.00	0.00
16	11.25	75	5	有	0.00	0.00	0.00

表 2-6-13　方差分析表

因素	偏差平方和	自由度	F 比	F 临界值	显著性
沉铅 A	111.593	3	2.117	3.86	不显著
带铅转环 B	31.237	2	0.889	4.26	不显著
重锤 C	14.677	3	0.278	3.86	不显著
荧光管 D	0.648	1	0.037	5.12	不显著
误差	28.37	9			
	沉铅 A	带铅转环 B	重锤 C	荧光管 D	
均值 1	5.556	3.019	4.444	3.502	
均值 2	7.03	6.111	3.78	3.905	
均值 3	1.116	2.667	4.474		
均值 4	1.114		2.116		
极差	5.916	3.444	2.358	0.403	

即 0.3（含）～0.6 节海流情况下，4 个因子对两种金枪鱼总上钩率的影响都不显著，但最优的组合为 5kg 重锤、60g 带铅转环、18.75g 的沉铅、无荧光管。

6.3.3.2 大眼金枪鱼

大眼金枪鱼 16 种不同组合的钓具对应的 CPUE 见表 2-6-12，方差分析、试验结果见表 2-6-14。

表 2-6-14 方差分析表

因素	偏差平方和	自由度	F 比	F 临界值	显著性
沉铅 A	89.167	3	2.256	3.86	不显著
带铅转环 B	5.75	2	0.218	4.26	不显著
重锤 C	17.614	3	0.446	3.86	不显著
荧光管 D	6.061	1	0.46	5.12	不显著
误差	118.59	9			
	沉铅 A	带铅转环 B	重锤 C	荧光管 D	
均值 1	3.333	1.898	3.889	1.833	
均值 2	5.904	3.333	2.114	3.064	
均值 3	0	2.667	2.793		
均值 4	0.558		1		
极差	5.904	1.435	2.889	1.231	

即 0.3（含）～0.6 节海流情况下，4 个因子对大眼金枪鱼上钩率都无显著的影响，最优的组合为 2kg 重锤、60g 带铅转环、18.75g 的沉铅、无荧光管。

6.3.3.3 黄鳍金枪鱼

黄鳍金枪鱼 16 种不同组合的钓具对应的 CPUE 见表 2-6-12，方差分析、试验结果见表 2-6-15。

表 2-6-15 方差分析表

因素	偏差平方和	自由度	F 比	F 临界值	显著性
沉铅 A	5.843	3	0.632	3.86	不显著
带铅转环 B	15.719	2	2.549	4.26	不显著
重锤 C	3.44	3	0.372	3.86	不显著
荧光管 D	2.744	1	0.89	5.12	不显著
误差	27.75	9			
	沉铅 A	带铅转环 B	重锤 C	荧光管 D	
均值 1	2.222	1.121	0.556	1.669	
均值 2	1.126	2.778	1.667	0.841	
均值 3	1.116	0.000	1.682		
均值 4	0.556		1.116		
极差	1.666	2.778	1.126	0.828	

即 0.3（含）～0.6 节海流情况下，4 个因子对黄鳍金枪鱼上钩率的影响都不显著，但最优的组合为 5kg（或者 4kg）重锤、60g 带铅转环、37.5g 的沉铅、有荧光管。

6.3.4　0.6（含）节以上海流

6.3.4.1　两种金枪鱼合计 CPUE

16 种不同组合的钓具对应的 CPUE 见表 2-6-16，方差分析、试验结果见表 2-6-17。

表 2-6-16　0.6（含）节以上海流情况下两种金枪鱼 16 种不同组合的钓具对应的 CPUE

试验号	沉铅/g	带铅转环/g	重锤/kg	荧光管	大眼金枪鱼 CPUE	黄鳍金枪鱼 CPUE	两种鱼合计 CPUE
1	75.0	75	2	有	0.00	0.00	0.00
2	75.0	60	4	有	0.00	0.00	0.00
3	75.0	38	5	无	0.00	0.00	0.00
4	75.0	75	3	无	0.00	0.00	0.00
5	37.5	75	5	无	6.67	0.00	6.67
6	37.5	60	2	无	3.33	0.00	3.33
7	37.5	38	3	有	0.00	8.06	8.06
8	37.5	75	4	有	0.00	0.00	0.00
9	18.75	75	3	有	0.00	0.00	0.00
10	18.75	60	5	有	0.00	0.00	0.00
11	18.75	38	4	无	0.00	0.00	0.00
12	18.75	75	2	无	0.00	0.00	0.00
13	11.25	75	4	无	6.69	3.34	10.03
14	11.25	60	3	无	0.00	0.00	0.00
15	11.25	38	2	有	4.00	0.00	4.00
16	11.25	75	5	有	0.00	4.00	4.00

表 2-6-17　方差分析表

因素	偏差平方和	自由度	F 比	F 临界值	显著性
沉铅 A	81.441	3	2.556	3.86	不显著
带铅转环 B	11.286	2	0.531	4.26	不显著
重锤 C	1.874	3	0.059	3.86	不显著
荧光管 D	0.985	1	0.093	5.12	不显著
误差	95.59	9			
	沉铅 A	带铅转环 B	重锤 C	荧光管 D	
均值 1	0.000	2.588	1.833	2.008	
均值 2	4.516	0.833	2.508	2.504	
均值 3	0.000	3.016	2.667		
均值 4	4.508		2.016		
极差	4.516	2.183	0.834	0.496	

即 0.6（含）节以上海流情况下，4 个因子对两种金枪鱼总上钩率的影响都不显著，但最优的组合为 5kg（或者 4kg）重锤、38g 带铅转环、18.75g 的沉铅、无荧光管。

6.3.4.2 大眼金枪鱼

大眼金枪鱼 16 种不同组合的钓具对应的 CPUE 见表 2-6-16，方差分析、试验结果见表 2-6-18。

表 2-6-18 方差分析表

因素	偏差平方和	自由度	F 比	F 临界值	显著性
沉铅 A	26.812	3	1.669	3.86	不显著
带铅转环 B	2.322	2	0.217	4.26	不显著
重锤 C	8.989	3	0.56	3.86	不显著
荧光管 D	10.063	1	1.88	5.12	不显著
误差	48.19	9			
	沉铅 A	带铅转环 B	重锤 C	荧光管 D	
均值 1	0	1.669	1.833	0.5	
均值 2	2.5	0.833	1.672	2.086	
均值 3	0	1	1.667		
均值 4	2.672		0		
极差	2.672	0.836	1.833	1.586	

即 0.6（含）节以上海流情况下，4 个因子对大眼金枪鱼上钩率都无显著的影响，最优的组合为 5kg（或者 4kg）重锤、75g 带铅转环、18.75g 的沉铅、无荧光管。

6.3.4.3 黄鳍金枪鱼

黄鳍金枪鱼 16 种不同组合的钓具对应的 CPUE 见表 2-6-16，方差分析、试验结果见表 2-6-19。

表 2-6-19 方差分析表

因素	偏差平方和	自由度	F 比	F 临界值	显著性
沉铅 A	14.905	3	1.241	3.86	不显著
带铅转环 B	8.162	2	1.019	4.26	不显著
重锤 C	8.216	3	0.684	3.86	不显著
荧光管 D	4.752	1	1.187	5.12	不显著
误差	36.04	9			
	沉铅 A	带铅转环 B	重锤 C	荧光管 D	
均值 1	0.000	0.918	0.000	1.508	
均值 2	2.016	0.000	0.836	0.418	
均值 3	0.000	2.016	1.000		
均值 4	1.836		2.016		
极差	2.016	2.016	2.016	1.09	

即 0.6（含）节以上海流情况下，4 个因子对黄鳍金枪鱼上钩率的影响都不显著，但最优的组合为 5kg 重锤、38g 带铅转环、18.75g 的沉铅、有荧光管。

6.4 饵料对比试验

调查期间还开展了日本竹筴鱼、秋刀鱼与鱿鱼饵料对上钩率影响的对比试验，具体情况见表 2-6-20。从 4 个航次的试验情况来看，总体上来说，日本竹筴鱼的两种鱼合计的上钩率最高（8.40 尾/千钩），秋刀鱼（6.82 尾/千钩）和鱿鱼（6.17 尾/千钩）相差不大；对于大眼金枪鱼，4 个航次中秋刀鱼与日本竹筴鱼的上钩率较高；对于黄鳍金枪鱼，日本竹筴鱼则更占优势；综合考虑整个调查，大眼金枪鱼（5.22 尾/千钩）和黄鳍金枪鱼（3.17 尾/千钩）更加偏爱日本竹筴鱼。但在渔场环境中、胃含物中发现有许多鱿鱼，而且从胃含物分析，渔场间的差别不大。因此，上述结论是初步的，还需要进一步试验验证。

表 2-6-20　第三至第六航次的饵料对比试验

航次	饵料种类	放钩数	大眼金枪鱼		黄鳍金枪鱼		合计	
			尾数	上钩率	尾数	上钩率	尾数	上钩率
3	鱿鱼	—	—	—	—	—	—	—
	日本竹筴鱼	1700	6	3.53	2	1.18	8	4.71
	秋刀鱼	1700	4	2.35	6	3.53	10	5.88
4	鱿鱼	2125	18	8.47	7	3.29	25	11.76
	日本竹筴鱼	1275	9	7.06	5	3.92	14	10.98
	秋刀鱼	2175	22	10.11	2	0.92	24	11.03
5	鱿鱼	1175	1	0.85	2	1.70	3	2.55
	日本竹筴鱼	1185	3	2.53	8	6.75	11	9.28
	秋刀鱼	1175	4	3.40	2	1.70	6	5.10
6	鱿鱼	1400	1	0.71	0	0.00	1	0.71
	日本竹筴鱼	1400	10	7.14	2	1.43	12	8.57
	秋刀鱼	1400	3	2.14	1	0.71	4	2.85
总计	鱿鱼	4700	20	4.26	9	1.92	29	6.17
	日本竹筴鱼	5360	28	5.22	17	3.17	45	8.40
	秋刀鱼	6450	33	5.12	11	1.71	44	6.82

注："—"表示缺乏数据

通过对每天饵料试验进行配对方差分析得：大眼金枪鱼、黄鳍金枪鱼不同饵料的上钩率之间的差异并不明显，仅仅在两种鱼合计时鱿鱼和日本竹筴鱼存在极显著差异（$P = 0.023 < 0.05$），同时日本竹筴鱼和秋刀鱼也存在一定的差异，但不显著（$P = 0.086 > 0.05$），因此，使用日本竹筴鱼作为饵料更加合适，可以提高上钩率。具体分析结果见表 2-6-21。

表 2-6-21　第三至第六航次的饵料对比试验配对方差分析

配对组合		配对误差					t	自由度	显著水平
		离差平均值	标准差	标准平均误差	95%置信区间				
					下界	上界			
大眼金枪鱼	鱿鱼-日本竹筴鱼	−3.1704	7.18	1.65	−6.63	0.29	−1.93	18	0.07
	鱿鱼-秋刀鱼	−1.87	8.24	1.72	−5.43	1.69	−1.09	22	0.29
	日本竹筴鱼-秋刀鱼	1.36	6.73	1.25	−1.20	3.92	1.09	28	0.285
黄鳍金枪鱼	鱿鱼-日本竹筴鱼	−2.72	8.16	1.87	−6.65	1.22	−1.45	18	0.164
	鱿鱼-秋刀鱼	0.97	4.30	0.90	−0.90	2.83	1.08	22	0.294
	日本竹筴鱼-秋刀鱼	1.33	7.04	1.31	−1.34	4.02	1.02	28	0.314
合计	鱿鱼-日本竹筴鱼	−5.89	10.31	2.36	−10.86	−0.82	−2.49	18	0.023
	鱿鱼-秋刀鱼	−0.91	10.36	2.16	−5.39	3.57	−0.42	22	0.679
	日本竹筴鱼-秋刀鱼	2.70	8.17	1.52	−0.40	5.81	1.78	28	0.086

7　大眼金枪鱼、黄鳍金枪鱼的栖息环境

运用 SPSS13.0 软件[2]，采用多元回归分析方法，建立实测钓钩深度与理论深度和海洋环境因子的关系模型，具体见本部分"1.2.2.4 实测钓钩深度与理论深度的关系"及"5.3 拟合钓钩深度计算模型"相关内容。

船用钓具回归模型为

$$D_f = (V_g^{-0.218} \times j^{-0.107} \times V_w^{-0.251} \times 10^{-0.113}) \times D_j \qquad (2\text{-}7\text{-}1)$$

相关系数为 $R = 0.7158$（137 组），式中 V_g 为钓具漂移速度（m/s）、V_w 为风速（m/s）、j 为钩号、D_j 为理论深度（m）。

试验钓具回归模型为

$$D'_f = (V_g^{-0.196} \times j^{-0.135} \times V_w^{-0.208} \times 10^{-0.110}) \times D'_j \qquad (2\text{-}7\text{-}2)$$

相关系数为 $R = 0.6356$（413 组），式中 V_g 为钓具漂移速度（m/s）、V_w 为风速（m/s）、j 为钩号、D'_j 为理论深度（m）。

7.1　大眼金枪鱼的栖息环境

7.1.1　大眼金枪鱼的栖息水层

根据记录钩号的大眼金枪鱼（共 304 尾），以及调查期间所有捕获的大眼金枪鱼（共 318 尾），分析大眼金枪鱼 CPUE 与水层的关系（图 2-7-1）。由于 360～380m 取样尾数只有 1 尾，特殊性较大，不作进一步的分析。由图 2-7-1 得，大眼金枪鱼 CPUE 较高（4.00 尾/千钩以上）的水深为 240～260m，一般认为 CPUE 较高的水层为 220～280m。

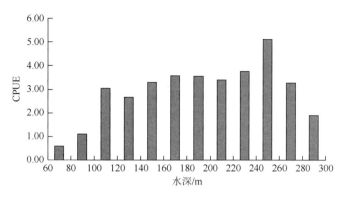

图 2-7-1 调查期间大眼金枪鱼 CPUE 与水深的关系

7.1.2 大眼金枪鱼的栖息水温

根据多功能水质仪测定的 112 个站点和微型温度深度计测定的 20 个站点的水温数据,以及与这些站点相对应的记录钩号的大眼金枪鱼(共 267 尾)和调查期间所有捕获的大眼金枪鱼(共 318 尾),分析大眼金枪鱼 CPUE 与水温的关系,由图 2-7-2 可得,大眼金枪鱼 CPUE 较高的水温段为 13~19℃,一般认为 11~21℃大眼金枪鱼 CPUE 较高。

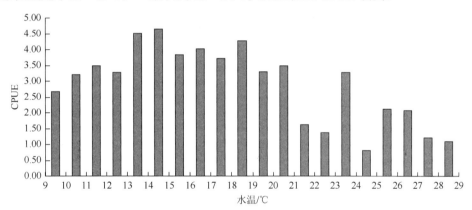

图 2-7-2 调查期间大眼金枪鱼 CPUE 与水温的关系

7.1.3 大眼金枪鱼的栖息盐度

根据多功能水质仪测定的 106 个站点的盐度数据、相对应的记录钩号的大眼金枪鱼(共 217 尾)、调查期间所有捕获的大眼金枪鱼(共 318 尾),分析大眼金枪鱼 CPUE 与盐度的关系,见图 2-7-3,大眼金枪鱼 CPUE 较高(3.40 尾/千钩)的盐度范围为 34.8~35.0,最高(5.29 尾/千钩)的盐度范围为 34.8~34.9。

7.1.4 大眼金枪鱼的栖息溶解氧含量

根据多功能水质仪测定的 84 个站点的溶解氧数据、相对应的记录钩号的大眼金枪鱼(共 202 尾)、调查期间所有捕获的大眼金枪鱼(共 318 尾),分析大眼金枪鱼 CPUE 与溶解氧含量的关系,见图 2-7-4,大眼金枪鱼 CPUE 较高(4.50 尾/千钩以上)的溶解氧含量为 1.5~2.5mg/L,大眼金枪鱼 CPUE 最高(5.18 尾/千钩)的溶解氧含量为 1.5~2.0mg/L。

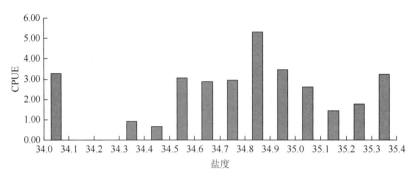

图 2-7-3 调查期间大眼金枪鱼 CPUE 与盐度的关系

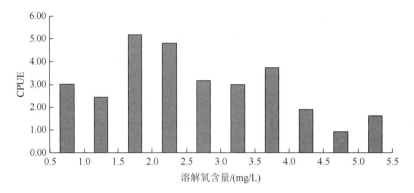

图 2-7-4 调查期间大眼金枪鱼 CPUE 与溶解氧含量的关系

7.1.5 用实测的大眼金枪鱼（死）的体温估计其钓获时所处的环境

用实测的大眼金枪鱼（死鱼、鱼体已发硬，共 34 尾）的体温估计其钓获时所处的深度、盐度、溶解氧的结果见图 2-7-5～图 2-7-7。大眼金枪鱼捕获时所处的水深为 51～251m，主要集中于 150～220m 深度范围，捕获时所处的水温为 10.2～28.2℃，主要集中于 12～17℃温度范围；捕获时所处的盐度为 33.9～35.3，主要集中于 34.5～34.9；捕获时所处的溶解氧含量为 1.08～4.37mg/L，主要集中于 2.0～2.8mg/L。

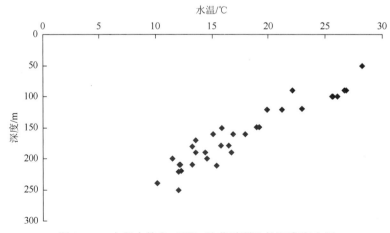

图 2-7-5 大眼金枪鱼（死）钓获时所处的深度和水温

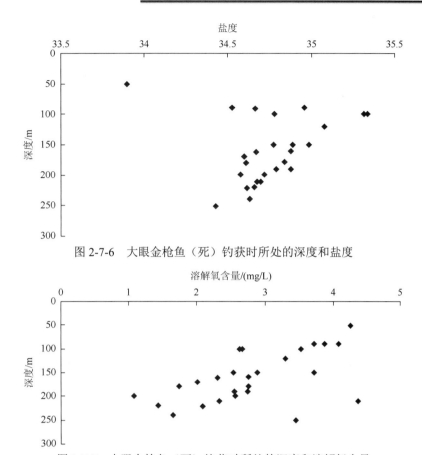

图 2-7-6　大眼金枪鱼（死）钓获时所处的深度和盐度

图 2-7-7　大眼金枪鱼（死）钓获时所处的深度和溶解氧含量

7.2　黄鳍金枪鱼的栖息环境

7.2.1　黄鳍金枪鱼的栖息水层

根据记录钩号的黄鳍金枪鱼 104 尾、调查期间所有捕获的黄鳍金枪鱼为 122 尾，分析黄鳍金枪鱼 CPUE 与水深的关系，见图 2-7-8，黄鳍金枪鱼 CPUE 较高（1.41 尾/千钩以上）的钓钩深度为 100～180m，120～140m 水层的 CPUE 最高（2.35 尾/千钩）。

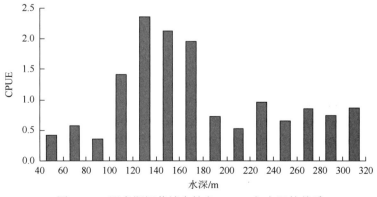

图 2-7-8　调查期间黄鳍金枪鱼 CPUE 与水深的关系

7.2.2 黄鳍金枪鱼的栖息水温

根据多功能水质仪测定的112个站点和微型温度深度计测定的20个站点的水温数据，以及与这些站点相对应的记录钩号的黄鳍金枪鱼（共100尾）、调查期间所有捕获的黄鳍金枪鱼（共122尾），分析黄鳍金枪鱼CPUE与水温的关系，见图2-7-9，黄鳍金枪鱼CPUE较高（1.65尾/千钩以上）的水温范围为18～19℃、20～25℃和29～30℃，其中最高（4.22尾/千钩）的水温范围为20～21℃。

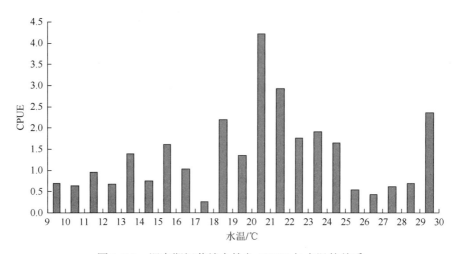

图2-7-9　调查期间黄鳍金枪鱼CPUE与水温的关系

7.2.3 黄鳍金枪鱼的栖息盐度

根据多功能水质仪测定的106个站点的盐度数据、相对应的记录钩号的黄鳍金枪鱼（共88尾）、调查期间所有捕获的黄鳍金枪鱼（共122尾），分析黄鳍金枪鱼CPUE与盐度的关系，见图2-7-10，黄鳍金枪鱼CPUE较高（2.69尾/千钩以上）的盐度范围为34.1～34.2和35.1～35.4，最高（5.33尾/千钩）的盐度范围为35.3～35.4，黄鳍金枪鱼在盐跃层中的CPUE较高。

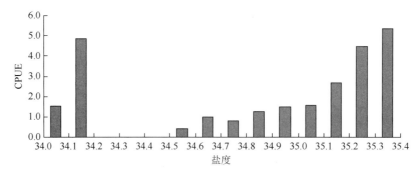

图2-7-10　调查期间黄鳍金枪鱼CPUE与盐度的关系

7.2.4 黄鳍金枪鱼的栖息溶解氧

根据多功能水质仪测定的84个站点的溶解氧数据、相对应的记录钩号的黄鳍金枪鱼

（共 58 尾）、调查期间所有捕获的黄鳍金枪鱼（共 122 尾），分析黄鳍金枪鱼 CPUE 与溶解氧含量的关系，见图 2-7-11，黄鳍金枪鱼 CPUE 较高（1.96 尾/千钩以上）的溶解氧含量为 2.0～3.5mg/L，其中最高（2.71 尾/千钩）的溶解氧含量为 2.0～2.5mg/L。

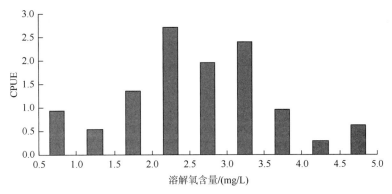

图 2-7-11 调查期间黄鳍金枪鱼 CPUE 与溶解氧含量的关系

7.2.5 用实测的黄鳍金枪鱼（死）的体温估计其钓获时所处的环境

用实测的黄鳍金枪鱼（死鱼、鱼体已发硬，共 38 尾）的体温估计其钓获时所处的深度、盐度、溶解氧的结果见图 2-7-12～图 2-7-14，黄鳍金枪鱼捕获时所处的水深为 79～

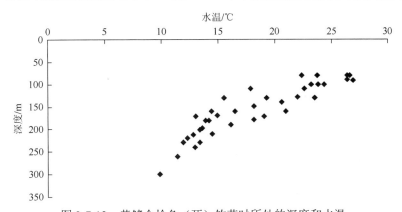

图 2-7-12 黄鳍金枪鱼（死）钓获时所处的深度和水温

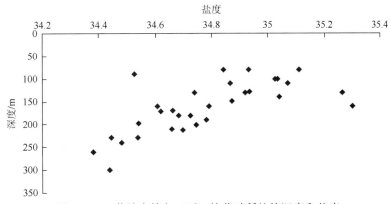

图 2-7-13 黄鳍金枪鱼（死）钓获时所处的深度和盐度

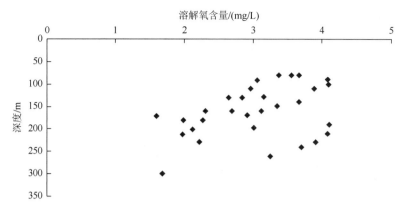

图 2-7-14　黄鳍金枪鱼（死）钓获时所处的深度和溶解氧含量

299m，主要集中于 100～210m 深度范围，捕获时所处的水温为 9.8～26.9℃，主要集中于 11.0～25.0℃；捕获时所处的盐度为 34.4～35.3，主要集中于 34.6～35.0；捕获时所处的溶解氧含量为 1.6～4.11mg/L，主要集中于 2.5～4.0mg/L。

8　大眼金枪鱼和黄鳍金枪鱼的渔场形成机制

下面仅对渔场小范围的温度、盐度、溶解氧含量、风流合压角、钓具的漂移速度和漂移方向、风速、风向、风舷角与大眼金枪鱼和黄鳍金枪鱼的渔获率（尾/千钩，记为 CPUE）的关系进行探讨。

对每个渔场每天水深为 0～400m 的温度、盐度、溶解氧含量、风流合压角、钓具漂移速度和漂移方向、风速、风向、风舷角、大眼金枪鱼和黄鳍金枪鱼 CPUE 进行测定，衡量 CPUE 与各指标间的相似程度，求出 CPUE 与各指标的相关系数。

按照本篇"1.1.2 调查时间、调查海区"中的表 2-1-1 和图 2-1-1，把调查海域分为 4 个渔场（具体见表 2-8-1）来分析各个渔场大眼金枪鱼和黄鳍金枪鱼的 CPUE 与表层（10m）、25m、50m、75m、100m、150m、200m、250m、300m、325m、350m、400m、450m 水层的温度、盐度、溶解氧含量（水温分别记为 T_{10}、T_{25}、T_{50}、T_{75}、T_{100}、T_{150}、T_{200}、T_{250}、T_{300}、T_{325}、T_{350}、T_{400}、T_{450}。盐度分别记为 S_{10}、S_{25}、S_{50}、S_{75}、S_{100}、S_{150}、S_{200}、S_{250}、S_{300}、S_{325}、S_{350}、S_{400}、S_{450}。溶解氧含量分别记为 DO_{10}、DO_{25}、DO_{50}、DO_{75}、DO_{100}、DO_{150}、DO_{200}、DO_{250}、DO_{300}、DO_{325}、DO_{350}、DO_{400}、DO_{450}）及钓具的漂移速度、风流合压角、风速、风舷角的相关关系。

表 2-8-1　4 个渔场的划分、范围

渔场	航次	作业天数	探捕范围	
第一	1	6	8°00′～10°31′N	175°21′～176°01′E
第二	3	10	7°00′～12°00′N	163°00′～166°00′E
第三	4	10	3°00′～7°30′N	166°30′～167°00′E
第四	7	10	8°00′～12°00′N	172°00′～173°30′E
	8	16	8°00′～11°30′N	172°30′～175°00′E

认为以上数据可能会对大眼金枪鱼和黄鳍金枪鱼 CPUE 产生影响或相关。通过对获得的数据与大眼金枪鱼和黄鳍金枪鱼的 CPUE 数据进行相关分析，找出相关性显著的指标。

调查期间大眼金枪鱼和黄鳍金枪鱼总的 CPUE 分布、大眼金枪鱼的 CPUE 分布、黄鳍金枪鱼的 CPUE 分布见图 2-8-1～图 2-8-3。

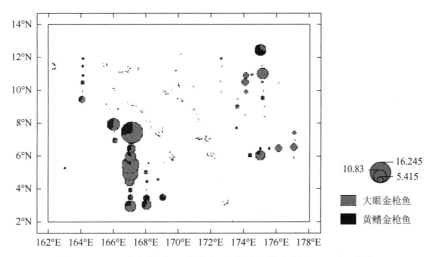

图 2-8-1　调查期间大眼金枪鱼和黄鳍金枪鱼总的 CPUE 分布

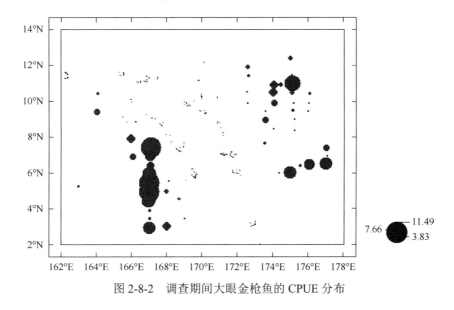

图 2-8-2　调查期间大眼金枪鱼的 CPUE 分布

8.1　整个调查期间渔场形成机制研究

8.1.1　大眼金枪鱼

整个调查期间 4 个渔场与大眼金枪鱼 CPUE 分布有显著相关性的指标及相关系数和显著性水平见表 2-8-2。

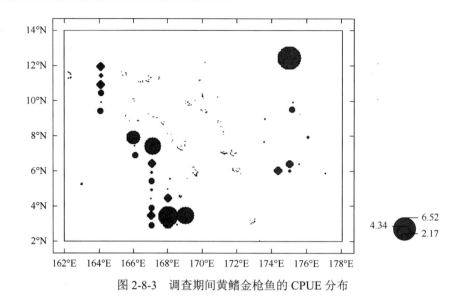

图 2-8-3 调查期间黄鳍金枪鱼的 CPUE 分布

表 2-8-2 整个调查期间与大眼金枪鱼 CPUE 有显著相关性的指标及相关系数和显著性水平（4 个渔场汇总统计）

显著相关指标	相关系数	显著性水平 α（双尾）
C_g	−0.449	0.002
S_{200}	0.432	0.003
S_{50}	−0.398	0.007
S_{75}	−0.379	0.011
T_{200}	0.365	0.015
DO_{300}	0.299	0.049

表 2-8-2 中，S_{50} 表示 50m（±5m）水深处的盐度；DO_{300} 表示 300m（±5m）水深处的溶解氧含量；T_{200} 表示 200m（±5m）水深处的温度，其他类同。

根据表 2-8-2 可以看出对大眼金枪鱼 CPUE 分布所有相关影响指标中，漂移方向的影响最大，其次是盐度、温度和溶解氧含量。

图 2-8-4 为调查船大眼金枪鱼总 CPUE 与 300m 水深处的溶解氧含量关系图，通过对大眼金枪鱼 CPUE 与 300m 水深处的溶解氧含量关系图进行分析，可看出 300m 水深处，溶解氧含量在 1.14～1.30mg/L，大眼金枪鱼 CPUE 较高。

图 2-8-5 为调查船大眼金枪鱼总 CPUE 与 200m 水深处的温度关系图，通过对大眼金枪鱼总 CPUE 与 200m 水深处的温度关系图进行分析，可看出 200m 水深处，水温为 13.16～14.51℃，在冷暖水团的交汇处，靠近高温的一侧，CPUE 较高。

大眼金枪鱼总 CPUE 与 50m、75m 和 200m 水深处的盐度关系见图 2-8-6～图 2-8-8。分析图 2-8-6 可知：50m 水深处，盐度在 33.97～34.06 范围内，在靠近低盐一侧，CPUE 较高。分析图 2-8-7 可知：75m 水深处，盐度在 33.98～34.25 范围内，在靠近低盐一侧，CPUE 较高。分析图 2-8-8 可知：200m 水深处，盐度在 34.61～34.79 范围内，在靠近高盐一侧，CPUE 较高。

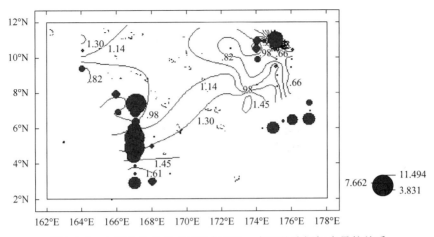

图 2-8-4 大眼金枪鱼总 CPUE 与 300m 水深处溶解氧含量的关系

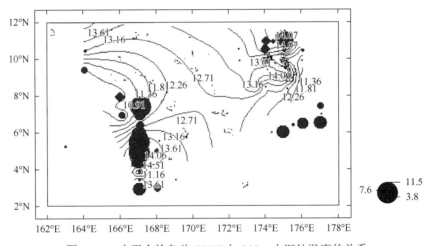

图 2-8-5 大眼金枪鱼总 CPUE 与 200m 水深处温度的关系

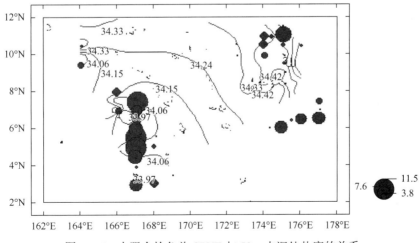

图 2-8-6 大眼金枪鱼总 CPUE 与 50m 水深处盐度的关系

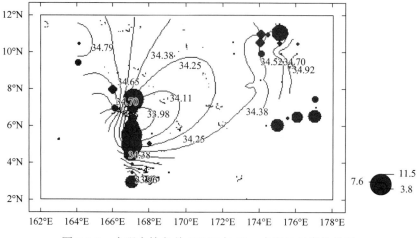

图 2-8-7　大眼金枪鱼总 CPUE 与 75m 水深处盐度的关系

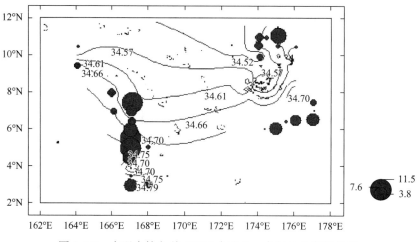

图 2-8-8　大眼金枪鱼总 CPUE 与 200m 水深处盐度的关系

8.1.2　黄鳍金枪鱼

　　整个调查期间 4 个渔场与黄鳍金枪鱼总 CPUE 分布有显著相关性的指标及相关系数和显著性水平见表 2-8-3，黄鳍金枪鱼 CPUE 与溶解氧含量和盐度关系最密切，其次是温度。

表 2-8-3　整个调查期间与黄鳍金枪鱼 CPUE 有显著相关性的指标及相关系数和显著性水平（4 个渔场汇总统计）

显著相关指标	相关系数	显著性水平 α（双尾）
DO_{10}	−0.563	0
DO_{25}	−0.575	0
DO_{50}	−0.630	0
DO_{75}	−0.592	0
DO_{100}	−0.531	0
DO_{125}	−0.504	0

续表

显著相关指标	相关系数	显著性水平 α（双尾）
S_{25}	−0.470	0.001
DO_{150}	−0.451	0.002
S_{10}	−0.426	0.004
S_{50}	−0.422	0.004
DO_{400}	0.391	0.009
S_{200}	0.368	0.014
T_{50}	0.362	0.016
DO_{350}	0.348	0.020
V_{w}	0.321	0.033
DO_{325}	0.303	0.045

图 2-8-9 为调查船黄鳍金枪鱼总 CPUE 与 50m 水深处的溶解氧含量关系图，通过对黄鳍金枪鱼总 CPUE 与 50m 水深处的溶解氧含量关系图进行分析，可看出 50m 水深处，溶解氧含量在 4.14～4.24mg/L，黄鳍金枪鱼 CPUE 较高。

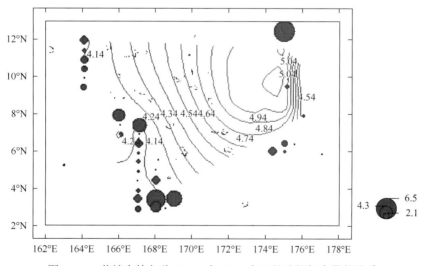

图 2-8-9　黄鳍金枪鱼总 CPUE 与 50m 水深处溶解氧含量的关系

图 2-8-10 为调查船黄鳍金枪鱼总 CPUE 与 150m 水深处的溶解氧含量关系图，通过对黄鳍金枪鱼总 CPUE 与 150m 水深处的溶解氧含量关系图进行分析，可看出 150m 水深处，溶解氧含量在 2.11～2.79mg/L，黄鳍金枪鱼 CPUE 较高。

黄鳍金枪鱼总 CPUE 与 25m 和 200m 水深处的盐度关系见图 2-8-11 和图 2-8-12。分析图 2-8-11 可知：25m 水深处，盐度在 33.94～34.03 范围内，在靠近低盐一侧，CPUE 较高。分析图 2-8-12 可知：200m 水深处，盐度在 34.52～34.71 范围内，在靠近低盐一侧，CPUE 较高。

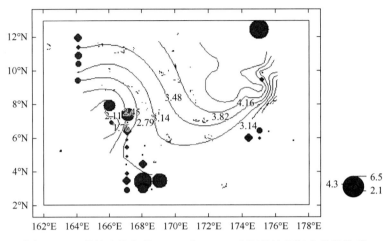

图 2-8-10 黄鳍金枪鱼总 CPUE 与 150m 水深处溶解氧含量的关系

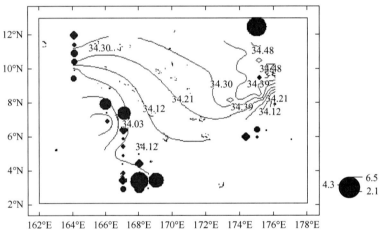

图 2-8-11 黄鳍金枪鱼总 CPUE 与 25m 水深处盐度的关系

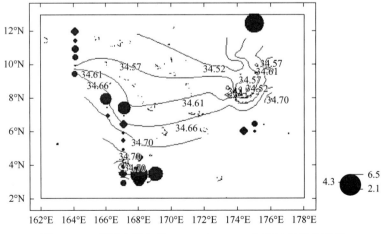

图 2-8-12 黄鳍金枪鱼总 CPUE 与 200m 水深处盐度的关系

黄鳍金枪鱼总 CPUE 与 50m 水深处的温度关系如图 2-8-13 所示，50m 水深处，黄鳍金枪鱼 CPUE 与温度呈正相关关系，在 28.84~29.16℃水温范围内，在冷暖水团的交汇处，靠近高温的一侧，CPUE 较高。

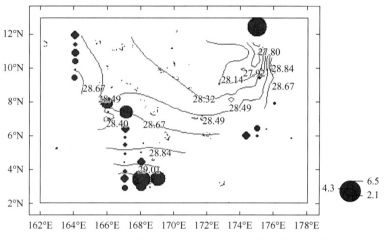

图 2-8-13　黄鳍金枪鱼总 CPUE 与 50m 水深处温度的关系

8.2　分渔场形成机制研究

"深联成 719" 船进行了 4 个渔场的调查，将调查期间取得的数据汇总统计。4 个渔场与大眼金枪鱼 CPUE 分布有显著相关性的指标汇总见表 2-8-4。第一、第三、第四渔场与黄鳍金枪鱼 CPUE 分布有显著相关性的指标汇总见表 2-8-5，第二渔场所有指标对黄鳍金枪鱼 CPUE 分布都无相关性。

表 2-8-4　各渔场与大眼金枪鱼 CPUE 有显著相关性的指标汇总

第一渔场			第二渔场			第三渔场			第四渔场		
显著相关指标	相关系数	显著性水平 α（双尾）	显著相关指标	相关系数	显著性水平 α（双尾）	显著相关指标	相关系数	显著性水平 α（双尾）	显著相关指标	相关系数	显著性水平 α（双尾）
T_{200}	0.895	0.016	DO_{300}	−0.754	0.019	S_{25}	0.842	0.004	V_w	−0.538	0.014
DO_{100}	0.888	0.018	DO_{200}	−0.710	0.032	S_{10}	0.839	0.005	T_{200}	0.510	0.021
DO_{200}	0.868	0.025	DO_{350}	−0.695	0.038	S_{50}	0.808	0.008	S_{300}	−0.501	0.025
T_{150}	0.866	0.026	S_{125}	−0.695	0.038	DO_{150}	0.739	0.023	DO_{125}	0.478	0.033
S_{100}	0.847	0.033	S_{200}	0.689	0.040						
			T_{150}	−0.682	0.043						
			S_{250}	0.682	0.043						
			S_{150}	−0.681	0.044						
			T_{200}	−0.677	0.045						
			T_{125}	−0.671	0.048						
			DO_{125}	−0.671	0.048						
			DO_{250}	−0.754	0.048						

由表 2-8-4 可以看出,与大眼金枪鱼 CPUE 分布有显著相关性的指标:第一渔场显著相关性指标为 200m 和 150m 水深的温度,100m、200m 水深处的溶解氧含量以及 100m 水深的盐度;第二渔场显著相关性指标为 300m、200m、350m、125m 和 250m 水深处的溶解氧含量,125m、200m、250m、150m 水深处的盐度,150m、200m、125m 水深处的温度;第三渔场显著相关性指标为 25m、10m 和 50m 水深的盐度和 150m 水深的溶解氧含量;第四渔场显著相关性指标为风速、200m 水深的温度、300m 水深的盐度、125m 水深的溶解氧含量。

表 2-8-5　第一、第三和第四渔场中与黄鳍金枪鱼 CPUE 有显著相关性的指标汇总

第一渔场			第三渔场			第四渔场		
显著相关指标	相关系数	显著性水平 α(双尾)	显著相关指标	相关系数	显著性水平 α(双尾)	显著相关指标	相关系数	显著性水平 α(双尾)
V_w	−1.0	0	V_w	−0.726	0.034	T_{300}	0.618	0.004
DO_{125}	−0.849	0.033						
DO_{150}	−0.824	0.044						

对黄鳍金枪鱼 CPUE 分布,第一渔场显著相关性指标为风速,125m 和 150m 水深处的溶解氧含量;第三渔场显著相关性指标为风速;第四渔场显著相关性指标为 300m 水深处的温度。

8.2.1　第一渔场

第一渔场大眼金枪鱼和黄鳍金枪鱼 CPUE 分布分别见图 2-8-14 和图 2-8-15。

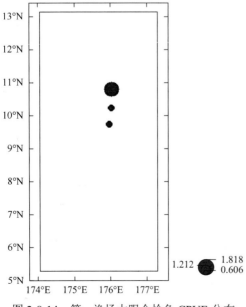

图 2-8-14　第一渔场大眼金枪鱼 CPUE 分布

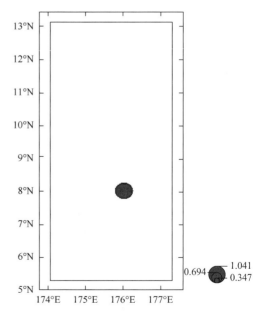

图 2-8-15　第一渔场黄鳍金枪鱼 CPUE 分布

8.2.1.1　大眼金枪鱼

本渔场与大眼金枪鱼 CPUE 有显著相关的指标为温度、溶解氧和盐度。大眼金枪鱼 CPUE 分布与温度、溶解氧含量和盐度均呈正相关关系。第一渔场大眼金枪鱼 CPUE 与 100m 水深的溶解氧含量关系见图 2-8-16，溶解氧含量为 3.96～4.08mg/L 时，大眼金枪鱼 CPUE 较高；第一渔场大眼金枪鱼 CPUE 与 200m 水深的溶解氧含量关系见图 2-8-17，浓度为 1.23～1.27mg/L 时，大眼金枪鱼 CPUE 较高；第一渔场大眼金枪鱼 CPUE 与 100m 水深盐度关系见图 2-8-18，盐度为 34.96～35.01 时，大眼金枪鱼 CPUE 较高。大眼金枪鱼 CPUE 分布与温度也呈正相关关系。第一渔场大眼金枪鱼 CPUE 与 150m 水深的温度关系见图 2-8-19，在 14.80～15.37℃水温范围内，

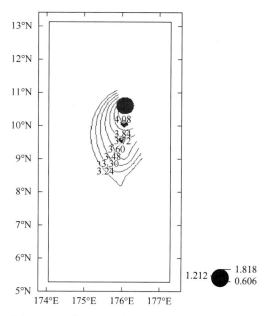

图 2-8-16　第一渔场大眼金枪鱼 CPUE 与 100m 水深处溶解氧含量的关系

大眼金枪鱼 CPUE 较高；第一渔场大眼金枪鱼 CPUE 与 200m 水深的温度关系见图 2-8-20，在 11.39～11.48℃水温范围内，大眼金枪鱼 CPUE 较高。

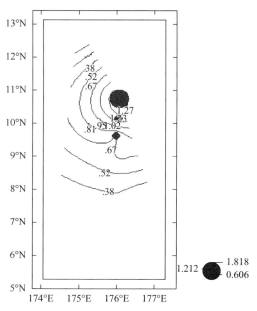

图 2-8-17　第一渔场大眼金枪鱼 CPUE 与 200m 水深处溶解氧含量的关系

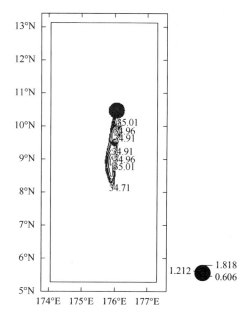

图 2-8-18　第一渔场大眼金枪鱼 CPUE 与 100m 水深处盐度的关系

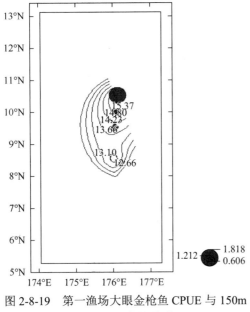

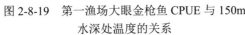

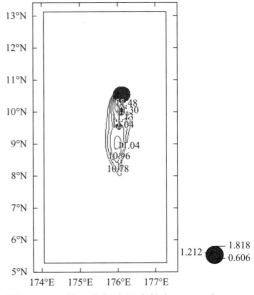

图 2-8-19　第一渔场大眼金枪鱼 CPUE 与 150m　　图 2-8-20　第一渔场大眼金枪鱼 CPUE 与 200m
　　　　　水深处温度的关系　　　　　　　　　　　　　　水深处温度的关系

8.2.1.2　黄鳍金枪鱼

本渔场与黄鳍金枪鱼 CPUE 有显著相关的指标为溶解氧含量。黄鳍金枪鱼 CPUE 分布与溶解氧含量呈负相关性。第一渔场黄鳍金枪鱼 CPUE 与 125m 水深的溶解氧含量关系见图 2-8-21，溶解氧含量为 2.14～2.48mg/L 时，黄鳍金枪鱼 CPUE 较高；第一渔场黄鳍金枪鱼 CPUE 与 150m 水深的溶解氧含量关系见图 2-8-22，溶解氧含量为 1.08～1.73mg/L 时，黄鳍金枪鱼 CPUE 较高。

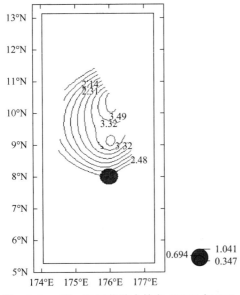

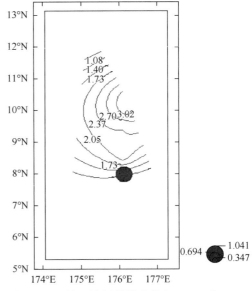

图 2-8-21　第一渔场黄鳍金枪鱼 CPUE 与 125m　　图 2-8-22　第一渔场黄鳍金枪鱼 CPUE 与 150m
　　　　　水深处溶解氧含量的关系　　　　　　　　　　　水深处溶解氧含量的关系

8.2.2　第二渔场

第二渔场大眼金枪鱼和黄鳍金枪鱼 CPUE 分布分别见图 2-8-23 和图 2-8-24。

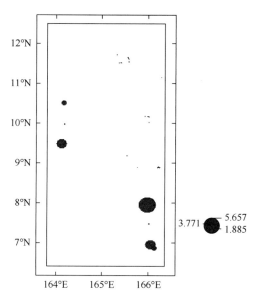 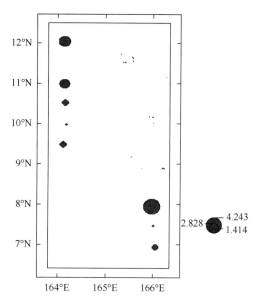

图 2-8-23　第二渔场大眼金枪鱼 CPUE 分布　　图 2-8-24　第二渔场黄鳍金枪鱼 CPUE 分布

8.2.2.1　大眼金枪鱼

第二渔场与大眼金枪鱼 CPUE 分布有显著相关关系的主要指标有溶解氧含量、盐度和温度。

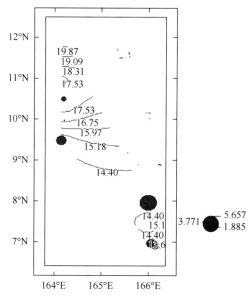 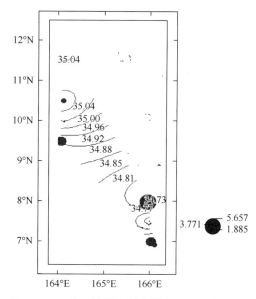

图 2-8-25　第二渔场大眼金枪鱼 CPUE 与 150m　　图 2-8-26　第二渔场大眼金枪鱼 CPUE 与 125m
　　　　　　水深处温度的关系　　　　　　　　　　　　　　水深处盐度的关系

由图 2-8-25 可以看出，大眼金枪鱼 CPUE 分布与 150m 水深处的温度呈负相关关系，温度为 14.40～15.18℃时，大眼金枪鱼 CPUE 较高。第二渔场大眼金枪鱼 CPUE 与 125m 水深处的盐度呈负相关关系，见图 2-8-26，可看出盐度范围在 34.73～34.77 时（低盐一侧），大眼金枪鱼 CPUE 较高。图 2-8-27 为第二渔场大眼金枪鱼 CPUE 与 200m 水深处的盐度关系（正相关），可看出盐度为 34.68～34.70 的区域（高盐一侧），大眼金枪鱼 CPUE 较高。300m 水深处的溶解氧含量与大眼金枪鱼 CPUE 分布呈较强的负相关性，图 2-8-28 为第二渔场大眼金枪鱼 CPUE 与 300m 水深处的溶解氧含量分布关系，可看出溶解氧含量在 0.96～1.02mg/L 范围内，大眼金枪鱼 CPUE 较高。

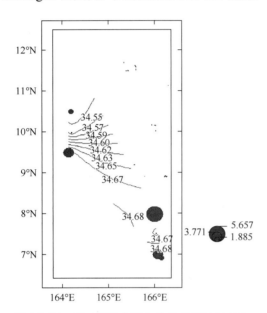

图 2-8-27　第二渔场大眼金枪鱼 CPUE 与 200m　　图 2-8-28　第二渔场大眼金枪鱼 CPUE 与 300m
水深处盐度的关系　　　　　　　　　　　水深处溶解氧含量的关系

8.2.2.2　黄鳍金枪鱼

本渔场没有与黄鳍金枪鱼 CPUE 有相关性的指标。

8.2.3　第三渔场

第三渔场大眼金枪鱼和黄鳍金枪鱼 CPUE 关系分别见图 2-8-29 和图 2-8-30。

8.2.3.1　大眼金枪鱼

第三渔场与大眼金枪鱼 CPUE 有显著相关关系（正相关）的主要指标有 25m、10m、50m 水深的盐度，150m 水深的溶解氧含量。

图 2-8-31 为第三渔场大眼金枪鱼 CPUE 与 25m 水深处的盐度分布关系图，在 25m 水深处，盐度在 33.90～34.10 区域（高盐一侧）内，大眼金枪鱼 CPUE 较高。图 2-8-32 为第三渔场大眼金枪鱼 CPUE 分布与 150m 水深处溶解氧含量关系，溶解氧含量在 2.70～2.88mg/L 范围内，大眼金枪鱼 CPUE 较高。

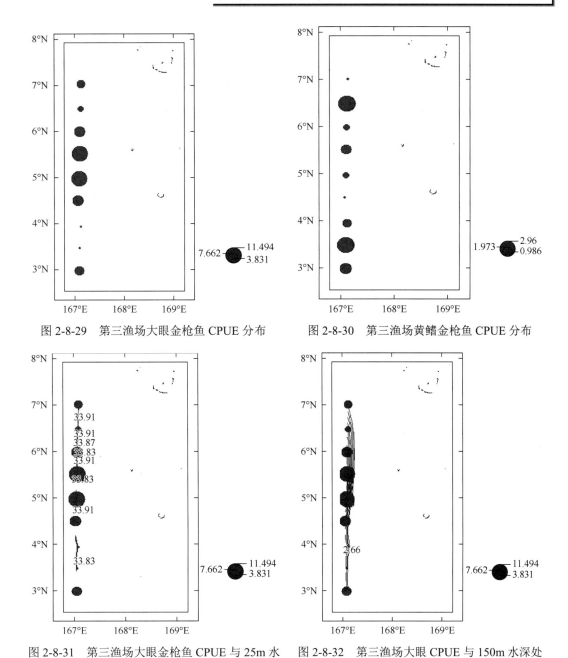

图 2-8-29　第三渔场大眼金枪鱼 CPUE 分布　　图 2-8-30　第三渔场黄鳍金枪鱼 CPUE 分布

图 2-8-31　第三渔场大眼金枪鱼 CPUE 与 25m 水　　图 2-8-32　第三渔场大眼 CPUE 与 150m 水深处
　　　　　深处盐度的关系　　　　　　　　　　　　　　　溶解氧含量的关系

8.2.3.2　黄鳍金枪鱼

本渔场与黄鳍金枪鱼 CPUE 有相关性的指标为风速。

8.2.4　第四渔场

第四渔场大眼金枪鱼和黄鳍金枪鱼 CPUE 关系分别见图 2-8-33 和图 2-8-34。

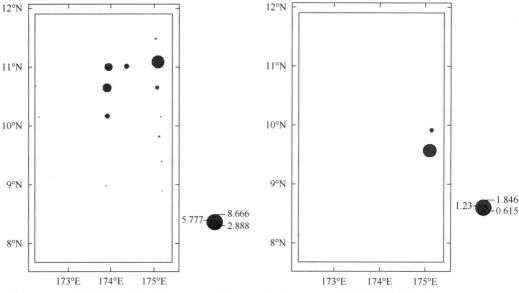

图 2-8-33　第四渔场大眼金枪鱼 CPUE 分布　　　图 2-8-34　第四渔场黄鳍金枪鱼 CPUE 分布

8.2.4.1　大眼金枪鱼

第四渔场与大眼金枪鱼 CPUE 分布有显著相关关系的主要指标有温度、盐度和溶解氧含量。

由图 2-8-35 可以看出，大眼金枪鱼 CPUE 分布与 200m 水深处的温度呈正相关关系，温度为 14.23~14.60℃时，大眼金枪鱼 CPUE 较高。第四渔场大眼金枪鱼 CPUE 与 300m 水深处的盐度关系呈负相关关系，见图 2-8-36，可看出盐度在 34.45~34.69 范围（低盐一侧）内，大眼金枪鱼 CPUE 较高。图 2-8-37 为第四渔场大眼金枪鱼 CPUE 与 125m 水深处的溶解氧含量分布关系，可看出溶解氧含量在 4.90~5.03mg/L 范围内，大眼金枪鱼 CPUE 较高。

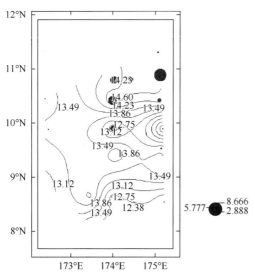

图 2-8-35　第四渔场大眼金枪鱼 CPUE 与 200m
水深处温度的关系

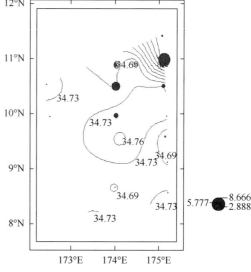

图 2-8-36　第四渔场大眼金枪鱼 CPUE 与 300m
水深处盐度的关系

8.2.4.2　黄鳍金枪鱼

第四渔场与黄鳍金枪鱼 CPUE 有显著相关关系的主要指标为 300m 水深处的温度。

由图 2-8-38 可看出，黄鳍金枪鱼 CPUE 与温度呈较强的正相关关系，在 300m 水深处，温度为 10.40～10.94℃的区域，黄鳍金枪鱼 CPUE 较高。

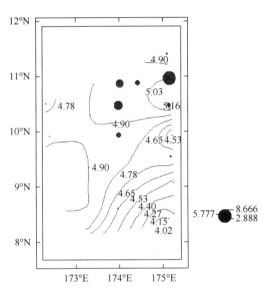

图 2-8-37　第四渔场大眼金枪鱼 CPUE 与 125m　　图 2-8-38　第四渔场黄鳍金枪鱼 CPUE 与 300m
　　　　　水深处溶解氧含量的关系　　　　　　　　　　　　水深处温度的关系

8.3　小结

以上为基于 2006 年 10 月至 2007 年 5 月，"深联成 719"调查船取得的数据，对大眼金枪鱼和黄鳍金枪鱼的渔场形成机制分析的结果。本次调查测量的指标较广，几乎搜集了所有的风速、风向、钓具漂移速度和漂移方向，以及 0～400m 各水层的水温、盐度、溶解氧含量。

根据对调查船所有数据进行分析的结果，200m 水深处的盐度对大眼金枪鱼的 CPUE 影响最大，其次为 200m 水深处的温度，300m 水深处的溶解氧含量，且全部为正相关。

黄鳍金枪鱼的分布与混合层内（水深 10～125m）的溶解氧含量关系（负相关）最密切，其次是混合层内盐度（负相关）和温度（正相关）。

大眼金枪鱼 CPUE 较高处为：①冷暖水团交汇处，靠近高温的一侧，200m 水深处，温度为 13.16～14.51℃；②200m 水深处，盐度在 34.61～34.79 范围内，在靠近高盐一侧；③300m 水深处，溶解氧含量为 1.14～1.30mg/L。

黄鳍金枪鱼 CPUE 较高处为：①50m 水深处，溶解氧含量在 4.14～4.24mg/L；②25m 水深处，盐度在 33.94～34.03 范围内，在靠近低盐一侧；③50m 水深处，在 28.84～29.16℃ 水温范围内，在冷暖水团的交汇处，靠近高温的一侧。

9 讨论与建议

9.1 饵料

日本竹筴鱼饵料钓获 BET 和 YFT 的总上钩率较高，尤其是钓获 YFT。鱿鱼饵料的上钩率相对较低，这可能与鱿鱼的质量有关。

从饵料试验结果看，在马绍尔海域的金枪鱼延绳钓作业中，采用日本竹筴鱼饵料比较好，调查中发现，在同等冷藏情况下，日本竹筴鱼的质量比较好。

在渔场环境中、胃含物中发现有许多鱿鱼，而且从胃含物分析，渔场间的差别不大，可见金枪鱼比较喜欢以鱿鱼为食。可以适当购进一些鱿鱼饵料，但鱿鱼质量要好，同时保持良好的冷藏状态，可让生产船与日本竹筴鱼饵料搭配使用，再次检验鱿鱼饵料的上钩率。

9.2 渔场选择

从各航次调查结果看，西南渔场的产量较好，从整个船队的作业地点和产量看，西南渔场的产量一直比较高，西南渔场纬度较低，风浪小，适合全年作业。西北渔场 1～3 月风浪较大，不适合作业。东北渔场，每年 11 月至次年 3 月期间风浪较大，按照船队现有条件，在此海域作业较困难。从 4 月开始，西北和东北渔场海域的风浪逐渐减小，西北渔场的产量增加，东北渔场的产量不稳定，各月间的变化较大，但其渔场范围较大，因此，建议要对东北渔场作进一步的调查试验，以便掌握渔汛。

9.3 大眼（黄鳍）金枪鱼的栖息环境

大眼金枪鱼、黄鳍金枪鱼上钩率较高的栖息水层、水温、盐度、溶解氧含量见表 2-9-1。

表 2-9-1 大眼金枪鱼、黄鳍金枪鱼 CPUE 较高的水层、水温、盐度、溶解氧含量

鱼种	水层/m	水温/℃	盐度	溶解氧含量/(mg/L)
大眼金枪鱼	220～280	11～21	34.8～35.0	1.5～2.5
黄鳍金枪鱼	100～180	18～22	35.1～35.4	2.0～3.5

今后实际生产中应尽可能把钓钩投放到大眼金枪鱼、黄鳍金枪鱼 CPUE 最高的水层、水温、盐度、溶解氧含量范围内。根据测得的水温、盐度和溶解氧含量随深度变化的曲线图，如果取得最高上钩率的水层所对应的水温、盐度、溶解氧含量不一致，应把温度作为实际作业的主要参考指标。

9.4 渔具的改进

流速较低（0～0.3 节）时，建议使用 3kg 重锤的试验钓具或船用钓具；流速中等［0.3（含）～0.6 节］时，建议使用 3kg 或 4kg 重锤的试验钓具；流速大于等于 0.6 节时，建议使用 4kg 或 5kg 重锤的试验钓具。

在海流情况不明时，两种金枪鱼哪种较多不明时，建议使用 4kg 重锤、38g 带铅转环、

37.5g 的沉铅、有荧光管这种试验钓具。

在海流情况不明时，主捕大眼金枪鱼时，建议使用 4kg 重锤、38g 带铅转环、18.75g 的沉铅、无荧光管这种试验钓具；主捕黄鳍金枪鱼时，建议使用 3kg 重锤、60g 带铅转环、37.5g 或者 18.75g 的沉铅、有荧光管这种试验钓具。

9.5 渔法的改进

在调查过程中，由于试验钓具中包含 4 种不同重量（2kg、3kg、4kg、5kg）的重锤，所以比船用钓具的实际钓钩深度要深。

渔法的改进主要是基于不同海区的实际海流大小、渔场情况，对钓钩深度进行调整。当作业海区流速较低（0～0.3 节）时，可用船用钓具，不加重锤，因为海流流速较低的情况下，船用钓具深度较深，若作业海域大眼金枪鱼较多，可将钓钩深度调深，或加 3kg 的重锤以增加钓钩深度；若流速中等 [0.3（含）～0.6 节] 时，钓钩深度要加深，可加 3kg 或 4kg 的重锤。流速大于等于 0.6 节时，建议使用 4kg 或 5kg 的重锤，加大钓钩深度，同时船速减慢，出绳速度加快。

下面为渔具作业参数选择的两个实例，供今后生产调整作业参数参考。

1）中等流速 [0.3（含）～0.6 节]、使用船用钓具作业参数的确定。

浮子绳长 26m、支线长 20m、船速 8 节、出绳速度 11.5 节、两钓钩间的时间间隔为 9s、两浮子间的钓钩数为 25 枚。

1～13 号钩的理论深度及考虑风和海流影响后（根据本部分 5.1 中分析，实际钓钩深度为理论深度的 58%）的钓钩深度见表 2-9-2。

表 2-9-2　1～13 号钩的理论深度及考虑风和海流影响后的钓钩深度（m）

钩号	1	2	3	4	5	6	7	8	9	10	11	12	13
理论深度	94.1	141.4	187.7	232.9	276.5	318.3	357.6	393.8	425.9	453.0	473.6	486.7	491.1
$P = 58\%$的钓钩深度	54.6	82.0	108.9	135.1	160.4	184.6	207.4	228.4	247.0	262.7	274.7	282.3	284.9

2）中等流速 [0.3（含）～0.6 节]、使用 4kg 的重锤作业参数的确定。

浮子绳长 26m、支线长 20m、船速 8 节、出绳速度 11.5 节、两钓钩间的时间间隔为 8s、两浮子间的钓钩数为 25 枚。

1～13 号钩的理论深度及考虑风和海流影响后（根据本篇 5.2 中分析，实际深度为理论深度的 56%）的钓钩深度见表 2-9-3。

表 2-9-3　1～13 号钩的理论深度及考虑风和海流影响后的钓钩深度（m）

钩号	1	2	3	4	5	6	7	8	9	10	11	12	13
理论深度	164.8	206.8	248.0	288.1	326.9	364.0	399.0	431.2	459.8	483.8	502.2	513.7	517.7
$P = 56\%$的钓钩深度	92.3	115.8	138.9	161.4	183.1	203.9	223.4	241.5	257.5	270.9	281.2	287.7	289.9

参 考 文 献

[1] 齊藤昭二. マグロの遊泳層と延繩漁法. 東京：成山堂書屋，1992：9～10.

[2] 李志辉，罗平. SPSS for Windows 统计分析教程. 北京：电子工业出版社，2003：173～175.

第三篇

2009 年基里巴斯群岛水域冷海水金枪鱼延绳钓渔船捕捞技术研究

深圳市联成远洋渔业有限公司和上海海洋大学联合组成的项目调查小组根据农业部渔业局远洋渔业处批准的《基里巴斯群岛水域金枪鱼资源探捕项目实施方案》，于 2009 年 10 月 4 日正式开始对基里巴斯群岛水域金枪鱼资源进行海上探捕调查，于 2009 年 12 月 25 日结束探捕调查，历时 82 天，4 个航次，共对 47 个站点的不同水深的水温、盐度、叶绿素浓度和溶解氧含量、三维海流等渔场环境参数进行了测定；通过微型温度深度计测定钓钩的实际深度；对渔具渔法进行交叉比较试验；对主要鱼种的生物学参数进行了测定；对生产数据进行了统计。现总结如下，供今后生产时参考。

1 材料与方法

1.1 材料

1.1.1 调查船

执行本次海上调查任务的渔船为大滚筒冷海水金枪鱼延绳钓渔船"深联成 719"，主要的船舶参数如下：总长 32.28m；型宽 5.70m；型深 2.60m；总吨 97.00t；净吨 34.00t；主机功率 220.00kW。

1.1.2 调查时间、调查海区

探捕船 4 个航次探捕调查的时间、探捕范围、探捕站点等见表 3-1-1 和图 3-1-1。

表 3-1-1　探捕船的探捕时间和范围

航次	探捕时间（2009 年）	探捕范围	
1	10.4～10.18	02°02′N～05°01′N	171°18′～175°52′E
2	10.22～11.06	03°01′N～01°00′S	174°15′～176°42′E
3	11.09～11.23	02°08′N～01°07′S	173°06′～175°16′E
4	12.11～12.25	01°05′N～01°01′S	169°52′～172°08′E

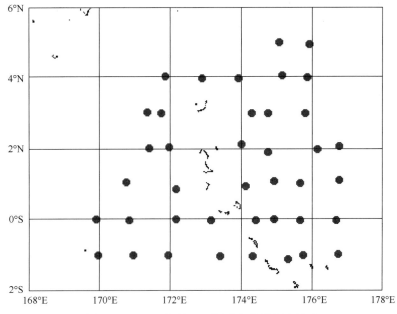

图 3-1-1　2009 年基里巴斯群岛探捕调查站点

1.1.3　调查的渔具与渔法

1.1.3.1　调查的渔具

本次调查船上原来所用的钓具结构为：浮子直径为 360mm；浮子绳直径为 4.2mm，长 20m；干线直径为 4.0mm；支线第一段为直径 3mm 的硬质聚丙烯，长 1.5m 左右，第二段为 180#（直径为 1.8mm）的尼龙单丝，长 18m；第三段为直径 1.2mm 的钢丝，长 0.5m；自动挂扣与第一段用转环连接；第一段直接与第二段连接；第二段与第三段间用转环相连接；第三段直接与钓钩连接，全长 20m。

试验用的钓具按照表 3-1-2 所列的 16 种组合进行装配，第一段与第二段用 4 种带铅转环连接，在钓钩上方加两种重量的沉铅，部分在钓钩上方装配塑料荧光管。

表 3-1-2　16 种组合试验用钓具

试验号	重锤/kg	带铅转环/g	沉铅/g	荧光管
1	2	75	3.75	有
2	2	60	3.75	有
3	2	45	11.25	无
4	2	10	11.25	无
5	3	75	3.75	无
6	3	60	3.75	无
7	3	45	11.25	有
8	3	10	11.25	有
9	4	75	11.25	有

续表

试验号	重锤/kg	带铅转环/g	沉铅/g	荧光管
10	4	60	11.25	有
11	4	45	3.75	无
12	4	10	3.75	无
13	5	75	11.25	无
14	5	60	11.25	无
15	5	45	3.75	有
16	5	10	3.75	有

1.1.3.2 调查的渔法

调查期间，一般情况下，5:00～9:30 投绳，持续时间为 4.5h 左右；16:00～21:30 起绳，持续时间为 5.5h 左右；船长根据探捕调查站点位置决定当天投绳的位置。

船速一般为 7.5 节、出绳速度一般为 11 节、两浮子间的钓钩数为 23 枚、两钓钩间的时间间隔为 8s。每天投放原船用钓具 800 枚左右。

投放试验钓具时，靠近浮子的第 1 枚钓钩换成 4 种不同重量的重锤、两浮子间的钓钩数为 23 枚，其他参数不变，试验钓具每种 46 枚，共 16 组，每天投放 8 组。另外，每天投放 100 枚防海龟钓具。

1.2 方法

1.2.1 调查方法

本次调查记录了每天的投绳位置、投绳开始时间、起绳开始时间、投钩数、投绳时的船速和出绳速度、两钓钩间的时间间隔、两浮子间的钓钩数、大眼金枪鱼和黄鳍金枪鱼的渔获尾数，抽样测定了大眼金枪鱼和黄鳍金枪鱼的上钩钩号、死活状态、上钩时的位置，抽样鉴定了其性别、性腺成熟度（根据我国海洋调查规范分为 1～6 级），鉴定了其摄食种类、摄食等级（根据我国海洋调查规范分为 0～4 级），用皮尺测定了主要金枪鱼鱼种（大眼金枪鱼和黄鳍金枪鱼）的叉长，用磅秤测定了主要金枪鱼鱼种（大眼金枪鱼和黄鳍金枪鱼）的加工后重（去鳃、去内脏重），用小的杆秤测定了胃含物重（各摄食种类的重量），用微型温度深度计测定了部分钓钩在海水中的实际深度及其变化，用多功能水质仪测定了调查站点的 0～450m 水深处的温度、盐度、溶解氧含量、叶绿素浓度的垂直变化曲线，用三维海流计测定了调查站点 0～450m 水深处的海流数据。

温度、盐度、叶绿素浓度、溶解氧含量数据的测定方法：利用多功能水质仪测定数据，通过计算机把测得的数据读出，存入计算机，记录好相应的测定位置，并取各所要分析的深度处的 ±5m 内的数据的算术平均值作为其数据。

风流合压角 (γ)、钓具的漂移速度 (V_g) 的测定方法：利用船上的 GPS 记录同一浮子投出和收进的位置，计算得出这一天的漂移方向、钓具漂移速度，再计算投绳时航程较长的航向与漂移方向之间的夹角（小于 $90°$）——风流合压角。

三维海流 V_U、V_N、V_E 的测量方法：用三维海流计测定，通过计算机把测得的数据读出，存入计算机，记录好相应的测定位置，并取各所要分析的深度处的 $\pm 5m$ 内的数据的算术平均值作为对应深度的数据。

大眼金枪鱼的渔获率 CPUE（尾/千钩）的测定方法：观测每天的大眼金枪鱼的渔获尾数（N）及当天的实际投放的钓钩数（H），利用下式计算得出。

$$CPUE = \frac{N}{H} \times 1000 \tag{3-1-1}$$

1.2.2　数据处理方法

1.2.2.1　海洋环境研究

采用频率统计的方法，得出有关海洋环境的频度数据。

1.2.2.2　主要鱼种渔获量和上钩率分析

采用分航次频率统计的方法分析。

1.2.2.3　生物学研究

对于金枪鱼的生物学的研究采用统计与回归的方法，研究叉长（FL）与加工后重（W）的关系采用幂函数回归的方法，即 $W = a\mathrm{FL}^b$；研究加工后重（X）与原条鱼重（Y）的关系采用线性回归的方法，即 $Y = aX$。

性别、性腺成熟度、摄食种类、摄食等级等采用频率统计的方法，得出有关的频度数据。

1.2.2.4　三维海流数据的预处理

国外研究资料显示，实际影响钓钩深度的并不是海流的绝对速度，而是不同水层海流间的剪切作用，本研究根据这一观点，对仪器测到的不同水层的原始数据进行处理，得出不同站点每天的流剪切力[1]。具体公式为

$$K = \log\left(\frac{\int_0^z \left\|\frac{\partial \vec{u}}{\partial z}\right\| \mathrm{d}z}{Z}\right) \tag{3-1-2}$$

近似表达式为

$$\tilde{K} = \log\left\{\frac{\sum_{n=1}^{N}\left[\left(\frac{u_{n+1}-u_n}{z_{n+1}-z_n}\right)^2 + \left(\frac{v_{n+1}-v_n}{z_{n+1}-z_n}\right)^2\right]^{\frac{1}{2}}(z_{n+1}-z_n)}{\sum_{n=1}^{N}(z_{n+1}-z_n)}\right\} \tag{3-1-3}$$

式中，$\tilde{K}$ 为流剪切力的对数形式，v_n 为第 n 个深度处的海流的南北水平分量，u_n 为第 n 个深度处的海流的东西水平分量，z_n 为两深度之间的差值。

本研究在以后的分析中采用 $\tilde{K}$（流剪切力的对数形式）作为三维海流的对实际深度的影响因子，简称为流剪切。

1.2.2.5　实测钓钩深度与理论深度的关系

实测钓钩深度为微型温度深度计测定的部分钓钩在海水中的实际深度及其变化。

理论深度按照日本吉原有吉的钓钩深度计算公式[2]进行计算，根据钩号，按照理论钓钩深度计算方法计算得出该钩号的理论深度，即

$$D_j = h_a + h_b + l\left[\sqrt{1+\cot^2\varphi_0} - \sqrt{\left(1-\frac{2j}{n}\right)^2 + \cot^2\varphi_0}\right] \tag{3-1-4}$$

$$L = V_2 \times n \times t \tag{3-1-5}$$

$$l = \frac{V_1 \times n \times t}{2} \tag{3-1-6}$$

$$k = \frac{L}{2l} = \frac{V_2}{V_1} = \cot\varphi_0 \mathrm{sh}^{-1}(\tan\varphi_0) \tag{3-1-7}$$

式（3-1-4）～式（3-1-7）中，D_j 为理论深度；h_a 为支线长；h_b 为浮子绳长；l 为干线弧长的一半；φ_0 为干线支承点上切线与水平面的夹角，与短缩率 (k) 有关，作业中很难实测 φ_0，采用 k 来推出 φ_0；j 为两浮子之间自一侧计的钓钩编号序数，即钩号；n 为两浮子之间干线的分段数，即支线数加 1；L 为两浮子之间的海面上的距离；V_2 为船速；t 为投绳时前后两支线之间相隔的时间间隔；V_1 为投绳机出绳速度。

实测钓钩深度与理论深度的关系采用线性回归的方法，即把海流分为 3 个等级 [0～0.3 节、0.3（含）～0.6 节和 0.6（含）节以上]，重锤分为 4 种（2kg、3kg、4kg、5kg）情况进行分析，以利于渔民掌握。

实测钓钩深度与理论深度、海洋环境等的关系采用多元回归的方法，得出拟合深度计算模型。实测深度与理论深度的关系与受到的海流的切应力和风力有关，另外还与漂移方向与投绳方向间夹角的正弦值和风向与投绳方向间夹角的正弦值有关。调查中共获得两组海流数据的表达形式，一种是钓具在海中的漂移速度，另一种是采用海流计测到的 0～450m 水深处的三维海流数据 [采用处理后的流剪切系数 $(\tilde{K})$ 来表示]。因此，在拟合钓钩深度计算模型时，分别把两种数据作为海流的影响因子，结合理论深度、风速、流向与投绳方向间夹角的正弦值和风向与投绳方向间夹角的正弦值进行多元回归，分别得出这两种方法的钓钩深度计算模型。

1.2.2.6　渔具渔法的比较试验

对调查期间船用钓具、试验钓具和防海龟钓具的大眼金枪鱼、黄鳍金枪鱼和两种鱼合计的上钩率分海流等级 [0～0.3 节、0.3（含）～0.6 节、0.6（含）节以上]，在不同的重锤下，采用统计的方法比较其上钩率情况。对于 16 种组合，哪种组合对提高大眼金枪鱼、黄鳍金枪鱼和两种鱼合计的上钩率最明显，采用正交试验的方法。

1.2.2.7　大眼（黄鳍）金枪鱼的栖息环境

对大眼（黄鳍）金枪鱼的栖息水层、水温、盐度、叶绿素浓度、溶解氧含量的研究，通过研究大眼（黄鳍）金枪鱼的渔获率（CPUE）与钓钩拟合深度、水温、盐度、叶绿素浓度、溶解氧含量的关系来进行，具体方法如下。

水层：从40m起到240m，每40m为一层，分为5层。

水温：从12.00℃起到31℃，每1℃为一段，分为19段。

盐度：从34.20起到35.90，每0.10为一段，35.90以上为一段，共18段。

叶绿素浓度：$0.04\sim0.3\mu g/L$，每$0.02\mu g/L$为一段，$0.3\mu g/L$以上为一段，共14段。

溶解氧含量：$3.0\sim7.0mg/L$，每$0.5mg/L$为一段，共8段。

东西向海流：$-1.2\sim0.7m/s$，每$0.1m/s$为一段，共19段。

南北向海流：$-0.7\sim0.6m/s$，每$0.1m/s$为一段，共13段。

垂向海流：$-0.04\sim0.05m/s$，每$0.01m/s$为一段，共9段。

水平向海流：$0\sim1.1m/s$，每$0.1m/s$为一段，分11段。

各水层、水温、盐度、叶绿素浓度、溶解氧含量和三维海流范围的渔获率根据如下的方法确定。

根据拟合钓钩深度计算公式，统计该渔场整个调查期间各水层、水温、盐度、叶绿素浓度、溶解氧含量和三维海流范围和水平海流范围的大眼（黄鳍）金枪鱼的渔获尾数和钓钩数，正常作业部分渔获尾数分别记作N_{1j}、N_{2j}、N_{3j}、N_{4j}、N_{5j}、N_{6j}、N_{7j}、N_{8j}、N_{9j}；试验部分共分为4组，用e表示不同水泥块重量（$e=1$、2、3、4分别表示2kg、3kg、4kg、5kg），试验部分渔获尾数分别计作N'_{e1j}、N'_{e2j}、N'_{e3j}、N'_{e4j}、N'_{e5j}、N'_{e6j}、N'_{e7j}、N'_{e8j}、N'_{e9j}；船用钓具钓钩数记作H_{1j}、H_{2j}、H_{3j}、H_{4j}、H_{5j}、H_{6j}、H_{7j}、H_{8j}、H_{9j}；试验钓具钓钩数分别计作H'_{e1j}、H'_{e2j}、H'_{e3j}、H'_{e4j}、H'_{e5j}、H'_{e6j}、H'_{e7j}、H'_{e8j}、H'_{e9j}。大眼（黄鳍）金枪鱼各水层、水温、盐度、叶绿素浓度、溶解氧含量和三维海流范围和水平海流范围的渔获率$CPUE_{ij}$（分别记作$CPUE_{1j}$、$CPUE_{2j}$、$CPUE_{3j}$、$CPUE_{4j}$、$CPUE_{5j}$、$CPUE_{6j}$、$CPUE_{7j}$、$CPUE_{8j}$、$CPUE_{9j}$），其表达式为

$$CPUE_{ij}=\frac{\left(N_{ij}+\sum_{e=1}^{4}N'_{eij}\right)}{\left(H_{ij}+\sum_{e=1}^{4}H'_{eij}\right)}\times1000 \tag{3-1-8}$$

式（3-1-8）中，$i=1,2,3,4,\cdots,9$；统计各水层（$i=1$）的数据时，$j=1,2,3,\cdots,5$；统计各水温范围（$i=2$）数据时，$j=1,2,3,\cdots,19$；统计各盐度范围（$i=3$）的数据时，$j=1,2,3,\cdots,18$；统计各溶解氧含量范围（$i=4$）的数据时，$j=1,2,3,\cdots,8$；统计各叶绿素浓度范围（$i=5$）数据时，$j=1,2,3,\cdots,14$；统计垂向海流范围（$i=6$）的数据时，$j=1,2,3,\cdots,9$；统计东西向海流范围（$i=7$）的数据时，$j=1,2,3,\cdots,19$；统计南北向海流范围（$i=8$）数据时，$j=1,2,3,\cdots,13$；统计水平海流范围（$i=9$）的数据时，$j=1,2,3,\cdots,11$。

1.2.2.8 大眼（黄鳍）金枪鱼渔场形成机制

按照作业时间，将探捕海区划分为 4 个渔场，即每一航次为一渔场，见图 3-1-2。

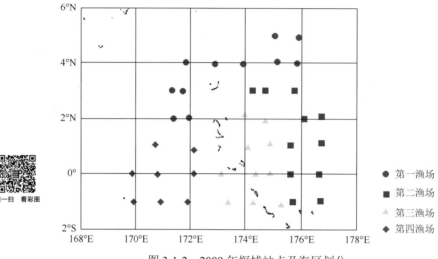

图 3-1-2 2009 年探捕站点及海区划分

把每个渔场每天的各水层的温度、盐度、三维海流、水平海流数据、钓具漂移速度(V_g)和漂移方向(C_g)、风速(V_w)、风向(C_w)、风舷角(Q_w)、风流合压角(γ)、大眼金枪鱼和黄鳍金枪鱼的渔获率（CPUE）数据录入 SPSS 统计分析软件[3]中，先将这些数据进行标准化处理，使其成为无量纲的变量，求出各指标与大眼金枪鱼 CPUE 和黄鳍金枪鱼 CPUE 的 Pearson 相关系数，此相关系数反映两指标间的相关关系，再通过两指标间的显著性水平（取 5%），确定显著相关指标。

利用日本海洋数据处理软件 Marine Explorer，把有关渔场与 CPUE 相关系数较大的具有代表性的指标与大眼金枪鱼、黄鳍金枪鱼的 CPUE 进行叠图。

2 海洋环境因子

2.1 海流

本次调查时间为 2009 年 10 月 4 日到 12 月 25 日，分 4 个航次执行。具体调查范围为 1°07′S～5°01′N，169°52′～176°42′E，跨 5 个经度，5 个纬度。探捕区域主要受南赤道流的影响，表层海流流向以向西为主，在赤道的下方温跃层内，有一支与赤道流方向相反自西向东的流动，称为赤道潜流，它一般呈带状分布，厚约 200m，宽约 300km，最大流速高达 1.5m/s。流轴常与温跃层一致，在大洋东部位于 50m 或更浅的深度内，在大洋西部约在 200m 或更大的深度上。以下分析的海流数据是海流计实测的数据，取 5～15m 水深海流为表层海流。第一航次为 2°02′～5°01′N，171°18′～175°52′E，表层海流方向总体往西，流速为 0.03～0.28m/s；第二航次为 1°S～3°01′N，174°15′～176°42′E，表层海流方向总体往西北，流速为 0.04～0.29m/s；第三航次为 1°07′S～2°08′N，173°06′～175°16′E，表层海流方向总体往东，流速为 0.03～0.41m/s；第四航次为 01°01′S～1°05′N，169°52′～172°08′E，表层海流总体往西，流速为 0.11～0.41m/s，具体见表 3-2-1。4 个航次表层海流速度较小，最大为 0.41m/s。第三、第四航次的最大流速比第一、第二航次的最大流速略大，但 4 个航次的最小流速比较接近。第一、第二和第三个航次跨 3 个纬度，但第四航次跨 2 个纬度，第一航次仅在北半球作业。

表 3-2-1 调查海域范围及其海流状况

指标	第一航次	第二航次	第三航次	第四航次
流向	主要西北，西南 其次东南，东北	主要西北 其次是东北，东南	主要是东北，东南 其次是西北，西南	主要是西北， 其次是西南，东南
流速	0.03～0.28m/s	0.04～0.29m/s	0.03～0.41m/s	0.11～0.41m/s
海域范围	2°02′～5°01′N 171°18′～175°52′E	1°S～3°01′N 174°15′～176°42′E	1°07′S～2°08′N 173°06′～175°16′E	01°01′S～1°05′N 169°52′～172°08′E

2.2 风速风向

除了第四航次外，调查海域的风速绝大部分情况下低于 5.2m/s，第一航次出现的频率占 81.82%，第二航次占 63.64%，第三航次占 100%，第四航次占 0.00%。调查过程中 0～0.5m/s 风速在 4 个航次中均未出现，0.6～1.7m/s 风速出现在第一至第三航次，1.8～3.3m/s 风速在第一、第三航次中出现的频率很高，分别占 63.64% 和 60.00%。超过 12.4m/s 的风速出现在第四航次。第一航次的主导风向为南风，第二航次的主导风向为西风，第三航次的主导风向为东风，第四航次的主导风为东南和西风。详见表 3-2-2。

表 3-2-2 调查海域的风速频率

指标		第一航次	第二航次	第三航次	第四航次
风速/(m/s)	0～0.5	0.00%	0.00%	0.00%	0.00%
	0.6～1.7	9.09%	27.27%	10.00%	0.00%
	1.8～3.3	63.64%	9.09%	60.00%	0.00%
	3.4～5.2	9.09%	27.27%	30.00%	0.00%
	5.3～7.4	18.18%	9.09%	0.00%	0.00%
	7.5～9.8	0.00%	18.18%	0.00%	25.00%
	9.9～12.4	0.00%	9.09%	0.00%	62.50%
	>12.4	0.00%	0.00%	0.00%	12.50%
风向		主要西南、东南； 其次东、东北	主要西南、西北； 其次东北、北	东、东北	主要东南、西； 其次是东

2.3 表层水温

本研究中取深度为水下（10±5）m 水层作为表层，考虑到海面受天气的影响较大，为了保证数据之间的可比性，本研究统一取此水层作为表层，然后计算这一水层水温的算术平均值。调查海域的表层水温在 29.1～30.6℃波动，平均为 30.1℃，第四航次的平均水温（29.2℃）和最低水温最低，第二航次的平均水温最高（30.5℃），详见表 3-2-3 和图 3-2-1。

表 3-2-3　调查海域的表层水温情况（℃）

指标	第一航次	第二航次	第三航次	第四航次
最高	30.2	30.6	30.6	29.3
最低	29.7	30.2	30.2	29.1
平均	30.0	30.5	30.3	29.2

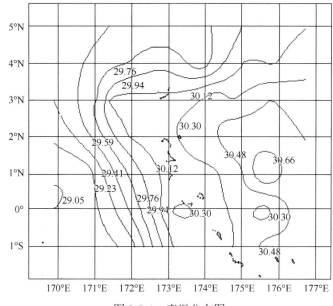

图 3-2-1　表温分布图

2.4　表层盐度

水层深度同上所述。计算该水层盐度的算术平均值。调查海域的表层盐度在 33.3～35.0 波动，平均为 34.40，波动范围较窄。4 个航次的平均盐度比较接近，但第一、第二航次的最高盐度略高出第三、第四航次的盐度，第四航次的最低，详见表 3-2-4 和图 3-2-2。

表 3-2-4　调查海域的表层盐度

指标	第一航次	第二航次	第三航次	第四航次
最高	35.0	35.0	34.7	34.2
最低	34.0	34.3	33.3	34.0
平均	34.5	34.6	34.2	34.1

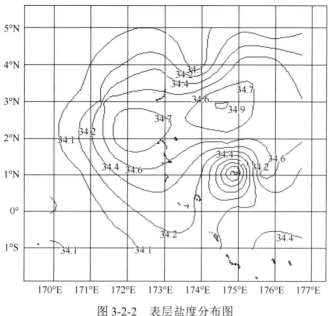

图 3-2-2 表层盐度分布图

2.5 表层叶绿素浓度

水层深度同上所述。计算该水层叶绿素浓度的算术平均值。调查海域的表层叶绿素浓度在 0.045～0.127μg/L 波动，平均为 0.075μg/L。第一航次表层叶绿素浓度的最大值明显高出其他航次的最大值，其表层叶绿素浓度的平均值也高出其他航次，第三航次的最低，详见表 3-2-5 和图 3-2-3。

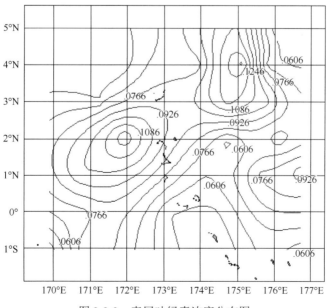

图 3-2-3 表层叶绿素浓度分布图

表 3-2-5 调查海域的表层叶绿素浓度（µg/L）

指标	第一航次	第二航次	第三航次	第四航次
最高	0.127	0.111	0.069	0.099
最低	0.063	0.058	0.045	0.049
平均	0.085	0.081	0.056	0.075

2.6 表层溶解氧含量

水层深度同上所述。计算该水层溶解氧含量的算术平均值。调查海域的表层溶解氧在 6.21~6.89mg/L 波动，平均为 6.15mg/L。第二航次的最高、最低值以及平均值都比其他航次的相应值略高，第三航次的最低，详见表 3-2-6 和图 3-2-4。

表 3-2-6 调查海域的表层溶解氧含量（mg/L）

指标	第一航次	第二航次	第三航次	第四航次
最高	6.79	6.94	6.54	6.89
最低	6.31	6.74	6.21	6.62
平均	6.53	6.83	6.37	6.74

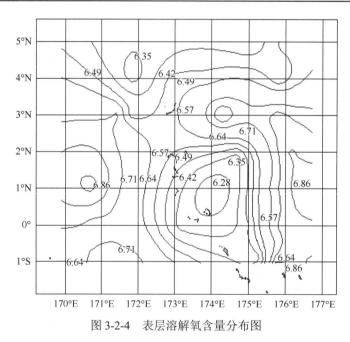

图 3-2-4 表层溶解氧含量分布图

3 主要金枪鱼鱼种渔获量及上钩率情况

3.1 整个调查期间的总体情况

3.1.1 渔获量状况

从 2009 年 10 月 4 日至 12 月 21 日，4 个航次共捕获大眼金枪鱼（BET）、黄鳍金枪鱼（YFT）374 尾，总渔获量（MIX）约 10 547.8kg（包括丢弃渔获量，约 962.5kg），其中大眼金枪鱼 120 尾，约 4949.6kg（包括丢弃渔获量，约 181.5kg），留存渔获平均净重为 46.9kg；黄鳍金枪鱼 254 尾，5598.2kg（包括丢弃渔获量，约 781kg），留存渔获平均净重为 29.9kg。第一航次的作业时间较长，共作业 11 次，而且大眼金枪鱼的个体是最大的，平均净重达 47.7kg；第二航次虽然作业时间为 11 次，但渔获量最少，除了 10 月 25 日外，其他 10 次的渔获量很低；第三航次取得了较高的产量，其中大眼金枪鱼的数量最多，为 43 尾；第四航次作业时间最短，为 8 次，但日平均产量最高，达 365.8kg/日，具体见表 3-3-1 和表 3-3-2。

表 3-3-1　调查期间调查船的产量情况

航次	作业次数	BET		YFT		MIX	
		尾数	重量/kg	尾数	重量/kg	尾数	重量/kg
1	11	32	1 528.3	42	1 058.5	74	2 587
2	11	30	1 306	27	898.5	57	2 205
3	10	43	1 584.3	54	1 246.1	97	2 830
4	8	15	531	131	2 395.1	146	2 926
总计	40	120	4 949.6	254	5 598.2	374	10 547.8

表 3-3-2　调查期间调查船留存的渔获量情况

航次	作业次数	BET		YFT		MIX	
		尾数	重量/kg	尾数	重量/kg	尾数	重量/kg
1	11	32	1 533.3	38	1 187	70	2 720
2	11	27	1 266.2	27	893.5	54	2 160
3	10	32	1 493.8	39	1 145.1	71	2 639
4	8	11	488	69	1 953.5	80	2 442
总计	40	102	4 781.3	173	5 179.1	275	9 960

调查期间大眼金枪鱼、黄鳍金枪鱼日渔获量分布分别见图 3-3-1～图 3-3-3。

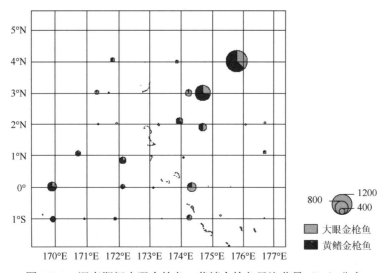

图 3-3-1　调查期间大眼金枪鱼、黄鳍金枪鱼日渔获量（kg）分布

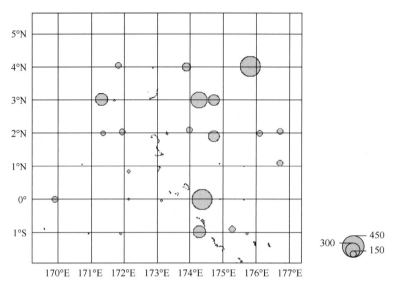

图 3-3-2　调查期间大眼金枪鱼日渔获量（kg）分布

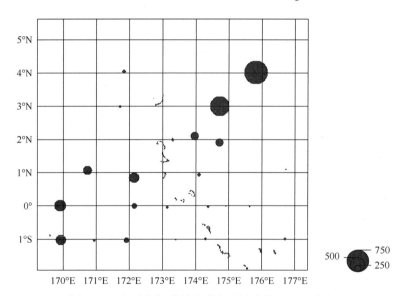

图 3-3-3　调查期间黄鳍金枪鱼日渔获量（kg）分布

对 4 个航次大眼金枪鱼和黄鳍金枪鱼的日渔获量（kg）、上钩率（尾/千钩，以下相同）进行了统计（在分析日渔获量出现频率时只使用留存的渔获，留存的渔获量情况见表 3-3-2），日渔获量按照 0～100kg、100～200kg、200～300kg，间隔为 100kg 的步程统计其出现的次数。

整个调查期间，不分鱼种（大眼金枪鱼和黄鳍金枪鱼）、大眼金枪鱼和黄鳍金枪鱼的日渔获量等级出现频率见图 3-3-1～图 3-3-3。

1) 不分鱼种（MIX）：整个调查期间平均日渔获量为 249.0kg，最小日渔获量为 0，最大日渔获量为 1229.5kg（出现在第一航次）。日渔获量等级分布见图 3-3-4，渔获量在 400kg 以上等级的出现率最高，9 次，占 22.50%；0～50kg、150～200kg 等级频率较高，出现频率最低的为 200～250kg、250～300kg、300～350kg、350～400kg，各约占 5.00%。

整个调查时期渔获量为 0 的共有 3 次，第一航次有 2 次，第二航次有 1 次。

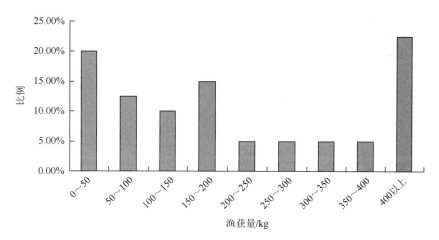

图 3-3-4　不分鱼种（MIX）日渔获量等级分布

2）大眼金枪鱼：整个调查期间，其平均日渔获量为 124.1kg，最小日渔获量为 0，最大日渔获量为 465.5kg（出现在第三航次）。具体的渔获量等级分布见图 3-3-5，渔获量 0～50kg 的出现频率最高，15 次，占 37.50%，没有出现 300～350kg 的渔获量，200～250kg、350～400kg 的渔获量，各 1 次，各占 2.50%。

整个调查时期有 9 次大眼金枪鱼的渔获量为 0，各个航次都有分布。

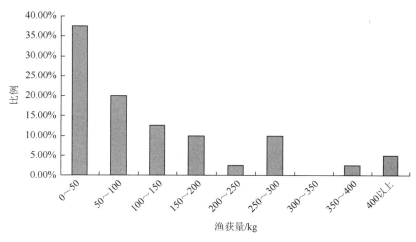

图 3-3-5　大眼金枪鱼日渔获量等级分布

3）黄鳍金枪鱼：整个调查期间，其平均日渔获量为 149kg，最小渔获量为 0，最大日渔获量为 646.5kg（出现在第二航次）。具体的渔获量等级分布见图 3-3-6，渔获量 0～50kg 出现率最高，18 次，占 45.00%，其他各个等级都有分布，200～250kg、350～400kg 的最少，各只出现 1 次，各占 2.50%。

整个调查时期有 12 次黄鳍金枪鱼的渔获量为 0，除了第四航次外其他三个航次都有分布。

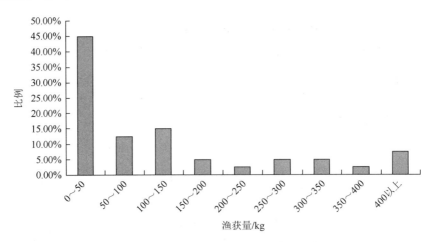

图 3-3-6 黄鳍金枪鱼日渔获量等级分布

3.1.2 上钩率状况

4 个航次共投钩 52 600 枚，大眼金枪鱼、黄鳍金枪鱼的上钩率及两种鱼总上钩率分别为 2.28 尾/千钩、4.83 尾/千钩、7.11 尾/千钩（包括丢弃渔获量）。调查期间调查船的上钩率情况见表 3-3-3。调查期间大眼金枪鱼、黄鳍金枪鱼上钩率分布分别见图 3-3-7～图 3-3-9。

表 3-3-3 调查期间的上钩率（尾/千钩）情况

航次	钩数/枚	大眼金枪鱼		黄鳍金枪鱼		混合	
		尾数	上钩率	尾数	上钩率	尾数	上钩率
1	14 575	32	2.20	42	2.88	74	5.08
2	14 575	30	2.06	27	1.85	57	3.91
3	13 250	43	3.25	54	4.08	97	7.32
4	10 200	15	1.47	131	12.84	146	14.31
总平均	52 600（总计）	120（总计）	2.28	254（总计）	4.83	374（总计）	7.11

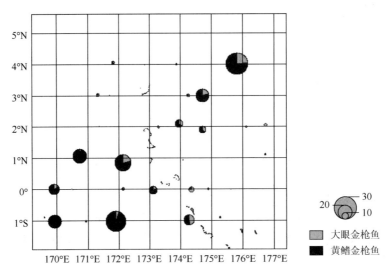

图 3-3-7 调查期间大眼金枪鱼、黄鳍金枪鱼的 CPUE（尾/千钩）分布

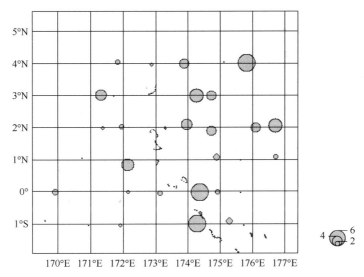

图 3-3-8　调查期间大眼金枪鱼的 CPUE（尾/千钩）分布

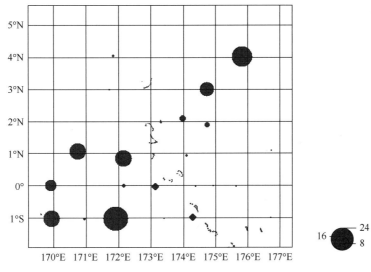

图 3-3-9　调查期间黄鳍金枪鱼的 CPUE（尾/千钩）分布

对 4 个航次大眼金枪鱼和黄鳍金枪鱼的上钩率（尾/千钩，以下相同）进行了统计，按照 0~2 尾/千钩、2~4 尾/千钩、4~6 尾/千钩、6~8 尾/千钩、8~10 尾/千钩和 10 尾/千钩以上分为 6 个等级统计其出现的次数。

整个调查期间，不分鱼种（大眼金枪鱼和黄鳍金枪鱼）、大眼金枪鱼和黄鳍金枪鱼的上钩率等级出现频率见图 3-3-10~图 3-3-12。

1）不分鱼种：整个调查期间平均上钩率为 7.11 尾/千钩，最小上钩率为 0，最大上钩率为 28.68 尾/千钩（出现在第一航次）。上钩率等级分布见图 3-3-10，上钩率 2~4 尾/千钩的出现频率较高，11 次，占 27.50%；出现频率最低的为 8~10 尾/千钩，2 次，占 5%。

在整个调查时期出现 2 次上钩率为 0，都在第一航次。

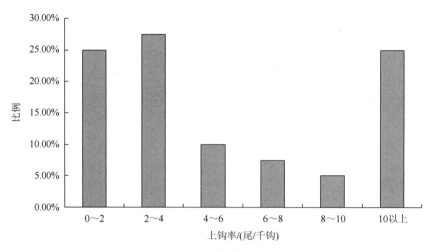

图 3-3-10 不分鱼种上钩率分布

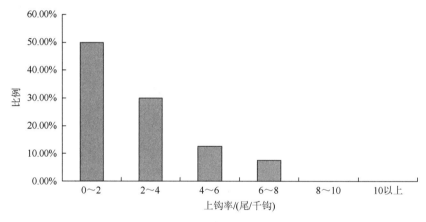

图 3-3-11 大眼金枪鱼的上钩率分布

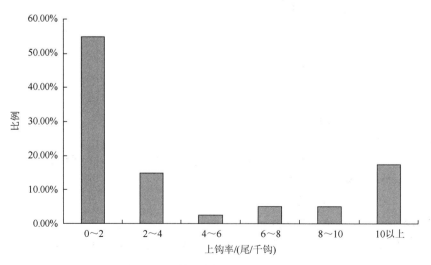

图 3-3-12 黄鳍金枪鱼的上钩率分布

2）大眼金枪鱼：整个调查期间，其平均上钩率为2.28尾/千钩，最小上钩率为0，最大上钩率为15.13尾/千钩（出现在第三航次）。具体的上钩率分布见图3-3-11，上钩率0～2尾/千钩的出现频率最高，20次，占50%，随着等级的增加，出现的频率逐次递减，8～10尾/千钩、10尾/千钩以上的出现频率为0。

3）黄鳍金枪鱼：整个调查期间，其平均上钩率为4.83尾/千钩。最小上钩率为0，最大上钩率为26.67尾/千钩（出现在第四航次）。具体的上钩率分布见图3-3-12，上钩率0～2尾/千钩出现频率最高，22次，占55%，上钩率在4～6尾/千钩出现频率最低，1次，占2.5%，上钩率在其他几个区间出现的频率较低。

3.2　分航次上钩率情况

各个航次两种金枪鱼（大眼金枪鱼和黄鳍金枪鱼）、大眼金枪鱼和黄鳍金枪鱼的上钩率出现的频率分别见表3-3-4～表3-3-6。

表 3-3-4　分航次两种金枪鱼的上钩率（尾/千钩）情况

上钩率	第一航次		第二航次		第三航次		第四航次	
	频率	比例/%	频率	比例/%	频率	比例/%	频率	比例/%
0～2	3	27.27	5	45.45	1	10.00	1	12.50
2～4	4	36.36	3	27.27	3	30.00	1	12.50
4～6	2	18.18	1	9.09	1	10.00	0	0.00
6～8	1	9.09	1	9.09	0	0.00	1	12.50
8～10	0	0.00	0	0.00	2	20.00	0	0.00
10 以上	1	9.09	1	9.09	3	30.00	5	62.50
平均上钩率	5.08		3.91		7.32		14.31	

表 3-3-5　分航次大眼金枪鱼的上钩率（尾/千钩）情况

上钩率	第一航次		第二航次		第三航次		第四航次	
	频率	比例/%	频率	比例/%	频率	比例/%	频率	比例/%
0～2	6	54.55	6	54.55	2	20.00	6	75.00
2～4	3	27.27	3	27.27	5	50.00	1	12.50
4～6	1	9.09	2	18.18	1	10.00	1	12.50
6～8	1	9.09	0	0.00	2	20.00	0	0.00
8～10	0	0.00	0	0.00	0	0.00	0	0.00
10 以上	0	0.00	0	0.00	0	0.00	0	0.00
平均上钩率	2.20		2.06		3.25		1.41	

表 3-3-6　分航次黄鳍金枪鱼的上钩率（尾/千钩）情况

上钩率	第一航次		第二航次		第三航次		第四航次	
	频率	比例/%	频率	比例/%	频率	比例/%	频率	比例/%
0~2	8	72.73	10	90.91	3	30.00	1	12.50
2~4	2	18.18	0	0.00	3	30.00	1	12.50
4~6	0	0.00	0	0.00	0	0.00	1	12.50
6~8	0	0.00	0	0.00	0	20.00	0	0.00
8~10	0	0.00	0	0.00	2	20.00	0	0.00
10 以上	1	9.09	1	9.09	2	0.00	5	62.50
平均上钩率	2.88		1.59		4.08		12.84	

3.2.1　第一航次

第一航次的调查时间为 2009 年 10 月 4~18 日，调查海域 02°02′~05°01′N，171°18′~175°52′E，共 11 个站点。

1）大眼金枪鱼、黄鳍金枪鱼总计。第一航次调查船作业 11 次。平均上钩率 5.08 尾/千钩。上钩率 0~2 尾/千钩的出现频率最高，3 次，占 27.27%（表 3-3-4）。

2）大眼金枪鱼。第一航次，平均上钩率 2.20 尾/千钩。上钩率在 0~2 尾/千钩之间的出现频率最高，6 次，占 54.55%（表 3-3-5）。

3）黄鳍金枪鱼。第一航次，平均上钩率 2.88 尾/千钩。上钩率的频率以在 0~2 尾/千钩之间最高，8 次，占 72.73%（表 3-3-6）。

3.2.2　第二航次

第二航次调查时间为 2009 年 10 月 22 日至 11 月 06 日，调查海域 03°01′N~01°00′S，174°15′~176°42′E，共 11 个站点。

1）大眼金枪鱼、黄鳍金枪鱼总计。第二航次调查船作业 11 次，平均上钩率为 3.91 尾/千钩。上钩率在 0~2 尾/千钩的出现频率最高，5 次，占 45.45%（表 3-3-4）。

2）大眼金枪鱼。第二航次，平均上钩率为 2.06 尾/千钩。上钩率在 0~2 尾/千钩的出现频率最高，6 次，占 54.55%（表 3-3-5）。

3）黄鳍金枪鱼。第二航次，平均上钩率为 1.585 尾/千钩。上钩率在 0~2 尾/千钩的出现频率最高，10 次，占 90.91%（表 3-3-6）。

3.2.3　第三航次

第三航次调查时间为 2006 年 11 月 9~23 日，调查海域 02°08′N~01°07′S，173°06′~175°16′E，共 10 个站点。

1）大眼金枪鱼、黄鳍金枪鱼总计。第三航次调查船作业 10 次，平均上钩率 7.32 尾/千钩；上钩率在 2~4 尾/千钩和 10 尾/千钩以上的出现频率最高，各 3 次，占 30%（表 3-3-4）。

2）大眼金枪鱼。第三航次，平均上钩率 3.25 尾/千钩；上钩率在 2~4 尾/千钩的出现频率最高，5 次，占 50%（表 3-3-5）。

3）黄鳍金枪鱼。第三航次，平均上钩率 4.08 尾/千钩；上钩率在 0~2 尾/千钩、2~4 尾/千钩的出现频率最高，各 3 次，分别占 30%（表 3-3-6）。

3.2.4 第四航次

第四航次调查时间为 2009 年 12 月 11~25 日,调查海域 01°05′N~01°01′S,169°52′~172°08′E,共 8 个站点。

1)大眼金枪鱼、黄鳍金枪鱼总计。第四航次调查船作业 8 次,平均上钩率 14.31 尾/千钩。上钩率在 10 尾/千钩以上的出现频率最高,5 次,占 62.50%(表 3-3-4)。

2)大眼金枪鱼。第四航次,平均上钩率 1.47 尾/千钩。上钩率在 0~2 尾/千钩的出现频率最高,6 次,占 75%(表 3-3-5)。

3)黄鳍金枪鱼。第四航次,平均上钩率 12.84 尾/千钩。上钩率在 10 尾/千钩以上出现频率最高,5 次,占 62.50%(表 3-3-6)。

4 主要金枪鱼种类生物学特性

4.1 大眼金枪鱼

调查期间对所捕获的大眼金枪鱼共 120 尾的叉长、加工后重(去鳃、去内脏重)、性别等数据进行了测定,其中雄性 46 尾、雌性 38 尾,雄性与雌性的性别比例约为 1.21∶1,另有 36 尾未作鉴定。雄性样本叉长为 1.05~1.55m,加工后重为 21~70kg;雌性样本叉长为 0.93~1.52m,加工后重为 15~65kg。样本总加工后重约为 4539.8kg,样本平均加工后重约为 42.04kg/尾。调查期间尾数取样覆盖率为 100%,重量取样覆盖率为 90.77%(108 尾)。由于对于每尾取样鱼记录的数据不全,所以对于不同的研究项目分析时所用到的尾数不同。

4.1.1 叉长与加工后重之间的关系

4.1.1.1 不分性别

整个调查期间,不分性别的大眼金枪鱼叉长与加工后重的关系(108 尾)。

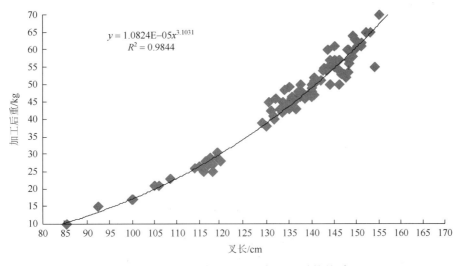

$$y = 1.0824\mathrm{E}{-}05x^{3.1031}$$
$$R^2 = 0.9844$$

图 3-4-1 大眼金枪鱼叉长与加工后重的关系

由图 3-4-1 得，不分性别的大眼金枪鱼叉长与加工后重的关系为

$$y = 1.0824 \times 10^{-5} x^{3.1031} \quad R^2 = 0.9844 \tag{3-4-1}$$

式中，y 表示加工后重；x 表示叉长。

4.1.1.2 分性别

雌性（使用 38 尾数据）、雄性（使用 46 尾数据）叉长与加工后重的关系通过幂函数回归得图 3-4-2。

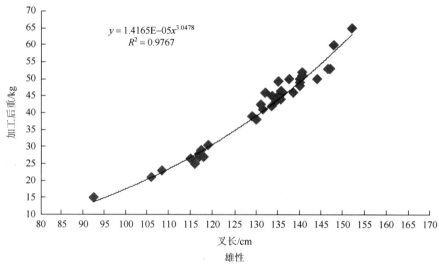

雄性

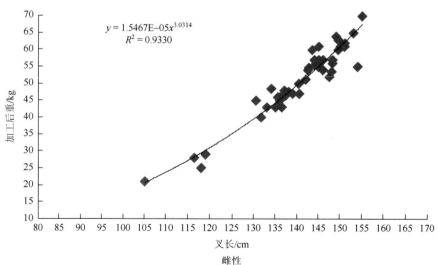

雌性

图 3-4-2　分性别叉长与加工后重的关系

| 雄性： | $y = 1.4165 \times 10^{-5} x^{3.0478}$ | $R^2 = 0.9767$ | （3-4-2） |
| 雌性： | $y = 1.5467 \times 10^{-5} x^{3.0314}$ | $R^2 = 0.9330$ | （3-4-3） |

4.1.2 叉长分布

4.1.2.1 不分性别

调查期间,共测定了104尾大眼金枪鱼的叉长,最小叉长为0.69m,最大叉长为1.62m,平均叉长为1.33m。不分性别的大眼金枪鱼的叉长分布见图3-4-3,其中1.30~1.50m为优势叉长,占65.38%。

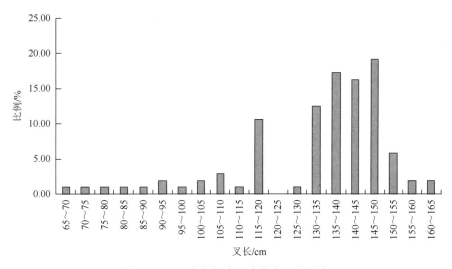

图3-4-3 调查期间大眼金枪鱼叉长分布

4.1.2.2 分性别

雌性(38尾)最小叉长为0.93m,最大叉长为1.52m,雄性(46尾)最小叉长为1.05m,最大叉长为1.55m,如图3-4-4所示,雌性的优势叉长为1.30~1.45m,占55.26%。雄性的优势叉长为1.35~1.55m,占80.43%。

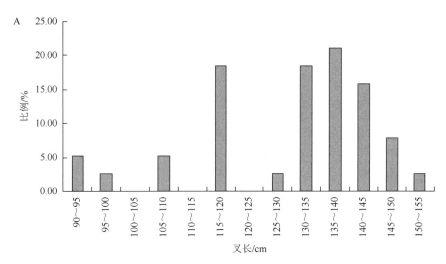

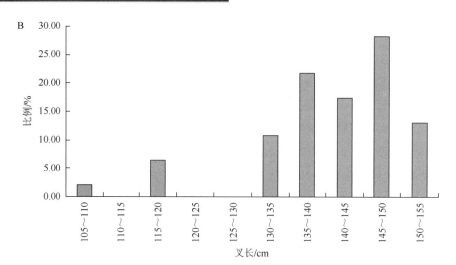

图 3-4-4　大眼金枪鱼雌性（A）、雄性（B）叉长分布

4.1.3 成熟度

共测定了 84 尾大眼金枪鱼的性腺成熟度，雌性 35 尾、雄性 45 尾，4 尾未测定性别。1～6 级的性腺成熟度都有分布。对于整个调查期间，成熟度 2 级的比例较高，占 39.29%。其他依次为 4 级、3 级、5 级、6 级、1 级；对于不同的航次来说，2 级所占的比例较大。具体如图 3-4-5 所示。

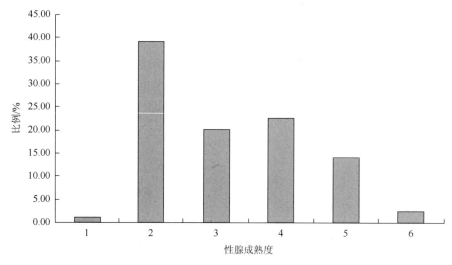

图 3-4-5　整个调查期间大眼金枪鱼性腺成熟度分布

对于雌性大眼金枪鱼，2 级所占的比例很大，约 57.14%，其次是 3 级、4 级、5 级、6 级、1 级，其中 1 级、6 级的均未发现。对于雄性大眼金枪鱼，4 级所占比例较大，约 31.11%。其次是 2 级、5 级、3 级、6 级、1 级，其中 1 级的未发现。具体如表 3-4-1 所示。

表 3-4-1　大眼金枪鱼的性腺成熟度分布

等级	雌性		雄性	
	尾数	比例/%	尾数	比例/%
1	0	0.00	0	0.00
2	20	57.14	12	26.67
3	8	22.86	8	17.78
4	4	11.43	14	31.11
5	3	8.57	9	20.00
6	0	0.00	2	4.44
总计	35	100	45	100

4.1.4　成熟系数

整个调查期间对大眼金枪鱼进行了不分性别和雌性、雄性的成熟系数的比较，其中不分性别共有 59 尾，雌性、雄性分别为 21 尾和 36 尾，2 尾未作鉴定。成熟系数 = 性腺重÷纯重（加工后重量）×100，具体见表 3-4-2。大眼金枪鱼的成熟系数比较高。雌性的成熟系数明显大于雄性，高达 1.544。

表 3-4-2　大眼金枪鱼不分性别和雌性、雄性的成熟系数

性别	尾数	成熟系数（平均数）
不分性别	59	1.062
雌性	21	1.544
雄性	36	0.790

4.1.5　摄食

整个调查期间观测 81 尾大眼金枪鱼，摄食等级为 0 级、1 级、2 级、3 级的尾数相当（依次占 23.46%、23.46%、20.99%、20.99%），摄食等级为 4 级的金枪鱼的数量相对较少（占 11.11%）。具体如图 3-4-6 所示。第一航次，摄食等级为 0 级和 1 级的尾数较多（分别

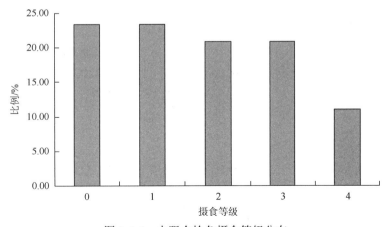

图 3-4-6　大眼金枪鱼摄食等级分布

占36%和28%），第二航次摄食等级为3级的尾数较多（占26.09%），第三航次摄食等级为1级和2级的尾数较多（均占23.33%），第四航次取样较少，此处不作讨论。

4.1.6 死活状况

整个调查期间观测了87尾大眼金枪鱼捕捞到甲板上时的死活状况，但同时记录性别的只有71尾，见表3-4-3，不分性别、雌性和雄性的大眼金枪鱼捕捞到甲板上时活鱼明显占多数，占78.95%～93.94%。

表3-4-3　大眼金枪鱼不分性别、雌性和雄性的死活状况

性别	状态	尾数	百分比
不分性别	活	71	81.61%
	死	16	18.39%
雌性	活	31	93.94%
	死	2	6.06%
雄性	活	30	78.95%
	死	8	21.05%

4.2　黄鳍金枪鱼

调查期间对所捕获的291尾黄鳍金枪鱼的叉长、加工后重（去鳃、去内脏重）、性别等数据进行了测定，其中雄性61尾、雌性40尾，雄性与雌性的性别比例约为1.52∶1，另有190尾由于个体较小，未作鉴定。雄性样本叉长为1.01～1.49m，加工后重为16.0～52.5kg；雌性样本叉长为1.02～1.41m，加工后重为17.0～42.5kg。样本总加工后重为2751.1kg，样本平均加工后重为27.24kg/尾。由于记录的数据不全，所以对于不同的研究项目分析时所用到的尾数不同。

4.2.1　叉长、加工后重的关系

4.2.1.1　不分性别

整个调查期间，122尾不分性别黄鳍金枪鱼叉长与加工后重的关系见图3-4-7。

由图3-4-7得，不分性别黄鳍金枪鱼叉长与加工后重的关系为

$$y = 1.2247 \times 10^{-5} x^{3.0513} \quad R^2 = 0.9537 \qquad (3\text{-}4\text{-}4)$$

式中，y表示加工后重；x表示叉长。

4.2.1.2　分性别

雌性（使用35尾数据）、雄性（使用46尾数据）叉长与加工后重的关系通过幂函数回归得图3-4-8。

雌性：　　　　　$y = 5.5527 \times 10^{-5} x^{2.7358} \quad R^2 = 0.9409 \qquad (3\text{-}4\text{-}5)$

雄性：　　　　　$y = 4.7761 \times 10^{-6} x^{3.2472} \quad R^2 = 0.9542 \qquad (3\text{-}4\text{-}6)$

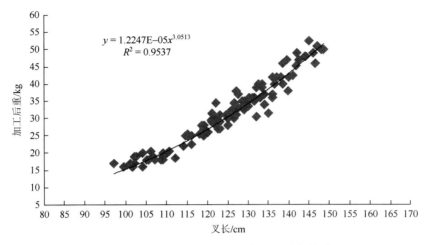

图 3-4-7　黄鳍金枪鱼叉长与加工后重的关系

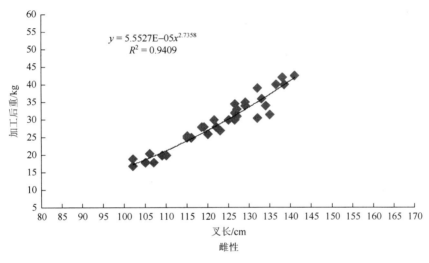

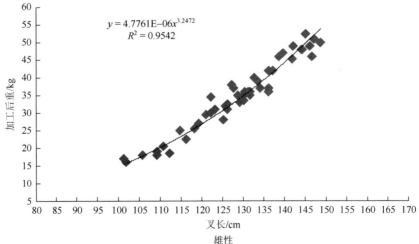

图 3-4-8　分性别黄鳍金枪鱼叉长和加工后重的关系

4.2.2 叉长分布

4.2.2.1 不分性别

调查期间，共测定了 165 尾黄鳍金枪鱼的叉长，最小叉长为 0.50m，最大叉长为 1.49m，平均叉长为 1.18m。其中 1.15～1.40m 为优势叉长，占 62.29%。整个调查期间黄鳍金枪鱼的叉长分布见图 3-4-9。

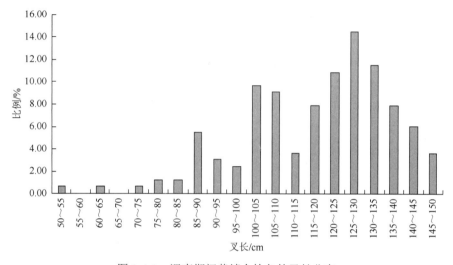

图 3-4-9　调查期间黄鳍金枪鱼的叉长分布

4.2.2.2 分性别

雌性（39 尾）最小叉长为 1.02m，最大叉长为 1.41m，雄性（60 尾）最小叉长为 1.01m，最大叉长为 1.49m，如图 3-4-10 所示，雌性的优势叉长为 1.15～1.40m，占 76.92%。雄性的各个叉长段的分布较为均匀，其中叉长为 1.25～1.45m 的较多，占 55.0%。

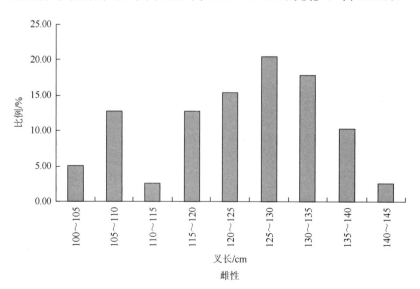

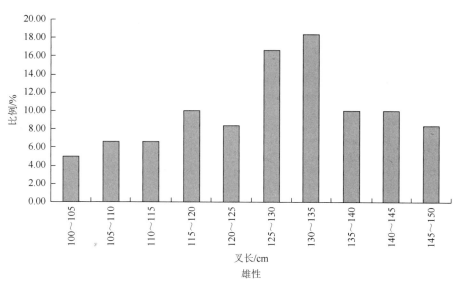

图 3-4-10　分性别黄鳍金枪鱼叉长分布

4.2.3　成熟度

共测定了 98 尾黄鳍金枪鱼的性腺成熟度，雌性 40 尾、雄性 54 尾，4 尾未测定性别。6 级的性腺成熟度没有分布。对于整个调查期间，成熟度 4 级的比例较高，占 38.78%。其他依次为 3 级、5 级、2 级、1 级、6 级。具体如图 3-4-11 所示。

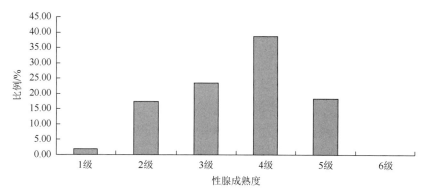

图 3-4-11　整个调查期间黄鳍金枪鱼性腺成熟度分布

对于雌性黄鳍金枪鱼，4 级所占的比例较大，约 50%，其次是 5 级、2 级、3 级、6 级、1 级。对于雄性黄鳍金枪鱼，3 级、4 级所占的比例较大，约 35.2% 和 31.5%。其次是 2 级、5 级、1 级、6 级，其中 2 级、5 级的比例很接近。具体如表 3-4-4 所示。

表 3-4-4　黄鳍金枪鱼的性腺成熟度分布

等级	雌性		雄性	
	尾数	比例/%	尾数	比例/%
1	0	0.0	1	1.9
2	7	17.5	9	16.7

续表

等级	雌性		雄性	
	尾数	比例/%	尾数	比例/%
3	4	10.0	19	35.2
4	20	50.0	17	31.5
5	9	22.5	8	14.8
6	0	0.0	0	0.0
总计	40	100	54	100

4.2.4 成熟系数

整个调查期间对黄鳍金枪鱼进行了不分性别和分雌雄的成熟系数的比较,其中不分性别共有 56 尾,雌性、雄性都为 27 尾,还有 2 尾未做性别鉴定。成熟系数 = 性腺重÷纯重(加工后重量)×100,具体见表 3-4-5。从表 3-4-5 可知,黄鳍金枪鱼的成熟系数比较高。雌性的成熟系数明显大于雄性,高达 2.184。

表 3-4-5 大眼金枪鱼不分性别和分雌雄的成熟系数

性别	尾数	成熟系数(平均数)
不分性别	56	1.900
雌性	27	2.184
雄性	27	1.641

4.2.5 摄食

整个调查期间观测 84 尾黄鳍金枪鱼,摄食等级为 1 级的比例最高,占 40.5%,0 级和 2 级的尾数相当(占 27.4%和 26.2%),摄食等级为 3 级和 4 级的尾数相对较少(分别占 4.8%和 1.2%),具体如图 3-4-12 所示。

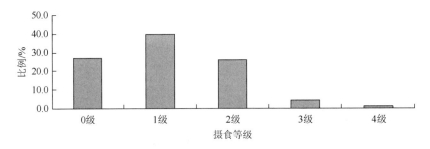

图 3-4-12 黄鳍金枪鱼摄食等级分布

4.2.6 死活状况

整个调查期间观测了 104 尾黄鳍金枪鱼捕捞到甲板上时的死活状况,但同时记录性别的只有 66 尾，见表 3-4-6，不分性别、雌性和雄性的黄鳍金枪鱼捕捞到甲板上时活鱼和死鱼的数量相当。

表 3-4-6　黄鳍金枪鱼不分性别、雌性和雄性的死活状况

性别	状态	尾数	百分比
不分性别	活	48	46.2%
	死	56	53.8%
雌性	活	13	50.0%
	死	13	50.0%
雄性	活	23	57.5%
	死	17	42.5%

5　实测钓钩深度与理论深度的关系

5.1　不同海流下船用渔具

海流分为 3 个等级：0～0.3 节、0.3（含）～0.6 节和 0.6（含）节以上。

1）0～0.3 节（图 3-5-1）。

y 为实测钓钩深度，x 为理论钓钩深度，N 为数据个数，以下同。

$$y = 0.55x,\ N = 59,\ R^2 = 0.4631 \tag{3-5-1}$$

2）0.3（含）～0.6 节（图 3-5-2）。

$$y = 0.52x,\ N = 130,\ R^2 = 0.4625 \tag{3-5-2}$$

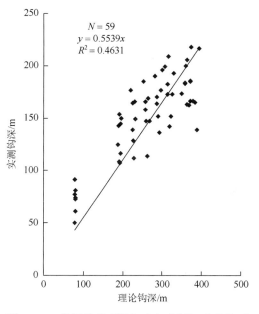

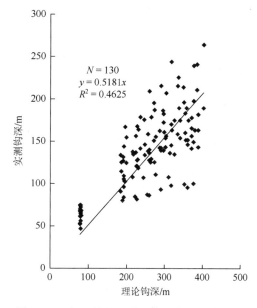

图 3-5-1　船用钓具理论深度与实际深度的关系（0～0.3 节）　　图 3-5-2　船用钓具理论深度与实际深度关系[0.3（含）～0.6 节]

3）0.6（含）节以上（图3-5-3）。

$$y = 0.48x, \quad N = 93, \quad R^2 = -0.0418 \tag{3-5-3}$$

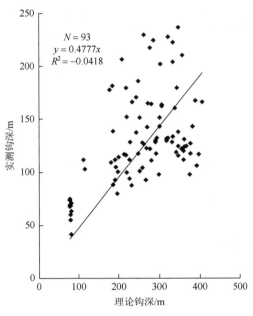

$N = 93$
$y = 0.4777x$
$R^2 = -0.0418$

图 3-5-3　船用钓具理论深度与实际深度关系［0.6（含）节以上］

流速小的时候相关系数比较高，计算误差较小。而流速大的时候相关系数低，计算误差就大。

5.2　不同海流下试验钓具

海流分为 3 个等级：0～0.3 节、0.3（含）～0.6 节和 0.6（含）节以上；试验钓具按照沉子的重量分为 4 种：2kg、3kg、4kg、5kg。

5.2.1.1　0～0.3 节

1）2kg 沉子（图3-5-4）。

$$y = 0.49x, \quad N = 7, \quad R^2 = -0.5247 \tag{3-5-4}$$

2）3kg 沉子（图3-5-5）。

$$y = 0.51x, \quad N = 7, \quad R^2 = -1.0798 \tag{3-5-5}$$

3）4kg 沉子（图3-5-6）。

$$y = 0.52x, \quad N = 6, \quad R^2 = -1.2166 \tag{3-5-6}$$

4）5kg 沉子（图3-5-7）。

$$y = 0.60x, \quad N = 7, \quad R^2 = -0.1216 \tag{3-5-7}$$

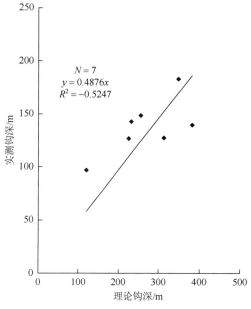

图 3-5-4　试验钓具（2kg）理论深度与实际深度
关系（0~0.3 节）

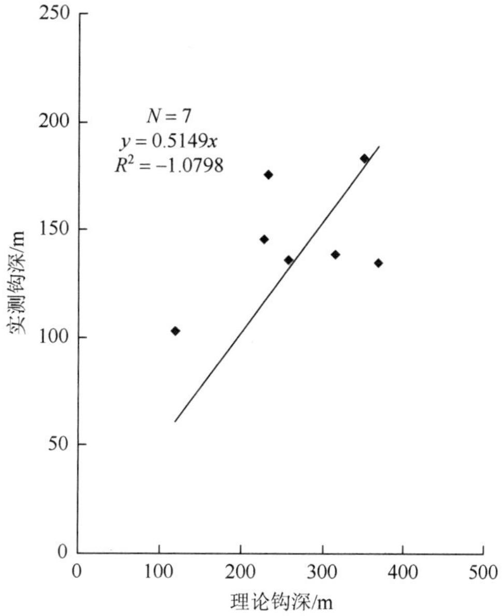

图 3-5-5　试验钓具（3kg）理论深度与实际深度
关系（0~0.3 节）

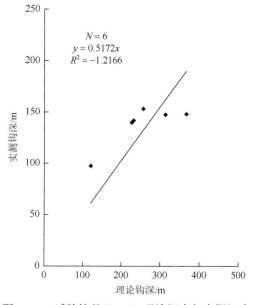

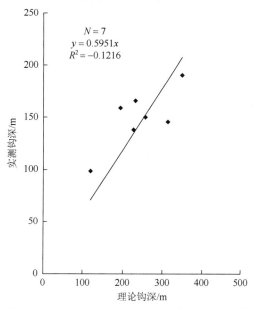

图 3-5-6　试验钓具（4kg）理论深度与实际深度
关系（0~0.3 节）

图 3-5-7　试验钓具（5kg）理论深度与实际深度
关系（0~0.3 节）

5.2.1.2　0.3（含）~0.6 节

1）2kg 沉子（图 3-5-8）。

$$y = 0.51x，N = 14，R^2 = 0.3297 \tag{3-5-8}$$

2）3kg 沉子（图 3-5-9）。

$$y = 0.52x，N = 16，R^2 = 0.1838 \tag{3-5-9}$$

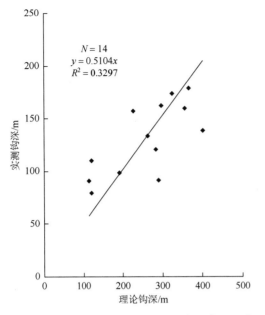

图 3-5-8 试验钓具（2kg）理论深度与实际深度
关系 [0.3（含）～0.6 节]

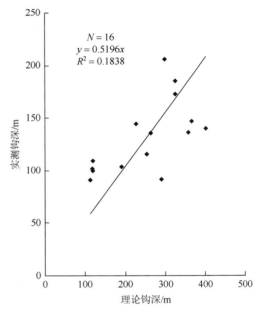

图 3-5-9 试验钓具（3kg）理论深度与实际深度
关系 [0.3（含）～0.6 节]

3）4kg 沉子（图 3-5-10）。

$$y = 0.51x, \ N = 15, \ R^2 = 0.014 \qquad (3\text{-}5\text{-}10)$$

4）5kg 沉子（图 3-5-11）。

$$y = 0.52x, \ N = 15, \ R^2 = -0.2599 \qquad (3\text{-}5\text{-}11)$$

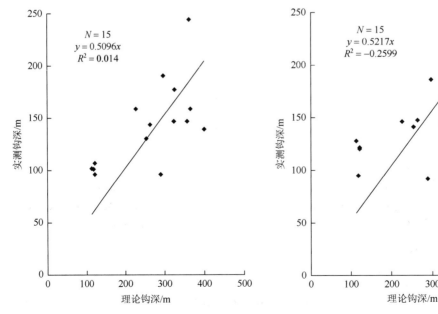

图 3-5-10 试验钓具（4kg）理论深度与实际深度
关系 [0.3（含）～0.6 节]

图 3-5-11 试验钓具（5kg）理论深度与实际深度
关系 [0.3（含）～0.6 节]

5.2.1.3　0.6（含）节以上

1）2kg 沉子（图 3-5-12）。

$$y = 0.44x，N = 9，R^2 = -3.1946 \qquad (3\text{-}5\text{-}12)$$

2）3kg 沉子（图 3-5-13）。

$$y = 0.44x，N = 9，R^2 = -4.1162 \qquad (3\text{-}5\text{-}13)$$

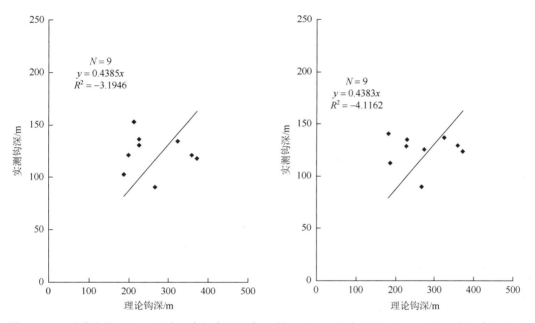

图 3-5-12　试验钓具（2kg）理论深度与实际深度　图 3-5-13　试验钓具（3kg）理论深度与实际深度
　　　　　关系 [0.6（含）节以上]　　　　　　　　　　　　关系 [0.6（含）节以上]

3）4kg 沉子（图 3-5-14）。

$$y = 0.44x，N = 10，R^2 = -0.8117 \qquad (3\text{-}5\text{-}14)$$

4）5kg 沉子（图 3-5-15）。

$$y = 0.43x，N = 10，R^2 = -3.8319 \qquad (3\text{-}5\text{-}15)$$

2kg、3kg、4kg 和 5kg 沉子的理论钓钩深度和实际钓钩深度的相关系数都很低，甚至出现了负值，计算结果会有较大的误差。

5.3　拟合钓钩深度计算模型

5.3.1　基于钓具漂移速度

应用 SPSS 软件[3]，采用多元线性逐步回归的方法建立 2009 年 10 月 6 日至 12 月 21 日测定的 407 枚（有钓具漂移速度数据）钓钩的实际平均深度 ($\bar{D}$) 与理论深度 (D_T) 的关系模型。模型分为船用钓具（根据 282 枚钓钩拟合）和试验钓具（根据 125 枚钓钩拟合）两部分。船用钓具部分，认为钓钩所能达到的实际平均深度（拟合钓钩深度）等于理论深度

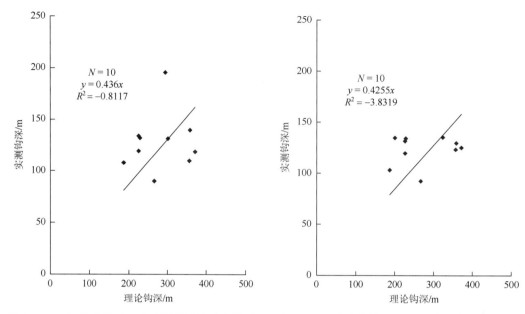

图 3-5-14　试验钓具（4kg）理论深度与实际深度　　图 3-5-15　试验钓具（5kg）理论深度与实际深度
　　　　　关系［0.6（含）节以上］　　　　　　　　　　　　关系［0.6（含）节以上］

与拟合沉降率的乘积，而拟合沉降率则受到钓具漂移速度（V_g）、风速（V_w）、风流合压角（γ）、风舷角（Q_w）和钩号（j）的影响。试验钓具部分，认为钓钩拟合沉降率主要受到钓具漂移速度（V_g）、风速（V_w）、风流合压角（γ）、钩号（j）、风舷角（Q_w）和沉子重量（w）的影响，且钓钩的深度是在不断地变化的，在一定的范围内波动。所以将以上参数取对数值作为自变量，以钓钩实际深度（微型温度深度计所测钓钩深度）与理论深度的比值的对数值作为因变量将数据导入 SPSS 软件中进行回归，得出关于沉降率的拟合公式，进而计算得到实际平均钓钩深度，即拟合钓钩深度。其中，钓具漂移速度是指钓具在风、海流的合力作用下，钓具在海中的对地漂移的速度；风速是指风速仪测得的风的速度；风流合压角是指钓具在海中的漂移方向与投绳航向之间的夹角；风舷角是指风向与投绳航向之间的夹角；沉子重量指所挂水泥块的空气中重量（kg）。

5.3.1.1　对于船用钓具

回归结果见表 3-5-1 和表 3-5-2，取模型 3 为适用模型。

表 3-5-1　船用钓具部分回归结果概要

模型	R（相关系数）	R^2（相关系数平方）	调整 R^2	估计值的标准误差
1	0.637[a]	0.406	0.404	0.098 86
2	0.661[b]	0.437	0.443	0.096 43
3	0.676[c]	0.457	0.451	0.094 82

a. 预测变量：（常数），lg 钩号

b. 预测变量：（常数），lg 钩号，lg 漂移速度

c. 预测变量：（常数），lg 钩号，lg 漂移速度，lg 风流合压角

lg 表示以 10 为底的对数

表 3-5-2　船用钓具部分回归系数

模型		未标准化的系数		标准化的系数	t 统计量	显著性
		样本回归系数	标准误差	样本回归系数		
1	（常数）	−0.064	0.015		−4.240	0.000
	lg（钩号）	−0.264	0.019	−0.637	−13.825	0.000
2	（常数）	−0.078	0.015		−5.125	0.000
	lg（钩号）	−0.266	0.019	−0.641	−14.269	0.000
	lg（漂移速度）	−0.016	0.004	−0.176	−3.914	0.000
3	（常数）	−0.060	0.016		−3.797	0.000
	lg（钩号）	−0.266	0.018	−0.641	−14.508	0.000
	lg（漂移速度）	−0.014	0.004	−0.148	−3.294	0.001
	lg（风流合压角）	−0.029	0.009	0.146	3.248	0.001

注：因变量为 lg（沉降率）

设：
$$\lg(Y_1/Y_2) = b_0 + b_1\lg(X_1) + b_2\lg(X_2) + b_3\lg(X_3) + b_4\lg(X_4) + b_5\lg(X_5) \qquad (3\text{-}5\text{-}16)$$
式中，Y_1 为拟合钓钩深度；Y_2 为理论钓钩深度；X_1 为钩号；X_2 为钓具漂移速度；X_3 为风速；X_4 风流合压角正弦值；X_5 为风舷角正弦值，则回归模型为

$$\lg(Y_1/Y_2) = -0.06 - 0.266X_1 - 0.014X_2 + 0.029X_4 \quad (n=282, R=0.676) \qquad (3\text{-}5\text{-}17)$$
则拟合钓钩深度的最终计算公式：

$$\bar{D} = D_T 10^{-0.06 - 0.266j - 0.014V_g + 0.029\sin\gamma} \qquad (3\text{-}5\text{-}18)$$

5.3.1.2　对于试验钓具

试验钓具为在浮子附近挂沉子来增加钓具的重量，因此，沉子作为一个因子。回归结果见表 3-5-3 和表 3-5-4，取模型 2 为适用模型。

表 3-5-3　试验钓具回归结果概要

模型	R（相关系数）	R^2（相关系数平方）	调整 R^2	估计值的标准误差
1	0.768[a]	0.589	0.586	0.088 14
2	0.781[b]	0.609	0.603	0.086 33
3	0.793[c]	0.628	0.619	0.084 54

a. 预测变量：（常数），lg 钩号
b. 预测变量：（常数），lg 钩号，lg 漂移速度
c. 预测变量：（常数），lg 钩号，lg 漂移速度，lg 风流合压角
lg 表示以 10 为底的对数

表 3-5-4　试验钓具回归结果系数

模型		未标准化的系数		标准化的系数	t 统计量	显著性
		样本回归系数	标准误差	样本回归系数		
1	（常数）	−0.058	0.026		2.229	0.028
	lg（钩号）	−0.424	0.032	−0.768	−13.286	0.000

模型		未标准化的系数		标准化的系数	t 统计量	显著性
		样本回归系数	标准误差	样本回归系数		
2	（常数）	0.049	0.026		1.920	0.057
	lg（钩号）	−0.433	0.031	−0.784	−13.761	0.000
	lg（漂移速度）	−0.019	0.008	−0.142	−2.494	0.014
3	（常数）	0.078	0.028		2.830	0.005
	lg（钩号）	−0.430	0.031	−0.778	−13.942	0.000
	lg（漂移速度）	−0.022	0.008	−0.158	−2.819	0.006
	lg（风流合压角）	−0.057	0.023	0.139	−2.491	0.014

注：因变量为 lg（沉降率）

设：

$$\lg(Y_1/Y_2) = b_0 + b_1\lg(X_1) + b_2\lg(X_2) + b_3\lg(X_3) + b_4\lg(X_4) + b_5\lg(X_5) + b_6\lg(X_6) \quad (3\text{-}5\text{-}19)$$

式中，Y_1 为拟合钓钩深度；Y_2 为理论钓钩深度；X_1 为钩号；X_2 为钓具漂移速度；X_3 为风速；X_4 风流合压角正弦值；X_5 为风舷角正弦值，X_6 为重锤重量，则回归模型为

$$\lg(Y_1/Y_2) = 0.049 - 0.433X_1 - 0.019X_2 \quad (n = 125, R = 0.781) \quad (3\text{-}5\text{-}20)$$

则拟合钓钩深度的最终计算公式为

$$\bar{D} = D_\mathrm{T}10^{0.049 - 0.433j - 0.019V_\mathrm{g}} \quad (3\text{-}5\text{-}21)$$

5.3.2　基于流剪切系数

应用 SPSS 软件[3]，采用多元线性逐步回归的方法建立 2009 年 10 月 6 日至 12 月 21 日测定的 338 枚（有流剪切系数数据）钓钩的实际平均深度 ($\bar{D}$) 与理论深度 (D_T) 的关系模型。模型分为船用钓具（根据 236 枚钓钩拟合）和试验钓具（根据 102 枚钓钩拟合）两部分。船用钓具部分，认为钓钩所能达到的实际平均深度（拟合钓钩深度）等于理论深度与拟合沉降率的乘积，而拟合沉降率则主要受到流剪切力、风速 (V_w)、风流合压角 (γ)、钩号 (j) 和风舷角 (Q_w) 的影响，试验钓具部分，认为钓钩所能达到的实际平均深度主要受到流剪切力、风速 (V_w)、风向 (C_w)、风流合压角 (γ)、钩号 (j)、风舷角 (Q_w) 和沉子重量的影响，且钓钩的深度是在不断变化的，在一定的范围内波动。

5.3.2.1　对于船用钓具

回归结果见表 3-5-5 和表 3-5-6，取模型 3 为适用模型。

表 3-5-5　船用钓具部分回归结果概要

模型	R（相关系数）	R^2（相关系数平方）	调整 R^2	估计值的标准误差
1	0.618[a]	0.382	0.379	0.100 46
2	0.650[b]	0.423	0.418	0.097 28
3	0.664[c]	0.441	0.443	0.095 96

a. 预测变量：（常数），lg 钩号
b. 预测变量：（常数），lg 钩号，lg 漂移速度
c. 预测变量：（常数），lg 钩号，lg 漂移速度，流剪切系数 ($\tilde{K}$)

lg 表示以 10 为底的对数

表 3-5-6　船用钓具部分回归系数

模型		未标准化的系数		标准化的系数	t 统计量	显著性
		样本回归系数	标准误差	样本回归系数		
1	（常数）	−0.064	0.017		−3.724	0.000
	lg（钩号）	−0.256	0.022	−0.618	−11.838	0.000
2	（常数）	0.043	0.018		−2.426	0.016
	lg（钩号）	−0.257	0.021	−0.620	−12.263	0.000
	lg（漂移速度）	−0.040	0.010	−0.203	4.010	0.000
3	（常数）	0.311	0.101		−3.081	0.002
	lg（钩号）	−0.258	0.021	−0.622	−12.263	0.000
	lg（漂移速度）	−0.038	0.010	0.195	3.905	0.000
	流剪切系数 ($\tilde{K}$)	−0.121	0.045	0.135	−2.698	0.007

注：因变量为 lg（沉降率）

设：
$$\lg(Y_1/Y_2) = b_0 + b_1\lg(X_1) + b_2X_2 + b_3\lg(X_3) + b_4\lg(X_4) + b_5\lg(X_5) \quad （3\text{-}5\text{-}22）$$

式中，Y_1 为拟合钓钩深度；Y_2 为理论钓钩深度；X_1 为钩号；X_2 为流剪切系数 ($\tilde{K}$)；X_3 为风速；X_4 风流合压角正弦值；X_5 为风舷角正弦值，则回归模型为

$$\lg(Y_1/Y_2) = -0.311 - 0.258X_1 - 0.121X_2 + 0.038X_4 \quad (n = 236, R = 0.664) \quad （3\text{-}5\text{-}23）$$

则拟合钓钩深度的最终计算公式为

$$\bar{D} = D_{\mathrm{T}}10^{-0.311-0.258j-0.121\tilde{K}+0.038\sin\gamma} \quad （3\text{-}5\text{-}24）$$

5.3.2.2　对于试验钓具

试验钓具为在浮子附近挂沉子来增加钓具的重量，因此，沉子作为一个因子。回归结果见表 3-5-7 和表 3-5-8，取模型 2 为适用模型。

表 3-5-7　试验钓具回归结果概要

模型	R（相关系数）	R^2（相关系数平方）	调整 R^2	估计值的标准误差
1	0.745[a]	0.556	0.551	0.096 34
2	0.780[b]	0.609	0.601	0.090 82
3	0.792[c]	0.627	0.616	0.089 16

a. 预测变量：（常数），lg 钩号
b. 预测变量：（常数），lg 钩号，流剪切系数 ($\tilde{K}$)
c. 预测变量：（常数），lg 钩号，流剪切系数 ($\tilde{K}$)，lg 风速
lg 表示以 10 为底的对数

表 3-5-8　试验钓具回归结果系数

模型		未标准化的系数		标准化的系数	t 统计量	显著性
		样本回归系数	标准误差	样本回归系数		
1	（常数）	−0.061	0.031		1.953	0.054
	lg（钩号）	−0.427	0.038	−0.745	−11.185	0.000

续表

模型		未标准化的系数		标准化的系数	t 统计量	显著性
		样本回归系数	标准误差	样本回归系数		
2	（常数）	0.437	0.139		−3.153	0.002
	lg（钩号）	−0.427	0.036	−0.745	−11.855	0.000
	流剪切系数（$\tilde{K}$）	−0.224	0.061	−0.231	−3.677	0.000
3	（常数）	0.374	0.139		−2.686	0.009
	lg（钩号）	−0.430	0.035	−0.750	−12.153	0.000
	流剪切系数（$\tilde{K}$）	−0.212	0.060	0.219	−3.531	0.001
	lg（风速）	−0.058	0.027	0.135	−2.174	0.032

注：因变量为 lg（沉降率）

设：

$$\lg(Y_1/Y_2) = b_0 + b_1\lg(X_1) + b_2X_2 + b_3\lg(X_3) + b_4\lg(X_4) + b_5\lg(X_5) + b_6\lg(X_6) \qquad （3\text{-}5\text{-}25）$$

式中，Y_1 为拟合钓钩深度；Y_2 为理论钓钩深度；X_1 为钩号；X_2 为流剪切系数（$\tilde{K}$）；X_3 为风速；X_4 风流合压角正弦值；X_5 为风舷角正弦值，X_6 为重锤重量，则回归模型为

$$\lg(Y_1/Y_2) = -0.437 - 0.427X_1 - 0.224X_2 \quad (n = 102, R = 0.780) \qquad （3\text{-}5\text{-}26）$$

则拟合钓钩深度的最终计算公式为

$$\bar{D} = D_\text{T}10^{-0.437-0.427j-0.224\tilde{K}} \qquad （3\text{-}5\text{-}27）$$

6　渔具渔法的比较试验

6.1　调查期间船用钓具、试验钓具和防海龟钓具的上钩率比较

调查期间试验钓具（钩）、船用钓具（钩）和防海龟钓具的大眼金枪鱼（BET）、黄鳍金枪鱼（YFT）和两种鱼合计（MIX）的平均上钩率、最高上钩率见表 3-6-1，大眼金枪鱼、黄鳍金枪鱼和两种鱼合计的上钩率最高的渔具均为防海龟钓具，防海龟钓具大眼金枪鱼的平均上钩率（3.50 尾/千钩）略高于试验钓具（2.85 尾/千钩），船用钓具大眼金枪鱼上钩率最低，为 1.86 尾/千钩。试验钓具黄鳍金枪鱼的平均上钩率（5.77 尾/千钩）略高于船用钓具的 4.80 尾/千钩，防海龟钓具黄鳍金枪鱼上钩率最低，为 3.75 尾/千钩。试验钓具两种金枪鱼的平均上钩率（8.63 尾/千钩）略高于防海龟钓具的 7.25 尾/千钩，船用钓具两种金枪鱼的上钩率最低，为 6.66 尾/千钩（表 3-6-1）。但每个航次因海流的大小不同而不同，具体见表 3-6-2。

表 3-6-1　调查期间 3 种钓具（钩）的平均上钩率（尾/千钩）和最高上钩率（尾/千钩）

钓具类型	BET	YFT	MIX
	平均/最高	平均/最高	平均/最高
试验钓具	2.85/13.59	5.77/35.33	8.63/35.33
船用钓具	1.86/8.48	4.80/32.26	6.66/33.55
防海龟钓具	3.50/50.00	3.75/50.00	7.25/80.00

表 3-6-2 调查期间分航次船用钓具、试验钓具和防海龟钓具的上钩率（尾/千钩）比较

航次	鱼种	钓具类型		
		试验钓具	船用钓具	防海龟钓具
	BET	2.22	1.76	6.36
1	YFT	1.24	3.31	6.36
	MIX	3.46	5.07	12.73
	BET	1.24	2.64	0.91
2	YFT	0.00	2.98	0.00
	MIX	1.24	5.62	0.91
	BET	6.25	1.94	4.00
3	YFT	6.25	3.52	2.00
	MIX	12.5	5.45	6.00
	BET	1.70	1.29	2.50
4	YFT	19.36	10.97	7.50
	MIX	21.06	12.26	10.00

6.2 不同海流下试验钓具、防海龟钓具与船用钓具上钩率的比较

海流分为 3 个等级：0～0.3 节、0.3（含）～0.6 节和 0.6（含）节以上。试验钓具按照沉子的重量分为 4 种：2kg、3kg、4kg、5kg。上钩率按照大眼金枪鱼、黄鳍金枪鱼和两种鱼合计 3 种情况。

6.2.1 沉子为 2kg 时

6.2.1.1 漂移速度为 0～0.3 节时

大眼金枪鱼、黄鳍金枪鱼和两种鱼合计的上钩率（CPUE）情况见图 3-6-1～图 3-6-3，由此得出：船用钓具大眼金枪鱼（1.818 尾/千钩）和试验钓具（8.152 尾/千钩）的上钩率比防海龟钓具的上钩率（8.750 尾/千钩）低；船用钓具黄鳍金枪鱼（5.000 尾/千钩）的上钩率高于试验钓具（2.717 尾/千钩）的上钩率，但低于防海龟钓具的上钩率（7.500 尾/千钩）。流速较低、大眼金枪鱼较多时可用 2kg 的沉子。

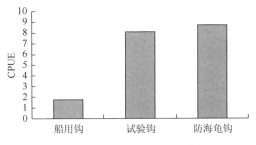

图 3-6-1 0～0.3 节海流大眼金枪鱼
不同钓具的 CPUE

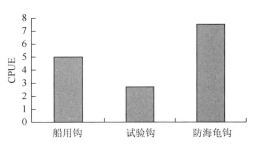

图 3-6-2 0～0.3 节海流黄鳍金枪鱼
不同钓具的 CPUE

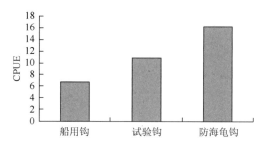

图 3-6-3   0～0.3 节海流两种鱼总计时不同钓具的 CPUE

6.2.1.2   漂移速度为 0.3（含）～0.6 节时

大眼金枪鱼、黄鳍金枪鱼和两种鱼合计的 CPUE 情况见图 3-6-4～图 3-6-6，由此得出：船用钓具大眼金枪鱼上钩率（2.801 尾/千钩）比试验钓具（1.918 尾/千钩）高，比防海龟钓具的上钩率（2.941 尾/千钩）略低；船用钓具黄鳍金枪鱼的上钩率（4.237 尾/千钩）比试验钓具（6.394 尾/千钩）低，比防海龟钓具的上钩率（1.176 尾/千钩）高。流速中等时，黄鳍金枪鱼较多时，可用 2kg 的沉子。

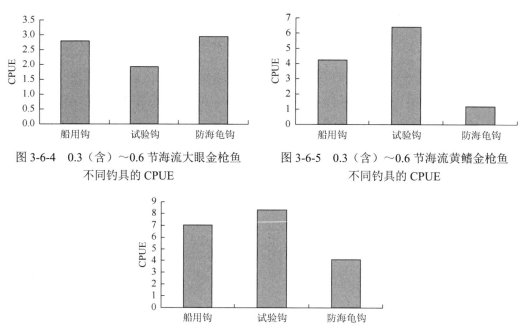

图 3-6-4   0.3（含）～0.6 节海流大眼金枪鱼　　　　图 3-6-5   0.3（含）～0.6 节海流黄鳍金枪鱼
　　　　　不同钓具的 CPUE　　　　　　　　　　　　　　　　　不同钓具的 CPUE

图 3-6-6   0.3（含）～0.6 节海流两种鱼总计时不同钓具的 CPUE

6.2.1.3   漂移速度为 0.6（含）节以上时

大眼金枪鱼、黄鳍金枪鱼和两种鱼合计的 CPUE 情况见图 3-6-7～图 3-6-9，由此得出：船用钓具大眼金枪鱼、黄鳍金枪鱼上钩率（大眼金枪鱼 1.077 尾/千钩、黄鳍金枪鱼 5.135 尾/千钩）和防海龟钓具的上钩率（大眼金枪鱼 1.333 尾/千钩、黄鳍金枪鱼 4.667 尾/千钩）均比试验钓具（大眼金枪鱼 2.889 尾/千钩、黄鳍金枪鱼 10.145 尾/千钩）低。流速较大时，2kg 沉子作用较大。

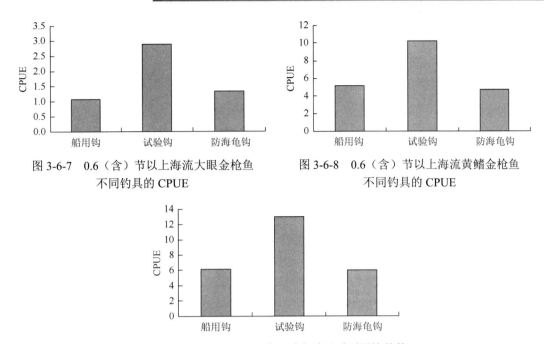

图 3-6-7　0.6（含）节以上海流大眼金枪鱼
不同钓具的 CPUE

图 3-6-8　0.6（含）节以上海流黄鳍金枪鱼
不同钓具的 CPUE

图 3-6-9　0.6（含）节以上海流两种鱼总计时不同钓具的 CPUE

6.2.2　沉子为 3kg 时

6.2.2.1　漂移速度为 0～0.3 节时

大眼金枪鱼、黄鳍金枪鱼和两种鱼合计的 CPUE 情况见图 3-6-10～图 3-6-12，由此得出：船用钓具大眼金枪鱼（1.818 尾/千钩）和试验钓具（4.076 尾/千钩）的上钩率比防海龟钓具的上钩率（8.750 尾/千钩）低；船用钓具黄鳍金枪鱼（5.000 尾/千钩）的上钩率高于试验钓具（2.717 尾/千钩）的上钩率，但低于防海龟钓具的上钩率（7.500 尾/千钩）。流速较低，大眼金枪鱼较多时，可用 3kg 的沉子。

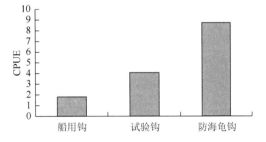

图 3-6-10　0～0.3 节海流大眼金枪鱼
不同钓具的 CPUE

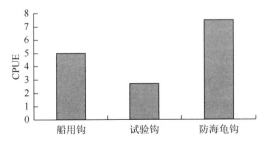

图 3-6-11　0～0.3 节海流黄鳍金枪鱼
不同钓具的 CPUE

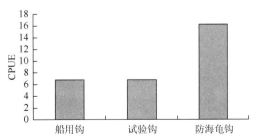

图 3-6-12　0～0.3 节海流两种鱼总计时
不同钓具的 CPUE

6.2.2.2 漂移速度为 0.3（含）～0.6 节时

大眼金枪鱼、黄鳍金枪鱼和两种鱼合计的 CPUE 情况见图 3-6-13～图 3-6-15，由此得出：船用钓具大眼金枪鱼上钩率（2.801 尾/千钩）和防海龟钓具（2.941 尾/千钩）均比试验钓具的上钩率（3.836 尾/千钩）低；船用钓具黄鳍金枪鱼的上钩率（4.237 尾/千钩）比试验钓具（4.476 尾/千钩）略低，防海龟钓具的上钩率最低（1.176 尾/千钩）。流速中等时，3kg 的沉子作用较大。

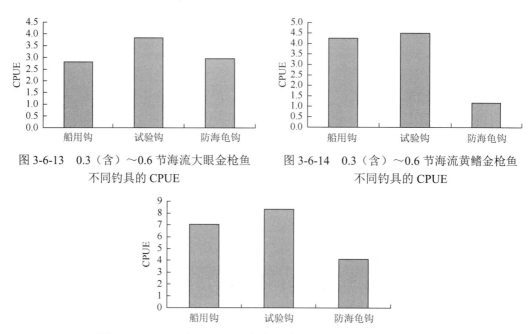

图 3-6-13　0.3（含）～0.6 节海流大眼金枪鱼　　　图 3-6-14　0.3（含）～0.6 节海流黄鳍金枪鱼
不同钓具的 CPUE　　　　　　　　　　　　　　　不同钓具的 CPUE

图 3-6-15　0.3（含）～0.6 节海流两种鱼总计时不同钓具的 CPUE

6.2.2.3 漂移速度为 0.6（含）节以上时

大眼金枪鱼、黄鳍金枪鱼和两种鱼合计的 CPUE 情况见图 3-6-16～图 3-6-18，由此得出：船用钓具大眼金枪鱼上钩率（1.077 尾/千钩）比试验钓具（1.449 尾/千钩）和防海龟钓具（1.333 尾/千钩）上钩率略低；船用钓具黄鳍金枪鱼（5.135 尾/千钩）比防海龟钓具的上钩率（4.667 尾/千钩）略高，试验钓具（黄鳍 4.348 尾/千钩）最低。流速较大时，大眼金枪鱼较多时，可以使用 3kg 沉子。

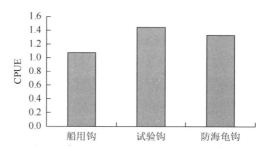

图 3-6-16　0.6（含）节以上海流大眼金枪鱼不同钓具的 CPUE

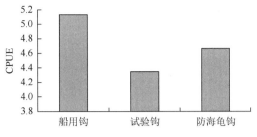

图 3-6-17　0.6（含）节以上海流黄鳍金枪鱼
不同钓具的 CPUE

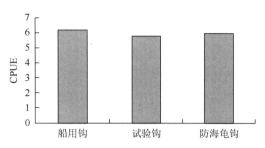

图 3-6-18　0.6（含）节以上海流两种鱼总计时
不同钓具的 CPUE

6.2.3　沉子为 4kg 时

6.2.3.1　漂移速度为 0～0.3 节时

大眼金枪鱼、黄鳍金枪鱼和两种鱼合计的 CPUE 情况见图 3-6-19～图 3-6-21，由此得出：船用钓具大眼金枪鱼上钩率（1.818 尾/千钩）比试验钓具（5.435 尾/千钩）低，防海龟钓具的上钩率最高（8.750 尾/千钩）；黄鳍金枪鱼船用钓具（5.000 尾/千钩）比防海龟钓具的上钩率低（7.500 尾/千钩），试验钓具上钩率最高（9.511 尾/千钩）。流速较小时，大眼金枪鱼和黄鳍金枪鱼较多时可用 4kg 沉子。

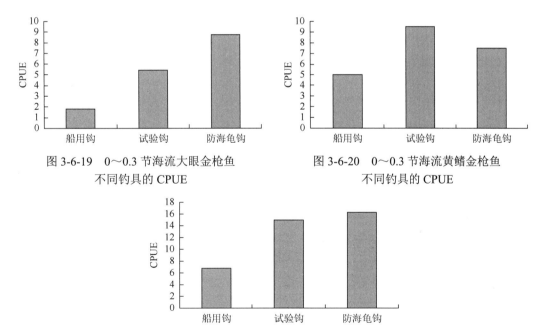

图 3-6-19　0～0.3 节海流大眼金枪鱼
不同钓具的 CPUE

图 3-6-20　0～0.3 节海流黄鳍金枪鱼
不同钓具的 CPUE

图 3-6-21　0～0.3 节海流两种鱼总计时不同钓具的 CPUE

6.2.3.2　漂移速度为 0.3（含）～0.6 节时

大眼金枪鱼、黄鳍金枪鱼和两种鱼合计的 CPUE 情况见图 3-6-22～图 3-6-24，由此得出：船用钓具（2.801 尾/千钩）和防海龟钓具（2.941 尾/千钩）大眼金枪鱼上钩率均比试验钓具的上钩率（1.279 尾/千钩）高；船用钓具黄鳍金枪鱼的上钩率（4.237 尾/千钩）比试验钓具（1.279 尾/千钩）和防海龟钓具上钩率（1.176 尾/千钩）高。流速中等时，可不用沉子。

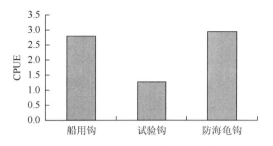

图 3-6-22　0.3（含）～0.6 节海流大眼金枪鱼
不同钓具的 CPUE

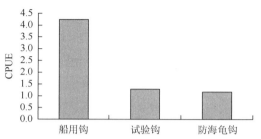

图 3-6-23　0.3（含）～0.6 节海流黄鳍金枪鱼
不同钓具的 CPUE

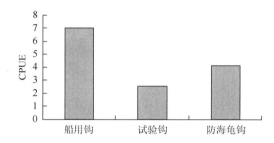

图 3-6-24　0.3（含）～0.6 节海流两种鱼总计时不同钓具的 CPUE

6.2.3.3　漂移速度为 0.6（含）节以上时

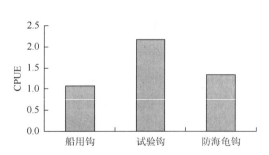

图 3-6-25　0.6（含）节以上海流大眼金枪鱼
不同钓具的 CPUE

大眼金枪鱼、黄鳍金枪鱼和两种鱼合计的 CPUE 情况见图 3-6-25～图 3-6-27，由此得出：船用钓具大眼金枪鱼上钩率（1.077 尾/千钩）和防海龟钓具（1.333 尾/千钩）的上钩率均比试验钓具（2.174 尾/千钩）低；防海龟钓具黄鳍金枪鱼的上钩率（4.667 尾/千钩）比船用钓具的（5.135 尾/千钩）略低，试验钓具黄鳍金枪鱼的上钩率（9.420 尾/千钩）最高。流速较大时，可以使用 4kg 沉子。

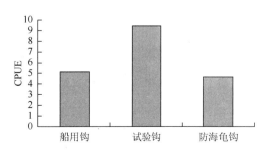

图 3-6-26　0.6（含）节以上海流黄鳍金枪鱼
不同钓具的 CPUE

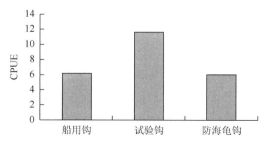

图 3-6-27　0.6（含）节以上海流两种鱼总计时
不同钓具的 CPUE

6.2.4 沉子为 5kg 时

6.2.4.1 漂移速度为 0～0.3 节时

大眼金枪鱼、黄鳍金枪鱼和两种鱼合计的 CPUE 情况见图 3-6-28～图 3-6-30，由此得出：船用钓具大眼金枪鱼上钩率（1.818 尾/千钩）比试验钓具（8.152 尾/千钩）低，防海龟钓具的上钩率最高（8.750 尾/千钩）；黄鳍金枪鱼船用钓具（5.000 尾/千钩）比防海龟钓具的上钩率（7.500 尾/千钩）低，试验钓具上钩率最低（0）。流速较小时，大眼金枪鱼较多时可用沉子。

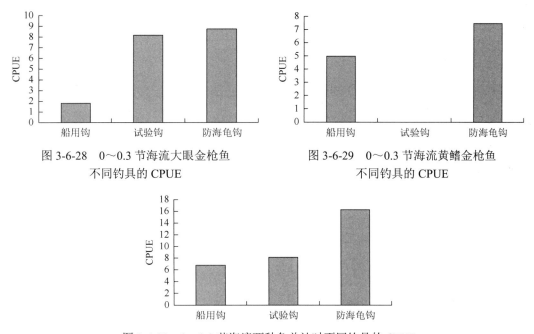

图 3-6-28 0～0.3 节海流大眼金枪鱼　　　　图 3-6-29 0～0.3 节海流黄鳍金枪鱼
　　　不同钓具的 CPUE　　　　　　　　　　　　不同钓具的 CPUE

图 3-6-30 0～0.3 节海流两种鱼总计时不同钓具的 CPUE

6.2.4.2 漂移速度为 0.3（含）～0.6 节时

大眼金枪鱼、黄鳍金枪鱼和两种鱼合计的 CPUE 情况见图 3-6-31～图 3-6-33，由此得出：船用钓具大眼金枪鱼上钩率（2.801 尾/千钩）和防海龟钓具（2.941 尾/千钩）均比试

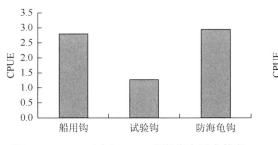

图 3-6-31 0.3（含）～0.6 节海流大眼金枪鱼
不同钓具的 CPUE

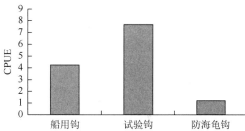

图 3-6-32 0.3（含）～0.6 节海流黄鳍金枪鱼
不同钓具的 CPUE

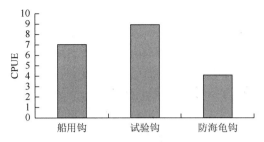

图 3-6-33　0.3（含）～0.6 节海流两种鱼总计时不同钓具的 CPUE

验钓具的上钩率（1.279 尾/千钩）高；船用钓具黄鳍金枪鱼的上钩率（4.237 尾/千钩）比防海龟钓具上钩率（1.176 尾/千钩）高，但比试验钓具（7.673 尾/千钩）低。流速中等时，黄鳍金枪鱼较多时可用沉子。

6.2.4.3　漂移速度为 0.6（含）节以上时

大眼金枪鱼、黄鳍金枪鱼和两种鱼合计的 CPUE 情况见图 3-6-34～图 3-6-36，由此得出：船用钓具大眼上钩率（1.077 尾/千钩）和防海龟钓具（1.333 尾/千钩）的上钩率均比试验钓具（0.725 尾/千钩）高；防海龟钓具的上钩率（4.667 尾/千钩）比船用钓具黄鳍金枪鱼（5.135 尾/千钩）略低，试验钓具（黄鳍 6.522 尾/千钩）最高。流速较大时，黄鳍金枪鱼较多时可以使用 5kg 沉子。

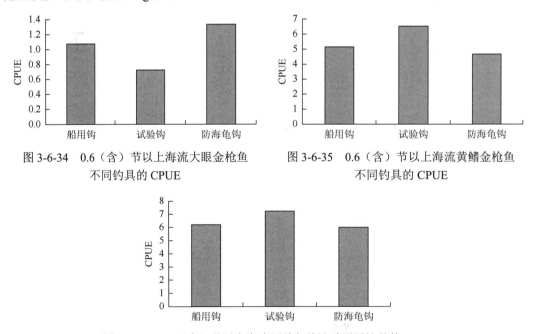

图 3-6-34　0.6（含）节以上海流大眼金枪鱼
不同钓具的 CPUE

图 3-6-35　0.6（含）节以上海流黄鳍金枪鱼
不同钓具的 CPUE

图 3-6-36　0.6（含）节以上海流两种鱼总计时不同钓具的 CPUE

总之，通过以上比较对于各种沉子在不同海流下是否使用的情况见表 3-6-3，流速较低（0～0.3 节）时，用 4kg 的沉子效果最好；流速较大时 [0.3（含）～0.6 节] 时、大眼金枪鱼较多时，使用 3kg 沉子效果最好，黄鳍金枪鱼较多时，使用 5kg 沉子；流速 0.6（含）以上时，使用 2kg 的沉子效果最好。

表 3-6-3　不同情况下沉子的配备情况

海流状况/节	沉子重量/kg	大眼金枪鱼较多时	黄鳍金枪鱼较多时	建议使用
0～0.3	2	用（8.152）	不用（2.717）	试验钓具
0～0.3	3	用（4.076）	不用（2.717）	试验钓具
0～0.3	4	用（5.435）	用（9.511）	试验钓具
0～0.3	5	用（8.152）	不用	试验钓具
0.3（含）～0.6	2	不用	用（6.934）	试验钓具
0.3（含）～0.6	3	用（3.836）	用（4.476）	试验钓具
0.3（含）～0.6	4	不用	不用	船用钓具
0.3（含）～0.6	5	不用	用（7.673）	试验钓具
0.6（含）以上	2	用（2.889）	用（10.145）	试验钓具
0.6（含）以上	3	用	不用（4.348）	试验钓具
0.6（含）以上	4	用（2.174）	用（9.420）	试验钓具
0.6（含）以上	5	不用	用（6.522）	试验钓具

注：表中括号中为上钩率数据（尾/千钩）

6.3　不同海流下试验钓具上钩率的比较

海流分为 3 个等级：0～0.3 节、0.3（含）～0.6 节和 0.6（含）节以上；上钩率分为大眼金枪鱼（BET）、黄鳍金枪鱼（YFT）和两种鱼合计（MIX）3 种情况。试验渔具按照 16 种组合。采用正交试验方法。

6.3.1　不分海流等级情况下

1）两种金枪鱼合计 CPUE。16 种不同组合的钓具对应的 CPUE 见表 3-6-4，方差分析、试验结果见表 3-6-5。

表 3-6-4　不分海流等级情况下两种金枪鱼 16 种不同组合的钓具对应的 CPUE（尾/千钩）

试验号	重锤/kg	带铅转环/g	沉铅/g	荧光管	CPUE BET	YFT	MIX
1	2	75	3.75	有	3.26	8.70	11.96
2	2	60	3.75	有	6.52	7.61	14.13
3	2	45	11.25	无	2.17	6.52	8.70
4	2	10	11.25	无	2.17	5.43	7.61
5	3	75	3.75	无	1.09	3.26	4.35
6	3	60	3.75	无	3.26	2.17	5.43
7	3	45	11.25	有	3.26	8.70	11.96
8	3	10	11.25	有	4.35	2.17	6.52
9	4	75	11.25	有	1.09	10.87	11.96
10	4	60	11.25	有	4.35	4.35	8.70

试验号	重锤/kg	带铅转环/g	沉铅/g	荧光管	CPUE		
					BET	YFT	MIX
11	4	45	3.75	无	1.09	3.26	4.35
12	4	10	3.75	无	3.26	5.43	8.70
13	5	75	11.25	无	1.09	4.35	5.43
14	5	60	11.25	无	2.17	2.17	4.35
15	5	45	3.75	有	2.17	4.35	6.52
16	5	10	3.75	有	4.35	11.96	16.30

表 3-6-5　方差分析表

因素	偏差平方和	自由度	F 比	F 临界值	显著性
重锤	26.288	3	0.858	4.07	不显著
带铅转环	1.288	3	0.042	4.07	不显著
沉铅	2.658	1	0.260	5.32	不显著
荧光管	95.699	1	9.370	5.32	显著
误差	81.711	8			
均值 1	10.598	8.315	8.967	11.005	
均值 2	7.065	8.152	8.152	6.114	
均值 3	8.424	7.880			
均值 4	8.152	9.783			
极差	3.533	1.902	0.815	4.891	

即不分海流等级情况下，荧光管对两种金枪鱼合计上钩率有显著影响，其他三个因子对两种金枪鱼合计上钩率都无显著影响；所以最优的组合为 2kg 重锤、10g 带铅转环、3.75g 的沉铅、有荧光管。

2）大眼金枪鱼。大眼金枪鱼 16 种不同组合的钓具对应的 CPUE 见表 3-6-4，方差分析、试验结果见表 3-6-6。

表 3-6-6　方差分析表

因素	偏差平方和	自由度	F 比	F 临界值	显著性
重锤	3.249	3	1.956	4.07	不显著
带铅转环	15.655	3	9.422	4.07	显著
沉铅	1.181	1	2.133	5.32	不显著
荧光管	10.633	1	19.200	5.32	显著
误差	4.431	8			
均值 1	3.533	1.630	3.125	3.668	
均值 2	2.989	4.076	2.582	2.038	
均值 3	2.446	2.174			
均值 4	2.446	3.533			
极差	1.087	2.446	0.543	1.630	

即不分海流等级情况下，带铅转环和荧光管对大眼金枪鱼上钩率有显著影响，而重锤和沉铅对大眼金枪鱼上钩率无显著影响。因此，最优的组合为 2kg 重锤、60g 带铅转环、3.75g 的沉铅、有荧光管。

3）黄鳍金枪鱼。黄鳍金枪鱼 16 种不同组合的钓具对应的 CPUE 见表 3-6-4，方差分析、试验结果见表 3-6-7。

表 3-6-7　方差分析、试验结果

因素	偏差平方和	自由度	F 比	F 临界值	显著性
重锤	18.313	3	0.748	4.07	不显著
带铅转环	16.541	3	0.676	4.07	不显著
沉铅	0.295	1	0.036	5.32	不显著
荧光管	42.533	1	5.213	5.32	不显著
误差	65.276	8			
均值 1	7.065	6.793	5.842	7.337	
均值 2	4.076	4.076	5.571	4.076	
均值 3	5.978	5.707			
均值 4	5.707	6.250			
极差	2.989	2.717	0.272	3.261	

即不分海流等级情况下，4 个因子对黄鳍金枪鱼上钩率的影响都不显著，但最优的组合为 2kg 重锤、75g 带铅转环、3.75g 的沉铅、有荧光管。

6.3.2　0～0.3 节海流

1）两种金枪鱼合计 CPUE。16 种不同组合的钓具对应的 CPUE 见表 3-6-8，方差分析、试验结果见表 3-6-9。

表 3-6-8　0～0.3 节海流情况下两种金枪鱼 16 种不同组合的钓具对应的 CPUE（尾/千钩）

试验号	重锤/kg	带铅转环/g	沉铅/g	荧光管	CPUE		
					BET	YFT	MIX
1	2	75	3.75	有	7.25	0.00	7.25
2	2	60	3.75	有	13.04	4.35	17.39
3	2	45	11.25	无	0.00	0.00	0.00
4	2	10	11.25	无	8.70	4.35	13.04
5	3	75	3.75	无	7.25	0.00	7.25
6	3	60	3.75	无	0.00	0.00	0.00
7	3	45	11.25	有	14.49	7.25	21.74
8	3	10	11.25	有	0.00	4.35	4.35
9	4	75	11.25	有	0.00	21.74	21.74
10	4	60	11.25	有	8.70	8.70	17.39

续表

试验号	重锤/kg	带铅转环/g	沉铅/g	荧光管	CPUE		
					BET	YFT	MIX
11	4	45	3.75	无	7.25	14.49	21.74
12	4	10	3.75	无	4.35	0.00	4.35
13	5	75	11.25	无	0.00	0.00	0.00
14	5	60	11.25	无	8.70	0.00	8.70
15	5	45	3.75	有	7.25	0.00	7.25
16	5	10	3.75	有	13.04	0.00	13.04

表 3-6-9　方差分析、试验结果

因素	偏差平方和	自由度	F 比	F 临界值	显著性
重锤	200.063	3	1.082	4.07	不显著
带铅转环	40.433	3	0.219	4.07	不显著
沉铅	4.726	1	0.077	5.32	不显著
荧光管	189.561	1	3.076	5.32	不显著
误差	493.069	8			
均值1	9.420	9.058	9.783	13.768	
均值2	8.333	10.870	10.870	6.884	
均值3	16.304	12.681			
均值4	7.246	8.696			
极差	9.058	3.986	1.087	6.884	

即 0～0.3 节海流情况下，4 个因子对两种金枪鱼总上钩率的影响都不显著，但最优的组合为 4kg 重锤、45g 带铅转环、11.75g 的沉铅、有荧光管。

2）大眼金枪鱼。大眼金枪鱼 16 种不同组合的钓具对应的 CPUE 见表 3-6-8，方差分析、试验结果见表 3-6-10。

表 3-6-10　方差分析、试验结果

因素	偏差平方和	自由度	F 比	F 临界值	显著性
重锤	16.147	3	0.168	4.07	不显著
带铅转环	39.251	3	0.408	4.07	不显著
沉铅	22.185	1	0.694	5.32	不显著
荧光管	47.390	1	1.480	5.32	不显著
误差	256.117	8			
均值1	7.246	3.623	7.428	7.971	
均值2	5.435	7.609	5.072	4.529	
均值3	5.072	7.246			
均值4	7.246	6.522			
极差	2.174	3.986	2.355	3.442	

即 0~0.3 节海流情况下，4 个因子对大眼金枪鱼上钩率都无显著的影响，最优的组合为 2kg（或者 5kg）重锤、60g 带铅转环、3.75g 沉铅、有荧光管。

3）黄鳍金枪鱼。黄鳍金枪鱼 16 种不同组合的钓具对应的 CPUE 见表 3-6-8，方差分析、试验结果见表 3-6-11。

表 3-6-11　方差分析、试验结果

因素	偏差平方和	自由度	F 比	F 临界值	显著性
重锤	291.299	3	4.230	4.07	显著
带铅转环	31.900	3	0.463	4.07	不显著
沉铅	47.390	1	2.066	5.32	不显著
荧光管	47.390	1	2.066	5.32	不显著
误差	183.654	8			
均值 1	2.174	5.435	2.355	5.797	
均值 2	2.899	3.261	5.797	2.355	
均值 3	11.232	5.435			
均值 4	0.000	2.174			
极差	11.232	3.261	3.442	3.442	

即 0~0.3 节海流情况下，重锤对黄鳍金枪鱼上钩率的影响显著，其余 3 个因子对黄鳍金枪鱼上钩率的影响不显著；所以最优的组合为 4kg 重锤、75g 带铅转环、11.25g 的沉铅、有荧光管。

6.3.3　0.3（含）~0.6 节海流

1）两种金枪鱼合计 CPUE。16 种不同组合的钓具两种金枪鱼对应的 CPUE 见表 3-6-12，方差分析、试验结果见表 3-6-13。

表 3-6-12　0.3（含）~0.6 节海流情况下两种金枪鱼 16 种不同组合的钓具对应的 CPUE（尾/千钩）

试验号	重锤/kg	带铅转环/g	沉铅/g	荧光管	CPUE		
					BET	YFT	MIX
1	2	75	3.75	有	0.00	10.87	10.87
2	2	60	3.75	有	7.25	4.83	12.08
3	2	45	11.25	无	0.00	8.15	8.15
4	2	10	11.25	无	0.00	2.42	2.42
5	3	75	3.75	无	0.00	2.72	2.72
6	3	60	3.75	无	4.83	2.42	7.25
7	3	45	11.25	有	0.00	10.87	10.87
8	3	10	11.25	有	9.66	2.42	12.08
9	4	75	11.25	有	0.00	2.72	2.72
10	4	60	11.25	有	2.42	0.00	2.42

续表

试验号	重锤/kg	带铅转环/g	沉铅/g	荧光管	CPUE		
					BET	YFT	MIX
11	4	45	3.75	无	0.00	0.00	0.00
12	4	10	3.75	无	2.42	2.42	4.83
13	5	75	11.25	无	0.00	0.00	0.00
14	5	60	11.25	无	0.00	2.42	2.42
15	5	45	3.75	有	2.72	8.15	10.87
16	5	10	3.75	有	2.42	19.32	21.74

表 3-6-13　方差分析、试验结果

因素	偏差平方和	自由度	F比	F临界值	显著性
重锤	107.271	3	3.566	4.07	不显著
带铅转环	81.426	3	2.707	4.07	不显著
沉铅	53.610	1	5.346	5.32	显著
荧光管	195.004	1	19.447	5.32	显著
误差	80.218	8			
均值1	8.379	4.076	8.794	10.454	
均值2	8.228	6.039	5.133	3.472	
均值3	2.491	7.473			
均值4	8.756	10.266			
极差	6.265	6.190	3.661	6.982	

即 0.3（含）～0.6 节海流情况下，沉铅和荧光管对两种金枪鱼上钩率的影响显著，另外两个因子对两种金枪鱼上钩率的影响都不显著；所以最优的组合为 5kg 重锤、10g 带铅转环、3.75g 的沉铅、有荧光管。

2）大眼金枪鱼。大眼金枪鱼 16 种不同组合的钓具对应的 CPUE 见表 3-6-12，方差分析、试验结果见表 3-6-14。

表 3-6-14　方差分析、试验结果

因素	偏差平方和	自由度	F比	F临界值	显著性
重锤	15.241	3	0.814	4.07	不显著
带铅转环	44.049	3	2.354	4.07	不显著
沉铅	3.561	1	0.571	5.32	不显著
荧光管	18.512	1	2.967	5.32	不显著
误差	49.906	8			
均值1	1.812	0.000	2.453	3.057	
均值2	3.623	3.623	1.510	0.906	
均值3	1.208	0.679			
均值4	1.283	3.623			
极差	2.415	3.623	0.944	2.151	

即 0.3（含）～0.6 节海流情况下，4 个因子对大眼金枪鱼上钩率没有显著的影响，但最优的组合为 3kg 重锤、60g（或 10g）带铅转环、3.75g 的沉铅、有荧光管。

3）黄鳍金枪鱼。黄鳍金枪鱼 16 种不同组合的钓具对应的 CPUE 见表 3-6-12，方差分析、试验结果见表 3-6-15。

表 3-6-15　方差分析、试验结果

因素	偏差平方和	自由度	F 比	F 临界值	显著性
重锤	90.160	3	1.647	4.07	不显著
带铅转环	53.786	3	0.983	4.07	不显著
沉铅	29.537	1	1.619	5.32	不显著
荧光管	93.351	1	5.117	5.32	不显著
误差	145.952	8			
均值 1	6.567	4.076	6.341	7.397	
均值 2	4.604	2.415	3.623	2.566	
均值 3	1.283	6.793			
均值 4	7.473	6.643			
极差	6.190	4.227	2.717	4.831	

即 0.3（含）～0.6 节海流情况下，4 个因子对黄鳍金枪鱼上钩率都没有显著的影响，最优的组合为 5kg 重锤、45g 带铅转环、3.75g 的沉铅、有荧光管。

6.3.4　0.6（含）节以上海流

1）两种金枪鱼合计 CPUE。16 种不同组合的钓具两种金枪鱼对应的 CPUE 见表 3-6-16，方差分析、试验结果见表 3-6-17。

表 3-6-16　0.6（含）节以上海流情况下两种金枪鱼 16 种不同组合的钓具对应的 CPUE（尾/千钩）

试验号	重锤/kg	带铅转环/g	沉铅/g	荧光管	CPUE		
					BET	YFT	MIX
1	2	75	3.75	有	4.83	9.66	14.49
2	2	60	3.75	有	0.00	14.49	14.49
3	2	45	11.25	无	4.83	7.25	12.08
4	2	10	11.25	无	0.00	10.87	10.87
5	3	75	3.75	无	0.00	4.83	4.83
6	3	60	3.75	无	3.62	3.62	7.25
7	3	45	11.25	有	2.42	7.25	9.66
8	3	10	11.25	有	0.00	0.00	0.00
9	4	75	11.25	有	2.42	14.49	16.91
10	4	60	11.25	有	3.62	7.25	10.87

续表

试验号	重锤/kg	带铅转环/g	沉铅/g	荧光管	CPUE		
					BET	YFT	MIX
11	4	45	3.75	无	0.00	2.42	2.42
12	4	10	3.75	无	3.62	14.49	18.12
13	5	75	11.25	无	2.42	9.66	12.08
14	5	60	11.25	无	0.00	3.62	3.62
15	5	45	3.75	有	0.00	2.42	2.42
16	5	10	3.75	有	0.00	10.87	10.87

表 3-6-17 方差分析、试验结果

因素	偏差平方和	自由度	F 比	F 临界值	显著性
重锤	161.450	3	1.930	4.07	不显著
带铅转环	60.806	3	0.727	4.07	不显著
沉铅	0.091	1	0.003	5.32	不显著
荧光管	4.467	1	0.160	5.32	不显著
误差	223.076	8			
均值 1	12.983	12.077	9.360	9.964	
均值 2	5.435	9.058	9.511	8.907	
均值 3	12.077	6.643			
均值 4	7.246	9.964			
极差	7.548	5.435	0.151	1.057	

即 0.6（含）节以上海流情况下，4 个因子对两种金枪鱼上钩率的影响都不显著，但最优的组合为 2kg 重锤、75g 带铅转环、11.75g 的沉铅、有荧光管。

2）大眼金枪鱼。大眼金枪鱼 16 种不同组合的钓具对应的 CPUE 见表 3-6-16，方差分析、试验结果见表 3-6-18。

表 3-6-18 方差分析、试验结果

因素	偏差平方和	自由度	F 比	F 临界值	显著性
重锤	9.025	3	0.591	4.07	不显著
带铅转环	4.649	3	0.304	4.07	不显著
沉铅	0.820	1	0.161	5.32	不显著
荧光管	0.091	1	0.018	5.32	不显著
误差	40.750	8			
均值 1	2.415	2.415	1.510	1.661	
均值 2	1.510	1.812	1.963	1.812	
均值 3	2.415	1.812			
均值 4	0.604	0.906			
极差	1.812	1.510	0.453	0.151	

即 0.6 节以上海流情况下，4 个因子对大眼金枪鱼上钩率没有显著的影响，但最优的组合为 2kg（或 4kg）重锤、75g 带铅转环、11.25g 的沉铅，无荧光管。

3）黄鳍金枪鱼。黄鳍金枪鱼 16 种不同组合的钓具对应的 CPUE 见表 3-6-16，方差分析、试验结果见表 3-6-19。

表3-6-19 方差分析、试验结果

因素	偏差平方和	自由度	F 比	F 临界值	显著性
重锤	109.760	3	1.939	4.07	不显著
带铅转环	56.521	3	0.998	4.07	不显著
沉铅	0.365	1	0.019	5.32	不显著
荧光管	5.834	1	0.309	5.32	不显著
误差	150.966	8			
均值1	10.568	9.662	7.850	8.303	
均值2	3.925	7.246	7.548	7.095	
均值3	9.662	4.831			
均值4	6.643	9.058			
极差	6.643	4.831	0.302	1.208	

即 0.6 节以上海流情况下，4 个因子对黄鳍金枪鱼上钩率都没有显著的影响，最优的组合为 2kg 重锤、75g 带铅转环、3.75g 的沉铅、有荧光管。

7 大眼（黄鳍）金枪鱼的栖息环境

本部分内容根据测定的数据分为两部分，7.1 部分根据钓具在海中的漂移速度和漂移方向数据进行分析，7.2 部分根据三维海流计测定的数据进行分析。

7.1 应用漂移速度拟合钓钩深度计算模型分析大眼（黄鳍）金枪鱼的栖息环境

应用 SPSS 软件，采用多元线性逐步回归的方法建立 2009 年 10 月 6 日至 12 月 21 日测定的 407 枚（有钓具漂移速度数据）钓钩的实际平均深度与理论深度的关系模型。模型分为船用钓具（根据 282 枚钓钩拟合）和试验钓具（根据 125 枚钓钩拟合）两部分。

船用钓具钓钩深度计算模型为

$$\lg(Y_1/Y_2) = -0.06 - 0.266X_1 - 0.014X_2 + 0.029X_4, \quad R = 0.676 \tag{3-7-1}$$

则拟合钓钩深度的最终计算公式为

$$\bar{D} = D_{\text{T}} 10^{-0.06 - 0.266j - 0.014V_{\text{g}} + 0.029\sin\gamma} \tag{3-7-2}$$

式中，Y_1 为拟合钓钩深度 $(\bar{D})$ ；Y_2 为理论深度 (D_T) ；X_1 为钩号 (j) ；X_2 为钓具漂移速度 (V_g) ；X_4 为风流合压角 (γ) 正弦值。

试验钓具钓钩深度计算模型为

$$\lg(Y_1/Y_2) = 0.049 - 0.433X_1 - 0.019X_2, \quad R = 0.781 \tag{3-7-3}$$

则拟合钓钩深度的最终计算公式为

$$\bar{D} = D_T 10^{0.049 - 0.433j - 0.019V_g} \tag{3-7-4}$$

7.1.1 大眼金枪鱼的栖息环境

调查期间，共测定了 110 尾大眼金枪鱼的上钩钩号。分析大眼金枪鱼 CPUE 与拟合钓钩深度的关系时，用到全部 110 尾鱼；分析大眼金枪鱼 CPUE 与水温、盐度、叶绿素浓度、溶解氧含量、三维海流、水平流速的关系时，用到其中的 98 尾。以下分析结合专家经验和有关数据进行。

7.1.1.1 大眼金枪鱼的栖息水层

大眼金枪鱼 CPUE 与水深的关系见图 3-7-1，大眼金枪鱼的上钩率随着深度的增加而上升，上钩率最高的水层为 200～240m（9.71 尾/千钩）。

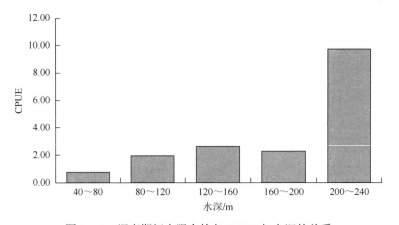

图 3-7-1　调查期间大眼金枪鱼 CPUE 与水深的关系

7.1.1.2 大眼金枪鱼的栖息水温

大眼金枪鱼 CPUE 与水温的关系见图 3-7-2，大眼金枪鱼 CPUE 较高的水温范围为 12～15℃，最高（7.21 尾/千钩）的水温范围为 14～15℃。

7.1.1.3 大眼金枪鱼的栖息盐度

大眼金枪鱼 CPUE 与盐度的关系见图 3-7-3，大眼金枪鱼 CPUE 较高的盐度范围为 35.0～35.3，最高（5.15 尾/千钩）的盐度范围为 35.0～35.1。

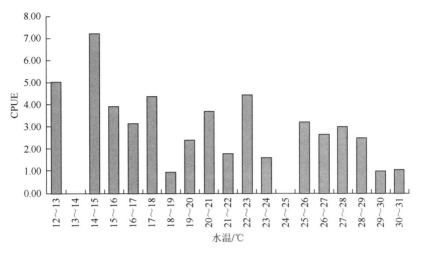

图 3-7-2　调查期间大眼金枪鱼 CPUE 与水温的关系

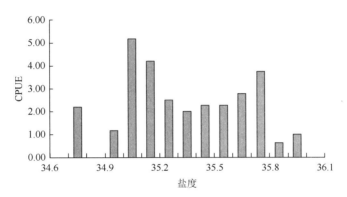

图 3-7-3　调查期间大眼金枪鱼 CPUE 与盐度的关系

7.1.1.4　大眼金枪鱼的栖息叶绿素浓度

大眼金枪鱼 CPUE 与叶绿素浓度的关系见图 3-7-4，大眼金枪鱼 CPUE 较高的叶绿素浓度范围为 0.06～0.10μg/L 和 0.18～0.26μg/L，最高为 0.24～0.26μg/L（6.50 尾/千钩）。

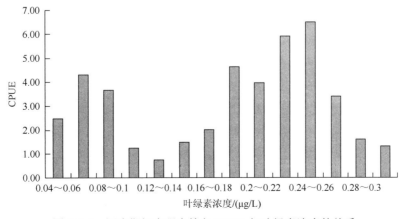

图 3-7-4　调查期间大眼金枪鱼 CPUE 与叶绿素浓度的关系

7.1.1.5 大眼金枪鱼的栖息溶解氧含量

大眼金枪鱼 CPUE 与溶解氧含量的关系见图 3-7-5，大眼金枪鱼 CPUE 较高的溶解氧含量范围为 3.0~4.0mg/L，大眼金枪鱼 CPUE 最高的溶解氧含量范围为 3~3.5mg/L。

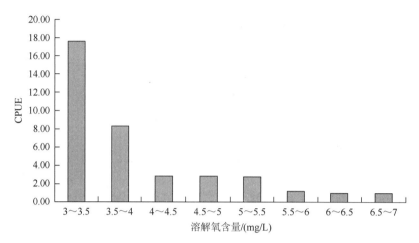

图 3-7-5　调查期间大眼金枪鱼 CPUE 与溶解氧含量的关系

7.1.1.6 大眼金枪鱼的栖息南北向海流

大眼金枪鱼 CPUE 与南北向海流的关系见图 3-7-6，大眼金枪鱼 CPUE 较高的南北向海流范围为–0.2~0.2m/s，大眼金枪鱼 CPUE 最高（3.31 尾/千钩）的海流范围为–0.1~0.0m/s。由于–0.5~–0.4m/s 和 0.3~0.4m/s 范围内的取样尾数太少，误差较大，在此不作分析。

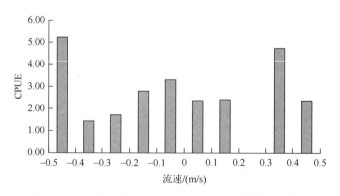

图 3-7-6　大眼金枪鱼 CPUE 与南北向海流之间的关系

7.1.1.7 大眼金枪鱼的栖息东西向海流

大眼金枪鱼 CPUE 与东西向海流的关系见图 3-7-7。由图 3-7-7 得，东西向海流流速不同时，大眼金枪鱼 CPUE 较为平均，主要分布–0.1~0.1m/s 的海流中，大眼金枪鱼 CPUE 为 2.91 尾/千钩。由于–1.0~–0.9m/s 和 0.6~0.7m/s 范围内的取样尾数太少，误差较大，在此不作分析。

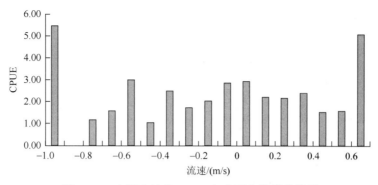

图 3-7-7　大眼金枪鱼 CPUE 与东西向海流的关系

7.1.1.8　大眼金枪鱼的栖息垂向海流

大眼金枪鱼 CPUE 与垂向海流的关系见图 3-7-8，除 0.03～0.04m/s 内的 CPUE 明显较高（3.49 尾/千钩）外，其他各垂向海流范围内的大眼金枪鱼 CPUE 相差不大。

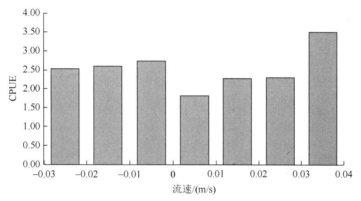

图 3-7-8　大眼金枪鱼 CPUE 与垂向海流的关系

7.1.1.9　大眼金枪鱼的栖息水平海流

大眼金枪鱼 CPUE 与水平海流的关系见图 3-7-9，随着水平流速的增加，大眼金枪鱼的 CPUE 呈下降趋势。较高 CPUE（3.15 尾/千钩）对应的水平流速范围为 0.0～0.2m/s。由于 0.9～1.0m/s 范围内的取样尾数太少，误差较大，在此不作分析。

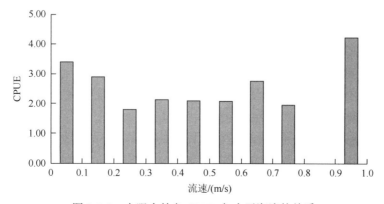

图 3-7-9　大眼金枪鱼 CPUE 与水平海流的关系

7.1.2 黄鳍金枪鱼的栖息环境

调查期间，共测定了 241 尾黄鳍金枪鱼的上钩钩号。分析黄鳍金枪鱼 CPUE 与拟合钓钩深度的关系时，用到全部 241 尾鱼；分析黄鳍金枪鱼 CPUE 与水温、盐度、叶绿素浓度、溶解氧含量的关系时，用到其中的 208 尾；分析黄鳍金枪鱼的 CPUE 与三维海流、水平流速的关系时，用到其中的 161 尾。以下分析结合专家经验和有关数据进行。

7.1.2.1 黄鳍金枪鱼的栖息水层

黄鳍金枪鱼 CPUE 与水深的关系见图 3-7-10，黄鳍金枪鱼 CPUE 较高的水层为 80～160m，黄鳍金枪鱼 CPUE 最高（7.80 尾/千钩）的水层为 80～120m，一般认为 80～160m 水层可取得较高的 CPUE。水层 200～240m 内的取样渔获尾数较少，导致误差较大，不予进一步比较。

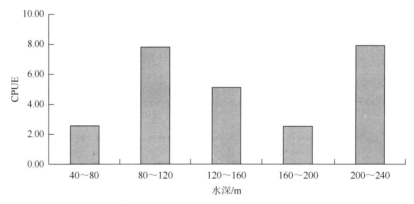

图 3-7-10　黄鳍金枪鱼 CPUE 与水深的关系

7.1.2.2 黄鳍金枪鱼的栖息水温

黄鳍金枪鱼 CPUE 与水温的关系见图 3-7-11，黄鳍金枪鱼 CPUE 较高的水温范围为 20～22℃、29～30℃；黄鳍金枪鱼 CPUE 最高（9.41 尾/千钩）的水温为 21～22℃。由于 14～15℃内的取样尾数太少，误差较大，不予进一步分析。

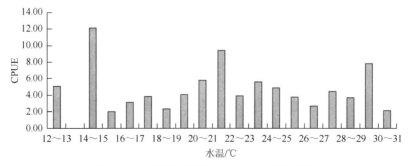

图 3-7-11　黄鳍金枪鱼 CPUE 与水温的关系

7.1.2.3 黄鳍金枪鱼的栖息盐度

黄鳍金枪鱼 CPUE 与盐度的关系见图 3-7-12，黄鳍金枪鱼 CPUE 主要分布的盐度范围为 34.5～35.1，黄鳍金枪鱼 CPUE 最高（37.11 尾/千钩）的盐度为 34.7～34.8。

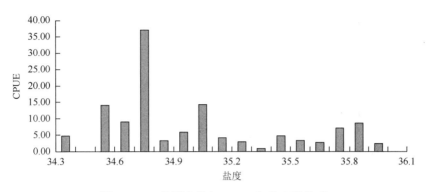

图 3-7-12　黄鳍金枪鱼 CPUE 与盐度的关系

7.1.2.4　黄鳍金枪鱼的栖息叶绿素浓度

黄鳍金枪鱼 CPUE 与叶绿素浓度的关系见图 3-7-13，黄鳍金枪鱼 CPUE 较高（5.26 尾/千钩以上）的叶绿素浓度为 0.10～0.22μg/L，黄鳍金枪鱼 CPUE 最高（10.42 尾/千钩）的叶绿素浓度为 0.16～0.18μg/L。

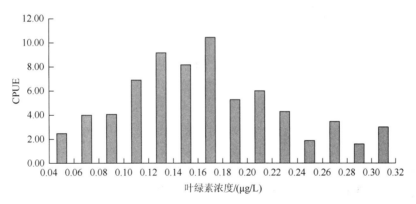

图 3-7-13　黄鳍金枪鱼 CPUE 与叶绿素浓度的关系

7.1.2.5　黄鳍金枪鱼的栖息溶解氧含量

黄鳍金枪鱼 CPUE 与溶解氧含量的关系见图 3-7-14，黄鳍金枪鱼 CPUE 较高（8.42 尾/千钩以上）的溶解氧含量为 3.0～4.0mg/L；黄鳍金枪鱼 CPUE 最高（17.73 尾/千钩）的溶解氧含量为 3.0～3.5mg/L。

7.1.2.6　黄鳍金枪鱼的栖息南北向海流

黄鳍金枪鱼 CPUE 与南北向海流的关系见图 3-7-15，黄鳍金枪鱼 CPUE 较高的南北向海流范围为 0.2～0.5m/s；黄鳍金枪鱼 CPUE 最高（15.21 尾/千钩）的海流范围为 0.3～0.4m/s。

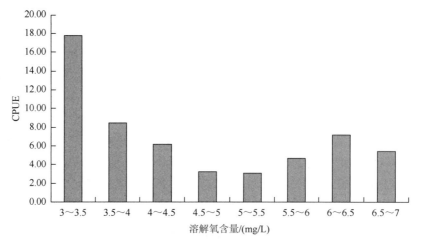

图 3-7-14　黄鳍金枪鱼 CPUE 与溶解氧含量的关系

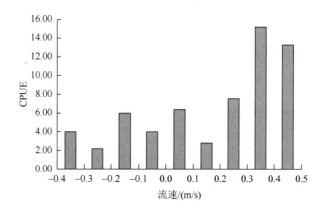

图 3-7-15　黄鳍金枪鱼 CPUE 与南北向海流的关系

7.1.2.7　黄鳍金枪鱼的栖息东西向海流

黄鳍金枪鱼 CPUE 与东西向海流的关系见图 3-7-16，黄鳍金枪鱼 CPUE 较高（15.02 尾/千钩）的东西向海流范围为−0.5～−0.3m/s；黄鳍金枪鱼 CPUE 最高（22.91 尾/千钩）的东西向海流范围为−0.5～−0.4m/s。−1.1～−1.0m/s 取样得到的尾数只有 2 尾，有较大的特殊性，故不作进一步的分析。

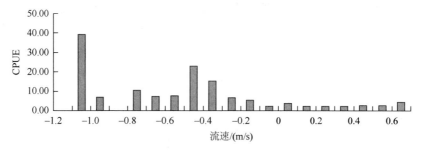

图 3-7-16　黄鳍金枪鱼 CPUE 与东西向海流的关系

7.1.2.8　黄鳍金枪鱼的栖息垂向海流

黄鳍金枪鱼 CPUE 与垂向海流的关系见图 3-7-17，黄鳍金枪鱼 CPUE 较高的垂向海流范围为–0.04～–0.02m/s 和 0.02～0.04m/s；黄鳍金枪鱼 CPUE 最高（13.74 尾/千钩）的垂向海流范围为–0.04～–0.03m/s。0.04～0.05m/s 取样得到的尾数只有 1 尾，有较大的特殊性，故不作进一步的分析。

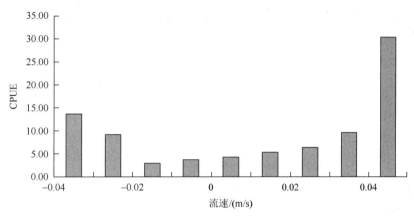

图 3-7-17　黄鳍金枪鱼 CPUE 与垂向海流的关系

7.1.2.9　黄鳍金枪鱼的栖息水平海流

黄鳍金枪鱼 CPUE 与水平海流的关系见图 3-7-18，黄鳍金枪鱼 CPUE 较高（4.12 尾/千钩）的水平海流范围为 0.1～0.8m/s；黄鳍金枪鱼 CPUE 最高（9.50 尾/千钩）的水平海流范围为 0.5～0.6m/s；0.9～1.0m/s 和 1.0～1.1m/s 取样得到的尾数分别只有 2 尾，有较大的特殊性，故不作进一步的分析。

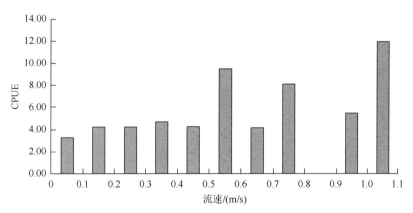

图 3-7-18　黄鳍金枪鱼 CPUE 与水平海流的关系

7.2　应用流剪切系数拟合钓钩深度计算模型分析大眼（黄鳍）金枪鱼的栖息环境

应用 SPSS 软件，采用多元线性逐步回归的方法建立 2009 年 10 月 6 日至 12 月 21 日测定的 338 枚（有流剪切系数数据）钓钩的实际平均深度与理论深度的关系模型。模型分为船用钓具（根据 236 枚钓钩拟合）和试验钓具（根据 102 枚钓钩拟合）两部分。

船用钓具钓钩深度计算采用的模型为

$$\lg(Y_1/Y_2) = -0.311 - 0.258X_1 - 0.121X_2 + 0.038X_4，\ R = 0.664 \tag{3-7-5}$$

则拟合钓钩深度的最终计算公式为

$$\bar{D} = D_T 10^{-0.311 - 0.258j - 0.121\tilde{K} + 0.038\sin\gamma} \tag{3-7-6}$$

式中，Y_1 为拟合钓钩深度（$\bar{D}$）；Y_2 为理论钓钩深度（D_T）；X_1 为钩号（j）；X_2 为流剪切系数（$\tilde{K}$）；X_4 为风流合压角（γ）正弦值。

试验钓具部分钓钩深度计算采用的模型为

$$\lg(Y_1/Y_2) = -0.437 - 0.427X_1 - 0.224X_2，\ R = 0.780 \tag{3-7-7}$$

则拟合钓钩深度的最终计算公式为

$$\bar{D} = D_T 10^{-0.437 - 0.427j - 0.224\tilde{K}} \tag{3-7-8}$$

7.2.1 大眼金枪鱼的栖息环境

调查期间，共测定了 108 尾大眼金枪鱼的上钩钩号。分析大眼金枪鱼 CPUE 与拟合钓钩深度的关系时，用到全部 108 尾鱼；分析大眼金枪鱼 CPUE 与水温、盐度、叶绿素浓度、溶解氧含量的关系时，用到其中的 96 尾。分析大眼金枪鱼 CPUE 与三维海流、水平流速的关系时，用到其中的 99 尾。以下分析结合专家经验和有关数据进行。

7.2.1.1 大眼金枪鱼的栖息水层

大眼金枪鱼 CPUE 与水深的关系见图 3-7-19，大眼金枪鱼的上钩率随着深度的增加而上升，上钩率最高的水层为 160～200m（3.01 尾/千钩）。

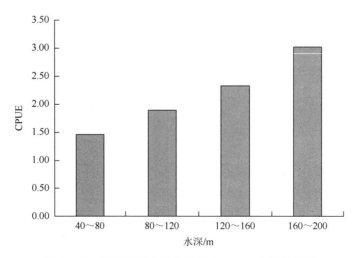

图 3-7-19　调查期间大眼金枪鱼 CPUE 与水深的关系

7.2.1.2 大眼金枪鱼的栖息水温

大眼金枪鱼 CPUE 与水温的关系见图 3-7-20，大眼金枪鱼 CPUE 较高的水温为 12～

15℃。大眼金枪鱼CPUE最高（8.29尾/千钩）的水温范围为12~13℃或14~15℃。

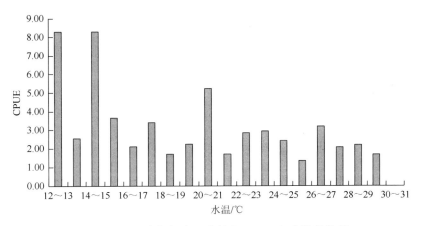

图3-7-20　调查期间大眼金枪鱼CPUE与水温的关系

7.2.1.3　大眼金枪鱼的栖息盐度

大眼金枪鱼CPUE与盐度的关系见图3-7-21，大眼金枪鱼CPUE较高的盐度范围为34.9~35.3，大眼金枪鱼CPUE最高（4.80尾/千钩）的盐度范围为35.1~35.2。

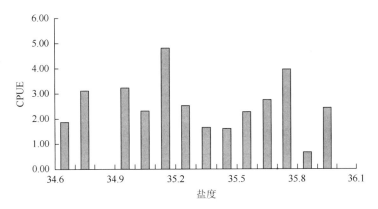

图3-7-21　调查期间大眼金枪鱼CPUE与盐度的关系

7.2.1.4　大眼金枪鱼的栖息叶绿素浓度

大眼金枪鱼CPUE与叶绿素浓度的关系见图3-7-22，大眼金枪鱼CPUE较高的叶绿素浓度范围为0.06~0.12μg/L和0.18~0.28μg/L。大眼金枪鱼CPUE最高的叶绿素浓度范围为0.22~0.24μg/L（6.39尾/千钩）。

7.2.1.5　大眼金枪鱼的栖息溶解氧含量

大眼金枪鱼CPUE与溶解氧含量的关系见图3-7-23，大眼金枪鱼CPUE较高的溶解氧含量范围为4.0~5.0mg/L，大眼金枪鱼CPUE最高（3.46尾/千钩）的溶解氧含量为4.5~5.0mg/L。

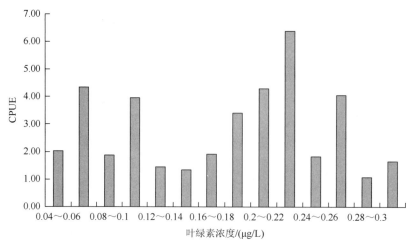

图 3-7-22　调查期间大眼金枪鱼 CPUE 与叶绿素浓度的关系

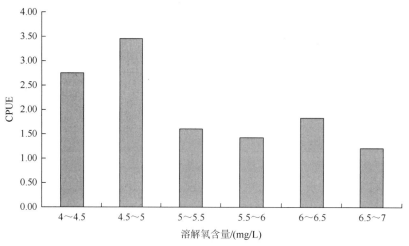

图 3-7-23　调查期间大眼金枪鱼 CPUE 与溶解氧含量的关系

7.2.1.6　大眼金枪鱼的栖息南北向海流

大眼金枪鱼 CPUE 与南北向海流的关系见图 3-7-24，大眼金枪鱼 CPUE 较高的南北向海流范围为–0.2～0.2m/s，大眼金枪鱼 CPUE 最高（3.41 尾/千钩）的南北向海流范围为–0.2～–0.1m/s。

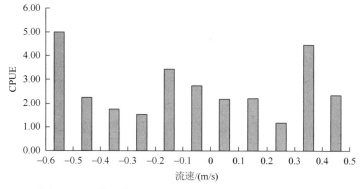

图 3-7-24　大眼金枪鱼 CPUE 与南北向海流之间的关系

由于–0.6～–0.5m/s、0.3～0.5m/s范围内的取样尾数较少，误差较大，在此不作进一步分析。

7.2.1.7　大眼金枪鱼的栖息东西向海流

大眼金枪鱼CPUE与东西向海流的关系见图3-7-25，大眼金枪鱼CPUE较高的东西向海流范围为–0.2～0.3m/s，大眼金枪鱼CPUE最高（3.02尾/千钩）的东西向海流范围为0.0～0.1m/s。由于–1.1～–0.9m/s、–0.6～–0.5m/s、–0.4～–0.3m/s和0.5～0.7m/s范围内取样尾数较少，误差较大，故不予进一步分析。

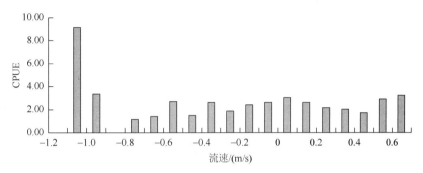

图3-7-25　大眼金枪鱼CPUE与东西向海流的关系

7.2.1.8　大眼金枪鱼的栖息垂向海流

大眼金枪鱼CPUE与垂向海流的关系见图3-7-26，除–0.04～–0.03m/s、0.03～0.04m/s段内的CPUE明显较高外，其他各垂向海流范围内的大眼金枪鱼CPUE相差不大，大眼金枪鱼CPUE最高（11.14尾/千钩）的垂向海流范围为–0.04～–0.03m/s。

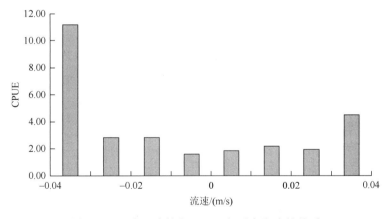

图3-7-26　大眼金枪鱼CPUE与垂向海流的关系

7.2.1.9　大眼金枪鱼的栖息水平海流

大眼金枪鱼CPUE与水平海流的关系见图3-7-27，除0.9～1.1m/s和0.7～0.8m/s以外，大眼金枪鱼的CPUE变化不大。较高CPUE（2.85尾/千钩以上）对应的水平流速范围为0.1～0.3m/s。在0.9～1.0m/s与1.0～1.1m/s海流范围中由于取样尾数太少，偶然性较大，不予进一步分析。

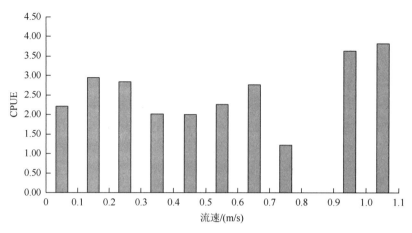

图 3-7-27 大眼金枪鱼 CPUE 与水平海流的关系

7.2.2 黄鳍金枪鱼的栖息环境

调查期间（投放海流计的站点），共测定 239 尾黄鳍金枪鱼的上钩钩号。分析黄鳍金枪鱼 CPUE 与水深的关系时，用到全部 239 尾鱼；分析黄鳍金枪鱼 CPUE 与水温、盐度、叶绿素浓度、溶解氧含量的关系时，用到其中的 206 尾；分析黄鳍金枪鱼 CPUE 与三维海流、水平流速的关系时，用到其中的 165 尾。以下分析结合专家经验和有关数据进行。

7.2.2.1 黄鳍金枪鱼的栖息水层

黄鳍金枪鱼 CPUE 与水深的关系见图 3-7-28，黄鳍金枪鱼 CPUE 较高（5.32 尾/千钩以上）的水层为 40~160m，黄鳍金枪鱼 CPUE 最高（7.25 尾/千钩）的水层为 80~120m，一般认为 80~160m 水层可取得较高的 CPUE。

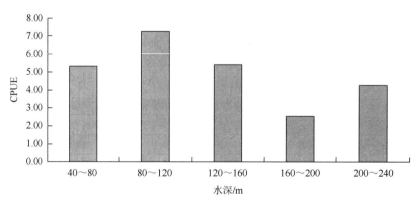

图 3-7-28 黄鳍金枪鱼 CPUE 与水深的关系

7.2.2.2 黄鳍金枪鱼的栖息水温

黄鳍金枪鱼 CPUE 与水温的关系见图 3-7-29，黄鳍金枪鱼 CPUE 较高的水温为 20~24℃、29~30℃；黄鳍金枪鱼 CPUE 最高（9.20 尾/千钩）的水温为 29~30℃，其次为 23~24℃。

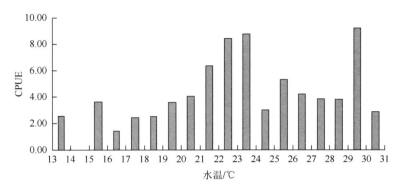

图 3-7-29　黄鳍金枪鱼 CPUE 与水温的关系

7.2.2.3　黄鳍金枪鱼的栖息盐度

黄鳍金枪鱼 CPUE 与盐度的关系见图 3-7-30，黄鳍金枪鱼 CPUE 主要分布的盐度为 34.6～35.1，黄鳍金枪鱼 CPUE 最高（46.60 尾/千钩）的盐度为 34.7～34.8。

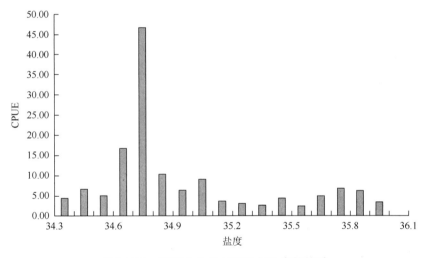

图 3-7-30　黄鳍金枪鱼 CPUE 与盐度的关系

7.2.2.4　黄鳍金枪鱼的栖息叶绿素浓度

黄鳍金枪鱼 CPUE 与叶绿素浓度的关系见图 3-7-31，黄鳍金枪鱼 CPUE 较高（5.72 尾/千钩以上）的叶绿素浓度为 0.10～0.18μg/L，黄鳍金枪鱼 CPUE 最高（13.39 尾/千钩）的叶绿素浓度为 0.16～0.18μg/L。

7.2.2.5　黄鳍金枪鱼的栖息溶解氧含量

黄鳍金枪鱼 CPUE 与溶解氧含量的关系见图 3-7-32，黄鳍金枪鱼 CPUE 较高（5.25 尾/千钩以上）的溶解氧含量为 6.0～7.0mg/L；黄鳍金枪鱼 CPUE 最高（9.80 尾/千钩）对应的溶解氧含量为 6～6.5mg/L。

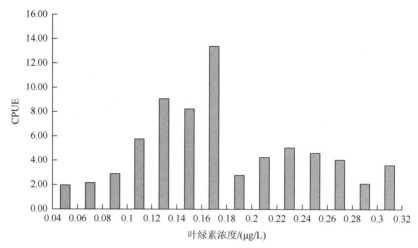

图 3-7-31　黄鳍金枪鱼 CPUE 与叶绿素浓度的关系

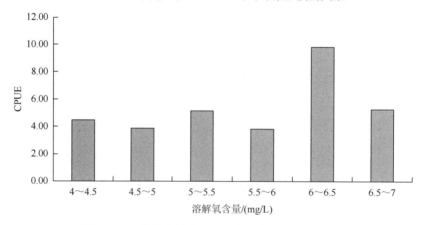

图 3-7-32　黄鳍金枪鱼 CPUE 与溶解氧含量的关系

7.2.2.6　黄鳍金枪鱼的栖息南北向海流

黄鳍金枪鱼 CPUE 与南北向海流的关系见图 3-7-33，黄鳍金枪鱼 CPUE 较高的南北向海流为 0.2～0.5m/s；黄鳍金枪鱼 CPUE 最高（17.03 尾/千钩）的海流范围为 0.3～0.4m/s。

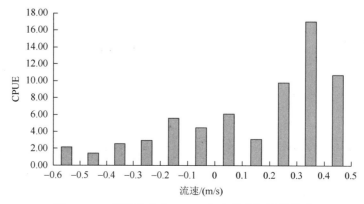

图 3-7-33　黄鳍金枪鱼 CPUE 与南北向海流的关系

7.2.2.7　黄鳍金枪鱼的栖息东西向海流

黄鳍金枪鱼CPUE与东西向海流的关系见图3-7-34，黄鳍金枪鱼CPUE较高的东西向海流为–0.5～–0.3m/s；黄鳍金枪鱼CPUE最高（29.69尾/千钩）的东西向海流范围为–0.5～–0.4m/s。

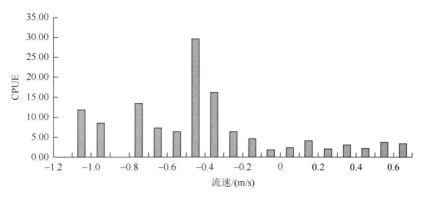

图3-7-34　黄鳍金枪鱼CPUE与东西向海流的关系

7.2.2.8　黄鳍金枪鱼的栖息垂向海流

黄鳍金枪鱼CPUE与垂向海流的关系见图3-7-35，黄鳍金枪鱼CPUE较高的垂向海流为0.01～0.04m/s；黄鳍金枪鱼CPUE最高（7.92尾/千钩）的海流范围为0.02～0.04m/s。由于–0.04～–0.03m/s和0.04～0.05m/s范围内取样尾数较少，误差较大，在此不予进一步分析。

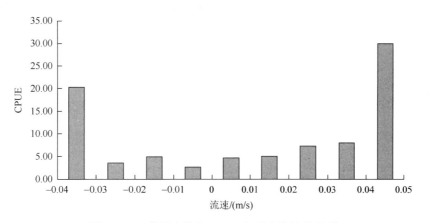

图3-7-35　黄鳍金枪鱼CPUE与垂向海流的关系

7.2.2.9　黄鳍金枪鱼的栖息水平海流

黄鳍金枪鱼CPUE与水平海流的关系见图3-7-36，黄鳍金枪鱼CPUE较高（4.05尾/千钩以上）的水平海流范围为0.2～0.8m/s；黄鳍金枪鱼CPUE最高（11.66尾/千钩）的水平海流范围为0.7～0.8m/s。由于0.9～1.1m/s范围内取样尾数较少，误差较大，在此不予进一步分析。

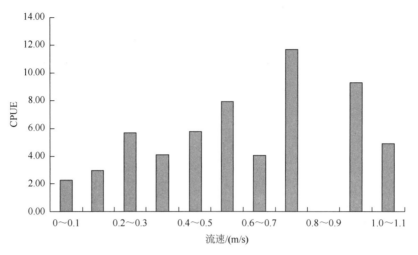

图 3-7-36　黄鳍金枪鱼 CPUE 与水平海流的关系

8　大眼金枪鱼和黄鳍金枪鱼的渔场形成机制

　　由于分析海洋环境与大眼金枪鱼的 CPUE 的关系时,海洋环境数据相隔的时间跨度不宜太长,作业位置需连续。因此,按照表 3-1-1 和图 3-1-2 中的 4 个渔场来分析各个渔场大眼金枪鱼和黄鳍金枪鱼的 CPUE 与表层(10m)、25m、50m、75m、100m、150m、200m、250m、300m、325m、350m、400m 水层的温度、盐度、溶解氧含量、叶绿素浓度(水温分别记为 T_{10}、T_{25}、T_{50}、T_{75}、T_{100}、T_{150}、T_{200}、T_{250}、T_{300}、T_{325}、T_{350}、T_{400}。盐度分别记为 S_{10}、S_{25}、S_{50}、S_{75}、S_{100}、S_{150}、S_{200}、S_{250}、S_{300}、S_{325}、S_{350}、S_{400}。溶解氧含量分别记为 DO_{10}、DO_{25}、DO_{50}、DO_{75}、DO_{100}、DO_{150}、DO_{200}、DO_{250}、DO_{300}、DO_{325}、DO_{350}、DO_{400}。叶绿素浓度分别记为 CH_{10}、CH_{25}、CH_{50}、CH_{75}、CH_{100}、CH_{150}、CH_{200}、CH_{250}、CH_{300}、CH_{325}、CH_{350}、CH_{400})及钓具的漂移速度(V_g)、风流合压角(γ)、风速(V_w)、风舷角(Q_w)的相关关系。

　　调查期间大眼金枪鱼和黄鳍金枪鱼总的 CPUE 分布、大眼金枪鱼的 CPUE 分布、黄鳍金枪鱼的 CPUE 分布见图 3-8-1～图 3-8-3。

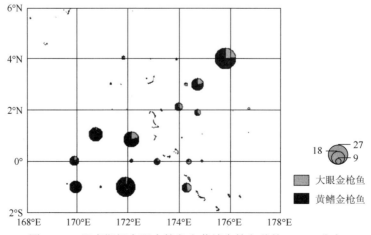

图 3-8-1　调查期间大眼金枪鱼和黄鳍金枪鱼总的 CPUE 分布

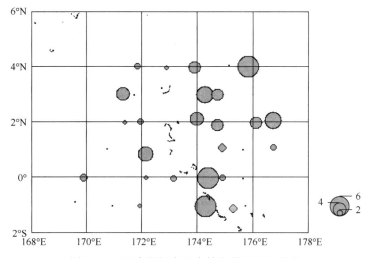

图 3-8-2　调查期间大眼金枪鱼的 CPUE 分布

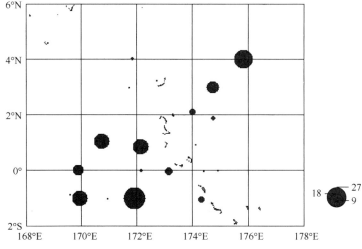

图 3-8-3　调查期间黄鳍金枪鱼的 CPUE 分布

8.1　整个调查期间渔场形成机制研究

8.1.1　大眼金枪鱼

整个调查期间 4 个渔场与大眼金枪鱼 CPUE 分布有显著相关性的指标及相关系数和显著性水平见表 3-8-1，对大眼金枪鱼 CPUE 分布有影响的指标及相关程度可用相关系数来判断。

表 3-8-1　整个调查期间与大眼金枪鱼 CPUE 有显著相关性的指标及相关系数和显著性水平（4 个渔场汇总统计）

显著相关指标	相关系数	显著性水平 α（双尾）
V_g	−0.485	0.004
S_{150}	−0.370	0.034
$\tilde{K}$	−0.363	0.038

注：S_{150} 表示 150m（±5m）水深处的盐度

　　大眼金枪鱼 CPUE 与钓具漂移速度关系见图 3-8-4。大眼金枪鱼 CPUE 与钓具漂移速度关系呈较强的负相关关系，即钓具漂移速度越大，大眼金枪鱼 CPUE 越低。由图 3-8-4 得，钓具漂移速度在 0.10～0.21m/s 范围内，大眼金枪鱼 CPUE 较高。

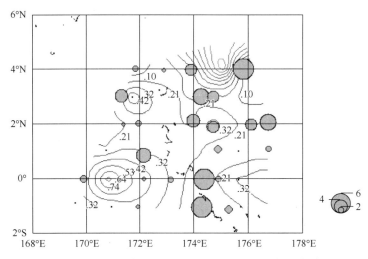

图 3-8-4　大眼金枪鱼 CPUE 与钓具漂移速度的关系

　　大眼金枪鱼总 CPUE 与 150m 水深处的盐度关系见图 3-8-5，大眼金枪鱼 CPUE 与 150m 水深处的盐度有较弱的负相关关系，盐度在 35.37～35.53 范围内，大眼金枪鱼 CPUE 较高，盐度大于 35.53 的区域，CPUE 较低，几乎为 0。

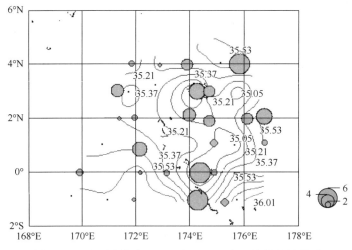

图 3-8-5　大眼金枪鱼 CPUE 与 150m 水深处盐度的关系

　　大眼金枪鱼 CPUE 与流剪切系数关系见图 3-8-6，大眼金枪鱼 CPUE 与流剪切系数关系呈较强的负相关关系，即海流越大，大眼金枪鱼 CPUE 越低。由图 3-8-6 得，流剪切系数在 -2.54～-2.28 范围内，大眼金枪鱼 CPUE 较高。

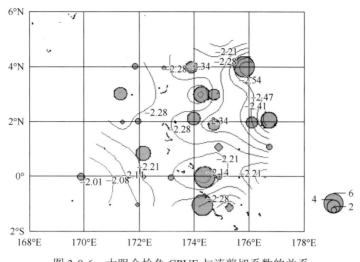

图 3-8-6　大眼金枪鱼 CPUE 与流剪切系数的关系

8.1.2　黄鳍金枪鱼

整个调查期间 4 个渔场与黄鳍金枪鱼 CPUE 分布有显著相关性的指标及相关系数和显著性水平见表 3-8-2。

表 3-8-2　整个调查期间与黄鳍金枪鱼 CPUE 有显著相关性的指标及相关系数和显著性水平（4 个渔场汇总统计）

显著相关指标	相关系数	显著性水平 α（双尾）
T_{200}	0.448	0.009
S_{100}	−0.439	0.011
CH_{400}	0.404	0.025
DO_{50}	−0.372	0.033
S_{50}	−0.369	0.034
DO_{400}	0.368	0.035
T_{25}	−0.367	0.036
T_{10}	0.367	0.036
S_{75}	−0.366	0.036

黄鳍金枪鱼 CPUE 与 10m、200m 水深处的温度关系如图 3-8-7 和图 3-8-8 所示。黄鳍金枪鱼 CPUE 分布与 10m 水深处的水温有相对较强的正相关性，由图 3-8-7 得，29.22～29.94℃水温范围内，在暖水团的靠近低温的一侧，CPUE 较高。由图 3-8-8 得，16.40～17.13℃水温范围内，在暖水团的靠近低温的一侧，CPUE 较高。

图 3-8-9 为黄鳍金枪鱼 CPUE 与 25m 水深处的温度关系。由图可知，黄鳍金枪鱼 CPUE 分布与 25m 水深处的水温有相对较强的负相关性，温度在 29.13～29.47℃时，在暖水团靠近低温一侧，CPUE 较高。

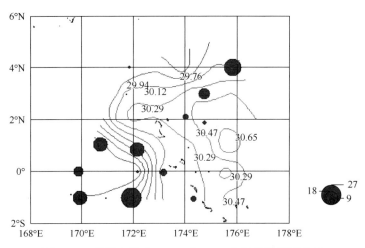

图 3-8-7 黄鳍金枪鱼 CPUE 与 10m 水深处的温度关系

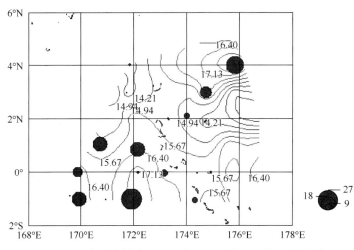

图 3-8-8 黄鳍金枪鱼 CPUE 与 200m 水深处的温度关系

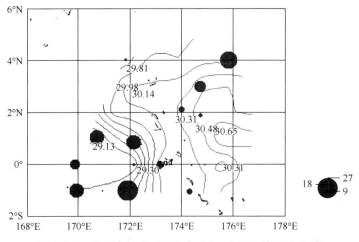

图 3-8-9 黄鳍金枪鱼 CPUE 与 25m 水深处的温度关系

　　图 3-8-10～图 3-8-12 分别为黄鳍金枪鱼 CPUE 与 50m、75m 和 100m 水深处的盐度关系图。通过分析对黄鳍金枪鱼 CPUE 与 50m、75m 和 100m 水深处的盐度关系图，发现黄鳍金枪鱼 CPUE 分布与盐度有相对较弱的负相关性，可分别得出在 50m、75m 和 100m 水深处，盐度分别在 34.33～34.71、34.50～34.89 和 34.67～35.17 时，黄鳍金枪鱼 CPUE 较高。

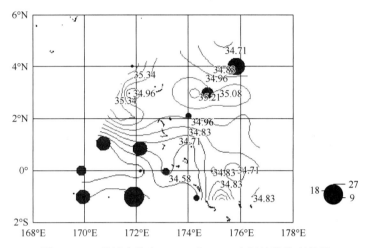

图 3-8-10　黄鳍金枪鱼 CPUE 与 50m 水深处的盐度关系

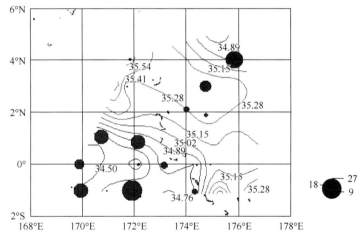

图 3-8-11　黄鳍金枪鱼 CPUE 与 75m 水深处的盐度关系

　　黄鳍金枪鱼 CPUE 与 400m 水深处的叶绿素浓度关系见图 3-8-13。黄鳍金枪鱼 CPUE 与 400m 水深处的叶绿素浓度关系呈较强的负相关关系，由图可知，叶绿素浓度在 0.055～0.058μg/L 内，CPUE 较高。

　　黄鳍金枪鱼 CPUE 与 50m 水深处的溶解氧含量关系见图 3-8-14。黄鳍金枪鱼 CPUE 与 50m 水深处的溶解氧含量关系呈较强的负相关关系，由图可知，溶解氧含量在 6.57～6.69mg/L 内，CPUE 较高。

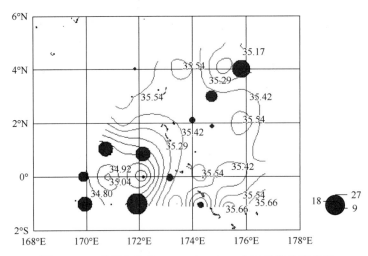

图 3-8-12　黄鳍金枪鱼 CPUE 与 100m 水深处的盐度关系

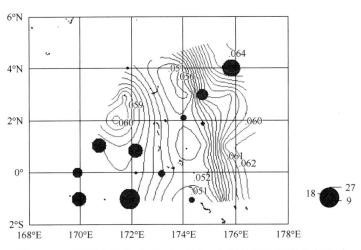

图 3-8-13　黄鳍金枪鱼 CPUE 与 400m 水深处的叶绿素浓度关系

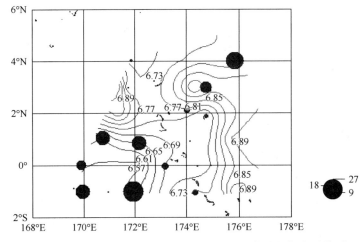

图 3-8-14　黄鳍金枪鱼 CPUE 与 50m 水深处的溶解氧含量关系

图 3-8-15 表示黄鳍金枪鱼 CPUE 与 400m 水深处的溶解氧含量关系。黄鳍金枪鱼 CPUE 与 400m 水深处的溶解氧含量关系呈较强的正相关关系，由图可知，溶解氧含量在 1.72～2.17mg/L 内，CPUE 较高。

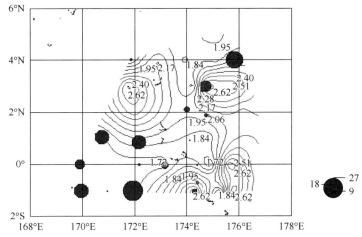

图 3-8-15　黄鳍金枪鱼 CPUE 与 400m 水深处的溶解氧含量关系

8.2　分渔场形成机制研究

"深联成 719" 船进行了 4 个渔场的调查，将调查期间取得的数据汇总统计。4 个渔场与大眼金枪鱼 CPUE 分布有显著相关性的指标汇总见表 3-8-3；4 个渔场与黄鳍金枪鱼 CPUE 分布有显著相关性的指标汇总见表 3-8-4。

表 3-8-3　各渔场与大眼金枪鱼 CPUE 有显著相关性的指标汇总

渔场	显著相关指标	相关系数	显著性水平 α（双尾）
第一	V_g	−0.686	0.020
	$\tilde{K}$	−0.828	0.002
第二	Q_w	0.815	0.026
	T_{25}	−0.770	0.043
	CH_{350}	0.931	0.001
第三	T_{400}	0.844	0.004
第四	C_w	−0.819	0.046
	CH_{150}	0.833	0.039
	DO_{325}	0.813	0.049

表 3-8-4　各渔场与黄鳍金枪鱼 CPUE 有显著相关性的指标汇总

渔场	显著相关指标	相关系数	显著性水平 α（双尾）
第一	$\tilde{K}$	−0.865	0.001
第二	T_{10}	−0.778	0.039
	CH_{10}	0.880	0.009
	CH_{25}	0.780	0.039

续表

渔场	显著相关指标	相关系数	显著性水平 α（双尾）
第三	T_{100}	0.774	0.014
	S_{100}	−0.706	0.033
第四	Q_w	−0.824	0.044
	DO_{10}	0.877	0.022
	DO_{25}	0.892	0.017
	CH_{75}	−0.837	0.038
	S_{300}	0.912	0.011

8.2.1　第一渔场

第一渔场大眼金枪鱼和黄鳍金枪鱼 CPUE 分布分别见图 3-8-16 和图 3-8-17。

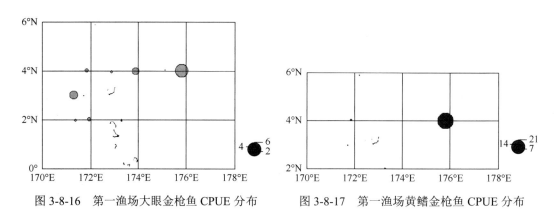

图 3-8-16　第一渔场大眼金枪鱼 CPUE 分布　　　图 3-8-17　第一渔场黄鳍金枪鱼 CPUE 分布

8.2.1.1　大眼金枪鱼

本渔场对大眼金枪鱼 CPUE 有显著相关的指标为钓具漂移速度和流剪切系数。第一渔场大眼金枪鱼 CPUE 与钓具漂移速度关系见图 3-8-18，大眼金枪鱼 CPUE 与钓具漂移速度呈较强的负相关关系，即钓具漂移速度越大，大眼金枪鱼 CPUE 越低。由图得，钓具漂移速度在 0.21～0.42m/s 范围内，大眼金枪鱼 CPUE 较高。第一渔场大眼金枪鱼 CPUE 与流剪切系数关系见图 3-8-19。大眼金枪鱼 CPUE 与流剪切系数关系呈较强的负相关关系，即海流越大，大眼金枪鱼 CPUE 越低。由图得，流剪切系数在−2.47～−2.34 范围内，大眼金枪鱼 CPUE 较高。

8.2.1.2　黄鳍金枪鱼

本渔场对黄鳍金枪鱼 CPUE 有显著相关的指标为流剪切系数。黄鳍金枪鱼 CPUE 分布与流剪切系数呈很强的负相关性。第一渔场黄鳍金枪鱼 CPUE 与流剪切系数关系见图 3-8-20，流剪切系数在−2.60～−2.38 范围内，黄鳍金枪鱼 CPUE 较高。

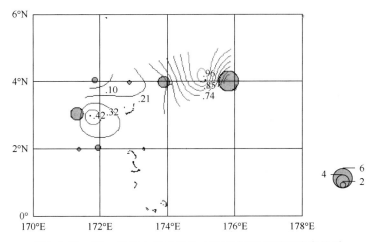

图 3-8-18　第一渔场大眼金枪鱼 CPUE 与钓具漂移速度关系

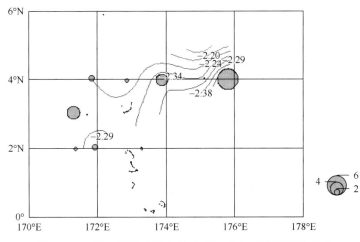

图 3-8-19　第一渔场大眼金枪鱼 CPUE 与流剪切系数关系

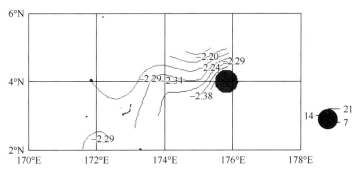

图 3-8-20　第一渔场黄鳍金枪鱼 CPUE 与流剪切系数关系

8.2.2　第二渔场

第二渔场大眼金枪鱼和黄鳍金枪鱼 CPUE 分布分别见图 3-8-21 和图 3-8-22。

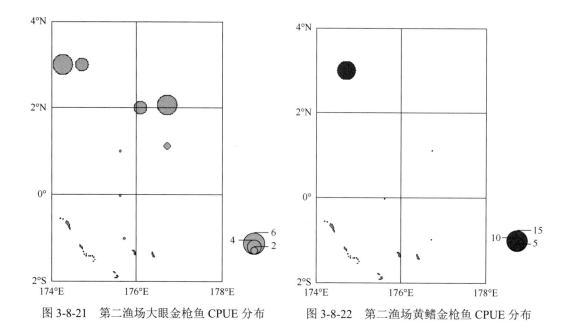

图 3-8-21　第二渔场大眼金枪鱼 CPUE 分布　　　图 3-8-22　第二渔场黄鳍金枪鱼 CPUE 分布

8.2.2.1　大眼金枪鱼

第二渔场对大眼金枪鱼 CPUE 分布有显著相关关系的主要指标为风舷角、25m 水深处的温度和 350m 水深处的叶绿素浓度。

由图 3-8-23 得，大眼金枪鱼 CPUE 分布与风舷角呈很强的正相关关系，风舷角在 60°～70°时，大眼金枪鱼 CPUE 较高。第二渔场大眼金枪鱼 CPUE 与 25m 水深处的温度呈负相关关系，见图 3-8-24，温度范围在 30.30～30.53℃（低温一侧）内，大眼金枪鱼 CPUE

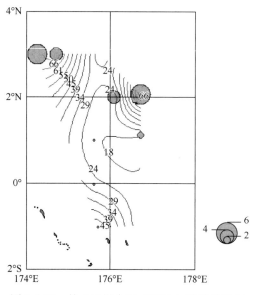

图 3-8-23　第二渔场大眼 CPUE 与风舷角关系

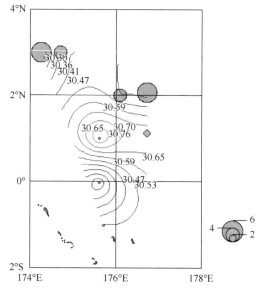

图 3-8-24　第二渔场大眼 CPUE 与 25m
水深处的温度关系

较高。图 3-8-25 为第二渔场大眼金枪鱼 CPUE 与 350m 水深处的叶绿素浓度分布关系，叶绿素浓度为 0.0572～0.0594μg/L 的区域（高叶绿素浓度一侧），大眼金枪鱼 CPUE 较高。

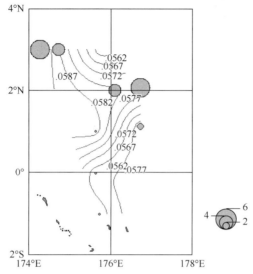

图 3-8-25　第二渔场大眼金枪鱼 CPUE 与 350m 水深处的叶绿素浓度关系

8.2.2.2　黄鳍金枪鱼

第二渔场对黄鳍金枪鱼 CPUE 分布有显著相关关系的主要指标为表层水温、表层叶绿素和 25m 水深处的叶绿素浓度。

由图 3-8-26 得，黄鳍金枪鱼 CPUE 与表层水温呈较强的负相关关系，在 10m 水深处，温度为 30.21～30.40℃的范围内（低温一侧），黄鳍金枪鱼 CPUE 较高。图 3-8-27 和图 3-8-28 为黄鳍金枪鱼 CPUE 与 10m 和 25m 水深处的叶绿素浓度的关系，黄鳍金枪鱼 CPUE 分布

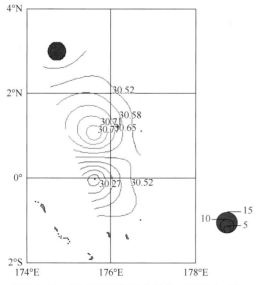

图 3-8-26　第二渔场黄鳍金枪鱼 CPUE 与 10m
水深处的温度关系

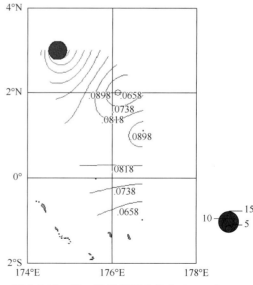

图 3-8-27　第二渔场黄鳍金枪鱼 CPUE 与 10m
水深处的叶绿素浓度关系

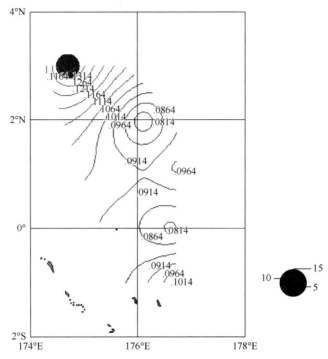

图 3-8-28 第二渔场黄鳍金枪鱼 CPUE 与 25m 水深处的叶绿素浓度关系

与叶绿素浓度呈较强的正相关性,叶绿素浓度范围分别为 0.1298~0.1458μg/L 和 0.1264~0.136μg/L,黄鳍金枪鱼 CPUE 较高。

8.2.3 第三渔场

第三渔场大眼金枪鱼和黄鳍金枪鱼 CPUE 关系分别见图 3-8-29 和图 3-8-30。

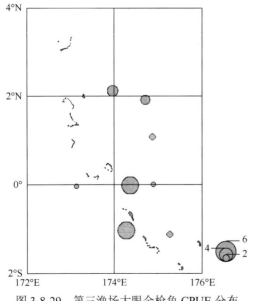

图 3-8-29 第三渔场大眼金枪鱼 CPUE 分布

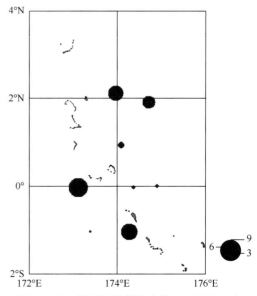

图 3-8-30 第三渔场黄鳍金枪鱼 CPUE 分布

8.2.3.1　大眼金枪鱼

第三渔场对大眼金枪鱼 CPUE 有显著相关关系的主要指标有 400m 水深处的温度。

图 3-8-31 为第三渔场大眼金枪鱼 CPUE 与 400m 水深处的温度分布关系图，大眼金枪鱼 CPUE 与 400m 水深处的温度呈较强的正相关性，在 400m 水深处，温度为 9.83～10.29℃ 的区域内，大眼金枪鱼 CPUE 较高。

8.2.3.2　黄鳍金枪鱼

第三渔场对黄鳍金枪鱼 CPUE 有显著相关关系的主要指标有 100m 水深处的温度和 100m 水深处的盐度。

由图 3-8-32 得，黄鳍金枪鱼 CPUE 与 100m 水深处的温度呈较强的正相关关系，在

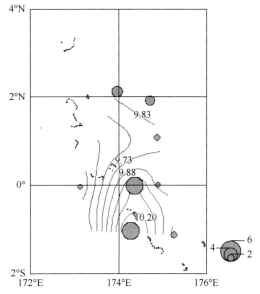

图 3-8-31　第三渔场大眼金枪鱼 CPUE 与 400m 水深处的温度关系

100m 水深处，温度为 29.93～30.25℃ 的区域，黄鳍金枪鱼 CPUE 较高。由图 3-8-33 得，100m 水深处，盐度为 35.03～35.36 的地区，黄鳍金枪鱼 CPUE 较高。

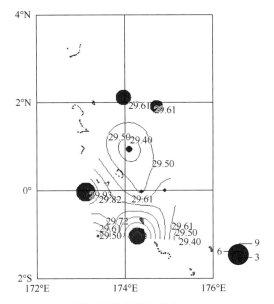

图 3-8-32　第三渔场黄鳍金枪鱼 CPUE 与 100m 水深处的温度关系

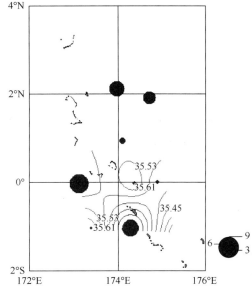

图 3-8-33　第三渔场黄鳍金枪鱼 CPUE 与 100m 水深处的盐度关系

8.2.4　第四渔场

第四渔场大眼金枪鱼和黄鳍金枪鱼 CPUE 关系分别见图 3-8-34 和图 3-8-35。

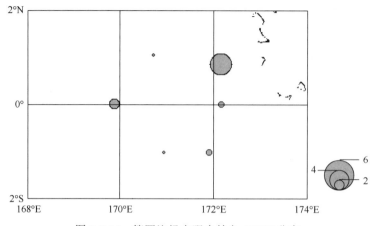

图 3-8-34　第四渔场大眼金枪鱼 CPUE 分布

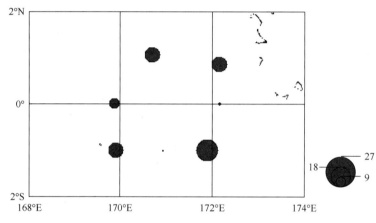

图 3-8-35　第四渔场黄鳍金枪鱼 CPUE 分布

8.2.4.1　大眼金枪鱼

第四渔场对大眼金枪鱼 CPUE 有显著相关关系的主要指标有 150m 水深处的叶绿素浓度和 325m 水深处的溶解氧含量。

图 3-8-36 为第四渔场大眼金枪鱼 CPUE 与 150m 水深处的叶绿素浓度关系图，大眼金枪鱼 CPUE 与 150m 水深处的叶绿素浓度呈较强的正相关性，在 150m 水深处，叶绿素浓度在 0.117～0.135μg/L 区域内，大眼金枪鱼 CPUE 较高。图 3-8-37 为第四渔场大眼金枪鱼 CPUE 与 325m 水深处的溶解氧含量关系图，大眼金枪鱼 CPUE 与 325m 水深处的溶解氧含量呈较强的正相关性，在 325m 水深处，溶解氧含量在 3.43～3.71mg/L 区域内，大眼金枪鱼 CPUE 较高。

8.2.4.2　黄鳍金枪鱼

第四渔场对黄鳍金枪鱼 CPUE 有显著相关关系的主要指标有风舷角、10m 水深处的溶解氧含量、25m 水深处的溶解氧含量、75m 水深处的叶绿素浓度和 300m 水深处的盐度。

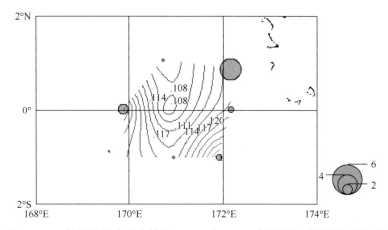

图 3-8-36　第四渔场大眼金枪鱼 CPUE 与 150m 水深处的叶绿素浓度关系

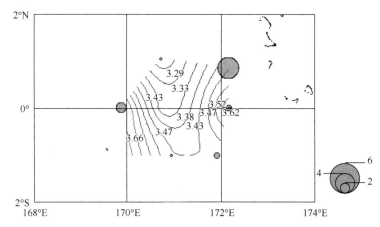

图 3-8-37　第四渔场大眼金枪鱼 CPUE 与 325m 水深处的溶解氧含量关系

　　由图 3-8-38 得,黄鳍金枪鱼 CPUE 与风舷角呈较强的负相关关系,风舷角范围为15°～43°的区域,黄鳍金枪鱼 CPUE 较高。图 3-8-39 和图 3-8-40 为黄鳍金枪鱼 CPUE 与 10m 水深处的溶解氧含量和 25m 水深处的溶解氧含量的关系,黄鳍金枪鱼 CPUE 分布与溶解

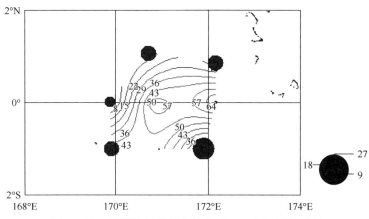

图 3-8-38　第四渔场黄鳍金枪鱼 CPUE 与风舷角关系

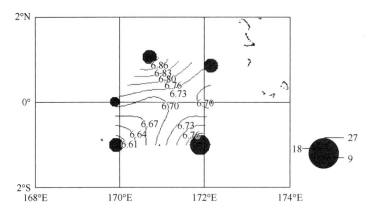

图 3-8-39　第四渔场黄鳍金枪鱼 CPUE 与 10m 水深处的溶解氧含量关系

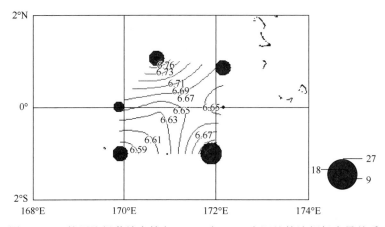

图 3-8-40　第四渔场黄鳍金枪鱼 CPUE 与 25m 水深处的溶解氧含量关系

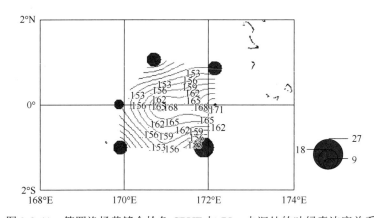

图 3-8-41　第四渔场黄鳍金枪鱼 CPUE 与 75m 水深处的叶绿素浓度关系

氧含量呈较强的正相关性，溶解氧含量范围分别为 6.76～6.86mg/L 和 6.69～6.82mg/L，黄鳍金枪鱼 CPUE 较高。由图 3-8-41 得，黄鳍金枪鱼 CPUE 与 75m 水深处的叶绿素浓度呈较强的负相关关系，75m 水深处，叶绿素浓度在 0.138～0.153μg/L 范围内，黄鳍金枪鱼 CPUE 较高。图 3-8-42 为第四渔场黄鳍金枪鱼 CPUE 与 300m 水深处的盐度关系图，黄鳍金枪鱼 CPUE 与 300m 水深处的盐度呈较强的正相关性,在 300m 水深处,盐度在 35.23~35.26 区域内,黄鳍金枪鱼 CPUE 较高。

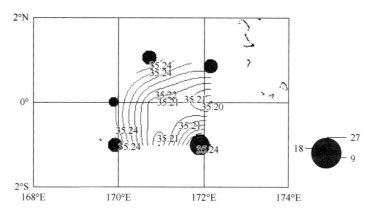

图 3-8-42　第四渔场黄鳍金枪鱼 CPUE 与 300m 水深处的盐度关系

8.3　小结

以上为基于 2009 年 10~12 月"深联成 719"调查船取得的数据,对大眼金枪鱼和黄鳍金枪鱼的渔场形成机制分析的结果。本次调查测量的指标较广,几乎收集了所有的风速、风向、钓具漂移速度和漂移方向,以及 0~400m 各水层的水温、盐度、叶绿素浓度、溶解氧含量、三维海流数据。

根据对调查船整个调查期间所有数据进行分析的结果,流剪切系数和钓具漂移速度对大眼金枪鱼的 CPUE 影响最大。150m 水深处的盐度对大眼金枪鱼 CPUE 分布的影响也较大。

200m 水深的温度、100m 水深的盐度和 50m 水深的溶解氧含量对黄鳍金枪鱼的 CPUE 影响最大。25m 水深的温度和 50m 的盐度对黄鳍金枪鱼 CPUE 分布的影响也较大。

大眼金枪鱼 CPUE 较高处为:①流剪切系数低的一侧(−2.54~−2.28);②钓具漂移速度低的一侧(0.10~0.21m/s);③150m 水深处盐度低的一侧(35.37~35.53)。

黄鳍金枪鱼 CPUE 较高处为:①冷暖水团的交汇处(200m 水深处 16.40~17.13℃);②100m 水深处盐度低的一侧(34.67~35.17);③50m 水深处溶解氧含量低的一侧(6.57~6.69mg/L)。

参 考 文 献

[1] Bigelow K,Musyl M K,Poisson F,et al. Pelagic longline gear depth and shoaling. Fisheries Research,2006,77:173~183.

[2] 齊藤昭二. マグロの遊泳層と延縄漁法. 東京:成山堂書屋,1992:9~10.

[3] 李志辉,罗平. SPSS for Windows 统计分析教程. 北京:电子工业出版社,2003:173~175.

第四篇

2010 年基里巴斯群岛水域冷海水金枪鱼
延绳钓渔船捕捞技术研究

深圳市联成远洋渔业有限公司和上海海洋大学联合组成的项目调查小组根据农业部渔业局远洋渔业处批准的《基里巴斯群岛水域金枪鱼资源探捕项目实施方案》，于 2010 年 11 月 20 日正式开始对基里巴斯群岛水域金枪鱼资源进行海上探捕调查，于 2011 年 1 月 20 日结束探捕调查，历时 61 天，两个航次，对 40 个站点的不同水深的水温、盐度、叶绿素浓度和溶解氧含量、三维海流等渔场环境参数进行了测定；通过微型温度深度计测定钓钩的实际深度；对渔具渔法进行交叉比较试验；对主要鱼种的生物学参数进行了测定；对生产数据进行了统计等。现总结如下，供今后生产时参考。

1　材料与方法

1.1　材料

1.1.1　调查船

执行本次海上调查任务的渔船为大滚筒金枪鱼延绳钓渔船"深联成 901"，主要的船舶参数如下：总长 26.93m；型宽 5.20m；型深 2.20m；总吨 102.00t；净吨 30.00t；主机功率 396.90kW。

1.1.2　调查时间、调查海区

探捕船两个航次探捕调查的时间、探捕范围、探捕站点等见表 4-1-1 和图 4-1-1。

表 4-1-1　探捕船对计划站点的探捕时间和范围

航次	探捕时间	探捕范围	
1	2010.11.20 至 2010.12.23	0°42′N～03°34′S	169°14′～179°59′E
2	2010.12.26 至 2011.1.20	01°04′N～02°37′S	169°00′～175°00′E

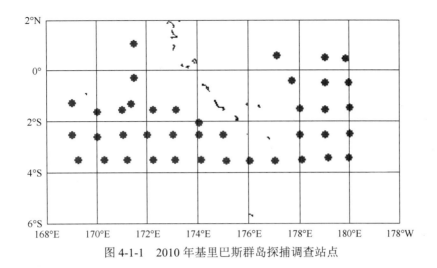

图 4-1-1　2010年基里巴斯群岛探捕调查站点

1.1.3　调查的渔具与渔法

1.1.3.1　调查的渔具

本次调查船上原来所用的钓具结构为：浮子直径为 360mm；浮子绳直径为 5.0mm，长 25m；干线直径为 4.0mm；支线第一段为直径 3.5mm 的硬质聚丙烯，长 2.0m 左右，第二段为 180$^{\#}$（直径为 1.8mm）的单丝，长 18m；第三段为直径 1.2mm 的钢丝，长 0.5m；自动挂扣与第一段用转环连接；第一段直接与第二段连接；第二段与第三段间用转环相连接；第三段直接与钓钩连接，全长 20m。

试验用的钓具按照表 3-1-2 所列的 16 种组合进行装配，第一段与第二段用 4 种带铅转环连接，在钓钩上方加两种重量的沉铅，部分在钓钩上方装配塑料荧光管（具体见"第三篇　1.1.3.1 调查的渔具"）。

1.1.3.2　调查的渔法

调查期间，一般情况下，6:00～9:00 投绳，持续时间为 3h 左右；15:30～21:00 起绳，持续时间为 5.5h 左右；船长根据探捕调查站点位置决定当天投绳的位置，受条件所限实际的投绳位置和计划站点位置会有一定的偏差。

船速一般为 7.5 节、出绳速度一般为 10.5 节、两浮子间的钓钩数为 25 枚、两钓钩间的时间间隔为 8s。每天投放原船用钓具 750 枚左右。

1.2　方法

1.2.1　调查方法

见"第三篇　1.2.1　调查方法"。

1.2.2　数据处理方法

1.2.2.1　海洋环境研究

见"第三篇　1.2.2.1　海洋环境研究"。

1.2.2.2 主要鱼种渔获量和上钩率分析

见"第三篇 1.2.2.2 主要鱼种渔获量和上钩率分析"。

1.2.2.3 生物学研究

见"第三篇 1.2.2.3 生物学研究"。

1.2.2.4 三维海流数据的预处理

见"第三篇 1.2.2.4 三维海流数据的预处理"。

1.2.2.5 实际钓钩深度与理论深度的关系

见"第三篇 1.2.2.5 实际钓钩深度与理论深度的关系"。

1.2.2.6 渔具渔法的比较试验

见"第三篇 1.2.2.6 渔具渔法的比较试验"。

1.2.2.7 大眼（黄鳍）金枪鱼的栖息环境

见"第三篇 1.2.2.7 大眼（黄鳍）金枪鱼的栖息环境"。

1.2.2.8 大眼（黄鳍）金枪鱼渔场形成机制

按照作业时间，将探捕海区划分为两个渔场，即每一航次为一渔场，见图4-1-2。

见"第三篇 1.2.2.8 大眼（黄鳍）金枪鱼渔场形成机制"。

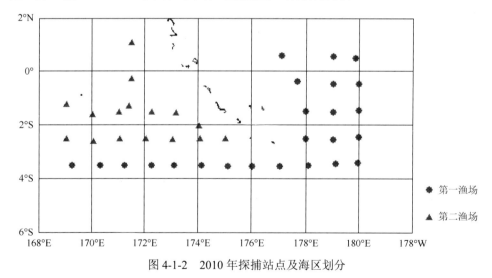

图4-1-2 2010年探捕站点及海区划分

2 海洋环境因子

2.1 海流

本次调查时间为2010年11月20日到2011年1月20日，分两个航次执行。具体调查范围为 3°34′S～1°04′N, 169°00′E～179°59′E, 跨 5 个纬度, 11 个经度。探捕区域主要受南赤道流的影响, 表层海流流向以向西为主, 在赤道的下方温跃层内, 有一支与赤道流方向相反自西向东的流动, 称为赤道潜流, 它一般呈带状分布, 厚约 200m, 宽约 300km, 最大流速高达 1.5m/s。流轴常与温跃层一致, 在大洋东部位于 50m 或更浅的深度内, 在大洋西部约在 200m 或更大的深度上。以下分析的海流数据是海流计实测的数据, 取 5～15m 水深海流为表层海流。第一航次为 3°34′S～0°42′N, 169°14′～179°59′E, 表层海流方向总体往西, 流速为 0.11～0.35m/s; 第二航次为 2°37′S～1°04′N, 169°00′～175°00′E, 表层海流方向总体往西北, 流速为 0.04～0.50m/s, 具体见表 4-2-1。两个航次漂移速度都较小, 均值约为为 0.21m/s。第一和第二个航次跨 5 个纬度, 两个航次主要在南半球作业。

表 4-2-1　调查海域范围及其海流状况

指标	第一航次	第二航次
流向	主要西北、西南; 其次是东南	主要西北; 其次是西南、东南
流速	0.11～0.35m/s	0.04～0.50m/s
海域范围	3°34′S～0°42′N, 169°14′～179°59′E	2°37′S～1°04′N, 169°00′～175°00′E

2.2　风速风向

调查海域的风速绝大部分情况下高于 5.3m/s, 第一航次出现的频率占 87.50%, 第二航次占 93.75%。调查过程中 0～3.3m/s 风速在两个航次中均未出现, 7.5～9.8m/s 风速在两个航次中出现的频率最高, 分别占 41.67% 和 68.75%。两个航次中都没出现超过 12.4m/s 的风速。两个航次的主导风向为东北风。详见表 4-2-2。

表 4-2-2　调查海域的风速频率

指标		第一航次	第二航次
风速/(m/s)	0～0.5	0.00%	0.00%
	0.6～1.7	0.00%	0.00%
	1.8～3.3	0.00%	0.00%
	3.4～5.2	12.50%	6.25%
	5.3～7.4	29.17%	12.50%
	7.5～9.8	41.67%	68.75%
	9.9～12.4	16.67%	12.50%
	>12.4	0.00%	0.00%
风向		主要东北; 其次北、东、东南	主要东北; 其次东南、西北

2.3 表层水温

本报告中取深度为水下（10±5）m 水层作为表层，考虑到海面受天气变化的影响较大，为了保证数据之间的可比性，本报告统一取此水层作为表层，然后计算这一水层水温的算术平均值。调查海域的表层水温在 26.49～29.08℃波动，平均为 27.671℃，第一航次的最低水温和最高水温分别为 26.49℃和 29.08℃，第二航次的最低水温和最高水温分别为 26.75℃和 28.81℃，两个航次的平均水温基本一样，详见表 4-2-3 和图 4-2-1。

表 4-2-3　调查海域的表层水温情况（℃）

指标	第一航次	第二航次
最高	29.08	28.81
最低	26.49	26.75
平均	27.67	27.67

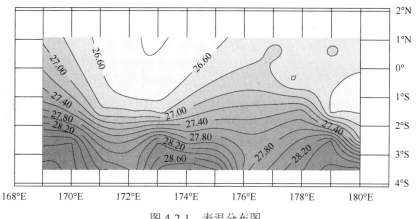

图 4-2-1　表温分布图

2.4 表层盐度

水层深度同上所述。计算该水层盐度的算术平均值。调查海域的表层盐度在 28.02～35.99 波动，平均为 35.55，波动范围较窄。两个航次的平均盐度比较接近，但第二航次的平均盐度略高出第一航次的盐度，详见表 4-2-4 和图 4-2-2。

表 4-2-4　调查海域的表层盐度

指标	第一航次	第二航次
最高	35.99	35.95
最低	28.02	35.58
平均	35.43	35.79

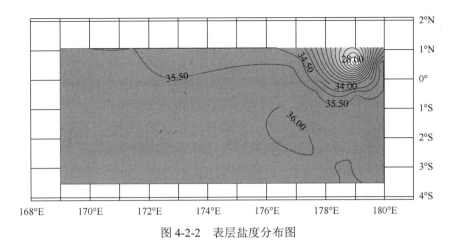

图 4-2-2　表层盐度分布图

2.5　表层叶绿素浓度

水层深度同上所述。计算该水层叶绿素浓度的算术平均值。调查海域的表层叶绿素浓度在 0.108~0.333μg/L 波动，平均为 0.185μg/L。第一航次表层叶绿素浓度的最大值高出第二航次的最大值，其表层叶绿素浓度的平均值也高出第二航次，详见表 4-2-5 和图 4-2-3。

表 4-2-5　调查海域的表层叶绿素浓度（μg/L）

指标	第一航次	第二航次
最高	0.333	0.310
最低	0.108	0.136
平均	0.193	0.173

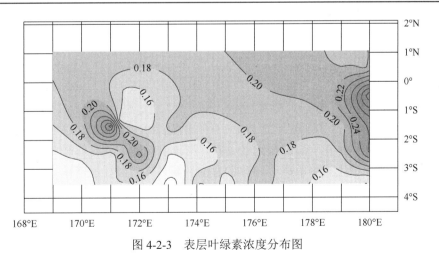

图 4-2-3　表层叶绿素浓度分布图

2.6　表层溶解氧含量

水层深度同上所述。计算该水层溶解氧含量的算术平均值。调查海域的表层溶解氧含量在 4.30～4.85mg/L 波动，平均为 4.59mg/L。由于第二航次中测量溶解氧含量的仪器出现问题，仅仅测定了两个站点的溶解氧含量，详见表 4-2-6 和图 4-2-4。

表 4-2-6 调查海域的表层溶解氧情况（mg/L）

指标	第一航次	第二航次
最高	4.85	4.47
最低	4.30	4.51
平均	4.60	4.49

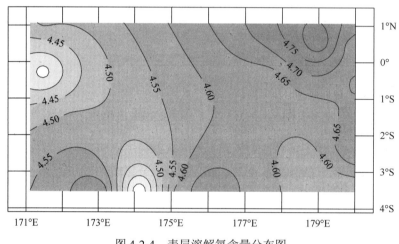

图 4-2-4 表层溶解氧含量分布图

3 主要金枪鱼鱼种渔获量及上钩率情况

3.1 整个调查期间的总体情况

3.1.1 渔获量状况

从 2010 年 11 月 20 日至 2011 年 1 月 20 日，两个航次共捕获大眼金枪鱼（BET）、黄鳍金枪鱼（YFT）431 尾，总渔获量（MIX）（渔获量采用原条鱼重的数据，下同）约 13 200.0kg（包括丢弃渔获量，约 712.3kg），其中大眼金枪鱼 227 尾，约 6423.5kg（包括丢弃渔获量，约 385.6kg），留存渔获平均重量为 28.6kg；黄鳍金枪鱼 204 尾，6776.5kg（包括丢弃渔获量，约 326.9kg），留存渔获平均重量为 33.1kg。第一航次的作业时间较长，共作业 24 次，总产量稍大于第二航次，其中大眼金枪鱼的总渔获量较多，但日渔获量却较低；第二航次虽然作业 16 次，总产量相应减少，但日渔获量较高。具体见表 4-3-1 和表 4-3-2。

表 4-3-1 调查期间调查船的产量（kg）情况

航次	作业次数	BET		YFT		MIX	
		尾数	重量	尾数	重量	尾数	重量
1	24	120	3 349.8	106	3 595.5	226	6 945.3
2	16	107	3 073.7	98	3 181.0	205	6 254.7
总计	40	227	6 423.5	204	6 776.5	431	13 200.0

表 4-3-2　调查期间调查船留存的渔获量（kg）情况

航次	作业次数	BET		YFT		MIX	
		尾数	重量	尾数	重量	尾数	重量
1	24	108	3 066.1	101	3 429.4	209	6 495.5
2	16	103	2 971.8	94	3 020.1	197	5 991.9
总计	40	211	6 037.9	195	6 449.5	406	12 487.4

　　对两个航次大眼金枪鱼和黄鳍金枪鱼的日渔获量（kg）、上钩率（尾/千钩，以下相同）进行了统计（在分析日渔获量出现频率时只使用留存的渔获，留存的渔获量情况见表 4-3-2），日渔获量按照 0～100kg、100～200kg、200～300kg，间隔为 100kg 的步程统计其出现的次数。

　　整个调查期间，不分鱼种（大眼金枪鱼和黄鳍金枪鱼，MIX）、大眼金枪鱼（BET）和黄鳍金枪鱼（YFT）的日渔获量等级出现频率见图 4-3-1～图 4-3-3。

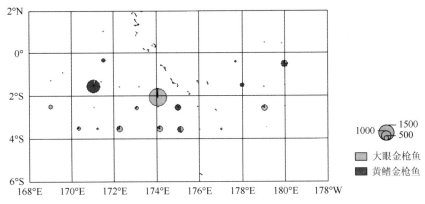

图 4-3-1　调查期间大眼金枪鱼、黄鳍金枪鱼日渔获量（kg）分布

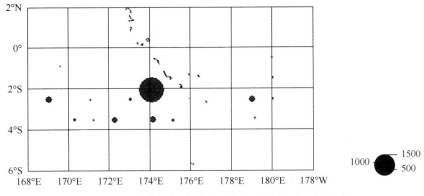

图 4-3-2　调查期间大眼金枪鱼日渔获量（kg）分布

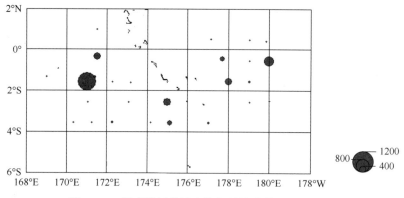

图 4-3-3   调查期间黄鳍金枪鱼日渔获量（kg）分布

1）不分鱼种：整个调查期间平均日渔获量为 312.18kg，最小日渔获量为 0，最大日渔获量为 1622.35kg（出现在第二航次）。日渔获量等级分布见图 4-3-4，渔获量在 100～150kg 与 400kg 以上等级的出现率最高，共出现 20 次，占 50%；50～150kg、150～200kg 等级频率较高，出现频率最低的为 0～50kg、200～250kg、250～300kg、300～350kg、350～400kg。

整个调查时期渔获量为 0 的仅 1 次，出现在第一航次。

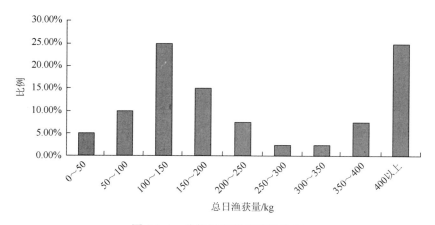

图 4-3-4   总的日渔获量等级分布

2）大眼金枪鱼：整个调查期间，其平均日渔获量为 150.9kg，最小日渔获量为 0，最大日渔获量为 1587.7kg（出现在第二航次）。具体的渔获量等级分布见图 4-3-5，渔获量 0～50kg 的出现频率最高，13 次，占 32.50%，没有出现 200～250kg 及 300～350kg 的渔获量，150～200kg、350～400kg 的渔获量，各出现 1 次，各占 2.50%。

整个调查时期有 11 次的大眼金枪鱼渔获量为 0，两个航次都有出现。

3）黄鳍金枪鱼：整个调查期间，其平均日渔获量为 161.2kg，最小日渔获量为 0，最大日渔获量为 1106.6kg（出现在第二航次）。具体的渔获量等级分布见图 4-3-6，渔获量 0～50kg 与 100～150kg 出现频率最高，各 11 次，各占 27.50%，200～300kg 等级没有分布，其他各个等级都有分布，300～350kg、350～400kg 的最少，依次只出现 1 次和 2 次，分别占 2.50% 和 5.00%。

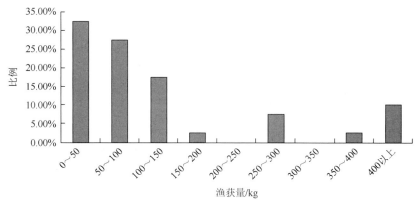

图 4-3-5　大眼金枪鱼日渔获量等级分布

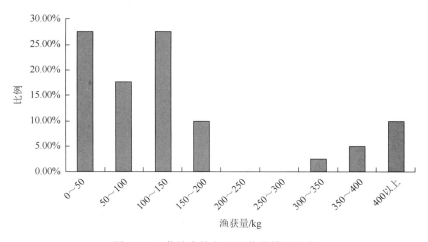

图 4-3-6　黄鳍金枪鱼日渔获量等级分布

整个调查时期有 6 次的黄鳍金枪鱼渔获量为 0，第一航次出现 4 次，第二航次为 2 次。

3.1.2　上钩率状况

两个航次共投钩 47 515 枚，大眼金枪鱼、黄鳍金枪鱼两种金枪鱼的上钩率、总上钩率分别为 4.78 尾/千钩、4.29 尾/千钩、9.07 尾/千钩（包括丢弃渔获量）。调查期间调查船的上钩率情况见表 4-3-3。调查期间大眼金枪鱼、黄鳍金枪鱼上钩率分布分别见图 4-3-7～图 4-3-9。

表 4-3-3　调查期间的上钩率（尾/千钩）情况

航次	钩数/枚	BET		YFT		MIX	
		尾数	上钩率	尾数	上钩率	尾数	上钩率
1	28 539	120	4.20	106	3.71	226	7.92
2	18 976	107	5.64	98	5.16	205	10.80
总平均	47 515	227	4.78	204	4.29	431	9.07

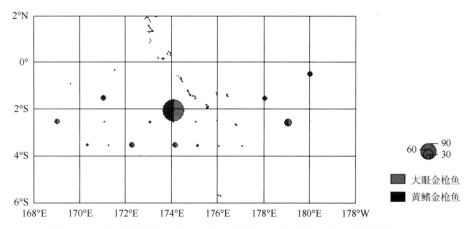

图 4-3-7　调查期间的大眼金枪鱼、黄鳍金枪鱼日上钩率（尾/千钩）分布

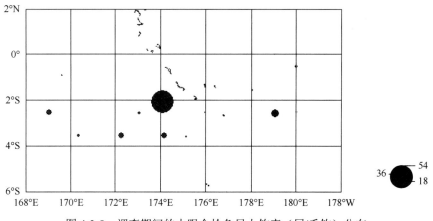

图 4-3-8　调查期间的大眼金枪鱼日上钩率（尾/千钩）分布

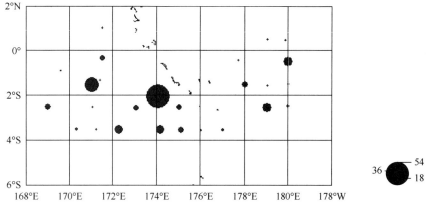

图 4-3-9　调查期间黄鳍金枪鱼日上钩率（尾/千钩）分布

对两个航次大眼金枪鱼和黄鳍金枪鱼的上钩率（尾/千钩，以下相同）进行了统计，按照 0~2 尾/千钩、2~4 尾/千钩、4~6 尾/千钩、6~8 尾/千钩、8~10 尾/千钩和 10 尾/千钩以上分为 6 个等级统计其出现的次数。

整个调查期间，不分鱼种（大眼金枪鱼和黄鳍金枪鱼）、大眼金枪鱼和黄鳍金枪鱼的上钩率等级出现频率见图4-3-10～图4-3-12。

1）两种金枪鱼：整个调查期间平均上钩率为9.07尾/千钩，最小上钩率为0，最大上钩率为53.96尾/千钩（出现在第二航次）。上钩率等级分布见图4-3-10，上钩率10尾/千钩以上等级的出现频率较高，12次，占30.0%；出现频率最低的为8～10尾/千钩，1次，占2.5%。

在整个调查期间仅出现1次上钩率为0，发生在第一航次。

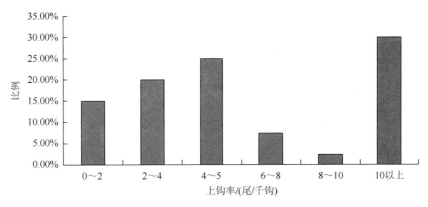

图4-3-10　两种鱼总的上钩率分布

2）大眼金枪鱼：整个调查期间，其平均上钩率为4.78尾/千钩，最小上钩率为0，最大上钩率为53.12尾/千钩（出现在第二航次）。具体的上钩率分布见图4-3-11，上钩率0～2尾/千钩的出现频率最高，21次，占52.5%，随着等级的增加，出现的频率逐次递减，10尾/千钩以上又突然增加，8～10尾/千钩的出现频率为0。

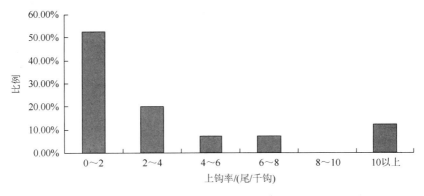

图4-3-11　大眼金枪鱼的上钩率分布图

3）黄鳍金枪鱼：整个调查期间，其平均上钩率为4.29尾/千钩。最小上钩率为0，最大上钩率为53.96尾/千钩（出现在第二航次）。具体的上钩率分布见图4-3-12，上钩率0～2尾/千钩出现频率最高，14次，占35%，上钩率在6～8尾/千钩与8～10尾/千钩出现频率最低，各为1次，各占2.5%。

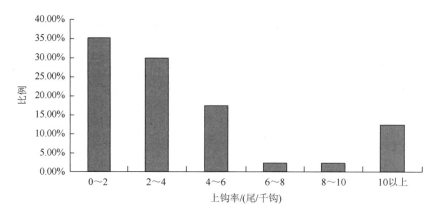

图 4-3-12 黄鳍金枪鱼的上钩率分布

3.2 分航次上钩率情况

各个航次两种金枪鱼（大眼金枪鱼和黄鳍金枪鱼）、大眼金枪鱼和黄鳍金枪鱼的上钩率出现的频率分别见表 4-3-4～表 4-3-6。

3.2.1 第一航次

1）大眼金枪鱼、黄鳍金枪鱼总计：第一航次调查船作业 24 次。平均上钩率 7.93 尾/千钩。上钩率 4～6 尾/千钩、10 尾/千钩以上的出现频率最高为 6 次，各占 25.00%。上钩率 8～10 尾/千钩频率最低，占 4.17%。上钩率最低为 0，最高为 22.77 尾/千钩，且出现两次（表 4-3-4）。

表 4-3-4 分航次两种金枪鱼的上钩率（尾/千钩）情况

上钩率	第一航次		第二航次	
	频率	比例/%	频率	比例/%
0～2	5	20.83	1	6.25
2～4	3	12.50	5	31.25
4～6	6	25.00	4	25.00
6～8	3	12.50	0	0
8～10	1	4.17	0	0
10 以上	6	25.00	6	37.50

2）大眼金枪鱼：第一航次，平均上钩率 4.21 尾/千钩。上钩率在 0～2 尾/千钩之间的出现频率最高，11 次，占 45.83%；上钩率为 8～10 尾/千钩最低，为 0。最低上钩率为 0，最高上钩率为 19.39 尾/千钩（表 4-3-5）。

表4-3-5　分航次大眼金枪鱼的上钩率（尾/千钩）情况

上钩率	第一航次		第二航次	
	频率	比例/%	频率	比例/%
0～2	11	45.83	10	62.50
2～4	5	20.83	3	18.75
4～6	3	12.50	0	0
6～8	2	8.33	1	6.25
8～10	0	0	0	0
10以上	3	12.50	2	12.50

3）黄鳍金枪鱼：第一航次，平均上钩率3.72尾/千钩。上钩率的频率在0～2尾/千钩，8次，占33.33%。最低上钩率为0，最高上钩率为15.18尾/千钩（表4-3-6）。

表4-3-6　分航次黄鳍金枪鱼的上钩率（尾/千钩）情况

上钩率	第一航次		第二航次	
	频率	比例/%	频率	比例/%
0～2	8	33.33	6	37.50
2～4	7	29.17	5	31.25
4～6	5	20.83	2	12.50
6～8	1	4.17	0	0
8～10	1	4.17	0	0
10以上	2	8.33	3	18.75

3.2.2　第二航次

第二航次调查时间为2010年12月26日至2011年1月20日，调查海域01°04′N～02°37′S，169°00′～175°00′E，共16个站点。

1）大眼金枪鱼、黄鳍金枪鱼总计：第二航次调查船作业16次，平均上钩率为10.80尾/千钩，每次都有渔获物（表4-3-4）。

2）大眼金枪鱼：第二航次，平均上钩率为5.64尾/千钩，最高上钩率为53.12尾/千钩，有5次无渔获物（表4-3-5）。

3）黄鳍金枪鱼：第二航次，平均上钩率为5.16尾/千钩，最高上钩率为31.20尾/千钩，出现在1月10日，共37尾；有两次无渔获物（表4-3-6）。

4 主要金枪鱼种类生物学特性

4.1 大眼金枪鱼

调查期间对所捕获的大眼金枪鱼共 227 尾的叉长、原条鱼重、加工后重（去鳃、去内脏重）、性别等数据进行了测定，其中雄性 58 尾、雌性 61 尾，雄性与雌性的性别比例约为 0.95∶1，另有 108 尾未作鉴定。雄性样本叉长范围为 0.86～1.50m，原条鱼重的范围为 14～71kg；雌性样本叉长范围为 0.89～1.41m，原条鱼重范围为 16～63kg。样本总原条鱼重约为 6423.5kg，样本平均原条鱼重约为 28.30kg/尾。调查期间尾数取样覆盖率为 100%，叉长取样覆盖率为 94.27%（214 尾），重量取样覆盖率为 44.49%（101 尾）。由于对于每尾取样鱼记录的数据不全，所以对于不同的研究项目分析时所用到的尾数不同。

4.1.1 叉长与原条鱼重之间的关系

整个调查期间，不分性别的大眼金枪鱼叉长与原条鱼重的关系（74 尾）通过幂函数回归得图 4-4-1。

基里巴斯海域不分性别的大眼金枪鱼叉长与原条鱼重的关系分别为

$$y = 1.6027 \times 10^{-5} x^{3.0741} \quad R^2 = 0.9702 \tag{4-4-1}$$

式中，y 表示原条鱼重；x 表示叉长。

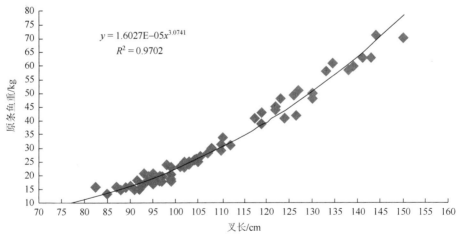

图 4-4-1　叉长与原条鱼重的关系

雌性（使用 20 尾数据）、雄性（使用 20 尾数据）叉长与原条鱼重的关系通过幂函数回归得图 4-4-2。

雌性：　　　　　　　　$y = 1.1163 \times 10^{-5} x^{3.1480} \quad R^2 = 0.9755 \tag{4-4-2}$

雄性：　　　　　　　　$y = 1.4681 \times 10^{-5} x^{3.0933} \quad R^2 = 0.9733 \tag{4-4-3}$

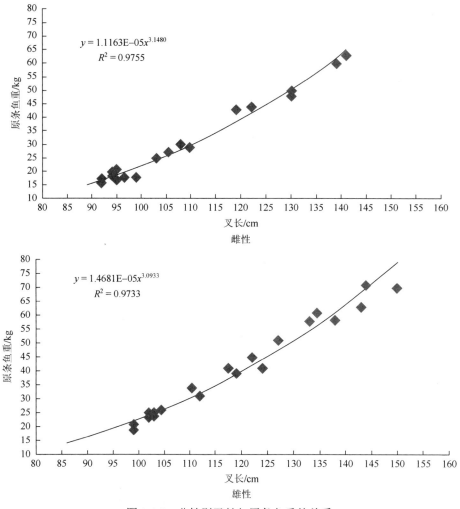

图 4-4-2　分性别叉长与原条鱼重的关系

4.1.2　叉长分布

调查期间，共测定了 214 尾大眼金枪鱼的叉长，最小叉长为 0.43m，最大叉长为 1.50m，平均叉长为 1.05m。整个调查期间的大眼金枪鱼的叉长分布见图 4-4-3，其中 0.85～1.15m 为优势叉长，占 75.36%。

雌性最小叉长为 0.89m，最大叉长为 1.41m，雄性最小叉长为 0.86m，最大叉长为 1.50m，如图 4-4-4 所示：雌性的优势叉长为 0.90～1.20m，占 73.77%；雄性的叉长分布相对比较均匀。

4.1.3　成熟度

共测定了 143 尾大眼金枪鱼的性腺成熟度，雌性 59 尾，雄性 57 尾，27 尾未测定性别。1～6 级的性腺成熟度都有分布。对于整个调查期间，成熟度 2 级的比例较高，占 46.15%。其他依次为 3 级、1 级、4 级、5 级、6 级（图 4-4-5）。对于不同的航次来说，2 级所占比例都较大（表 4-4-1）。

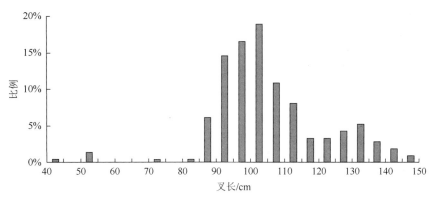

图 4-4-3　调查期间大眼金枪鱼叉长分布

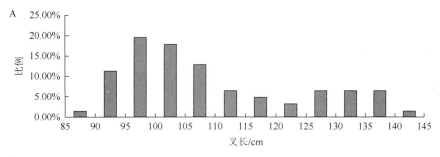

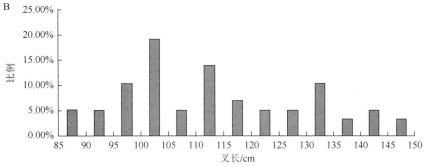

图 4-4-4　大眼金枪鱼雌性（A）、雄性（B）叉长分布

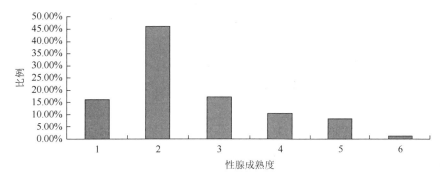

图 4-4-5　整个调查期间大眼金枪鱼性腺成熟度分布

表 4-4-1　大眼金枪鱼的性腺成熟度分布

等级	雌性		雄性	
	尾数	比例/%	尾数	比例/%
1	0	0.00	0	0.00
2	41	69.49	23	40.35
3	8	13.56	17	29.82
4	6	10.17	8	14.05
5	5	8.47	7	12.28
6	0	0.00	2	3.51
总计	59	100	57	100

对于雌性大眼金枪鱼，2 级所占比例也很大，约 69.49%，其次是 3 级、4 级、5 级、6 级、1 级，其中 1 级、6 级的均未发现。对于雄性大眼金枪鱼，2 级所占比例较大，约 40.35%。其次是：3 级、4 级、5 级、6 级、1 级，其中 1 级的未发现。具体如表 4-4-1 所示。

4.1.4　死活状况

整个调查期间观测了 204 尾大眼金枪鱼捕捞到甲板上时的死活状况，但同时记录性别的只有 115 尾，见表 4-4-2，不分性别、雌性和雄性的大眼金枪鱼捕捞到甲板上时活鱼明显占多数，占 73.04%~81.82%。

表 4-4-2　大眼金枪鱼不分性别、雌性和雄性的死活状况

性别	状态	尾数	百分比
不分性别	活	149	73.04%
	死	55	26.96%
雌性	活	44	73.33%
	死	16	26.67%
雄性	活	45	81.82%
	死	10	18.18%

4.2　黄鳍金枪鱼

调查期间对所捕获的 204 尾黄鳍金枪鱼的叉长、加工后重（去鳃、去内脏重）、性别等数据进行了测定，其中雄性 88 尾、雌性 65 尾，雄性与雌性的性别比例约为 1.35：1，另有 51 尾由于个体较小未作鉴定。雄性样本叉长范围为 1.03~1.50m，原条鱼重范围为 21.0~65.0kg，加工后重范围为 17.0~47.0kg；雌性样本叉长范围为 1.01~1.41m，原条鱼重范围为 22.0~57.0kg。样本总原条鱼重为 6776.5kg，样本平均原条鱼重为 33.22kg/尾。由于记录的数据不全，所以对于不同的研究项目分析时所用到的尾数不同。

4.2.1 叉长、加工后重、原条鱼重之间的关系

整个调查期间，66 尾不分性别黄鳍金枪鱼叉长与加工后重的关系和叉长与原条鱼重的关系通过幂函数回归得图 4-4-6。不分性别黄鳍金枪鱼叉长与加工后重的关系为

$$y = 2.968 \times 10^{-5} x^{2.8814} \quad R^2 = 0.9294 \qquad (4\text{-}4\text{-}4)$$

式中，y 表示加工后重；x 表示叉长。

不分性别黄鳍金枪鱼叉长与原条鱼重的关系为

$$y = 6.0887 \times 10^{-5} x^{2.7541} \quad R^2 = 0.9281 \qquad (4\text{-}4\text{-}5)$$

式中，y 表示原条鱼重；x 表示叉长。

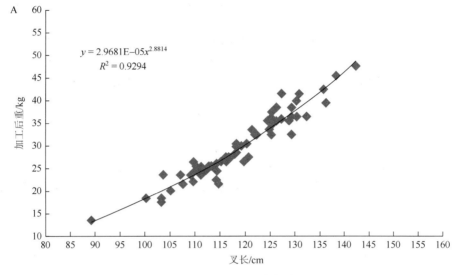

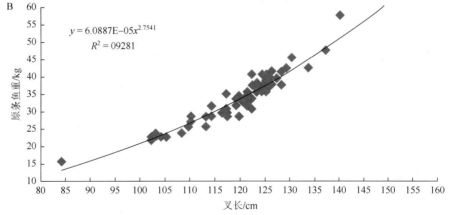

图 4-4-6 黄鳍金枪鱼叉长与加工后重的关系（A）和叉长与原条鱼重的关系（B）

雌性（使用 24 尾数据）、雄性（使用 30 尾数据）叉长与原条鱼重的关系通过幂函数回归得图 4-4-7。分性别黄鳍金枪鱼叉长与原条鱼重的关系为

雌性： $\qquad y = 2.9382 \times 10^{-5} x^{2.9064} \quad R^2 = 0.9134 \qquad (4\text{-}4\text{-}6)$

雄性： $\qquad y = 1.8284 \times 10^{-5} x^{3.0046} \quad R^2 = 0.9533 \qquad (4\text{-}4\text{-}7)$

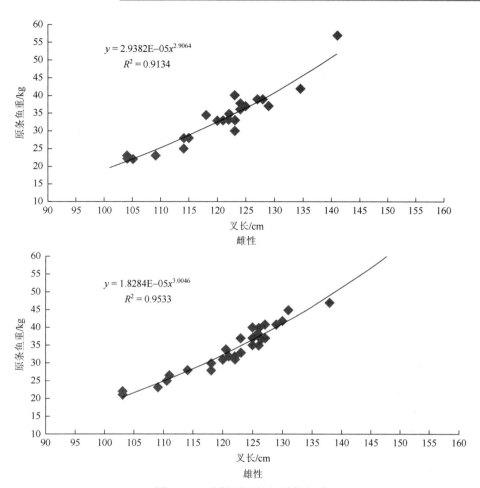

图 4-4-7　分性别叉长与原条鱼重

　　雌性（使用 25 尾数据）、雄性（使用 24 尾数据）叉长与加工后重的关系通过幂函数回归得图 4-4-8。分性别黄鳍金枪鱼叉长与加工后重的关系为

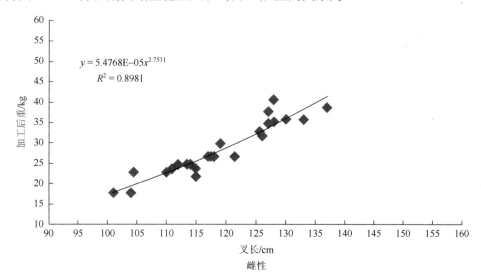

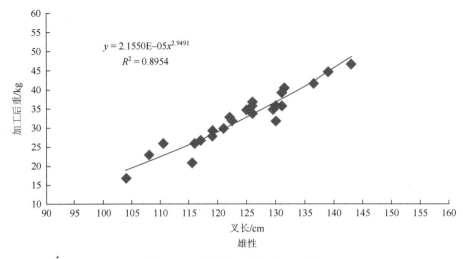

图 4-4-8 分性别叉长与加工后重

雌性: $\qquad y = 5.4768 \times 10^{-5}x^{2.7531} \qquad R^2 = 0.8981 \qquad$ （4-4-8）

雄性: $\qquad y = 2.1550 \times 10^{-5}x^{2.9491} \qquad R^2 = 0.8954 \qquad$ （4-4-9）

4.2.2　叉长分布

调查期间，共测定了 187 尾黄鳍金枪鱼的叉长，最小叉长为 0.85m，最大叉长为 1.50m，平均叉长为 1.20m。其中 1.00～1.35m 为优势叉长，占 93.58%。整个调查期间黄鳍金枪鱼的叉长分布见图 4-4-9。

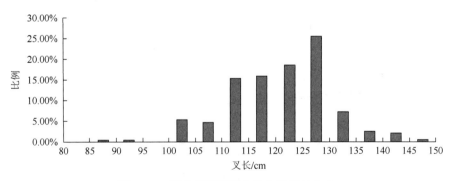

图 4-4-9 调查期间黄鳍金枪鱼的叉长分布

雌性（64 尾）最小叉长为 1.01m，最大叉长为 1.41m，雄性（60 尾）最小叉长为 1.03m，最大叉长为 150m，如图 4-4-10，雌性的优势叉长为 1.10～1.30m，占 81.25%；雄性的优势叉长为 1.10～1.35m，占 85.06%。

4.2.3　成熟度

共测定了 155 尾黄鳍金枪鱼的性腺成熟度，雌性 63 尾，雄性 85 尾，7 尾未测定性别。对于整个调查期间，成熟度 2 级的比例较高，占 47.74%。其他依次为 3 级、4 级、1 级、6 级、5 级。具体如图 4-4-11 所示。

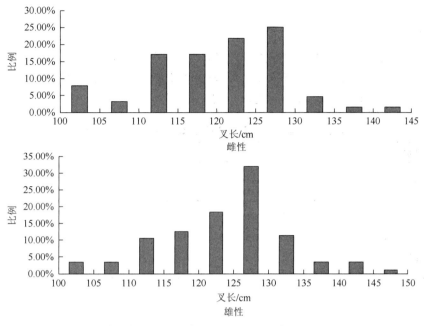

图 4-4-10　黄鳍金枪鱼分性别叉长分布

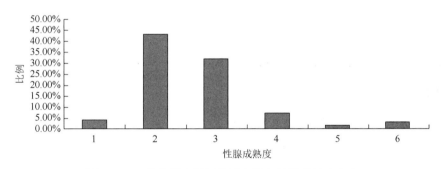

图 4-4-11　整个调查期间黄鳍金枪鱼性腺成熟度分布

对于雌性黄鳍金枪鱼，2级所占比例较大，约63%，其次是3级、5级、6级、4级、1级。对于雄性黄鳍金枪鱼，2级、3级所占的比例较大，约40.0%和43.5%。其次是4级、6级、1级、5级。具体如表4-4-3所示。

表 4-4-3　黄鳍金枪鱼的性腺成熟度分布

等级	雌性		雄性	
	尾数	比例/%	尾数	比例/%
1	0	0.00	1	1.18
2	40	63.49	34	40.00
3	18	28.87	37	43.50
4	1	1.59	11	12.90
5	2	3.17	0	0.00
6	2	3.17	2	2.35
总计	63	100	85	100

4.2.4 死活状况

整个调查期间观测了 151 尾黄鳍金枪鱼捕捞到甲板上时的死活状况，但同时记录性别的有 144 尾，见表 4-4-4，不分性别和雌性的黄鳍金枪鱼捕捞到甲板上死亡率较低为 30.5%～39.1%，雄性黄鳍金枪鱼的活鱼与死鱼的数量相当。

表 4-4-4 黄鳍金枪鱼不分性别、雌性和雄性的死活状况

性别	状态	尾数	比例/%
不分性别	活	92	60.9
	死	59	39.1
雌性	活	41	69.5
	死	18	30.5
雄性	活	47	55.3
	死	38	44.7

5 实测钓钩深度与理论深度的关系

5.1 不同海流下船用钓具

海流分为 3 个等级：0～0.3 节、0.3（含）～0.6 节和 0.6（含）节以上。

5.1.1.1 0～0.3 节（图 4-5-1）

$$y = 0.4433x + 55.044, \quad N = 163, \quad R^2 = 0.4449 \qquad （4-5-1）$$

式中，y 为实际钓钩深度；x 为理论深度；N 为数据个数，下同。

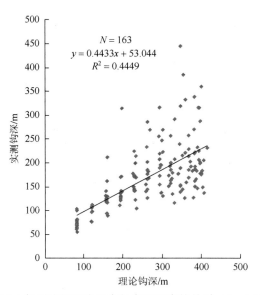

图 4-5-1 船用钓具理论深度与实际深度的关系（0～0.3 节）

5.1.1.2　0.3（含）~0.6 节（图 4-5-2）

$$y = 0.3496x + 53.149，N = 103，R^2 = 0.3891 \tag{4-5-2}$$

5.1.1.3　0.6（含）节以上（图 4-5-3）

$$y = 0.3395x + 72.061，N = 50，R^2 = 0.3568 \tag{4-5-3}$$

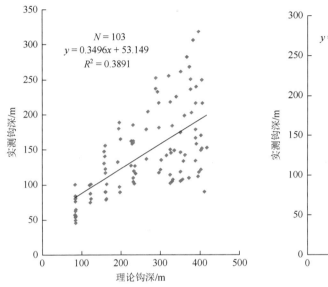

图 4-5-2　船用钓具理论深度与实际深度
关系 [0.3（含）~0.6 节]

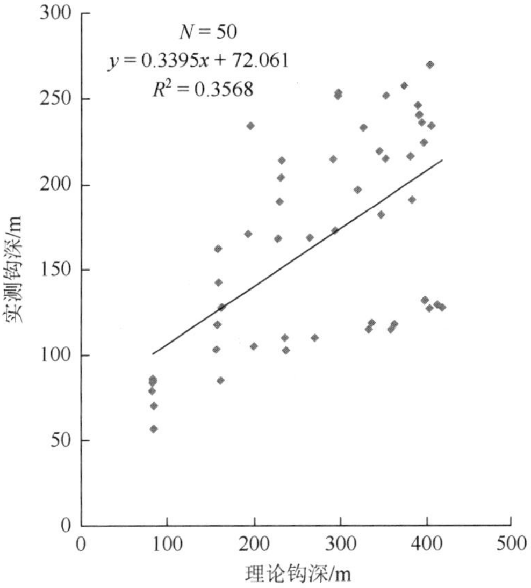

图 4-5-3　船用钓具理论深度与实际深度
关系 [0.6（含）节以上]

　　流速小的时候相关系数比较高，计算误差较小。而流速大的时候相关系数低，计算误差较大。

5.2　不同海流下试验钓具

　　海流分为 3 个等级：0~0.3 节、0.3（含）~0.6 节和 0.6（含）节以上；试验钓具按照沉子的重量分为 4 种：2kg、3kg、4kg、5kg。没改完

5.2.1.1　0~0.3 节

1）2kg 沉子（图 4-5-4）。

$$y = 0.1908x + 117.98，N = 21，R^2 = 0.0768 \tag{4-5-4}$$

2）3kg 沉子（图 4-5-5）。

$$y = 0.6027x + 39.251，N = 26，R^2 = 0.3562 \tag{4-5-5}$$

3）4kg 沉子（图 4-5-6）。

$$y = 0.4023x + 83.869，N = 19，R^2 = 0.3816 \tag{4-5-6}$$

4）5kg 沉子（图 4-5-7）。

$$y = 0.3421x + 94.939，N = 13，R^2 = 0.4207 \tag{4-5-7}$$

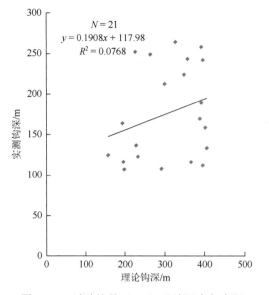

图 4-5-4　试验钓具（2kg）理论深度与实际
深度关系（0～0.3 节）

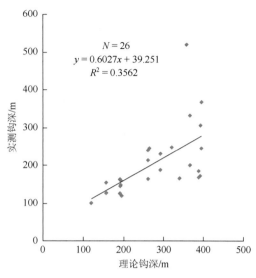

图 4-5-5　试验钓具（3kg）理论深度与实际
深度关系（0～0.3 节）

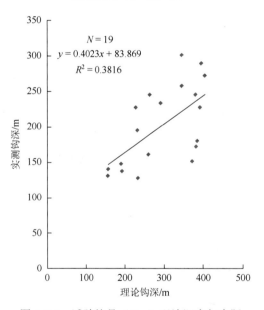

图 4-5-6　试验钓具（4kg）理论深度与实际
深度关系（0～0.3 节）

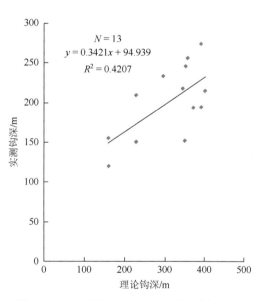

图 4-5-7　试验钓具（5kg）理论深度与实际
深度关系（0～0.3 节）

5.2.1.2　0.3（含）～0.6 节

1）2kg 沉子（图 4-5-8）。

$$y = 0.2666x + 98.679,\ N = 20,\ R^2 = 0.1472 \tag{4-5-8}$$

2）3kg 沉子（图 4-5-9）。

$$y = 0.2008x + 87.354,\ N = 12,\ R^2 = 0.1017 \tag{4-5-9}$$

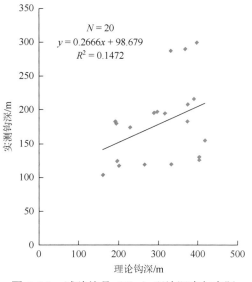

图 4-5-8　试验钓具（2kg）理论深度与实际
深度关系［0.3（含）～0.6 节］

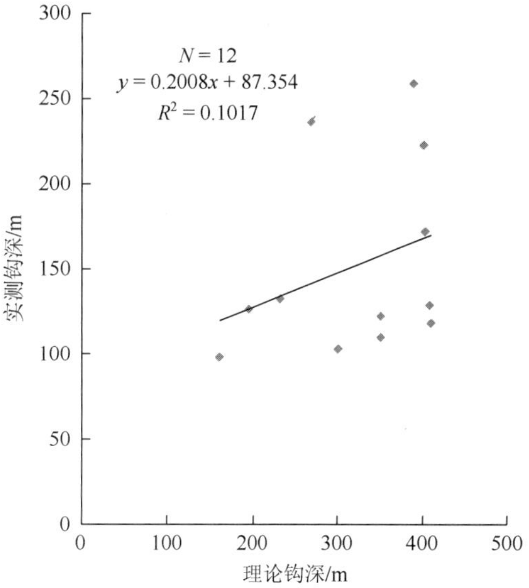

图 4-5-9　试验钓具（3kg）理论深度与实际
深度关系［0.3（含）～0.6 节］

3）4kg 沉子（图 4-5-10）。

$$y = 0.1111x + 121.27，\ N = 12，\ R^2 = 0.0606 \qquad （4\text{-}5\text{-}10）$$

4）5kg 沉子（图 4-5-11）。

$$y = 0.1697x + 107.93，\ N = 7，\ R^2 = 0.0808 \qquad （4\text{-}5\text{-}11）$$

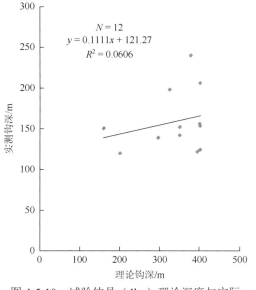

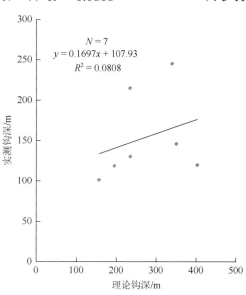

图 4-5-10　试验钓具（4kg）理论深度与实际
深度关系［0.3（含）～0.6 节］

图 4-5-11　试验钓具（5kg）理论深度与实际
深度关系［0.3（含）～0.6 节］

5.2.1.3　0.6（含）节以上

1）2kg 沉子（图 4-5-12）。

$$y = -0.3539x + 312.53，\ N = 6，\ R^2 = 0.1411 \qquad （4\text{-}5\text{-}12）$$

2）3kg 沉子（图 4-5-13）。

$$y = 0.2025x + 107.18, \quad N = 6, \quad R^2 = 0.2215 \tag{4-5-13}$$

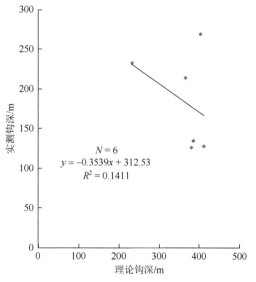

图 4-5-12　试验钓具（2kg）理论深度与实际深度关系 [0.6（含）节以上]

图 4-5-13　试验钓具（3kg）理论深度与实际深度关系 [0.6（含）节以上]

3）4kg 沉子（图 4-5-14）。

$$y = -0.1719x + 227.84, \quad N = 7, \quad R^2 = 0.1086 \tag{4-5-14}$$

4）5kg 沉子（图 4-5-15）。

$$y = 0.4416x + 81.472, \quad N = 4, \quad R^2 = 0.4 \tag{4-5-15}$$

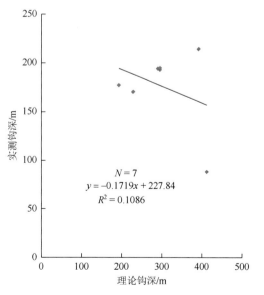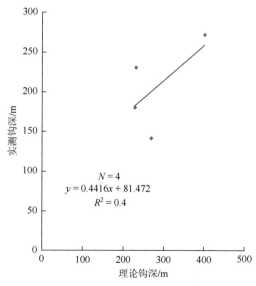

图 4-5-14　试验钓具（4kg）理论深度与实际深度关系 [0.6（含）节以上]

图 4-5-15　试验钓具（5kg）理论深度与实际深度关系 [0.6（含）节以上]

　　2kg、3kg、4kg 和 5kg 沉子的理论深度和实际深度的相关系数都很低，计算结果会有较大的误差。

5.3　拟合钓钩深度计算模型

5.3.1　基于钓具漂移速度

　　应用 SPSS 软件[1]，采用多元线性逐步回归的方法建立 2010 年 11 月 26 日至 2011 年 1 月 14 日测定的 469 枚（有钓具漂移速度数据）钓钩的实际平均深度($\bar{D}$)与理论深度(D_T)的关系模型。模型分为船用钓具（根据 316 枚钓钩拟合）和试验钓具（根据 153 枚钓钩拟合）两部分，具体方法见"第三篇　5.3.1　基于钓具漂移速度"。

5.3.1.1　对于船用钓具

　　回归结果见表 4-5-1 和表 4-5-2，取模型 3 为适用模型。

表 4-5-1　船用钓具回归结果概要

模型	R（相关系数）	R^2（相关系数平方）	调整 R^2	估计值的标准误差
1	0.544[a]	0.296	0.294	0.123 21
2	0.556[b]	0.309	0.305	0.122 24
3	0.623[c]	0.388	0.382	0.115 24

a. 预测变量：（常数），lg 钩号
b. 预测变量：（常数），lg 钩号，lg 漂移速度
c. 预测变量：（常数），lg 钩号，lg 漂移速度，lg 风流合压角

表 4-5-2　船用钓具回归系数

模型		未标准化的系数		标准化的系数	t 统计量	显著性
		样本回归系数	标准误差	样本回归系数		
1	（常数）	−0.037	0.016		−2.307	0.022
	lg（钩号）	−0.234	0.020	−0.544	−11.496	0.000
2	（常数）	−0.063	0.019		−3.289	0.001
	lg（钩号）	−0.234	0.020	−0.542	−11.547	0.000
	lg（漂移速度）	−0.053	0.021	−0.115	−2.451	0.015
3	（常数）	−0.098	0.019		−5.180	0.000
	lg（钩号）	−0.240	0.019	−0.556	−12.548	0.000
	lg（漂移速度）	−0.083	0.021	−0.181	−3.997	0.000
	lg（风流合压角）	−0.016	0.003	−0.289	−6.340	0.000

注：因变量为 lg（沉降率）

　　设：
$$\lg(Y_1/Y_2) = b_0 + b_1\lg(X_1) + b_2\lg(X_2) + b_3\lg(X_3) + b_4\lg(X_4) + b_5\lg(X_5) \tag{4-5-16}$$
式中，Y_1 为拟合钓钩深度；Y_2 为理论深度；X_1 为钩号；X_2 为钓具漂移速度；X_3 为风速；X_4 风流合压角正弦值；X_5 为风舷角正弦值，则回归模型为

$$\lg(Y_1/Y_2) = -0.098 - 0.24\lg(X_1) - 0.083\lg(X_2) - 0.016\lg(X_4) \quad (n = 316, R = 0.667) \quad (4\text{-}5\text{-}17)$$

则拟合钓钩深度的最终计算公式为

$$\bar{D} = D_T 10^{-0.098 - 0.24\lg j - 0.083\lg V_g - 0.016\lg\sin\gamma} \quad (4\text{-}5\text{-}18)$$

5.3.1.2　对于试验钓具

试验钓具为在浮子附近挂沉子来增加钓具的重量,因此,沉子作为一个因子。回归结果见表 4-5-3 和表 4-5-4,取模型 2 为适用模型。

表 4-5-3　试验钓具回归结果概要

模型	R(相关系数)	R^2(相关系数平方)	调整 R^2	估计值的标准误差
1	0.540[a]	0.292	0.287	0.129 74
2	0.559[b]	0.312	0.303	0.128 27
3	0.581[c]	0.388	0.324	0.126 28

a. 预测变量:(常数),lg 钩号
b. 预测变量:(常数),lg 钩号,lg 漂移速度
c. 预测变量:(常数),lg 钩号,lg 漂移速度,lg 风速

表 4-5-4　试验钓具回归结果系数

模型		未标准化的系数		标准化的系数	t 统计量	显著性
		样本回归系数	标准误差	样本回归系数		
1	(常数)	−0.115	0.044		2.634	0.009
	lg(钩号)	−0.390	0.049	−0.540	−7.885	0.000
2	(常数)	−0.081	0.046		1.774	0.078
	lg(钩号)	−0.386	0.049	−0.534	−7.882	0.000
	lg(漂移速度)	−0.064	0.030	−0.144	−2.122	0.036
3	(常数)	−0.061	0.046		1.326	0.187
	lg(钩号)	−0.383	0.048	−0.531	−7.963	0.000
	lg(漂移速度)	−0.076	0.0301	−0.170	−2.517	0.013
	lg(风速)	−0.010	0.004	−0.162	−2.398	0.018

注:因变量为 lg(沉降率)

设:

$$\lg(Y_1/Y_2) = b_0 + b_1\lg(X_1) + b_2\lg(X_2) + b_3\lg(X_3) + b_4\lg(X_4) + b_5\lg(X_5) + b_6\lg(X_6) \quad (4\text{-}5\text{-}19)$$

式中,Y_1 为拟合钓钩深度;Y_2 为理论深度;X_1 为钩号;X_2 为钓具漂移速度;X_3 为风速;X_4 风流合压角正弦值;X_5 为风舷角正弦值,X_6 为重锤重量,则回归模型为

$$\lg(Y_1/Y_2) = 0.081 - 0.386\lg(X_1) - 0.064\lg(X_2) \quad (n = 153, R = 0.581) \quad (4\text{-}5\text{-}20)$$

则拟合钓钩深度的最终计算公式为

$$\bar{D} = D_T 10^{0.081 - 0.386\lg j - 0.064\lg V_g} \quad (4\text{-}5\text{-}21)$$

5.3.2　基于流剪切系数

应用 SPSS 软件[1],采用多元线性逐步回归的方法建立 2010 年 11 月 26 日至 2011 年

1月14日测定的469枚（有流剪切系数数据）钓钩的实际平均深度$(\bar{D})$与理论深度(D_T)的关系模型。模型分为船用钓具（根据316枚钓钩拟合）和试验钓具（根据153枚钓钩拟合）两部分，具体方法见"第三篇　5.3.2　基于流剪切系数"。

5.3.2.1　对于船用钓具

回归结果见表4-5-5和表4-5-6，取模型3为适用模型。

表 4-5-5　船用钓具回归结果概要

模型	R（相关系数）	R^2（相关系数平方）	调整 R^2	估计值的标准误差
1	0.544[a]	0.296	0.294	0.123 21
2	0.598[b]	0.357	0.353	0.117 93
3	0.750[c]	0.563	0.559	0.097 37

a. 预测变量：（常数），lg 钩号
b. 预测变量：（常数），lg 钩号，lg 风合压角
c. 预测变量：（常数），lg 钩号，lg 风合压角，流剪切系数$(\tilde{K})$

表 4-5-6　船用钓具回归系数

模型		未标准化的系数		标准化的系数	t 统计量	显著性
		样本回归系数	标准误差	样本回归系数		
1	（常数）	−0.037	0.016		−2.307	0.022
	lg（风流合压差）	−0.234	0.020	−0.544	−11.496	0.000
2	（常数）	−0.054	0.016		−3.451	0.001
	lg（钩号）	−0.240	0.020	−0.557	−12.277	0.000
	lg（风流合压角）	−0.014	0.003	−0.247	−5.452	0.000
3	（常数）	−0.825	0.065		−12.723	0.000
	lg（钩号）	−0.239	0.016	−0.554	−14.792	0.000
	lg（风流合压角）	−0.012	0.002	−0.208	−5.525	0.000
	流剪切系数$(\tilde{K})$	−0.342	0.028	−0.456	−12.131	0.000

注：因变量为 lg（沉降率）

设：
$$\lg(Y_1/Y_2) = b_0 + b_1\lg(X_1) + b_2X_2 + b_3\lg(X_3) + b_4\lg(X_4) + b_5\lg(X_5) \qquad (4\text{-}5\text{-}22)$$

式中，Y_1为拟合钓钩深度；Y_2为理论深度；X_1为钩号；X_2为流剪切系数$(\tilde{K})$；X_3为风速；X_4风流合压角正弦值；X_5为风舷角正弦值，则回归模型为

$$\lg(Y_1/Y_2) = -0.825 - 0.239\lg(X_1) - 0.342X_2 - 0.012\lg(X_4) \quad (n=316, R=0.750) \qquad (4\text{-}5\text{-}23)$$

则拟合钓钩深度的最终计算公式为

$$\bar{D} = D_T 10^{-0.825 - 0.239\lg j - 0.342\tilde{K} - 0.012\lg\sin\gamma} \qquad (4\text{-}5\text{-}24)$$

5.3.2.2　对于试验钓具

试验钓具为在浮子附近挂沉子来增加钓具的重量，因此沉子作为一个因子。回归结果见表4-5-7和表4-5-8，取模型2为适用模型。

表 4-5-7　试验钓具回归结果概要

模型	R（相关系数）	R^2（相关系数平方）	调整 R^2	估计值的标准误差
1	0.540[a]	0.292	0.287	0.129 74
2	0.754[b]	0.569	0.563	0.101 52
3	0.759[c]	0.576	0.568	0.101 02

a. 预测变量：（常数），lg 钩号
b. 预测变量：（常数），lg 钩号，流剪切系数 ($\tilde{K}$)
c. 预测变量：（常数），lg 钩号，流剪切系数 ($\tilde{K}$)，lg 风速

表 4-5-8　试验钓具回归结果系数

模型		未标准化的系数		标准化的系数	t 统计量	显著性
		样本回归系数	标准误差	样本回归系数		
1	（常数）	−0.115	0.044		2.634	0.009
	lg（风流合压差）	−0.390	0.049	−0.540	−7.885	0.000
2	（常数）	−0.837	0.103		−8.152	0.001
	lg（钩号）	−0.367	0.039	−0.508	−9.471	0.000
	lg（流剪切系数 $\tilde{K}$）	−0.413	0.042	−0.528	−9.830	0.000
3	（常数）	−0.879	0.113		−7.749	0.000
	lg（钩号）	−0.369	0.039	−0.512	−9.500	0.000
	lg（流剪切系数 $\tilde{K}$）	−0.406	0.043	−0.519	−9.491	0.000
	lg 风速	−0.067	0.076	0.048	0.875	0.383

注：因变量为 lg（沉降率）

设：

$$\lg(Y_1/Y_2) = b_0 + b_1\lg(X_1) + b_2X_2 + b_3\lg(X_3) + b_4\lg(X_4) + b_5\lg(X_5) + b_6\lg(X_6) \quad (4\text{-}5\text{-}25)$$

式中，Y_1 为拟合钓钩深度；Y_2 为理论深度；X_1 为钩号；X_2 为流剪切系数 ($\tilde{K}$)；X_3 为风速；X_4 风流合压角正弦值；X_5 为风舷角正弦值；X_6 为重锤重量，则回归模型为

$$\lg(Y_1/Y_2) = -0.837 - 0.367\lg X_1 - 0.413 X_2 \quad (n = 153, R = 0.754) \quad (4\text{-}5\text{-}26)$$

则拟合钓钩深度的最终计算公式为

$$\bar{D} = D_T 10^{-0.837 - 0.367\lg j - 0.413\tilde{K}} \quad (4\text{-}5\text{-}27)$$

6　渔具渔法的比较试验

6.1　调查期间船用钓具、试验钓具和防海龟钓具的上钩率比较

调查期间试验钓具（钩）、船用钓具（钩）和防海龟钓具（钩）的大眼金枪鱼（BET）、黄鳍金枪鱼（YFT）和两种鱼合计（MIX）的总体平均、最高上钩率见表 4-6-1，大眼金枪鱼、黄鳍金枪鱼和两种鱼合计的"上钩率最高"的渔具分别为船用钓具、防海龟钓具和船用钓具，船用钓具大眼金枪鱼的平均上钩率（6.19 尾/千钩）高于防海龟钓具（3.25 尾/千钩），试验钓具大眼金枪鱼上钩率最低，为 2.08 尾/千钩。船用钓具黄鳍金枪鱼的平均上钩率（4.93 尾/千

钩）略高于防海龟钓具的 4.25 尾/千钩，试验钓具黄鳍金枪鱼上钩率最低，为 2.90 尾/千钩。船用钓具两种金枪鱼的平均上钩率（11.12 尾/千钩）略高于试验钓具的 9.10 尾/千钩，防海龟钓具两种金枪鱼的上钩率最低，为 7.50 尾/千钩（表 4-6-1）。但每个航次因海流的大小不同而不同，具体见表 4-6-2。

表 4-6-1　调查期间 3 种钓具的平均上钩率和最高上钩率（尾/千钩）

钓钩类型	BET	YFT	MIX
	平均/最高	平均/最高	平均/最高
试验钓具	2.08/8.63	2.90/23.81	9.10/29.55
船用钓具	6.19/82.67	4.93/36.00	11.12/84.00
防海龟钓具	3.25/30.00	4.25/40.00	7.50/40.00

表 4-6-2　调查期间船用钓具、试验钓具和防海龟钓具的上钩率（尾/千钩）比较

航次	鱼种	钓钩类型		
		试验钓具	船用钓具	防海龟钓具
1	BET	2.85	4.82	4.17
	YFT	2.11	4.49	3.33
	MIX	4.96	9.32	7.50
2	BET	0.93	8.25	1.88
	YFT	4.09	5.58	5.63
	MIX	5.02	13.83	7.50

6.2　不同海流下试验钓具、防海龟钓具与船用钓具上钩率的比较

海流分为 3 个等级：0～0.3 节、0.3（含）～0.6 节和 0.6（含）节以上。试验钓具按照沉子的重量分为 4 种：2kg、3kg、4kg、5kg。上钩率按照大眼金枪鱼、黄鳍金枪鱼和两种鱼合计 3 种情况。

6.2.1　沉子为 2kg 时

1）漂移速度为 0～0.3 节时。大眼金枪鱼、黄鳍金枪鱼和两种鱼合计的上钩率（CPUE）情况见图 4-6-1～图 4-6-3，由此得出：试验钓具大眼金枪鱼（3.400 尾/千钩）和防海龟钓具（2.860 尾/千钩）的上钩率比船用钓具的上钩率（8.230 尾/千钩）低；防海龟钓具黄鳍金枪鱼（4.760 尾/千钩）的上钩率高于试验钓具（3.400 尾/千钩）的上钩率，但低于船用钓具的上钩率（4.940 尾/千钩）；流速较低、大眼金枪鱼较多时可不用 2kg 的沉子。

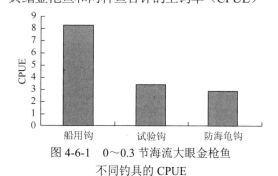

图 4-6-1　0～0.3 节海流大眼金枪鱼不同钓具的 CPUE

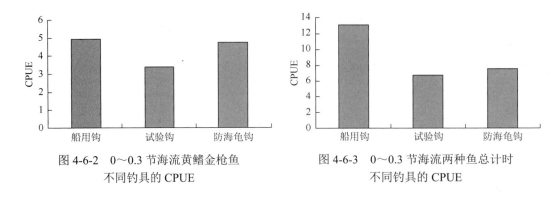

图 4-6-2　0~0.3 节海流黄鳍金枪鱼
不同钓具的 CPUE

图 4-6-3　0~0.3 节海流两种鱼总计时
不同钓具的 CPUE

2）漂移速度为 0.3（含）~0.6 节时。大眼金枪鱼、黄鳍金枪鱼和两种鱼合计的 CPUE 情况见图 4-6-4~图 4-6-6，由此得出：防海龟钓具大眼金枪鱼上钩率（3.850 尾/千钩）比试验钓具（0.920 尾/千钩）高，比船用钓具的上钩率（3.890 尾/千钩）略低；试验钓具黄鳍金枪鱼的上钩率（5.237 尾/千钩）比船用钓具（5.630 尾/千钩）略低，比防海龟钓具的上钩率（4.620 尾/千钩）高，流速中等时，黄鳍金枪鱼较多时，可不用 2kg 的沉子。

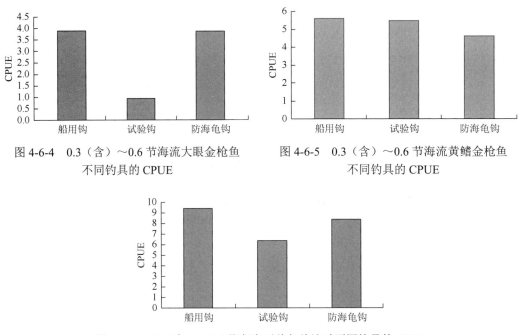

图 4-6-4　0.3（含）~0.6 节海流大眼金枪鱼
不同钓具的 CPUE

图 4-6-5　0.3（含）~0.6 节海流黄鳍金枪鱼
不同钓具的 CPUE

图 4-6-6　0.3（含）~0.6 节海流两种鱼总计时不同钓具的 CPUE

3）漂移速度为 0.6（含）节以上时。大眼金枪鱼、黄鳍金枪鱼和两种鱼合计的 CPUE 情况见图 4-6-7~图 4-6-9，由此得出：试验钓具大眼金枪鱼、黄鳍金枪鱼上钩率（大眼金枪鱼 3.970 尾/千钩、黄鳍金枪鱼 0 尾/千钩）和防海龟钓具的上钩率（大眼金枪鱼 3.333 尾/千钩、黄鳍金枪鱼 1.667 尾/千钩）均比船用钓具（大眼金枪鱼 4.000 尾/千钩、黄鳍金枪鱼 3.333 尾/千钩）低，流速较大时，2kg 沉子作用不大。

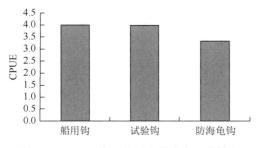

图 4-6-7　0.6（含）节以上海流大眼金枪鱼
不同钓具的 CPUE

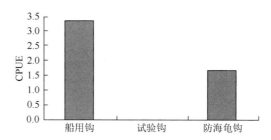

图 4-6-8　0.6（含）节以上海流黄鳍金枪鱼
不同钓具的 CPUE

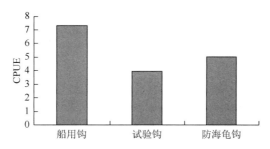

图 4-6-9　0.6（含）节以上海流两种鱼总计时不同钓具的 CPUE

6.2.2　沉子为 3kg 时

1）漂移速度为 0～0.3 节时。大眼金枪鱼、黄鳍金枪鱼和两种鱼合计的 CPUE 情况见图 4-6-10～图 4-6-12，由此得出：试验钓具大眼金枪鱼（3.400 尾/千钩）和防海龟钓具（2.860 尾/千钩）的上钩率比船用钓具的上钩率（8.230 尾/千钩）低；防海龟钓具黄鳍金枪鱼（4.760 尾/千钩）的上钩率高于试验钓具（0 尾/千钩）的上钩率，但低于船用钓具的上钩率（4.940 尾/千钩）；流速较低、大眼金枪鱼较多时，可不用 3kg 的沉子。

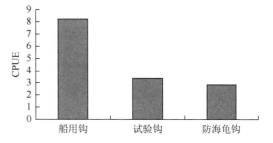

图 4-6-10　0～0.3 节海流大眼金枪鱼
不同钓具的 CPUE

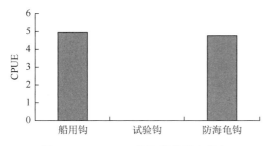

图 4-6-11　0～0.3 节海流黄鳍金枪鱼
不同钓具的 CPUE

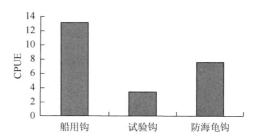

图 4-6-12　0～0.3 节海流两种鱼总计时
不同钓具的 CPUE

2）漂移速度为 0.3（含）～0.6 节时。大眼金枪鱼、黄鳍金枪鱼和两种鱼合计的 CPUE 情况见图 4-6-13～图 4-6-15，由此得出：试验钓具大眼金枪鱼上钩率（0.920 尾/千钩）和防海龟钓具（3.850 尾/千钩）均比船用钓具的上钩率（3.890 尾/千钩）低；防海龟钓具黄鳍金枪鱼的上钩率（4.620 尾/千钩）比船用钓具（5.630 尾/千钩）略低，试验钓具的上钩率最低（0 尾/千钩），流速中等时，3kg 的沉子作用不大。

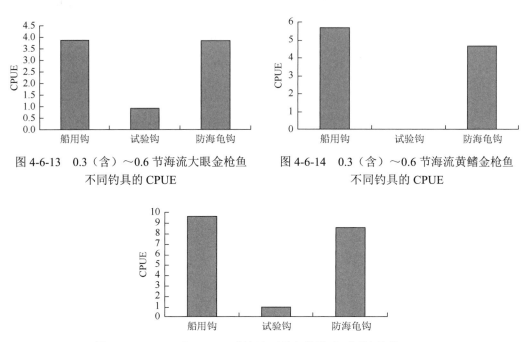

图 4-6-13　0.3（含）～0.6 节海流大眼金枪鱼不同钓具的 CPUE　　　图 4-6-14　0.3（含）～0.6 节海流黄鳍金枪鱼不同钓具的 CPUE

图 4-6-15　0.3（含）～0.6 节海流两种鱼总计时不同钓具的 CPUE

3）漂移速度为 0.6（含）节以上时。大眼金枪鱼、黄鳍金枪鱼和两种鱼合计的 CPUE 情况见图 4-6-16～图 4-6-18，由此得出：试验钓具大眼金枪鱼上钩率（0 尾/千钩）比船用钓具（4.000 尾/千钩）和防海龟钓具（3.330 尾/千钩）上钩率低；试验钓具黄鳍金枪鱼（3.970 尾/千钩）比船用钓具的上钩率（3.330 尾/千钩）略高，防海龟钓具（1.670 尾/千钩）最低，流速较大时，黄鳍金枪鱼较多时，可以使用 3kg 沉子。

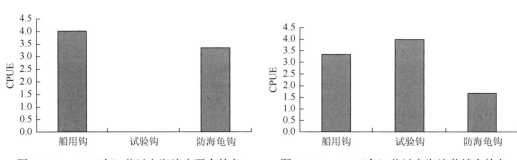

图 4-6-16　0.6（含）节以上海流大眼金枪鱼不同钓具的 CPUE　　　图 4-6-17　0.6（含）节以上海流黄鳍金枪鱼不同钓具的 CPUE

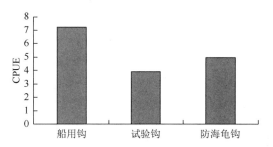

图 4-6-18　0.6（含）节以上海流两种鱼总计时不同钓具的 CPUE

6.2.3　沉子为 4kg 时

1）漂移速度为 0～0.3 节时。大眼金枪鱼、黄鳍金枪鱼和两种鱼合计的 CPUE 情况见图 4-6-19～图 4-6-21，由此得出：试验钓具大眼金枪鱼上钩率（2.270 尾/千钩）比防海龟钓具（2.860 尾/千钩）低，船用钓具的上钩率（8.230 尾/千钩）最高；试验钓具黄鳍金枪鱼（2.270 尾/千钩）比防海龟钓具的上钩率低（4.760 尾/千钩），船用钓具上钩率（4.940 尾/千钩）最高；流速较小时，大眼金枪鱼和黄鳍金枪鱼较多时可不用 4kg 沉子。

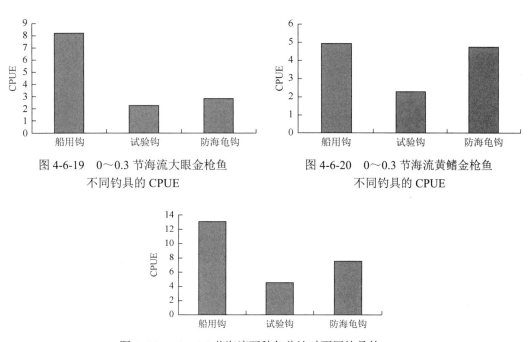

图 4-6-19　0～0.3 节海流大眼金枪鱼
不同钓具的 CPUE

图 4-6-20　0～0.3 节海流黄鳍金枪鱼
不同钓具的 CPUE

图 4-6-21　0～0.3 节海流两种鱼总计时不同钓具的 CPUE

2）漂移速度为 0.3（含）～0.6 节时。大眼金枪鱼、黄鳍金枪鱼和两种鱼合计的 CPUE 情况见图 4-6-22～图 4-6-24，由此得出：船用钓具（3.890 尾/千钩）和防海龟钓具（3.850 尾/千钩）大眼金枪鱼上钩率均比试验钓具的上钩率（0.920 尾/千钩）高；船用钓具黄鳍金枪鱼的上钩率（5.630 尾/千钩）比试验钓具（4.580 尾/千钩）和防海龟钓具上钩率（4.620 尾/千钩）高，流速中等时，黄鳍金枪鱼较多时，可不用 4kg 沉子。

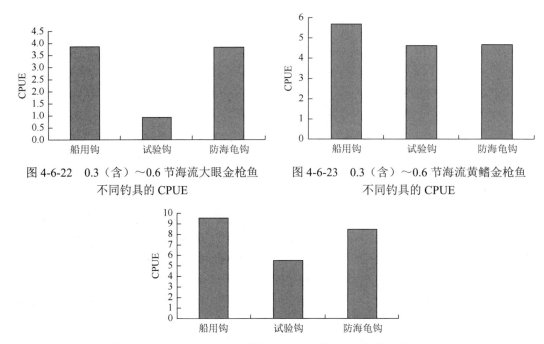

图 4-6-22　0.3（含）～0.6 节海流大眼金枪鱼
不同钓具的 CPUE

图 4-6-23　0.3（含）～0.6 节海流黄鳍金枪鱼
不同钓具的 CPUE

图 4-6-24　0.3（含）～0.6 节海流两种鱼总计时不同钓具的 CPUE

3）漂移速度为 0.6（含）节以上时。大眼金枪鱼、黄鳍金枪鱼和两种鱼合计的 CPUE 情况见图 4-6-25～图 4-6-27，由此得出：试验钓具大眼金枪鱼上钩率（0 尾/千钩）和防海龟钓具（3.330 尾/千钩）的上钩率均比船用钓具（4.000/千钩）低；试验钓具黄鳍金枪鱼的上钩率（2.000 尾/千钩）比防海龟钓具的（1.700 尾/千钩）略高，船用钓具黄鳍金枪鱼的上钩率（3.400 尾/千钩）最高，流速较大时和黄鳍金枪鱼较多时，可以不使用 4kg 沉子。

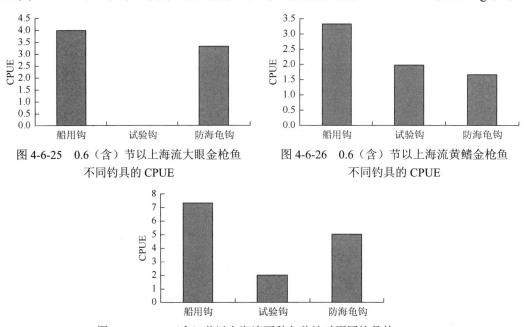

图 4-6-25　0.6（含）节以上海流大眼金枪鱼
不同钓具的 CPUE

图 4-6-26　0.6（含）节以上海流黄鳍金枪鱼
不同钓具的 CPUE

图 4-6-27　0.6（含）节以上海流两种鱼总计时不同钓具的 CPUE

6.2.4　沉子为 5kg 时

1）漂移速度为 0～0.3 节时。大眼金枪鱼、黄鳍金枪鱼和两种鱼合计的 CPUE 情况见图 4-6-28～图 4-6-30，由此得出：试验钓具大眼金枪鱼上钩率（2.270 尾/千钩）比防海龟钓具（2.860 尾/千钩）低，船用钓具的上钩率最高（8.230 尾/千钩）；黄鳍金枪鱼船用钓具（4.940 尾/千钩）比防海龟钓具的上钩率（4.760 尾/千钩）高，试验钓具上钩率最低（0 尾/千钩）；流速较小时，大眼金枪鱼较多时可不用 5kg 沉子。

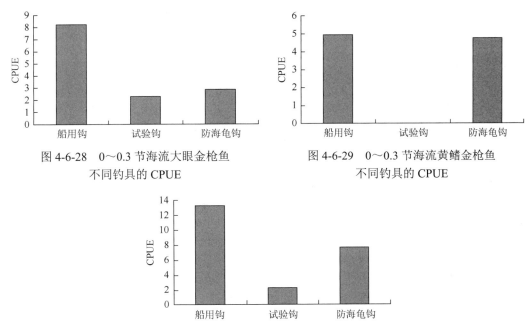

图 4-6-28　0～0.3 节海流大眼金枪鱼　　　图 4-6-29　0～0.3 节海流黄鳍金枪鱼
不同钓具的 CPUE　　　　　　　　　　　　不同钓具的 CPUE

图 4-6-30　0～0.3 节海流两种鱼总计时不同钓具的 CPUE

2）漂移速度为 0.3（含）～0.6 节时。大眼金枪鱼、黄鳍金枪鱼和两种鱼合计的 CPUE 情况见图 4-6-31～图 4-6-33，由此得出：船用钓具大眼金枪鱼上钩率（3.890 尾/千钩）和防海龟钓具（3.850 尾/千钩）均比试验钓具的上钩率（0.920 尾/千钩）高；船用钓具黄鳍金枪鱼的上钩率（5.6307 尾/千钩）比防海龟钓具上钩率（4.620 尾/千钩）高，但比试验钓具（6.410 尾/千钩）低，流速中等时，黄鳍金枪鱼较多时可用 5kg 沉子。

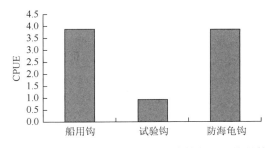

图 4-6-31　0.3（含）～0.6 节海流大眼金枪鱼不同钓具的 CPUE

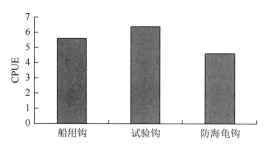

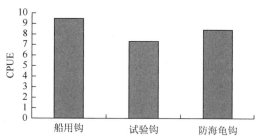

图 4-6-32　0.3（含）～0.6 节海流黄鳍金枪鱼
不同钓具的 CPUE

图 4-6-33　0.3（含）～0.6 节海流两种鱼总计时
不同钓具的 CPUE

3）漂移速度为 0.6（含）节以上时。大眼金枪鱼、黄鳍金枪鱼和两种鱼合计的 CPUE 情况见图 4-6-34～图 4-6-36，由此得出：船用钓具大眼金枪鱼上钩率（4.000 尾/千钩）和防海龟钓具（3.330 尾/千钩）的上钩率均比试验钓具（0 尾/千钩）高；黄鳍金枪鱼试验钓具的上钩率（1.980 尾/千钩）比防海龟钓具（1.670 尾/千钩）略高，船用钓具（黄鳍金枪鱼3.330 尾/千钩）最高，流速较大时，大眼金枪鱼较多时可以不使用 5kg 沉子。

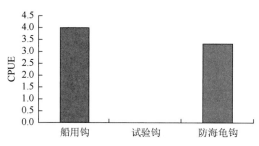

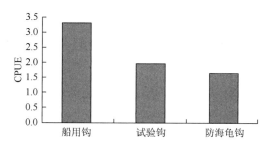

图 4-6-34　0.6（含）节以上海流大眼金枪鱼
不同钓具的 CPUE

图 4-6-35　0.6（含）节以上海流黄鳍金枪鱼
不同钓具的 CPUE

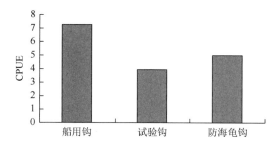

图 4-6-36　0.6（含）节以上海流两种鱼总计时不同钓具的 CPUE

总之，通过以上比较对于各种沉子在不同海流下是否使用的情况见表 4-6-3。

表 4-6-3　不同情况下沉子的配备情况

海流状况/节	沉子重量/kg	大眼金枪鱼较多时	黄鳍金枪鱼较多时	建议使用
0～0.3	2	不用	不用	船用钓具
0～0.3	3	不用	不用	船用钓具
0～0.3	4	不用	不用	船用钓具

续表

海流状况/节	沉子重量/kg	大眼金枪鱼较多时	黄鳍金枪鱼较多时	建议使用
0～0.3	5	不用	不用	船用钓具
0.3（含）～0.6	2	不用	不用	船用钓具
0.3（含）～0.6	3	不用	不用	船用钓具
0.3（含）～0.6	4	不用	不用	船用钓具
0.3（含）～0.6	5	不用	用（6.410）	试验钓具
0.6（含）以上	2	不用	不用	船用钓具
0.6（含）以上	3	不用	用（3.970）	试验钓具
0.6（含）以上	4	不用	不用	船用钓具
0.6（含）以上	5	不用	不用	船用钓具

注：表中括号中为上钩率数据（尾/千钩）

从表 4-6-3 中可得出，用 2kg 的沉子效果不好；流速较大时 [0.3（含）～0.6 节] 时，黄鳍金枪鱼较多时，使用 5kg 沉子效果最好；流速 0.6（含）以上时，黄鳍金枪鱼较多时，使用 3kg 的沉子效果最好。

6.3　不同海流下试验钓具上钩率的比较

海流分为 3 个等级：0～0.3 节、0.3（含）～0.6 节和 0.6（含）节以上；上钩率分为大眼金枪鱼、黄鳍金枪鱼和两种鱼合计 3 种情况。试验钓具按照 16 种组合，采用正交试验方法。

6.3.1　不分海流等级情况下

1）两种金枪鱼合计 CPUE。16 种不同组合的钓具对应的 CPUE 见表 4-6-4，方差分析、试验结果见表 4-6-5。

表 4-6-4　不分海流等级情况下两种金枪鱼 16 种不同组合的钓具对应的 CPUE

试验号	重锤/kg	带铅转环/g	沉铅/g	荧光管	CPUE		
					BET	YFT	MIX
1	2	75	3.75	有	3.57	7.14	10.71
2	2	60	3.75	有	7.14	1.19	8.33
3	2	45	11.25	无	0.00	3.57	3.57
4	2	10	11.25	无	0.00	2.38	2.38
5	3	75	3.75	无	1.19	2.38	3.57
6	3	60	3.75	无	1.19	0.00	1.19
7	3	45	11.25	有	3.57	0.00	3.57
8	3	10	11.25	有	2.38	0.00	2.38
9	4	75	11.25	有	1.19	5.95	7.14
10	4	60	11.25	有	2.38	4.76	7.14

续表

试验号	重锤/kg	带铅转环/g	沉铅/g	荧光管	CPUE		
					BET	YFT	MIX
11	4	45	3.75	无	2.38	1.19	3.57
12	4	10	3.75	无	1.19	1.19	2.38
13	5	75	11.25	无	0.00	0.00	0.00
14	5	60	11.25	无	0.00	1.19	1.19
15	5	45	3.75	有	3.57	3.57	7.14
16	5	10	3.75	有	3.57	4.76	8.33

表 4-6-5　方差分析表

因素	偏差平方和	自由度	F 比	F 临界值	显著性
重锤	27.193	3	6.446	4.07	显著
带铅转环	4.517	3	1.071	4.07	不显著
沉铅	19.930	1	14.173	5.32	显著
荧光管	85.123	1	60.535	5.32	不显著
误差	11.249	8			
均值 1	6.250	5.357	5.655	6.845	
均值 2	2.679	4.464	3.423	2.232	
均值 3	5.060	4.464			
均值 4	4.167	3.869			
极差	3.571	1.488	2.232	4.613	

即不分海流等级情况下，沉铅和重锤对两种金枪鱼合计上钩率有显著影响，其他两个因子对两种金枪鱼合计上钩率都无显著影响；所以最优的组合为 2kg 重锤、75g 带铅转环、11.25g 的沉铅、有荧光管。

2）大眼金枪鱼。大眼金枪鱼 16 种不同组合的钓具对应的 CPUE 见表 4-6-4，方差分析、试验结果见表 4-6-6。

表 4-6-6　方差分析表

因素	偏差平方和	自由度	F 比	F 临界值	显著性
重锤	2.126	3	0.696	4.07	不显著
带铅转环	3.543	3	1.159	4.07	不显著
沉铅	12.755	1	12.522	5.32	显著
荧光管	28.699	1	28.174	5.32	显著
误差	8.149	8			
均值 1	2.679	1.488	2.976	3.423	
均值 2	2.083	2.679	1.190	0.744	
均值 3	1.786	2.381			
均值 4	1.786	1.786			
极差	0.893	1.190	1.786	2.679	

即不分海流等级情况下，沉铅和荧光管对大眼金枪鱼上钩率有显著的影响，而重锤和带铅转环对大眼金枪鱼上钩率无显著的影响。因此，最优的组合为 2kg 重锤、60g 带铅转环、11.25g 的沉铅、有荧光管。

3）黄鳍金枪鱼。黄鳍金枪鱼 16 种不同组合的钓具对应的 CPUE 见表 4-6-4，方差分析、试验结果见表 4-6-7。

表 4-6-7 方差分析、试验结果

因素	偏差平方和	自由度	F 比	F 临界值	显著性
重锤	21.524	3	1.934	4.07	不显著
带铅转环	10.895	3	0.979	4.07	显著
沉铅	0.797	1	0.215	5.32	不显著
荧光管	14.970	1	4.036	5.32	不显著
误差	29.673	8			
均值 1	3.571	3.869	2.679	3.423	
均值 2	0.595	1.786	2.232	1.488	
均值 3	3.274	2.083			
均值 4	2.381	2.083			
极差	2.976	2.083	0.446	1.935	

即不分海流等级情况下，带铅转环对黄鳍金枪鱼上钩率有显著的影响，其他两个因子对黄鳍金枪鱼上钩率都无显著影响；所以最优的组合为 2kg 重锤、75g 带铅转环、11.25g 的沉铅、有荧光管。

6.3.2 0~0.3 节海流

1）两种金枪鱼合计 CPUE。16 种不同组合的钓具对应的 CPUE 见表 4-6-8，方差分析、试验结果见表 4-6-9。

表 4-6-8 0~0.3 节海流情况下两种金枪鱼 16 种不同组合的钓具对应的 CPUE

试验号	重锤/kg	带铅转环/g	沉铅/g	荧光管	CPUE		
					BET	YFT	MIX
1	2	75	3.75	有	3.97	5.95	9.92
2	2	60	3.75	有	7.94	1.98	9.92
3	2	45	11.25	无	0.00	2.65	2.65
4	2	10	11.25	无	0.00	2.65	2.65
5	3	75	3.75	无	1.98	0.00	1.98
6	3	60	3.75	无	1.98	0.00	1.98
7	3	45	11.25	有	5.29	0.00	5.29
8	3	10	11.25	有	5.29	0.00	5.29
9	4	75	11.25	有	1.98	3.97	5.95
10	4	60	11.25	有	3.97	3.97	7.94

续表

试验号	重锤/kg	带铅转环/g	沉铅/g	荧光管	CPUE		
					BET	YFT	MIX
11	4	45	3.75	无	5.29	2.65	7.94
12	4	10	3.75	无	0.00	0.00	0.00
13	5	75	11.25	无	0.00	0.00	0.00
14	5	60	11.25	无	0.00	0.00	0.00
15	5	45	3.75	有	5.29	0.00	5.29
16	5	10	3.75	有	5.29	0.00	5.29

表 4-6-9　方差分析、试验结果

因素	偏差平方和	自由度	F 比	F 临界值	显著性
重锤	33.107	3	3.340	4.07	不显著
带铅转环	9.049	3	0.913	4.07	不显著
沉铅	9.869	1	2.987	5.32	不显著
荧光管	88.823	1	26.879	5.32	显著
误差	26.436	8			
均值 1	6.283	4.464	5.291	6.862	
均值 2	3.638	4.960	3.720	2.149	
均值 3	5.456	5.291			
均值 4	2.646	3.307			
极差	3.638	1.984	1.571	4.712	

即 0~0.3 节海流情况下，荧光管对两种金枪鱼总上钩率的影响显著，其余 3 个因子对两种金枪鱼总上钩率的影响都不显著；但最优的组合为 4kg 重锤、60g 带铅转环、11.25g 的沉铅、有荧光管。

2）大眼金枪鱼。大眼金枪鱼 16 种不同组合的钓具对应的 CPUE 见表 4-6-8，方差分析、试验结果见表 4-6-10。

表 4-6-10　方差分析、试验结果

因素	偏差平方和	自由度	F 比	F 临界值	显著性
重锤	2.269	3	0.315	4.07	不显著
带铅转环	9.268	3	1.286	4.07	不显著
沉铅	14.462	1	6.020	5.32	显著
荧光管	55.361	1	23.044	5.32	显著
误差	19.219	8			
均值 1	2.976	1.984	3.968	4.878	
均值 2	3.638	3.472	2.067	1.157	
均值 3	2.811	3.968			
均值 4	2.646	2.646			
极差	0.992	1.984	1.901	3.720	

即 0～0.3 节海流情况下，沉铅和荧光管对大眼金枪鱼上钩率都有显著影响，重锤和带铅转环对大眼金枪鱼上钩率的影响不显著；最优的组合为 3kg 重锤、45g 带铅转环、3.75g 沉铅、有荧光管。

3）黄鳍金枪鱼。黄鳍金枪鱼 16 种不同组合的钓具对应的 CPUE 见表 4-6-8，方差分析、试验结果见表 4-6-11。

表 4-6-11　方差分析、试验结果

因素	偏差平方和	自由度	F 比	F 临界值	显著性
重锤	36.306	3	10.797	4.07	显著
带铅转环	6.780	3	2.016	4.07	不显著
沉铅	0.437	1	0.390	5.32	不显著
荧光管	3.937	1	3.512	5.32	不显著
误差	8.967	8			
均值 1	3.307	2.480	1.323	1.984	
均值 2	0.000	1.488	1.653	0.992	
均值 3	2.646	1.323			
均值 4	0.000	0.661			
极差	3.307	1.819	0.331	0.992	

即 0～0.3 节海流情况下，重锤对黄鳍金枪鱼上钩率的影响显著，其余 3 个因子对黄鳍金枪鱼上钩率的影响不显著；所以最优的组合为 2kg 重锤、75g 带铅转环、11.25g 的沉铅、有荧光管。

6.3.3　0.3（含）～0.6 节海流

1）两种金枪鱼合计 CPUE。16 种不同组合的钓具两种金枪鱼对应的 CPUE 见表 4-6-12，方差分析、试验结果见表 4-6-13。

表 4-6-12　0.3（含）～0.6 节海流情况下两种金枪鱼 16 种不同组合的钓具对应的 CPUE

试验号	重锤/kg	带铅转环/g	沉铅/g	荧光管	CPUE		
					BET	YFT	MIX
1	2	75	3.75	有	0.00	14.29	14.29
2	2	60	3.75	有	4.76	0.00	4.76
3	2	45	11.25	无	0.00	5.95	5.95
4	2	10	11.25	无	0.00	2.98	2.98
5	3	75	3.75	无	0.00	0.00	0.00
6	3	60	3.75	无	0.00	0.00	0.00
7	3	45	11.25	有	2.98	0.00	2.98
8	3	10	11.25	有	0.00	0.00	0.00
9	4	75	11.25	有	0.00	14.29	14.29
10	4	60	11.25	有	0.00	4.76	4.76

试验号	重锤/kg	带铅转环/g	沉铅/g	荧光管	CPUE		
					BET	YFT	MIX
11	4	45	3.75	无	0.00	0.00	0.00
12	4	10	3.75	无	2.98	2.98	5.95
13	5	75	11.25	无	0.00	0.00	0.00
14	5	60	11.25	无	0.00	4.76	4.76
15	5	45	3.75	有	0.00	8.93	8.93
16	5	10	3.75	有	2.98	8.93	11.90

表 4-6-13　方差分析、试验结果

因素	偏差平方和	自由度	F 比	F 临界值	显著性
重锤	102.284	3	2.225	4.07	不显著
带铅转环	27.702	3	0.603	4.07	不显著
沉铅	6.400	1	0.418	5.32	不显著
荧光管	111.629	1	7.286	5.32	显著
误差	122.569	8			
均值 1	6.994	7.143	5.729	7.738	
均值 2	0.744	3.571	4.464	2.455	
均值 3	6.250	4.464			
均值 4	6.399	5.208			
极差	6.250	3.571	1.265	5.283	

即 0.3（含）～0.6 节海流情况下，荧光管对两种金枪鱼上钩率的影响显著，另外 3 个因子两种金枪鱼上钩率的影响都不显著；所以最优的组合为 2kg 重锤、75g 带铅转环、3.75g 的沉铅、有荧光管。

2）大眼金枪鱼。大眼金枪鱼 16 种不同组合的钓具对应的 CPUE 见表 4-6-12，方差分析、试验结果见表 4-6-14。

表 4-6-14　方差分析、试验结果

因素	偏差平方和	自由度	F 比	F 临界值	显著性
重锤	0.598	3	0.065	4.07	不显著
带铅转环	5.027	3	0.549	4.07	不显著
沉铅	3.742	1	1.226	5.32	不显著
荧光管	3.742	1	1.226	5.32	不显著
误差	24.425	8			
均值 1	1.190	0.000	1.339	1.339	
均值 2	0.744	1.190	0.372	0.372	
均值 3	0.744	0.744			
均值 4	0.744	1.488			
极差	0.446	1.488	0.967	0.967	

即0.3（含）～0.6节海流情况下，4个因子对大眼金枪鱼上钩率没有显著的影响，但最优的组合为2kg重锤、10g带铅转环、3.75g的沉铅、有荧光管。

3）黄鳍金枪鱼。黄鳍金枪鱼16种不同组合的钓具对应的CPUE见表4-6-12，方差分析、试验结果见表4-6-15。

表4-6-15 方差分析、试验结果

因素	偏差平方和	自由度	F比	F临界值	显著性
重锤	96.106	3	1.625	4.07	不显著
带铅转环	49.692	3	0.840	4.07	不显著
沉铅	0.354	1	0.018	5.32	不显著
荧光管	74.493	1	3.780	5.32	不显著
误差	157.667	8			
均值1	5.804	7.143	4.390	6.399	
均值2	0.000	2.381	4.092	2.083	
均值3	5.506	3.720			
均值4	5.655	3.720			
极差	5.804	4.762	0.298	4.315	

即0.3（含）～0.6节海流情况下，4个因子对黄鳍金枪鱼上钩率都没有显著的影响，最优的组合为2kg重锤、75g带铅转环、3.75g的沉铅、有荧光管。

6.3.4 0.6（含）节以上海流

1）两种金枪鱼合计CPUE。16种不同组合的钓具两种金枪鱼对应的CPUE见表4-6-16，方差分析、试验结果见表4-6-17。

表4-6-16 0.6（含）节以上海流情况下两种金枪鱼16种不同组合的钓具对应的CPUE

试验号	重锤/kg	带铅转环/g	沉铅/g	荧光管	CPUE		
					BET	YFT	MIX
1	2	75	3.75	有	7.94	0.00	7.94
2	2	60	3.75	有	7.94	0.00	7.94
3	2	45	11.25	无	0.00	0.00	0.00
4	2	10	11.25	无	0.00	0.00	0.00
5	3	75	3.75	无	0.00	15.87	15.87
6	3	60	3.75	无	0.00	0.00	0.00
7	3	45	11.25	有	0.00	0.00	0.00
8	3	10	11.25	有	0.00	0.00	0.00
9	4	75	11.25	有	0.00	0.00	0.00
10	4	60	11.25	有	0.00	7.94	7.94
11	4	45	3.75	无	0.00	0.00	0.00

试验号	重锤/kg	带铅转环/g	沉铅/g	荧光管	CPUE		
					BET	YFT	MIX
12	4	10	3.75	无	0.00	0.00	0.00
13	5	75	11.25	无	0.00	0.00	0.00
14	5	60	11.25	无	0.00	0.00	0.00
15	5	45	3.75	有	7.94	0.00	7.94
16	5	10	3.75	有	0.00	7.94	7.94

表 4-6-17　方差分析、试验结果

因素	偏差平方和	自由度	F 比	F 临界值	显著性
重锤	11.810	3	0.170	4.07	不显著
带铅转环	43.304	3	0.624	4.07	不显著
沉铅	98.419	1	4.255	5.32	不显著
荧光管	35.431	1	1.532	5.32	不显著
误差	185.028	8			
均值 1	3.968	5.952	5.952	4.960	
均值 2	3.968	3.968	0.992	1.984	
均值 3	1.984	1.984			
均值 4	3.968	1.984			
极差	1.984	3.968	4.960	2.976	

即 0.6（含）节以上海流情况下，4 个因子对两种金枪鱼上钩率的影响都不显著，但最优的组合为 2kg 重锤、75g 带铅转环、3.75g 的沉铅、有荧光管。

2）大眼金枪鱼。大眼金枪鱼 16 种不同组合的钓具对应的 CPUE 见表 4-6-16，方差分析、试验结果见表 4-6-18。

表 4-6-18　方差分析、试验结果

因素	偏差平方和	自由度	F 比	F 临界值	显著性
重锤	43.304	3	4.190	4.07	显著
带铅转环	11.810	3	1.143	4.07	不显著
沉铅	35.431	1	10.286	5.32	显著
荧光管	35.431	1	10.286	5.32	显著
误差	27.557	8			
均值 1	3.968	1.984	2.976	2.976	
均值 2	0.000	1.984	0.000	0.000	
均值 3	0.000	1.984			
均值 4	1.984	0.000			
极差	3.968	1.984	2.976	2.976	

即 0.6（含）节以上海流情况下，重锤、沉铅和荧光管对大眼金枪鱼上钩率影响显著，带铅转环对大眼金枪鱼上钩率影响不显著；最优的组合为 2kg 重锤、75g 带铅转环、11.25g 的沉铅，有荧光管。

3）黄鳍金枪鱼。黄鳍金枪鱼 16 种不同组合的钓具对应的 CPUE 见表 4-6-16，方差分析、试验结果见表 4-6-19。

表 4-6-19　方差分析、试验结果

因素	偏差平方和	自由度	F 比	F 临界值	显著性
重锤	31.494	3	0.356	4.07	不显著
带铅转环	31.494	3	0.356	4.07	不显著
沉铅	15.747	1	0.533	5.32	不显著
荧光管	0.000	1	0.000	5.32	不显著
误差	236.206	8			
均值 1	0.000	3.968	2.976	1.984	
均值 2	3.968	1.984	0.992	1.984	
均值 3	1.984	0.000			
均值 4	1.984	1.984			
极差	3.968	3.968	1.984	0.000	

即 0.6（含）节以上海流情况下，4 个因子对黄鳍金枪鱼上钩率都没有显著的影响，最优的组合为 3kg 重锤、75g 带铅转环、3.75g 的沉铅、有荧光管。

7　大眼金枪鱼、黄鳍金枪鱼的栖息环境

本部分内容根据测定的数据分为两部分，7.1 部分根据钓具在海中的漂移速度和漂移方向数据进行分析，7.2 部分根据三维海流计测定的数据进行分析。

7.1　应用漂移速度拟合钓钩深度计算模型分析大眼金枪鱼、黄鳍金枪鱼的栖息环境

应用 SPSS 软件，采用多元线性逐步回归的方法建立 2010 年 11 月 26 日至 2011 年 1 月 14 日测定的 469 枚（有钓具漂移速度数据）钓钩的实际平均深度与理论深度的关系模型。模型分为船用钓具（根据 316 枚钓钩拟合）和试验钓具（根据 153 枚钓钩拟合）两部分。

船用钓具钓钩深度计算模型为

$$\lg(Y_1/Y_2) = -0.098 - 0.24\lg(X_1) - 0.083\lg(X_2) - 0.016\lg(X_4) \quad (n = 316, R = 0.667) \quad （4\text{-}7\text{-}1）$$

则拟合钓钩深度的最终计算公式：

$$\bar{D} = D_\mathrm{T}10^{-0.098 - 0.24\lg j - 0.083\lg V_g - 0.016\lg\sin\gamma} \quad （4\text{-}7\text{-}2）$$

式中，Y_1 为拟合钓钩深度 ($\bar{D}$)；Y_2 为理论深度 (D_T)；X_1 为钩号 (j)；X_2 为钓具漂移速度 (V_g)；X_4 为风流合压角 (γ) 正弦值。

试验钓具钓钩深度计算模型为

$$\lg(Y_1/Y_2) = 0.081 - 0.386\lg(X_1) - 0.064\lg(X_2) \quad (n = 153, R = 0.581) \quad (4\text{-}7\text{-}3)$$

则拟合钓钩深度的最终计算公式为

$$\bar{D} = D_T 10^{0.081 - 0.386\lg j - 0.064\lg V_g} \quad (4\text{-}7\text{-}4)$$

7.1.1 大眼金枪鱼的栖息环境

调查期间，共测定了 216 尾大眼金枪鱼的上钩钩号。分析大眼金枪鱼 CPUE 与拟合钓钩深度、水温、盐度、叶绿素浓度、三维海流、水平流速的关系时，用到全部 216 尾鱼；分析大眼金枪鱼 CPUE 与溶解氧含量的关系时，用到其中的 118 尾。以下分析结合专家经验和有关数据进行。

7.1.1.1 大眼金枪鱼的栖息水层

大眼金枪鱼 CPUE 与水深的关系见图 4-7-1，大眼金枪鱼的上钩率随着深度的增加而上升，上钩率最高的水层为 160～200m（5.31 尾/千钩）。因 240～280m 水层取样尾数太少，误差较大，在此不作进一步分析。

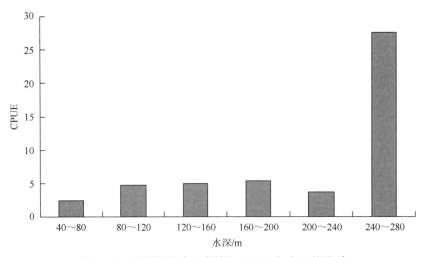

图 4-7-1　调查期间大眼金枪鱼 CPUE 与水深的关系

7.1.1.2 大眼金枪鱼的栖息水温

大眼金枪鱼 CPUE 与水温的关系见图 4-7-2，大眼金枪鱼 CPUE 最高（13.5 尾/千钩）的水温为 25～26℃。因 13～14℃和 18～19℃取样尾数太少，误差较大，在此不作进一步分析。

7.1.1.3 大眼金枪鱼的栖息盐度

大眼金枪鱼 CPUE 与盐度的关系见图 4-7-3，大眼金枪鱼 CPUE 较高的盐度范围为 35.8～36.6，最高（7.00 尾/千钩）的盐度范围为 36.1～36.2。因 36.4～36.6 取样尾数太少，误差较大，在此不作进一步分析。

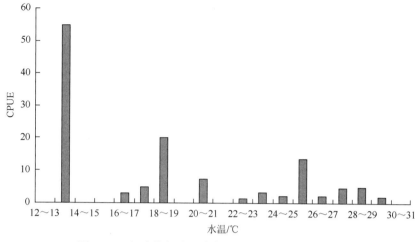

图 4-7-2　调查期间大眼金枪鱼 CPUE 与水温的关系

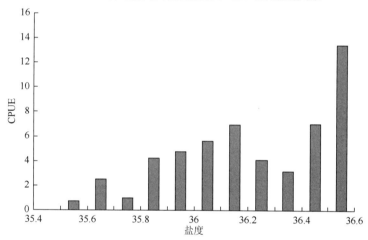

图 4-7-3　调查期间大眼金枪鱼 CPUE 与盐度的关系

7.1.1.4　大眼金枪鱼的栖息叶绿素浓度

大眼金枪鱼 CPUE 与叶绿素浓度的关系见图 4-7-4，大眼金枪鱼 CPUE 较高的叶绿素浓度范围为 0.04～0.1μg/L、0.12～0.20μg/L、0.22～0.28μg/L 和 0.32～0.36μg/L。最高的为 0.22～0.24μg/L（8.13 尾/千钩）。

7.1.1.5　大眼金枪鱼的栖息溶解氧含量

大眼金枪鱼 CPUE 与溶解氧含量的关系见图 4-7-5，大眼金枪鱼 CPUE 较高的溶解氧含量范围为 2.0～3.0mg/L 和 3.5～4.5mg/L，大眼金枪鱼 CPUE 最高的溶解氧含量范围为 3.5～4.0mg/L（5.67 尾/千钩）。

7.1.1.6　大眼金枪鱼的栖息南北向海流

大眼金枪鱼 CPUE 与南北向海流的关系见图 4-7-6，大眼金枪鱼 CPUE 较高的南北向海流范围为 –0.1～0m/s 和 0.1～0.5m/s，大眼金枪鱼 CPUE 最高（15.58 尾/千钩）的海流范围为 –0.1～0m/s。因 –0.2～–0.1m/s 和 0.5～0.6m/s 取样尾数较少，误差较大，故不作进一步分析。

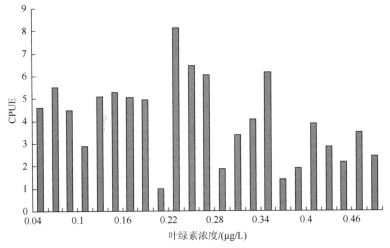

图 4-7-4 调查期间大眼金枪鱼 CPUE 与叶绿素浓度的关系

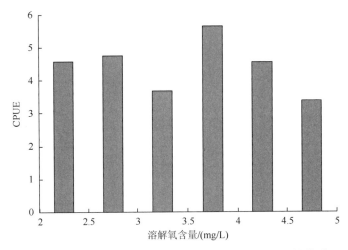

图 4-7-5 调查期间大眼金枪鱼 CPUE 与溶解氧含量的关系

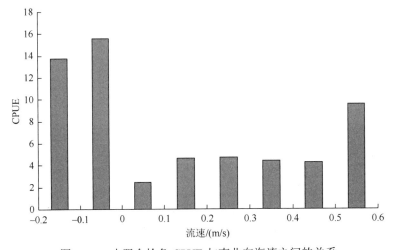

图 4-7-6 大眼金枪鱼 CPUE 与南北向海流之间的关系

7.1.1.7 大眼金枪鱼的栖息东西向海流

大眼金枪鱼 CPUE 与东西向海流的关系见图 4-7-7，大眼金枪鱼 CPUE 较高的东西向海流范围为 0.3～0.4m/s 和 0.5～0.6m/s，大眼金枪鱼 CPUE 最高（11.57 尾/千钩）的海流范围为 0.5～0.6m/s。因 0.6～0.7m/s 取样尾数较少，误差较大，故不作进一步分析。

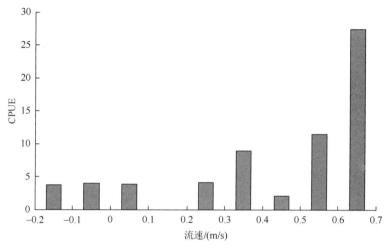

图 4-7-7 大眼金枪鱼 CPUE 与东西向海流的关系

7.1.1.8 大眼金枪鱼的栖息垂向海流

大眼金枪鱼 CPUE 与垂向海流的关系见图 4-7-8，除–0.01～0.0m/s 段内的 CPUE 明显较高（7.23 尾/千钩）外，其他各垂直海流范围内的大眼金枪鱼 CPUE 相差不大。

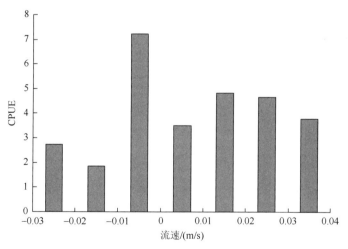

图 4-7-8 大眼金枪鱼 CPUE 与垂向海流的关系

7.1.1.9 大眼金枪鱼的栖息水平海流

大眼金枪鱼 CPUE 与水平海流的关系见图 4-7-9，随着水平流速的增加，大眼金枪鱼的 CPUE 呈上升趋势。较高 CPUE（5.04 尾/千钩以上）对应的水平流速范围为 0.2～0.3m/s 和 0.5～0.7m/s。最高 CPUE（10.30 尾/千钩）对应的水平流速为 0.5～0.6m/s。

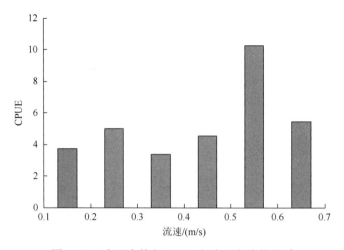

图 4-7-9 大眼金枪鱼 CPUE 与水平海流的关系

7.1.2 黄鳍金枪鱼的栖息环境

调查期间，共测定了 206 尾黄鳍金枪鱼的上钩钩号。分析黄鳍金枪鱼 CPUE 与拟合钓钩深度、水温、盐度、叶绿素浓度与三维海流的关系时，用到全部 206 尾鱼；分析黄鳍金枪鱼 CPUE 与溶解氧含量的关系时，用到其中的 135 尾。以下分析结合专家经验和有关数据进行。

7.1.2.1 黄鳍金枪鱼的栖息水层

黄鳍金枪鱼 CPUE 与水深的关系见图 4-7-10，黄鳍金枪鱼 CPUE 较高（2.13 尾/千钩以上）的水层为 40～160m，黄鳍金枪鱼 CPUE 最高（7.02 尾/千钩）的水层为 40～80m，一般认为 80～160m 水层可取得较高的 CPUE。水层 200～240m 内的取样渔获尾数较小，导致误差较大，不予进一步比较。

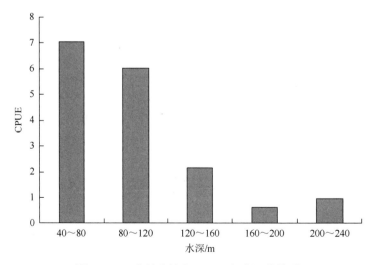

图 4-7-10 黄鳍金枪鱼 CPUE 与水深的关系

7.1.2.2　黄鳍金枪鱼的栖息水温

黄鳍金枪鱼 CPUE 与水温的关系见图 4-7-11，黄鳍金枪鱼 CPUE 较高的水温范围为 23～29℃；黄鳍金枪鱼 CPUE 最高（7.13 尾/千钩）的水温为 26～27℃。

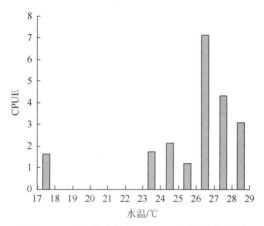

图 4-7-11　黄鳍金枪鱼 CPUE 与水温的关系

7.1.2.3　黄鳍金枪鱼的栖息盐度

黄鳍金枪鱼 CPUE 与盐度的关系见图 4-7-12，黄鳍金枪鱼 CPUE 主要分布的盐度范围为 35.4～36.0，黄鳍金枪鱼 CPUE 最高（11.07 尾/千钩）的盐度为 35.6～35.7。

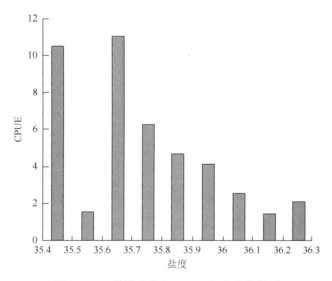

图 4-7-12　黄鳍金枪鱼 CPUE 与盐度的关系

7.1.2.4　黄鳍金枪鱼的栖息叶绿素浓度

黄鳍金枪鱼 CPUE 与叶绿素浓度的关系见图 4-7-13，黄鳍金枪鱼 CPUE 较高（6.92 尾/千钩）的叶绿素浓度为 0.10～0.12μg/L、0.24～0.28μg/L 和 0.40～0.48μg/L，黄鳍金枪鱼 CPUE 最高（14.59 尾/千钩）的叶绿素浓度为 0.42～0.44μg/L。

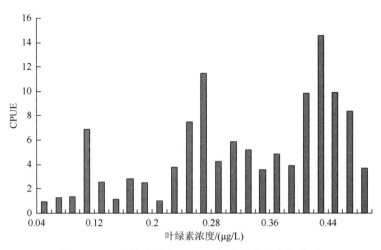

图 4-7-13　黄鳍金枪鱼 CPUE 与叶绿素浓度的关系

7.1.2.5　黄鳍金枪鱼的栖息溶解氧含量

黄鳍金枪鱼 CPUE 与溶解氧含量的关系见图 4-7-14，黄鳍金枪鱼 CPUE 较高（5.21 尾/千钩以上）的溶解氧含量为 4.0～5.0mg/L；黄鳍金枪鱼 CPUE 最高（6.54 尾/千钩）的溶解氧含量为 4.5～5.0mg/L。

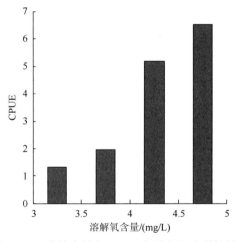

图 4-7-14　黄鳍金枪鱼 CPUE 与溶解氧含量的关系

7.1.2.6　黄鳍金枪鱼的栖息南北向海流

黄鳍金枪鱼 CPUE 与南北向海流的关系见图 4-7-15，黄鳍金枪鱼 CPUE 较高（4.54 尾/千钩以上）的南北向海流范围为 –0.1～0.2m/s 和 0.4～0.5m/s；黄鳍金枪鱼 CPUE 最高（7.50 尾/千钩）的海流范围为 0～0.1m/s。

7.1.2.7　黄鳍金枪鱼的栖息东西向海流

黄鳍金枪鱼 CPUE 与东西向海流的关系见图 4-7-16，黄鳍金枪鱼 CPUE 较高（2.83 尾/千钩以上）的东西向海流范围为 –0.1～0.1m/s 和 0.3～0.6m/s；黄鳍金枪鱼 CPUE 最高（9.85 尾/千钩）的东西向海流范围为 0.4～0.5m/s。

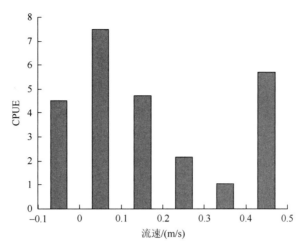

图 4-7-15 黄鳍金枪鱼 CPUE 与南北向海流的关系

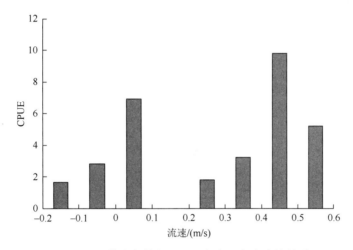

图 4-7-16 黄鳍金枪鱼 CPUE 与东西向海流的关系

7.1.2.8 黄鳍金枪鱼的栖息垂向海流

黄鳍金枪鱼 CPUE 与垂向海流的关系见图 4-7-17，黄鳍金枪鱼 CPUE 较高（3.07 尾/千钩以上）的垂向海流范围为 -0.02~0.03m/s；黄鳍金枪鱼 CPUE 最高（6.13 尾/千钩）的垂向海流范围为 -0.02~-0.01m/s。0.04~0.05m/s 取样得到的尾数只有 1 尾，有较大的特殊性，故不作进一步的分析。

7.1.2.9 黄鳍金枪鱼的栖息水平海流

黄鳍金枪鱼 CPUE 与水平海流的关系见图 4-7-18，黄鳍金枪鱼 CPUE 较高（1.52 尾/千钩）的水平海流范围为 0.1~0.6m/s；黄鳍金枪鱼 CPUE 最高（6.48 尾/千钩）的水平海流范围为 0.1~0.2m/s；0.6~0.7m/s 取样得到的尾数只有 1 尾，有较大的特殊性，故不作进一步的分析。

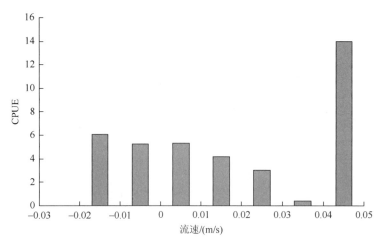

图 4-7-17　黄鳍金枪鱼 CPUE 与垂向海流的关系

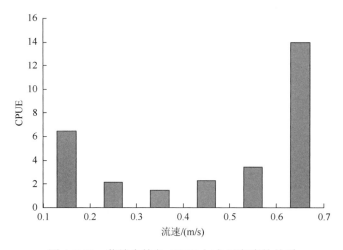

图 4-7-18　黄鳍金枪鱼 CPUE 与水平海流的关系

7.2　应用流剪切系数拟合钓钩深度计算模型分析大眼金枪鱼、黄鳍金枪鱼的栖息环境

应用 SPSS 软件，采用多元线性逐步回归的方法建立 2010 年 11 月 26 日至 2011 年 1 月 14 日测定的 469 枚（有钓具漂移速度数据）钓钩的实际平均深度与理论深度的关系模型。模型分为船用钓具（根据 316 枚钓钩拟合）和试验钓具（根据 153 枚钓钩拟合）两部分。

船用钓具钓钩深度计算采用的模型为

$$\lg(Y_1/Y_2) = -0.825 - 0.239\lg(X_1) - 0.342X_2 - 0.012\lg(X_4) \quad (n = 316, R = 0.750) \quad (4\text{-}7\text{-}5)$$

则拟合钓钩深度的最终计算公式为

$$\bar{D} = D_{\text{T}} 10^{-0.825 - 0.239\lg j - 0.342\tilde{K} - 0.012\lg\sin\gamma} \quad (4\text{-}7\text{-}6)$$

式中，Y_1 为拟合钓钩深度 $(\bar{D})$；Y_2 为理论深度 (D_{T})；X_1 为钩号 (j)；X_2 为流剪切系数 $(\tilde{K})$；X_4 为风流合压角 (γ) 正弦值。

试验钓具部分钓钩深度计算采用的模型为

$$\lg(Y_1/Y_2) = -0.837 - 0.367\lg(X_1) - 0.413X_2 \quad (n = 153, R = 0.754) \qquad (4\text{-}7\text{-}7)$$

则拟合钓钩深度的最终计算公式为

$$\bar{D} = D_T 10^{-0.837 - 0.367\lg j - 0.413\tilde{K}} \qquad (4\text{-}7\text{-}8)$$

7.2.1　大眼金枪鱼的栖息环境

调查期间，共测定了216尾大眼金枪鱼的上钩钩号。分析大眼金枪鱼CPUE与拟合钓钩深度、水温、盐度、叶绿素浓度、三维海流、水平流速的关系时，用到全部216尾鱼；分析大眼金枪鱼CPUE与溶解氧含量的关系时，用到其中的118尾。以下分析结合专家经验和有关数据进行。

7.2.1.1　大眼金枪鱼的栖息水层

大眼金枪鱼CPUE与水深的关系见图4-7-19，大眼金枪鱼的上钩率随着深度的增加而下降，上钩率最高的水层为80～120m（5.85尾/千钩）。

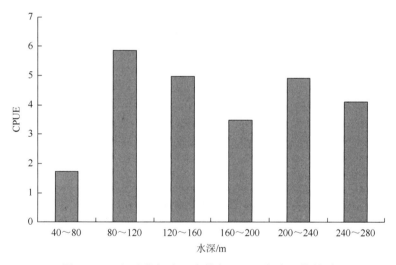

图4-7-19　调查期间大眼金枪鱼CPUE与水深的关系

7.2.1.2　大眼金枪鱼的栖息水温

大眼金枪鱼CPUE与水温的关系见图4-7-20，大眼金枪鱼CPUE较高的水温范围为22～29℃。大眼金枪鱼CPUE最高（11.43尾/千钩）的水温范围为25～26℃。13～14℃和18～19℃的渔获只有1尾，故不作分析。

7.2.1.3　大眼金枪鱼的栖息盐度

大眼金枪鱼CPUE与盐度的关系见图4-7-21，大眼金枪鱼CPUE较高的盐度范围为35.8～36.6，大眼金枪鱼CPUE最高（13.54尾/千钩）的盐度范围为36.5～36.6。

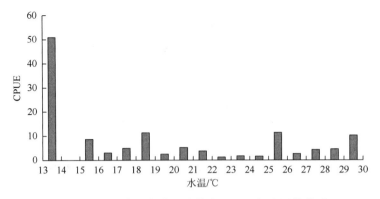

图 4-7-20　调查期间大眼金枪鱼 CPUE 与水温的关系

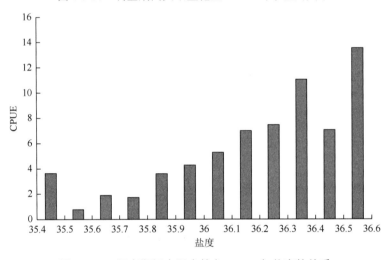

图 4-7-21　调查期间大眼金枪鱼 CPUE 与盐度的关系

7.2.1.4　大眼金枪鱼的栖息叶绿素浓度

大眼金枪鱼 CPUE 与叶绿素浓度的关系见图 4-7-22。

由图 4-7-22 得，大眼金枪鱼 CPUE 较高的叶绿素浓度范围为 0.04～0.2μg/L、0.22～0.28μg/L 和 0.34～0.36μg/L。大眼金枪鱼 CPUE 最高的叶绿素浓度范围为 0.24～0.26μg/L（8.55 尾/千钩）。

7.2.1.5　大眼金枪鱼的栖息溶解氧含量

大眼金枪鱼 CPUE 与溶解氧含量的关系见图 4-7-23。

由图 4-7-23 可得，大眼金枪鱼 CPUE 较高的溶解氧含量范围为 2.0～3.0mg/L 和 3.5～4.5mg/L，大眼金枪鱼 CPUE 最高（5.66 尾/千钩）的溶解氧含量为 3.5～4.0mg/L。

7.2.1.6　大眼金枪鱼的栖息南北向海流

大眼金枪鱼 CPUE 与南北向海流的关系见图 4-7-24。

由图 4-7-24 得，大眼金枪鱼 CPUE 较高的南北向海流范围为–0.2～0m/s 和 0.5～0.6m/s，大眼金枪鱼 CPUE 最高（15.41 尾/千钩）的南北向海流范围为–0.1～0m/s。

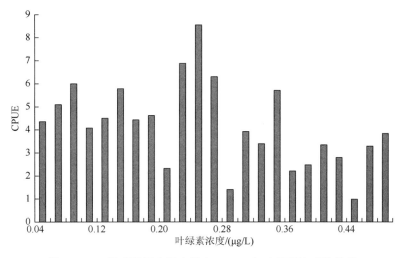

图 4-7-22　调查期间大眼金枪鱼 CPUE 与叶绿素浓度的关系

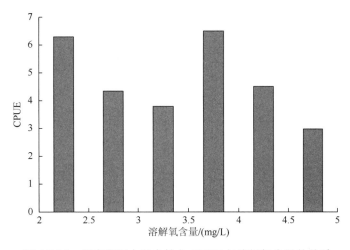

图 4-7-23　调查期间大眼金枪鱼 CPUE 与溶解氧含量的关系

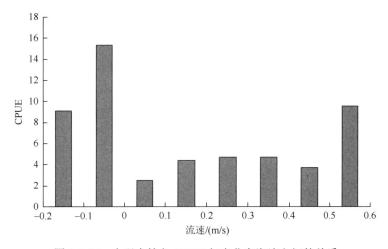

图 4-7-24　大眼金枪鱼 CPUE 与南北向海流之间的关系

7.2.1.7 大眼金枪鱼的栖息东西向海流

大眼金枪鱼 CPUE 与东西向海流的关系见图 4-7-25。

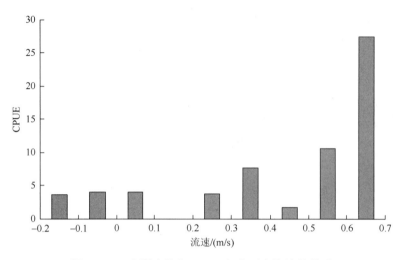

图 4-7-25　大眼金枪鱼 CPUE 与东西向海流的关系

由图 4-7-25 得，大眼金枪鱼 CPUE 较高的东西向海流范围为 0.3～0.4m/s 和 0.5～0.6m/s，大眼金枪鱼 CPUE 最高（10.62 尾/千钩）的东西向海流范围为 0.5～0.6m/s。由于东西向海流范围为 0.6～0.7m/s 的渔获尾数仅为 2 尾，故不作分析。

7.2.1.8 大眼金枪鱼的栖息垂向海流

大眼金枪鱼 CPUE 与垂向海流的关系见图 4-7-26，除−0.01～0m/s 内的 CPUE 明显较高外，其他各垂直海流范围内的大眼金枪鱼 CPUE 相差不大，大眼金枪鱼 CPUE 最高（7.38 尾/千钩）的垂向海流范围为−0.01～0m/s。

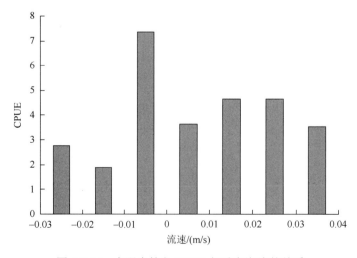

图 4-7-26　大眼金枪鱼 CPUE 与垂向海流的关系

7.2.1.9　大眼金枪鱼的栖息水平海流

大眼金枪鱼 CPUE 与水平海流的关系见图 4-7-27。

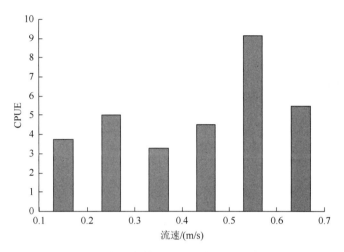

图 4-7-27　大眼金枪鱼 CPUE 与水平海流的关系

由图 4-7-27 得，最高 CPUE（9.16 尾/千钩）对应的水平流速为 0.5～0.6m/s。

7.2.2　黄鳍金枪鱼的栖息环境

调查期间，共测定了 206 尾黄鳍金枪鱼的上钩钩号。分析黄鳍金枪鱼 CPUE 与拟合钓钩深度、水温、盐度、叶绿素浓度与三维海流的关系时，用到全部 206 尾鱼；分析黄鳍金枪鱼 CPUE 与溶解氧含量的关系时，用到其中的 135 尾。以下分析结合专家经验和有关数据进行。

7.2.2.1　黄鳍金枪鱼的栖息水层

黄鳍金枪鱼 CPUE 与水深的关系见图 4-7-28，黄鳍金枪鱼 CPUE 较高（5.96 尾/千钩

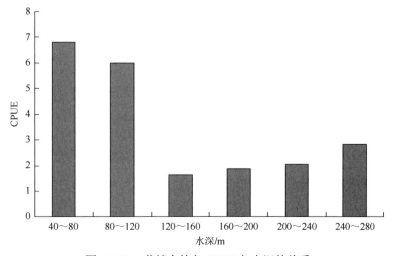

图 4-7-28　黄鳍金枪鱼 CPUE 与水深的关系

以上）的水层为 40～120m，黄鳍金枪鱼 CPUE 最高 6.77 尾/千钩）的水层为 40～80m，一般认为 80～160m 水层可取得较高的 CPUE。

7.2.2.2　黄鳍金枪鱼的栖息水温

黄鳍金枪鱼 CPUE 与水温的关系见图 4-7-29，黄鳍金枪鱼 CPUE 最高（7.10 尾/千钩）的水温为 26～27℃，其次为 27～28℃。

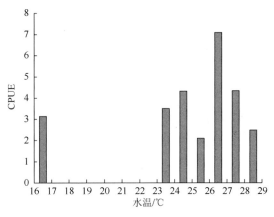

图 4-7-29　黄鳍金枪鱼 CPUE 与水温的关系

7.2.2.3　黄鳍金枪鱼的栖息盐度

黄鳍金枪鱼 CPUE 与盐度的关系见图 4-7-30，黄鳍金枪鱼 CPUE 主要分布的盐度范围为 35.6～36，黄鳍金枪鱼 CPUE 最高（10.34 尾/千钩)的盐度范围为 35.6～35.7。由于 35.4～35.5 取样尾数太少，误差较大，故不作进一步分析。

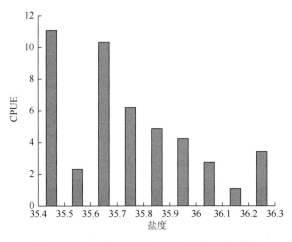

图 4-7-30　黄鳍金枪鱼 CPUE 与盐度的关系

7.2.2.4　黄鳍金枪鱼的栖息叶绿素浓度

黄鳍金枪鱼 CPUE 与叶绿素浓度的关系见图 4-7-31，黄鳍金枪鱼 CPUE 较高（8.31 尾/

千钩以上）的叶绿素浓度为 0.10～0.12μg/L、0.24～0.28μg/L 和 0.40～0.48μg/L，黄鳍金枪鱼 CPUE 最高（19.98 尾/千钩）的叶绿素浓度范围为 0.42～0.44μg/L。

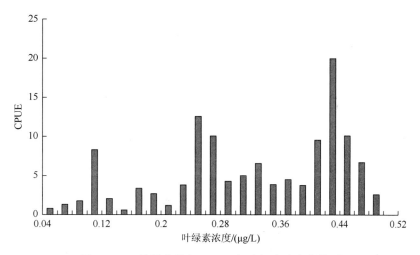

图 4-7-31　黄鳍金枪鱼 CPUE 与叶绿素浓度的关系

7.2.2.5　黄鳍金枪鱼的栖息溶解氧含量

黄鳍金枪鱼 CPUE 与溶解氧含量的关系见及图 4-7-32，黄鳍金枪鱼 CPUE 较高（4.69 尾/千钩以上）的溶解氧含量为 4.0～5.0mg/L；黄鳍金枪鱼 CPUE 最高（7.15 尾/千钩）对应的溶解氧含量范围为 4.5～5.0mg/L。

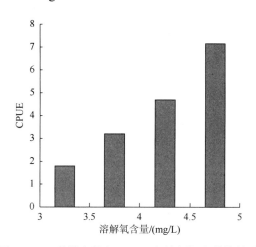

图 4-7-32　黄鳍金枪鱼 CPUE 与溶解氧含量的关系

7.2.2.6　黄鳍金枪鱼的栖息南北向海流

黄鳍金枪鱼 CPUE 与南北向海流的关系见图 4-7-33，黄鳍金枪鱼 CPUE 较高的南北向海流范围为–0.1～0.2m/s 和 0.4～0.5m/s；黄鳍金枪鱼 CPUE 最高（7.76 尾/千钩）的海流范围为 0～0.1m/s。

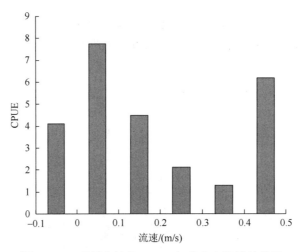

图 4-7-33　黄鳍金枪鱼 CPUE 与南北向海流的关系

7.2.2.7　黄鳍金枪鱼的栖息东西向海流

黄鳍金枪鱼 CPUE 与东西向海流的关系见图 4-7-34，黄鳍金枪鱼 CPUE 较高（2.91 尾/千钩以上）的东西向海流范围为 $-0.1\sim0.1$m/s 和 $0.3\sim0.6$m/s；黄鳍金枪鱼 CPUE 最高（8.53 尾/千钩）的东西向海流范围为 $0.4\sim0.5$m/s。

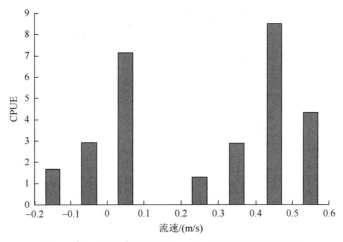

图 4-7-34　黄鳍金枪鱼 CPUE 与东西向海流的关系

7.2.2.8　黄鳍金枪鱼的栖息垂向海流

黄鳍金枪鱼 CPUE 与垂向海流的关系见图 4-7-35，黄鳍金枪鱼 CPUE 较高的垂向海流范围为 $-0.02\sim0.03$m/s；黄鳍金枪鱼 CPUE 最高（6.26 尾/千钩）的海流范围为 $-0.02\sim-0.01$m/s。海流范围为 $0.04\sim0.05$m/s 内的渔获仅有 1 尾，故不作分析。

7.2.2.9　黄鳍金枪鱼的栖息水平海流

黄鳍金枪鱼 CPUE 与水平海流的关系见图 4-7-36，黄鳍金枪鱼 CPUE 较高（2.56 尾/千钩）的水平海流范围为 $0.1\sim0.2$m/s 和 $0.4\sim0.7$m/s；黄鳍金枪鱼 CPUE 最高（14.00 尾/千钩）的水平海流范围为 $0.6\sim0.7$m/s。

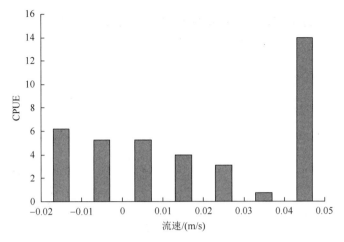

图 4-7-35　黄鳍金枪鱼 CPUE 与垂向海流的关系

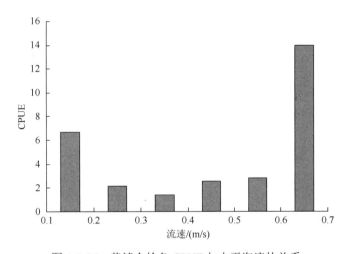

图 4-7-36　黄鳍金枪鱼 CPUE 与水平海流的关系

8　大眼金枪鱼和黄鳍金枪鱼的渔场形成机制

由于分析海洋环境与大眼金枪鱼的 CPUE 的关系时,海洋环境数据相隔的时间跨度不宜太长且作业位置需连续,因此,按照表 4-1-1 和图 4-1-2 中的两个渔场来分析各个渔场大眼金枪鱼和黄鳍金枪鱼的 CPUE 与表层(水深 10m)、水深 25m、50m、75m、100m、150m、200m、250m、300m、325m、350m、400m 水层的温度、盐度、溶解氧含量、叶绿素浓度(水温分别记为 T_{10}、T_{25}、T_{50}、T_{75}、T_{100}、T_{150}、T_{200}、T_{250}、T_{300}、T_{325}、T_{350}、T_{400}。盐度分别记为 S_{10}、S_{25}、S_{50}、S_{75}、S_{100}、S_{150}、S_{200}、S_{250}、S_{300}、S_{325}、S_{350}、S_{400}。溶解氧含量分别记为 DO_{10}、DO_{25}、DO_{50}、DO_{75}、DO_{100}、DO_{150}、DO_{200}、DO_{250}、DO_{300}、DO_{325}、DO_{350}、DO_{400}。叶绿素浓度分别记为 CH_{10}、CH_{25}、CH_{50}、CH_{75}、CH_{100}、CH_{150}、CH_{200}、CH_{250}、CH_{300}、CH_{325}、CH_{350}、CH_{400})及钓具的漂移速度(V_g)、风流合压角(γ)、风速(V_w)、风舷角(Q_w)的相关关系。

调查期间大眼金枪鱼和黄鳍金枪鱼总的 CPUE 分布、大眼金枪鱼的 CPUE 分布、黄鳍金枪鱼的 CPUE 分布见图 4-8-1～图 4-8-3。

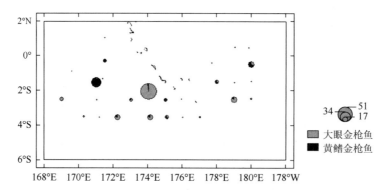

图 4-8-1　调查期间大眼金枪鱼和黄鳍金枪鱼总的 CPUE（尾/千钩）分布

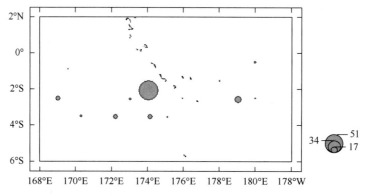

图 4-8-2　调查期间大眼金枪鱼 CPUE（尾/千钩）分布

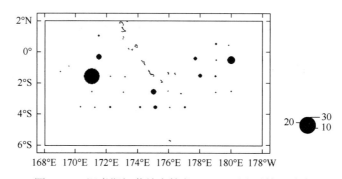

图 4-8-3　调查期间黄鳍金枪鱼 CPUE（尾/千钩）分布

8.1　整个调查期间渔场形成机制研究

8.1.1　大眼金枪鱼

整个调查期间两个渔场与大眼金枪鱼 CPUE 分布有显著相关性的指标及相关系数和显著性水平见表 4-8-1。

表 4-8-1　整个调查期间与大眼金枪鱼 CPUE 有显著相关性的指标及相关系数和
显著性水平（两个渔场汇总统计）

显著相关指标	相关系数	显著性水平 α（双尾）
CH_{150}	0.438	0.005

注：CH_{150} 表示 $100m\pm5m$ 水深处的盐度

　　根据表 4-8-1，对大眼金枪鱼 CPUE 分布有影响的指标，其相关程度可用相关系数来衡量。

　　大眼金枪鱼 CPUE 与 150m 水深处的叶绿素浓度关系见图 4-8-4，大眼金枪鱼 CPUE 与 150m 水深处的叶绿素浓度有较弱的正相关关系，叶绿素浓度为 $0.1969\sim0.2469\mu g/L$ 时，大眼金枪鱼 CPUE 较高，叶绿素浓度低于 $0.1469\mu g/L$ 的区域，CPUE 较低。

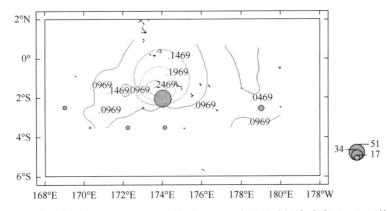

图 4-8-4　大眼金枪鱼 CPUE（尾/千钩）与 150m 水深处叶绿素浓度（$\mu g/L$）的关系

8.1.2　黄鳍金枪鱼

　　整个调查期间两个渔场与黄鳍金枪鱼 CPUE 分布有显著相关性的指标及相关系数和显著性水平见表 4-8-2。

表 4-8-2　整个调查期间与黄鳍金枪鱼 CPUE 有显著相关性的指标及相关系数
和显著性水平（两个渔场汇总统计）

显著相关指标	相关系数	显著性水平 α（双尾）
DO_{100}	-0.381	0.015
S_{100}	-0.364	0.021
T_{75}	-0.336	0.034
T_{450}	0.332	0.036
T_{50}	-0.312	0.049

　　黄鳍金枪鱼 CPUE 与 100m 水深处的溶解氧含量关系如图 4-8-5 所示。黄鳍金枪鱼 CPUE 分布与 100m 水深处的溶解氧含量有相对较弱的负相关性，由图 4-8-5 得，$4.13\sim4.22mg/L$ 溶解氧含量范围内，CPUE 较高。

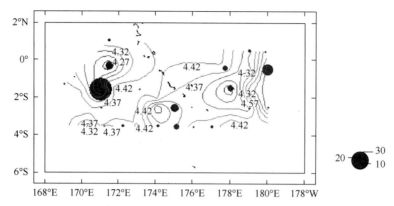

图 4-8-5　黄鳍金枪鱼 CPUE（尾/千钩）与 100m 水深处溶解氧含量的关系

图 4-8-6 为黄鳍金枪鱼 CPUE 与 100m 水深处的盐度关系。由图可知，黄鳍金枪鱼 CPUE 分布与 100m 水深处的盐度有相对较强的负相关性，盐度为 35.72～35.82 时，CPUE 较高。

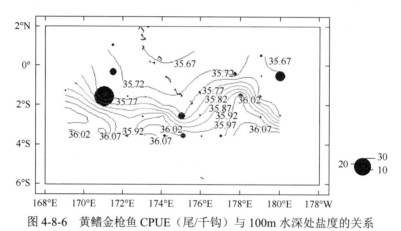

图 4-8-6　黄鳍金枪鱼 CPUE（尾/千钩）与 100m 水深处盐度的关系

图 4-8-7 为黄鳍金枪鱼 CPUE 与 75m 水深处的温度关系图，发现黄鳍金枪鱼 CPUE 分布与温度有相对较弱的负相关性，26.57～27.32℃范围内，靠近暖水团的低温一侧，CPUE 较高。

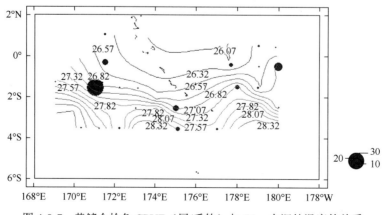

图 4-8-7　黄鳍金枪鱼 CPUE（尾/千钩）与 75m 水深处温度的关系

图 4-8-8 为黄鳍金枪鱼 CPUE 与 50m 水深处的温度关系图，发现黄鳍金枪鱼 CPUE 分布与温度有相对较弱的负相关性，26.70～27.45℃范围内，靠近暖水团的低温一侧，CPUE 较高。

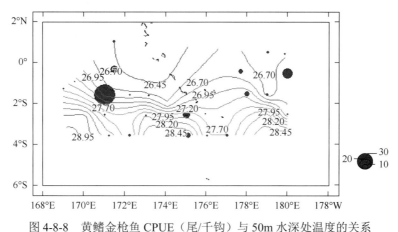

图 4-8-8 黄鳍金枪鱼 CPUE（尾/千钩）与 50m 水深处温度的关系

8.2 分渔场形成机制研究

"深联成 719" 船进行了两个渔场的调查，将调查期间取得的数据汇总统计。两个渔场与大眼金枪鱼 CPUE 分布有显著相关性的指标汇总见表 4-8-3，其中第一渔场与大眼金枪鱼 CPUE 分布无显著相关性的指标；两个渔场与黄鳍金枪鱼 CPUE 分布有显著相关性的指标汇总见表 4-8-4，其中第一渔场与黄鳍金枪鱼 CPUE 分布无显著相关性的指标。

表 4-8-3 各渔场与大眼金枪鱼 CPUE 有显著相关性的指标汇总

渔场	显著相关指标	相关系数	显著性水平 α（双尾）
第二	CH_{150}	0.552	0.027

表 4-8-4 各渔场与黄鳍金枪鱼 CPUE 有显著相关性的指标汇总

渔场	显著相关指标	相关系数	显著性水平 α（双尾）
第二	DO_{100}	−0.663	0.005
	DO_{125}	−0.634	0.008
	DO_{75}	−0.611	0.012
	DO_{150}	−0.557	0.025
	S_{125}	−0.537	0.032
	S_{100}	−0.523	0.038
	S_{75}	−0.520	0.039

8.2.1 第一渔场

第一渔场大眼金枪鱼和黄鳍金枪鱼 CPUE 分布分别见图 4-8-9 和图 4-8-10。

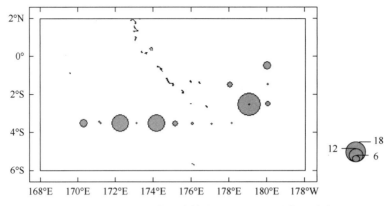

图 4-8-9　第一渔场大眼金枪鱼 CPUE（尾/千钩）分布

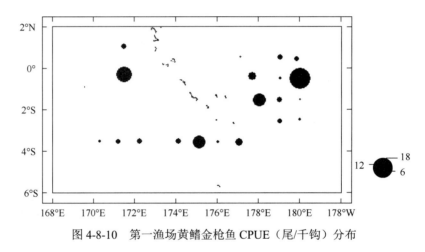

图 4-8-10　第一渔场黄鳍金枪鱼 CPUE（尾/千钩）分布

8.2.1.1　大眼金枪鱼

第一渔场与大眼金枪鱼 CPUE 分布无显著相关性的指标。

8.2.1.2　黄鳍金枪鱼

第一渔场与黄鳍金枪鱼 CPUE 分布无显著相关性的指标。

8.2.2　第二渔场

第二渔场大眼金枪鱼和黄鳍金枪鱼 CPUE 分布分别见图 4-8-11 和图 4-8-12。

8.2.2.1　大眼金枪鱼

第二渔场与大眼金枪鱼 CPUE 分布有显著相关关系的主要指标为 150m 水深处的叶绿素浓度。

图 4-8-13 为第二渔场大眼金枪鱼 CPUE 与 150m 水深处的叶绿素浓度分布关系，大眼金枪鱼 CPUE 分布与叶绿素浓度呈较强的正相关性，叶绿素浓度为 0.1171～0.2667μg/L 的区域（高叶绿素浓度一侧），大眼金枪鱼 CPUE 较高。

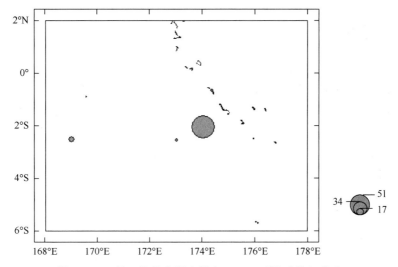

图 4-8-11 第二渔场大眼金枪鱼 CPUE（尾/千钩）分布

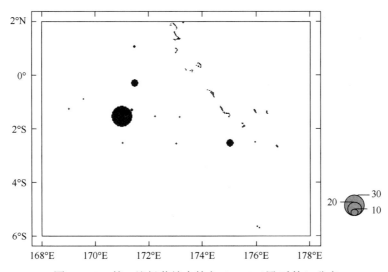

图 4-8-12 第二渔场黄鳍金枪鱼 CPUE（尾/千钩）分布

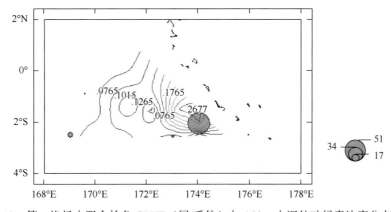

图 4-8-13 第二渔场大眼金枪鱼 CPUE（尾/千钩）与 150m 水深处叶绿素浓度分布的关系

8.2.2.2 黄鳍金枪鱼

第二渔场与黄鳍金枪鱼 CPUE 分布有显著相关关系的主要指标为 75m、100m、125m 和 150m 水深处的溶解氧含量和 75m、100m 和 125m 水深处的盐度。

图 4-8-14~图 4-8-17 分别为黄鳍金枪鱼 CPUE 与 75m、100m、125m 和 150m 水深处的溶解氧含量分布关系。黄鳍金枪鱼 CPUE 分布与溶解氧含量呈较强的负相关性,75m、100m、125m 和 150m 水深处溶解氧含量分别为 4.28~4.33mg/L、4.22~4.32mg/L、4.14~4.24mg/L 和 3.50~3.90mg/L 时,黄鳍金枪鱼 CPUE 较高。

图 4-8-18~图 4-8-20 分别为黄鳍金枪鱼 CPUE 与 75m、100m 和 125m 水深处盐度分布的关系。黄鳍金枪鱼 CPUE 分布与盐度呈较强的负相关性,75m、100m 和 125m 水深处盐度分别为 35.68~35.78、35.70~35.80 和 35.77~35.82 时,黄鳍金枪鱼 CPUE 较高。

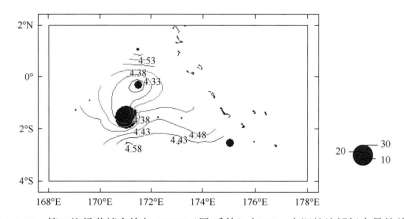

图 4-8-14 第二渔场黄鳍金枪鱼 CPUE(尾/千钩)与 75m 水深处溶解氧含量的关系

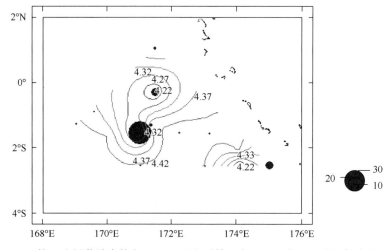

图 4-8-15 第二渔场黄鳍金枪鱼 CPUE(尾/千钩)与 100m 水深处溶解氧含量的关系

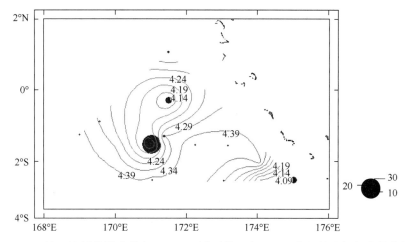

图 4-8-16　第二渔场黄鳍金枪鱼 CPUE（尾/千钩）与 125m 水深处溶解氧含量的关系

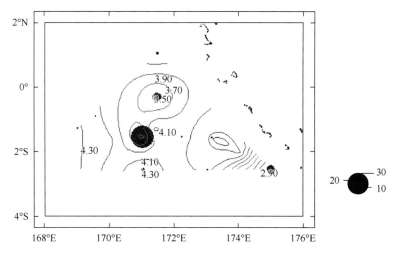

图 4-8-17　第二渔场黄鳍金枪鱼 CPUE（尾/千钩）与 150m 水深处溶解氧含量的关系

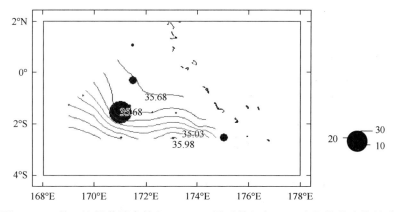

图 4-8-18　第二渔场黄鳍金枪鱼 CPUE（尾/千钩）与 75m 水深处盐度的关系

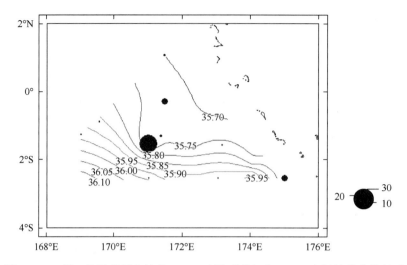

图 4-8-19　第二渔场黄鳍金枪鱼 CPUE（尾/千钩）与 100m 水深处盐度的关系

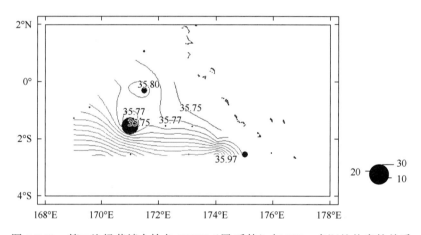

图 4-8-20　第二渔场黄鳍金枪鱼 CPUE（尾/千钩）与 125m 水深处盐度的关系

8.3　小结

以上为基于 2010 年 9 月至 2011 年 1 月"深联成 719"调查船取得的数据，对大眼金枪鱼和黄鳍金枪鱼的渔场形成机制分析的结果。本次调查测量的指标较广，几乎收集了所有的风速、风向、钓具漂移速度和漂移方向，以及 0～400m 各水层的水温、盐度、叶绿素浓度、溶解氧含量、三维海流数据。

根据对调查船整个调查期间所有数据进行分析的结果，150m 水深处的叶绿素浓度对大眼金枪鱼 CPUE 分布的影响最大。

100m 水深处的溶解氧含量、100m 水深处的盐度和 75m 水深处的温度对黄鳍金枪鱼的 CPUE 影响最大。125m 水深处的溶解氧含量和 125m 水深处的盐度对黄鳍金枪鱼 CPUE 分布的影响也较大。

大眼金枪鱼 CPUE 较高处为：150m 水深处叶绿素浓度低的一侧（0.1969～0.2469μg/L）。

黄鳍金枪鱼 CPUE 较高处为：①100m 水深处的溶解氧含量低的一侧（4.13～4.22mg/L）；②100m 水深处盐度低的一侧（35.72～35.82）；③75m 水深处温度较低的一侧（26.57～27.32℃）；④深度范围为 75～150m。

参 考 文 献

[1]　李志辉，罗平. SPSS for Windows 统计分析教程. 北京：电子工业出版社，2003：173～175.